HERDER

Katholische Glaubensfibel

Herausgegeben
von
Walter Fürst und Jürgen Werbick

Mit einem Geleitwort
von
Karl Kardinal Lehmann

HERDER

cmz

Bibliografische Information Der Deutschen Bibliothek

Die Deutsche Bibliothek verzeichnet diese Publikation in der Deutschen Nationalbibliografie; detaillierte bibliografische Daten sind im Internet über http://dnb.ddb.de abrufbar.

Originalausgabe (1.-8. Tausend)

© 2004 by CMZ-Verlag Winrich C.-W. Clasen,

Zur Tomburg 17, 53359 Rheinbach, Tel. 02226-9126-26, Fax 02226-9126-27

Satz (Garamond 11,5 auf 13) mit WordPerfect für Windows 11:

Kirsten Blanck, Bonn

Winrich C.-W. Clasen, Rheinbach

Lithos:

CMZ-Verlag, Rheinbach

Papier (Arctic Volume, 90 g/m², 1,8f. Vol.):

Stora Enso, Helsinki

Umschlaggestaltung:

Lina C. Schwerin, Hamburg

Gesamtherstellung:

Johannishof Druck- und Verlagsges. mbH, Konstanz / Preses Nams, Riga

ISBN 3-451-28484-7 (Verlag Herder)

ISBN 3-87062-069-2 (CMZ-Verlag)

20040922

www.herder.de

www.cmz.de

Inhaltsverzeichnis

Geleitwort

Glaubt man Umfragen, so schwindet das »Glaubens-Wissen« zunehmend. Man muss kein Schwarzseher sein, um mit einer gewissen Beunruhigung die reinen Fakten und Zahlen zu betrachten. Auf der anderen Seite gibt es viele ermutigende Zeugnisse gelebten Glaubens. Fern jedes Legalismus und einengender Vorschriften erfordert ein fundiertes Glaubenszeugnis eine solide Basis an Wissen. »Wir wollen ja nicht Herren über euren Glauben sein, sondern wir sind Helfer zu eurer Freude; denn im Glauben seid ihr fest verwurzelt« (2 Kor 1, 24), sagt der Heilige Paulus. Das »Geheimnis des Glaubens« darf nicht im Sinne des »Opiums für das Volk« mit einer »Vernebelung des Glaubens« verwechselt werden. Andererseits: Nicht alles, was wir glauben, können wir wissen. Gerade das macht ja die Tiefendimension des Glaubens aus. Und gerade deshalb ist eine stete Vergewisserung und Rückbesinnung wichtig – immer als Mittel zum Zweck, nie zum Selbstzweck.

Die »Katholische Glaubensfibel« ist ein solcher Versuch. Hier kommen angesehene und bedeutende Theologinnen und Theologen zu Wort, die die Grundbegriffe und Grundthemen des christlichen Glaubens beleuchten. Besonders wertvoll ist hier, dass es den Autoren gelingt, die so genannten »interessierten Laien« anzusprechen. Theologie – und Glaube im Besonderen – sind keine Monopolprodukte der Theologen und Experten. Religion ist das, was den Menschen zutiefst und unbedingt betrifft. Der griechischen Wortbedeutung nach sind »die Laien« das Volk (Gottes).

In diesem Buchprojekt kommen beide Dimensionen des Laie-Seins zum Ausdruck. Daher ist es sehr zu begrüßen, dass in übersichtlicher Form, in theologisch fundierter und gut zu verstehender Sprache ein Überblick über die geistige und geistliche Grundlegung unseres Glaubens gegeben wird. Das mindestens genauso wichtige aktive Zeugnis gelebten Glaubens kann dadurch gestärkt und begründet werden. Theologie ohne Glaubenspraxis ist wertlos. Ebenso bleibt die Glaubenspraxis ohne theologische Legitimation weithin bodenlos.

Die »Katholische Glaubensfibel« erscheint im Jahr 2004, das wir als katholische Kirche in Deutschland besonders mit Blick auf den 1250. Todestag des Heiligen Bonifatius begehen. Nicht umsonst wird dieser Glaubensbote schon früh »Apostel der Deutschen« genannt und hat bis heute einen entscheidenden Einfluss auf die Verbreitung des Evangeliums in unserem Land. Theologie und Glaubenspraxis kommen bei ihm zusammen. Auch heute noch ist daher die Botschaft seines Lebens von bleibender Bedeutung.

Wir brauchen eine grundlegende missionarische Kräftigung unserer Kirche. Dies hat nicht nur etwas mit Reformen von Strukturen zu tun. Es fängt bei jedem Einzelnen an. Wenn wir nicht begeistert sind von der Tiefe und Schönheit unseres Glaubens, dann können wir ihn auch nicht wirklich weitergeben, weder an den Nachbarn noch an die eigenen Kinder und erst recht nicht an die künftigen Generationen. Darum müssen wir ganz neu den Mut aufbringen, durch unser Zeugnis in Wort und Tat viel offensiver das Evangelium Gottes in unserer heutigen Welt und in den gegenwärtigen Nöten unter die Leute und zur Geltung zu bringen. Wir müssen wirklich das Evangelium von Haus zu Haus, von Herz zu Herz weitergeben. Dazu kann das Buch eine wichtige Hilfe sein.

Ich danke dem CMZ-Verlag und dem Verlag Herder für die fruchtbare Zusammenarbeit. Dem Buch wünsche ich eine gute Annahme und interessierte Leserschaft. Möge es Anreiz sein, neu über den Glauben nachzudenken, seine Tiefe und Schönheit zu ermessen und in leicht verständlicher Form grundlegende Einblicke zu vermitteln, die ein besseres Verstehen und damit überzeugteres Leben aus der Kraft des Glaubens ermöglichen.

Mainz, im Mai 2004

+ *Karl Kardinal Lehmann*

Bischof von Mainz
Vorsitzender der Deutschen Bischofskonferenz

Vorwort

Was steckt hinter diesem ungewohnten Titel: »Katholische Glaubensfibel«? *Glaubensfibel*, das erinnert irgendwie an ein Elementarbuch für »Anfänger«, an eine Art Handbuch für solche, die eine »Einführung« – oder »Wiedereinführung« – in die Grundbegriffe des christlichen Glaubens suchen; vielleicht auch an einen »Katechismus«, der die kirchliche Glaubens- und Lebenslehre mit kirchenamtlicher Bestätigung umfassend für Unterricht oder Selbststudium darstellt. Einen Katechismus vorzulegen, war nicht unsere Absicht. Dafür besteht nach den verschiedenen (Erwachsenen-) Katechismen der letzten Jahrzehnte wohl kein zusätzlicher Bedarf. Einleitung oder Einführung in »Haupt- oder Leitworte« und »Grundfiguren« des christlichen Glaubens: das trifft die Sache schon eher.

Ein kleines Handbuch also für »*Anfänger* im Glauben«? Doch was heißt hier »Anfänger«! Wer sich mit dem christlichen Glauben einlässt, der hört nie auf, Anfänger zu sein, der wird mit dem Christsein und Christwerden irgendwie immer am Anfang stehen und sich immer wieder neu der Bedeutung seines Glaubens wie der elementaren Lebensformen des Christseins in der Welt von heute vergewissern wollen. Unser Buch will Elementarinformationen über christliche Lehre und christliches Leben geben. Es will in diesem Sinne Leitfaden und Lesebuch für Glaubende sein, ebenso für Suchende, Fragende und Nichtchristen, denen es wichtig ist, das Selbst- und Glaubensverständnis der Christen angesichts der Erfahrungen und Herausforderungen der Gegenwart verlässlich kennen zu lernen.

Als Adressaten stellen wir uns durchaus auch »im Glauben *Fortgeschrittene*« vor: Katecheten und Katechetinnen, Leiter und Leiterinnen von Gesprächskreisen und Firmgruppen, Haupt- und Ehrenamtliche, Mitarbeiterinnen und Mitarbeiter in Räten und Gremien, oder auch Religionslehrer und Religionslehrerinnen und vielleicht auch – warum eigentlich nicht – Theologiestudierende, die einmal

nachsehen wollen, wie etwas hoch Theologisches auch einfach ausgedrückt werden kann. Für das Buch haben wir bewusst den Titel »*Katholische* Glaubensfibel« gewählt. Warum? Geht es ihm etwa darum, das »Katholische«
gegen das »Evangelische« zu profilieren? Will es gegenüber dem
Ökumenischen und Gemeinsam-Christlichen vor allem das konfes-
sionell Katholische in den Vordergrund rücken? Das wäre ein Missverständnis dessen, was das Wort *katholisch* in der Glaubenssprache
der Christen immer bedeutet hat und allein bedeuten kann.
»Christ ist mein Name, Katholik mein Zuname«, schrieb zu Beginn des 4. Jahrhunderts Bischof Pacianus von Barcelona: Und er
erläutert diesen Satz mit folgenden Worten: »Christ werde ich genannt, am Katholisch-Sein aber gemessen und erkannt.« Das Wort
»katholisch«, seit jeher ein Kennzeichen der einen universalen Kirche Jesu Christi, bezeichnet einen Grundcharakter christlicher Glaubensgemeinschaft, den in gewisser Weise alle Christen der verschiedenen Kirchen und Glaubensgemeinschaften *als Christen* beanspru-
chen, und verbietet es deshalb, daraus ein Instrument konfessioneller Abgrenzung zu machen. Es fordert vielmehr dazu heraus, ein
bestimmtes Kennzeichen des Christ- und Kircheseins ernst zu nehmen: seinen universalen, weltumspannenden, ökumenischen Anspruch nämlich.
Katholisch in eben diesem Sinn bezeichnet nun aber auch das konkrete Selbstverständnis der mit dem Bischof von Rom verbundenen
römisch-katholischen Kirche und Konfession. *Universalität* und kon-
fessionelle *Identität* des Glaubens bilden für uns gleichsam die beiden
Brennpunkte einer Ellipse, die zueinander in Spannung stehen und
doch einander gegenseitig bedingen. So möchte die hier vorgelegte
»*katholische* Glaubensfibel« aus katholischer Perspektive Information
über den christlichen Glauben geben im Interesse der Vertiefung
des Glaubenswissens, einerseits durchaus im *konfessionellen,* römisch-
katholischen Verständnis, andererseits und darüber hinaus im *universellen,* im *ökumenischen* Sinn des Katholischen.
Das zeigt sich auch im Aufbau des Buches: Im Anschluss an den
einleitenden Teil, der wichtige Aspekte zum Thema »Christsein ka-

tholisch« erschließt, folgt das Buch in Aufbau und Gliederung hauptsächlich der Trias »Glauben – Hoffen – Lieben«, die Paulus bereits im Ersten Thessalonicherbrief, dem ältesten Brief des Neuen Testaments, programmatisch formuliert (1 Thess 1,3) und im Ersten Korintherbrief (1 Kor 13) als – »für jetzt« – bleibende Mitte des christlich-kirchlichen Lebens herausgestellt hat. In der Alten Kirche nannte Klemens von Alexandrien die »Heilige Dreiheit« geradezu »Grundsteine der Kirche« (fundamenta ecclesiae). Und in neuerer Zeit hat Adolf von Harnack sie als »wohl beste Devise« der christlichen Religion bezeichnet.

Die einzelnen Teilkapitel werden jeweils durch einen »Leitartikel« eröffnet, der die Perspektive des ganzen Kapitels skizziert. Die Einzelbeiträge entfalten die für die Identität des Christlichen in katholischer Sicht elementaren »Merkmale« des Glaubens und des Lebens aus dem Glauben, so dass – wie wir hoffen – ein gut nachvollziehbares Gesamtbild entsteht: durchaus individuell, in der je eigenen »Handschrift« ausformuliert, und dennoch so weit katholisch repräsentativ, dass nichts Entscheidendes fehlt. Jeder Beitrag wird in der Regel ergänzt durch zwei Hinweise auf weiterführende Literatur, die auch ohne fachwissenschaftliche Vorkenntnisse konsultiert werden kann.

Die absichtlich knapp gehaltenen Texte des vorliegendes Bandes geben, soweit als möglich, Informationen auf dem Stand gegenwärtiger theologischer Forschung. Wir sind froh, dass sich eine so große Anzahl anerkannter theologischer Fachleute zur Mitarbeit bereit erklärt hat, und danken den Verfasserinnen und Verfassern der Teilartikel, dass sie sich auf die weithin ungewohnte, ja ungewöhnliche Herausforderung eingelassen haben, ihr Fachwissen knapp und »allgemein verständlich« darzustellen. Denn genau darauf kam es uns an: theologisch verantwortet, aber ohne theologisches »Fachchinesisch«, von den *Essentials* christlichen Glaubens und Lebens zu sprechen. *Katholische Glaubensfibel*, das meint hier also: ein Elementarbuch für alle, die das *entscheidend* wie das *unterscheidend* Christliche kennen lernen und sich ihres Christseins in katholischer Ausprägung vergewissern wollen; elementare Information: aufs Wesentliche konzentriert und doch mit dem Anspruch, nicht einfach nur das Altbekannte im neuen Gewand vorzustellen, sondern es so zu sagen, wie es heute – im Hinhören auf alltägliche Fragen und auf wissenschaftliche wie gesellschaftliche Herausforderungen – gesagt werden kann. *Katholische Glaubensfibel* meint aber auch: Dieses Buch muss man nicht systematisch von vorne bis hinten durcharbeiten. Man kann es zu Einzelfragen und auf umfassendere Perspektiven hin konsultieren. Und man hat die Möglichkeit, mit Hilfe des Sachregisters selbstständig thematische Querverbindungen zwischen unterschiedlichen Einzelaspekten herzustellen.

Die Kapitel der Katholischen Glaubensfibel beginnen jeweils mit einer von *Kerstin Clasen* kommentierten Abbildung aus der europäischen Malerei (von der Buchmalerei über Rogier van der Weyden bis zum Gegenwartskünstler Titus Lerner). Wir danken ihr für diese anregenden Texte. Danken möchten wir nicht zuletzt auch *Dr. Kirsten Blanck* für die sorgfältige Lektoratsarbeit, *Jochen Fähndrich* vom Verlag Herder für freundliche Koordinierungsarbeiten und dem Verleger *Winrich C.-W. Clasen* (CMZ-Verlag) für die Anregung zum vorliegenden Buch.

Den Leserinnen und Lesern – den »Anfängerinnen« und »Anfängern« im Glauben, den Fortgeschrittenen und Fortschreitenden, den am Christentum Interessierten, den kritisch Nachfragenden, denen, die zuverlässige Auskunft suchen –, ihnen allen wünschen wir viele gute Erfahrungen mit der Glaubensfibel.

Bonn – Münster, im Juli 2004   *Walter Fürst*
                                                  Jürgen Werbick

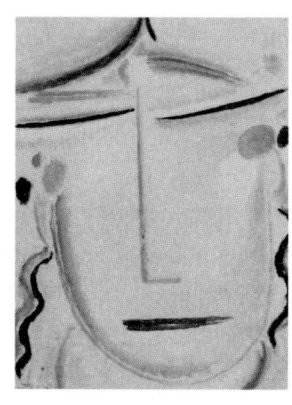

Einführung

Alexej von Jawlensky (1864-1941): *Heilandsgesicht,* ca. 1921; Öl auf Malpapier, auf Karton, 35,6 x 25,4 cm; Leonard Hutton Galleries, New York
[1998].

Neben Landschaft und Stillleben zieht sich das Porträt als wichtiges Thema
durch das Gesamtwerk Alexej von Jawlenskys, der 1864 in Russland geboren wurde, aber seit 1896 in Deutschland und der Schweiz lebte. Charakteristisch für die Arbeitsweise des Malers sind Werkserien, in denen er oft
über Jahre hinweg ein Thema immer wieder variiert. Zum Porträt entstanden so vier bedeutende, seine künstlerische Entwicklung repräsentierende
Bilderserien: die "Mystischen Köpfe" und die "Heilandsgesichter" seit 1917,
später die "abstrakten Köpfe", ab den 30er Jahren dann die "Meditationen".
    Bereits die "Heilandsgesichter" sind vom Bildtypus her keine Porträts
im eigentlichen Sinne mehr, auch wenn am Beginn dieser Serie die Bildnisse
einer befreundeten Malerin stehen. Die individuellen Züge der Dargestellten werden immer stärker zugunsten idealisierter und stilisierter Formen
aufgegeben und (hier entspricht die persönliche künstlerische Entwicklung
des Malers ganz der Haupttendenz der Kunst des 20. Jahrhunderts) die
gestalterischen Mittel werden unabhängig vom dargestellten Inhalt. So mag
der Betrachter, wenn er den Ausgangspunkt der Serie gesehen hat, zwar in
den Wellenlinien links und rechts des Gesichtes die dunklen Locken der
Emmy Scheyer wieder erkennen, doch sind Stilisierung und Abstraktion so
weit vorangetrieben, dass dieser Ursprung für das Bild selbst unwichtig ist.
    Wie alle Gesichter dieser Serie ist auch dieses ganz nah herangerückt,
hier sprengt es sogar die Bildfläche. Das dominante gestalterische Mittel ist
die Linie, die durch ihre ungleichmäßige Stärke und zum Teil verwischte
Kontur sehr lebendig wirkt, obwohl sie eigentlich primär geometrische
Grundelemente wiedergibt. So wird die Nase aus einer sehr langen und
einer kurzen Geraden gebildet, der Mund aus zwei parallelen Waagerech-
ten. Die Augen werden ebenfalls aus parallelen Linien gebildet, so dass der
Eindruck entsteht, sie seien geschlossen oder stark zusammengekniffen. An
einigen wenigen Stellen, z.B. den Augenbrauen und dem angedeuteten
Haaransatz, schließen sich die nebeneinander gesetzten, farbig unterschiedlichen Linien zu einer geometrisierten Fläche zusammen. Im Bereich der
Augengeraden und entlang der Bogenlinie, welche die eigentliche Gesichts-
form nach unten hin begrenzt, entsteht durch die hell abgestuften, z.T. von

der Linie zur Fläche auslaufenden Farbbereiche eine vage Andeutung von Plastizität. Einzelne punktförmige Farbkleckse sind neben der Linie die einzige weitere geometrische Grundform, die Jawlensky einsetzt.

Farbgestalterisch arbeitet der Maler ebenfalls mit sparsam eingesetzten Mitteln: Auf einem cremefarbenen Grund verwendet er neben den Primärfarben Rot, Gelb und Blau lediglich ein Blaugrün, Schwarz und Weiß. Die Ölfarbe ist lasierend aufgetragen, so dass man die Struktur des Malgrundes darunter erkennt.

Durch die Farbkonzeption und die oben beschriebene Gestaltung der Linie entsteht der Eindruck von Leichtigkeit und Fröhlichkeit. Zugleich wirkt das Gesicht ganz wie in sich selbst versunken, die geschlossenen Augen verweisen auf den Blick nach innen. Der Betrachter erhält keine Möglichkeit zur Kommunikation, bleibt schauend außen vor. Was er sieht, ist ein Gesicht, das Ausdruck einer überpersönlichen Wirklichkeit ist und als solches zeichenhaften Charakter besitzt. Das menschliche Gesicht verbindet wie kein anderes Motiv Geistiges und Körperliches. Das Geistige scheint bei Jawlensky eindeutig den Vorrang zu haben. Er selbst hat in einem Brief an Emmy Scheyer einmal davon gesprochen, dass für ihn im Gesicht der ganze Kosmos sich offenbare. Der Generaltitel der Bilder dieser Serie und die Biographie des Künstlers lassen eine weiter reichende christlich-religiöse Deutung zu: Im Gesicht ist zeichenhaft das Göttliche enthalten. Die in den "Heilandsgesichtern" enthaltenen deutlichen Anklänge an altrussische Ikonenmalerei (etwa die strenge Frontalität, die angedeutete Kreuzform für Nase und Augen, der Eindruck der Unnahbarkeit) stützen formal einen solchen Interpretationsansatz.

Jawlenskys "Heilandsgesichter" sind vor allem deshalb so eindrücklich, weil sie eine alte Bildtradition, das Christusbild, in die Formensprache der Moderne übersetzen, aber auch, weil sie in diesen Gesichtern das Menschliche und das Göttliche zugleich zum Ausdruck bringen und so eine Verbindung zwischen beidem herstellen.

Kerstin Clasen

Christsein katholisch

Die Frage »Katholisch glauben, was ist das?« ist eine nicht ganz zeitgemäße Frage – mitten im Suchen nach ökumenischer Glaubensgemeinschaft der Christen und Kirchen. Aber vielleicht bahnt gerade diese Frage nach dem Katholischen neue Schritte an zu einem tätigen und glaubenden Miteinander der Christen und Kirchen – mitten in einer kulturell und religiös pluralen Welt. Und zwar als lebenspraktische Frage gestellt: »Katholisch leben, wie geht das?« Darum wird hier keine fachwissenschaftliche Antwort nach dem Begriff des Katholischen versucht, sondern eine erfahrungsbezogene Antwort, eine Skizze des katholischen Alltagsbewusstseins heute mit subjektiv eingefärbten Wahrnehmungen und Urteilen.

Katholizismus ist *religionssoziologisch* gesprochen die am weitesten verbreitete Grundform des Christlichen, anzutreffen in ungezählten regional und kulturell höchst unterschiedlich geprägten Spielformen in der Geschichte und in der Gegenwart. *Religionspraktisch* betrachtet ist Katholizismus eine ziemlich kühne Lebensform. Denn diese Lebensform zeichnet sich aus durch eine kaum einholbare Universalität. Sie lebt und denkt Gott und Welt, den Einzelnen und die Menschheit, die kleinen Leute und die Großmächtigen, das Gute und das Böse, den Alltag und das Fest, das Leben und den Tod, den Abgrund des Leids und das Osterwunder, die Herkunft der Schöpfung aus der überschäumenden Liebe des dreieinen Gottes und die Vollendung der Schöpfung und Geschichte durch eben diese Liebe zusammen – in einer heute schon keimenden Synthese (vgl. Eph 1,3-14.21-23; Kol 1,15-20). *Religionstheologisch* bedacht stehen die Menschen als Glaubende in der Mitte eines alles umfassenden göttlich-menschlichen Kosmos und zwar die ausdrücklich Glaubenden und auch die eher einschlussweise Hoffenden. Und mitten unter ihnen Jesus Christus als Menschensohn und als Gottessohn. Das verborgene Beziehungsgeflecht, das die Menschen mit dem Geheimnis Gottes verbindet, nennen Juden und Christen *Glauben* als das vor der Vernunft gerechtfertigte freie Ja zu diesem fern-nahen Gott. Die göttliche Einladung und Befähigung zu diesem Glauben nennen sie *Gnade.*

Katholisch ist zunächst ein Eigenschaftswort, das etwas Umspannendes, Umfassendes näher bestimmt, und zwar als ein alles Umfassendes, alles Umspannendes. Schon die Christen der Frühzeit wählen dieses Eigenschaftswort *katholisch* zur näheren Bestimmung der Kirche als Heilsgemeinschaft für alle Menschen, um die Glaubensüberzeugung auszusprechen: Der Gott Israels, der Gott Jesu Christi lädt seit Abel (vgl. Hebr 11,4) alle Menschen zum Neuen Leben ein – endgültig bekräftigt durch Jesus Christus, den Mensch gewordenen Sohn Gottes, den Wanderprediger in Galiläa, den hingerichteten und auferweckten Menschensohn. Dieser Neue Adam (1 Kor 15,45), Jesus Christus, Zielpunkt der Geschichte und des Kosmos, ist in der Kirche durch seinen österlich-pfingstlichen Geist wirksam gegenwärtig, so glauben die Christen. Aus ihrer geglaubten Christus-Verbundenheit gewinnt die Kirche ihr Katholisch-Sein als ihr Füralle-da-Sein. Als in den Zeiten der Kirchenspaltung *katholisch* zum Eigennamen, zum Konfessionsnamen der Altgläubigen, der römischen Kirche wird, bleibt den reformatorischen Kirchen die Eigenschaft *katholisch* weiterhin so kostbar, dass sie jetzt in ihren Bekenntnistexten von der *allgemeinen Kirche* sprechen.

Wo ist nun heute *spezifisch Katholisches* zu entdecken, zu erfahren? Im Gemeinde-, im *Kirche-Erleben,* in der Glaubensgemeinschaft der Jungen und Alten, der Ängstlichen und Ungeduldigen, der Linken und Rechten, in der Caritas-Aktion, im Eucharistie-Feiern. Noch konkreter: etwa in der Feier der Osternacht. »Lumen Christi!« ruft der Diakon, wenn er die am Osterfeuer entzündete Osterkerze in die dunkle Kirche trägt. Aber wie schwach ist dieses kleine Licht im großen Dunkel. Gleichwohl antwortete die Gemeinde mit »Deo gratias«, »Dank sei Gott« für dieses ohnmächtige Licht, Christus-Licht, Hoffnungs-Licht. Dieses ernste, heitere Spiel mit Dunkel und Licht, mit Hoffnungslicht im Leidensdunkel ist wohl etwas spezifisch Katholisches. Hoch sinnlich ist dieses Licht und dieser Ruf und zu-

gleich tief geistlich; bewegend ist dieser Dank für ein einziges Ker-
zenlicht, verwegen die österliche Hoffnung, auf Leben zu setzen –
durch allen Tod hindurch – um des Auferweckten willen. Eine un-
geahnte Tiefenschicht, eine unerwartete Höhenschicht dringt in die
Liturgie der Osternacht erlebbar mitten in die Alltagswirklichkeit
ein, öffnet Spalten, Fenster dort, wo vorher nur blinde Wände sind.
Alle erleben dieses harmlose Licht-Spiel im Dunkel der Nacht, viele
sprechen und singen die alten, neuen Texte aus diesem Erleben und
ihre Stimmen laden die (noch) Zögernden und Fragenden ein. So
wird Miteinander-Glauben erfahren: Glaubensgemeinschaft – herausgefordert von einem scharfen religiösen Individualismus. Hier
finden katholische Christen Kirche am Werk, sinnlich und geistlich,
und zwar nicht als bloße Menschen-Aktion, sondern als Gottes-Ak-
tion, denn Kirche ist zuerst ein Glaubens-Ereignis, ehe es die eine
notwendige gemeinschaftliche Größe wird.

Vielleicht ist spezifisch Katholisches am deutlichsten zu spüren
im Umgang katholischer Christen mit der *Eucharistie*, mit dem Altar-
sakrament. Denn wie katholische Christen über Gott und die Welt
denken, wie sie geschwisterlich vertraut mit der geglaubten Gegenwart Jesu Christi im Ereignis der Eucharistiefeier umgehen, wie sie
die große Welt und das kleine Leben in diese Feier hineinbringen
und eben diese Welt und dieses Leben von Christi Geist durchströmt wieder hinaustragen, wie sie sich selbst auf dem Exodus Israels und auf dem Kreuzweg Jesu Christi wiedererkennen, wie sie in
der Mahlgestalt der heiligen Messe die Einladung Gottes zum Völ-
kermahl der Menschheit (vgl. Jes 60; 65,10; vgl. Jes 55,1-5) feiern
und wie sie im ohnmächtigen Zeichen des gebrochenen Brotes und
des geteilten Kelches das aktuelle Herannahen dieses Völkermahls
glauben, dies alles ist hier in der Eucharistiefeier zu vernehmen, zu
erfahren, zu erkennen. Das universale Reich-Gottes-Projekt für alle
Menschen, zu allen Zeiten, in allen Kulturen, in dessen Dienst diese
Kirche steht, wird in der Eucharistie als sich *heute* (vgl. Lk 2,11;4.21;
19,5.9; 29,43) vollziehendes Ereignis gefeiert. Zugleich fordert dieses Eucharistie-Feiern alle Mit-Feiernden zu äußerster Glaubens-
kühnheit heraus: in den ohnmächtigen (vieldeutigen) Zeichen von

Gemeinschaft und Mahl, von Brot und Wein will der Ernst der göttlichen Liebe am Kreuz für das Leben der Menschen genauso greifbar, begreifbar werden wie die geheimnisvolle Stärke und Schwäche der Menschen.

Katholisch glauben schließt auch eine überraschend vertraute, ganz unängstliche Nähe zum Kreuz, zum Kreuz *des* gekreuzigten Jesus, zum *Kreuz mit dem gekreuzigten Jesus* mit ein. Kreuze mit dem Gekreuzigten sind heute zu sehen in katholischen Kirchen und in Privathäusern, seltener an Wegen und auf Gräbern. Kreuze sind Ausdruck einer doppelten Hoffnung, dass die Menschenliebe Gottes überall und immer zugegen ist – gerade auch an der Todesgrenze und noch darüber hinaus – und dass außerdem Gottes Gott-Sein mit den Menschen (vgl. Ex 3,14; Mt 28,20) sich am ausdrücklichsten im Kreuz Jesu zeigt. Darum ist Jesus am Kreuz auch weniger ein Datum in der Jesus-Biographie oder gar ein Angst machendes Hinrichtungsbild, als vielmehr *die* Gottesoffenbarung. Was Menschen von dem Gott Israels, von dem Gott Jesu Christi halten können, im Kreuz Jesu ist es zu sehen. Vielleicht darf man hier an das Johannes-Evangelium erinnern, das Jesus sagen lässt: »Wer mich sieht, sieht den Vater« (Joh 14,9). Wer auf den gekreuzigten Jesus schaut, schaut auf die gekreuzigte Menschenliebe Gottes. Glaubensglück und Glaubenslast treffen sich beim Anblick des Kreuzes. Gottes Leben spendendes Heil kommt den Menschen entgegen als Heil vom Kreuz, als Heil des gekreuzigten und österlichen Jesus Christus.

Schon die frühesten Christen singen – ergriffen von diesem Leben-Tod-, Macht-Ohnmacht-Widerspruch – ein Osterlied auf diesen Jesus, der sich aller Gottesgestalt entäußert und in Sklavengestalt als Gottes Sohn erweist (Phil 2,4-11). Und der rabbinisch gebildete Paulus erkennt im Kreuz Jesu sogar das Grundprinzip des göttlichen Handelns insgesamt: Gott vollendet seine Kraft (= Dynamik!) in der Schwachheit (Asthenie, vgl. 2 Kor 12,9b). Das heißt dann aber auch: Alle, die sich auf diesem Gott einlassen, erfahren seine Dynamik in Kreuzgestalt, seine tiefste Gnade im dunklen Schweigen, die stillen Gottsucher und die bekennenden Christen, die Kirche insgesamt und alles, was sie tut: in ihrem Bruderdienst und in ihrer Verkündigung, in ihrer Liturgie und im gespendeten Sakrament. Es ist ein schwieriges Stück christlicher, katholischer Lebenskunst als Glaubenskunst, sich Gottes Macht als Ohnmacht des Kreuzes gefallen zu lassen.

Gottfried Bitter CSSP

Katholisch glauben: Christsein als Lebensform

Will man das Spezifische der katholischen »Spielart«, Christin und Christ zu sein, in ein Leitmotiv fassen, so könnte man sagen: Katholisch ist *die Balance zwischen polaren Extremen.* Anders gesagt: das »Sowohl als auch« ist eine typisch katholische Figur. Noch schärfer zugespitzt: das Suchen nach der polaren Einheit eines Lebens zwischen dunkler Gottes-Nacht und hellstem Gottes-Licht, zwischen Menschen-Stärke und Menschen-Schwäche, zwischen Gottes-Dienst und Menschen-Dienst, zwischen kindlicher Demut und erwachsenem Niederknien vor dem Geheimnis Gottes, zwischen Grenzen-Beachten und Grenzen-Übersteigen, zwischen Glauben in Angst und Glauben in Hoffnung, das ist typisch katholisch und authentisch christlich zugleich. Das Abenteuer, die Balance zwischen polaren Extremen zu finden, zu leben, ist das Abenteuer des Katholischen, vertrackt und beglückend zugleich.

Katholisch leben und glauben: Leben in einem überraschend freien, weiten, reichen Land. Jede und jeder kann in diesem Land eine Heimat, besser: einen Zeltplatz finden, denn Christen wollen aufbrechen mit ihrer Kirche in die Zukunft des Reiches Gottes: in katholischer Mannigfaltigkeit und Einheit. Aber solches Leben in Vielstimmigkeit und Gemeinsamkeit fordert seinen Preis. Wird dieser Preis nur halbherzig oder zähneknirschend gezahlt, dann zeigt das Katholische *typische Schwächen.* Wenn die Chance, mit dem geheimnisvollen, nahen-fernen Gott auf Du und Du zu leben, als zu strapaziös wahrgenommen wird, wenn das alltägliche Stehen im Gottes-Dienst und im Menschen-Dienst als Überforderung erlebt wird, dann schmilzt das kühne Leben zwischen den Polen zusammen auf ein geschicktes Manövrieren zwischen den Bojen der Gutbürgerlichkeit, katholisches Mittelmaß schleicht sich ein. Als unauffälliger Ausweg aus der Überforderung des eigentlich Katholischen? Dieses katholische Mittelmaß ist zwar gefeit gegen alles Rigorose und Elitäre, auch umgekehrt gegen allzu skeptische Distanz. Aber auch gegen entschlossenen Umkehrmut, gegen eine entschiedene Wendung zu Jesus Christus und zugleich zum Anderen wehrt sich katholische Mittelmäßigkeit »standhaft und verschwiegen«. Gleichwohl fühlt man sich gut katholisch, auch wenn man sich vom Geist des Evangeliums weit entfernt (vgl. Offb 3,16).

Vielleicht die folgenschwerste katholische Schwäche ist die (ekklesiogene) Unwahrhaftigkeit. Sie entsteht durch ein ständiges, augenzwinkerndes Unterlaufen dessen, was als das Katholische ausgerufen, aber nicht gelebt wird. Und alle wissen es. Diese allgemeine Unwahrhaftigkeit keimt aus der stillen Übereinkunft auf, dass ja alles nicht so ganz ernst gemeint ist, sei es nun die Sache mit den Seligpreisungen oder mit der geglaubten Gegenwart Jesu Christi in seiner Kirche und zwar in der Gestalt des Gekreuzigten und Auferstandenen. Diese Unwahrhaftigkeit weitet sich rasch aus und erzeugt ein Klima der Unglaubwürdigkeit der Christen – nach innen und außen.

Katholisches Glauben ereignet sich im Kopf und im Herzen und mit den Händen, denn dieses Glauben befragt den Kopf und das Herz und erprobt dieses Glauben mit den Händen und umgekehrt wird dieses Glauben von Kopf und Herz und Händen bewegt. Katholisches Glauben ist ein universales und ein integrales Unternehmen. Die ganze Welt ist an diesem Unternehmen beteiligt – im Leben jedes Glaubenden. Darum entfaltet sich katholisches Glauben jeweils als eine *Lebensform.*

Die Seele des Katholischen ist das Leben im Geist Jesu Christi, im österlichen, im pfingstlichen Geist (vgl. Joh 14,26). Darum ist das Katholische etwas höchst Paradoxes: Leben-Wollen im Heiligen Geist, ist das nicht dumm, vermessen, fast gotteslästerlich? Leben-Wollen im Heiligen Geist, ist das nicht zugleich etwas ganz Leichtes, ganz Einfaches, so wie das Kinder gern tun: sich ganz hingegeben antreiben lassen von diesem göttlichen Geist (vgl. Joh 3,8), im Sturm, im Säuseln? Solches Leben-Wollen ist erdnah und himmelschwebend zugleich. Einige Merkmale eines solchen Lebens – durch Heiligen Geist bewegt – kann man benennen. In ihrem wechselseitigen Spiel miteinander lassen sie ein wenig das Katholische als Lebensform erkennen.

Wenn der Gott Israels, der Gott Jesu Christi tatsächlich der Schöpfer und Vollender der Welt und ihrer Geschichte ist, dann ist alles in dieser Welt die eine Wirklichkeit Gottes – in allen ihren Bereichen und Zonen; dann ist diese Welt, samt den vom Menschen errichteten Stücken, Garten des Lebens Gottes mit den Menschen. Darum ist das Katholische so universal und so integral, so weltzugewandt, so sinnlich und so geistlich.

• Wenn der Israel- und der Jesus-Gott tatsächlich eine Bundesgeschichte mit seiner Welt und mit ihren Menschen anstößt und sein Bundesangebot in der Jesus-Geschichte seinen Höhepunkt erreicht hat, der jetzt auf seine Vollendung zuläuft, dann ist *unsere Zeit Gottes Zeit*, dann ist dieser heutige Tag ein Adventstag, ein stiller Karsamstag, ein verborgener Ostermorgen. Diese theologische Bewertung der Zeit wirkt sich universal und ganz konkret aus, auf alle Tränen heute und alles Lachen.

• Wenn Jesus von Nazaret tatsächlich der Prophet und der Garant des herannahenden Reiches Gottes ist, dann kehrt *Gottes Heil heute* bei *Zachäus* ein (Lk 19,1-10), dann vernimmt heute der jüdische Ratsherr *Nikodemus* im nächtlichen Gespräch die Einladung Gottes (Joh 3,1-10), dann wird heute der namenlose Gelähmte vom Rand in die Mitte gerufen und wird dabei wieder gelenkig (Mk 3,1-6). Darum vertraut katholisches Leben nicht taub und blind, sondern sehend und hörend – in der Gemeinschaft der Mitglaubenden – auf Gottes herannahende Herrschaft, auf sein Heil heute.

• Wenn Gottes lockende Liebe tatsächlich Menschen zu antwortender Liebe bewegt, dann wird diese Liebe Gott staunend und vertrauend, klagend und bittend anrufen, alltäglich und auch öfter, und diese Liebe wird zugleich in samaritanischer Aufmerksamkeit Wunden verbinden und Tränen trocknen. Glaubendes, liebendes Wissen von Gott sucht die *betende und handelnde Vergewisserung* ganz selbstverständlich, ganz hingegeben, ganz alltäglich.

• Wenn Glauben dem geheimnisvollen, dreieinen Gott die schon mehrfach angesprochene Menschenliebe ernsthaft zutraut, dann wird das Leben im Geschrei und im Gezerre der großen und kleinen Welt nach und nach einfach, gelassen, heiter. Vielleicht wird das eigene Leben zusammen mit Gleichgesinnten sogar zum Impuls und Ferment für das Leben anderer, vielleicht wagt ein *österlicher Optimismus* sogar zu lächeln unter Tränen.

Gottfried Bitter CSSP

Mariano Delgado (Hg.), Das Christentum der Theologen im 20. Jahrhundert, Stuttgart 2000; *Otto Hermann Pesch*, Christliche Lebenspraxis, Kevelaer ²2003.

Glaubenslehre – Glaubensleben

Worum es im christlichen Glauben an Gott im Grunde geht, wird in einem Wort Jesu so zusammengefasst:»Ich bin gekommen, damit sie das Leben haben und es in Fülle haben.« (Joh 10,10) »Leben« ist eines der Worte für die tiefste Sehnsucht von Menschen. Menschen suchen das Leben. Dabei ist »Leben« nicht gleich »Leben«. Es gibt ein Leben »in Fülle« und es gibt einen Mangel an Leben. Es gibt ein wirklich lebendiges Leben und es gibt ein lediglich funktionierendes Leben. Noch tiefer reicht der Unterschied zwischen einem Leben, das dem Tode dient und in den Tod führt, und einem Leben für das Leben, über das der Tod keine letzte Macht hat. Jesus ist von Gott, dem Gott des Lebens, gekommen, um den Menschen das Leben zu geben, nach dem sie im Grunde ihres Herzens verlangen. Christlich an Gott glauben meint: sich von Jesus diese Gabe schenken lassen. Christlicher Glaube an Gott ist nicht zuerst das Für-wahr-Halten von Lehrsätzen, sondern das *Sich-Einlassen auf den Weg zum Leben, der von Gott her in der Person Jesu Christi den Menschen eröffnet ist.*

Glaube meint in der Bibel von Anfang an: sich von Gott auf einen Weg mit ihm rufen lassen, auf dem er das Leben gibt. So begann es mit Abraham, der seine Vergangenheit verließ, um von seinem Gott seine Zukunft zu empfangen. Auf vielerlei Weise ruft Gott nach den Menschen, damit ihnen ihr Leben gelingt. Er will nicht den Tod; er will das Leben. Oft muss er zur Umkehr rufen, weil nicht jeder Weg zum Leben führt. Christen glauben, indem sie sich von Gott in die Nachfolge Jesu als *den* Weg des Lebens rufen lassen.

Das macht die *Glaubenslehre* nicht überflüssig. Wer Jesus nachfolgt, muss darüber nachdenken, wer dieser Jesus ist, in welcher Beziehung er zu Gott, seinem Vater, lebt, und wodurch in ihm der Weg zum Leben erschlossen ist. Wer sich auf eine Hoffnung noch über den Tod hinaus einlässt, muss sich und anderen Rechenschaft darüber geben, wie sinnvoll von der »Auferstehung von den Toten« gedacht und gesprochen werden kann. Wer sich für seinen Weg in der Nachfolge Jesu Antrieb und Kraft schenken lässt, hat mit dem Heiligen Geist zu tun und darin mit dem christlichen Bekenntnis zu Gott, dem Vater und dem Sohn und dem Heiligen Geist. Weil es beim Weg des Glaubens um das Gelingen des Lebens geht, muss dieser Weg vor Missverständnissen geschützt werden. Es muss ausgemacht und gesagt werden, wo Wegzeichen des Glaubens verstellt werden und in die Irre führen.

Ihre grundlegende Glaubenslehre finden Christen nicht in Glaubenssätzen, sondern in den *Glaubenserzählungen der Bibel.* In den sehr unterschiedlichen Büchern und Schriften der Bibel werden Erfahrungen überliefert, die Menschen machten, wenn sie den Weg des Glaubens gingen oder sich ihm verweigerten. Diese vielfältigen Erfahrungen lassen sich nie ganz in den Sätzen der Glaubenslehre einfangen. Dennoch können die in den Geschichten enthaltenen Wahrheiten in zusammenfassenden Sätzen vergegenwärtigt werden. Das geschieht in den *Glaubensbekenntnissen.* Diese ersetzen nicht die biblische Überlieferung, sondern formulieren, welche Glaubensüberzeugung die Kirche aufgrund der biblischen Überlieferung verbindet. »Credo« ist das lateinische Wort für »Ich glaube«. Darum heißen die Glaubensbekenntnisse der Kirche (das so genannte kleine oder apostolische und das große oder nicänische) nach ihrem Anfangswort »Credo«.

Die alten Zusammenfassungen des Glaubens werden heute in einer Vielfalt von *Kurzformeln des Glaubens* oder *persönlichen Credos* aktualisiert. Diese Zeichen einer lebendigen Glaubensüberlieferung müssen, wenn sie den die Kirche verbindenden Glauben ins Wort bringen wollen, übereinstimmen mit dem Ursprung im Glauben der Apostel und mit der kirchlichen Glaubensgeschichte.

Wie Glaube und Leben zusammengehören, kann besonders deutlich werden an den Lebensweisungen Jesu. Wir finden sie im Matthäus-Evangelium zusammengefasst in der Bergpredigt. Oft werden sie »Forderungen« genannt. Man versteht die Weisungen nur recht, wenn man vorher mit ganzem Herzen gehört hat, wie Jesus die alles erneuernde, versöhnende, heilende Nähe Gottes ankündigt. *Gott beginnt in Jesus und in der Kraft seines neu schaffenden Geistes ganz neu mit den Menschen.* Er eröffnet ein Leben, wie es Menschen in der Tiefe ihres Herzens ersehnen: ein Leben ohne Gewalt und Hass, ein Leben in Wahrheit und gelebter Treue, ein Leben in gegenseitiger Annahme und Hochachtung, ein Leben der Barmherzigkeit und der miteinander geteilten Reichtümer der Schöpfung. Wo Menschen sich dieser neuen Nähe Gottes öffnen und *in der Nachfolge Jesu Schritte in die angebrochene Zukunft wagen,* da glauben sie der Botschaft Jesu, da glauben sie ihm als dem Weg, den Gott ihnen zum Gelingen des Lebens schenkt.

Der Weg des gelebten Glaubens hat ein Ziel: die endgültige und alles umfassende Versöhnung der Menschen mit Gott und untereinander. Dieses Ziel mutet der Glaube Gott zu im Blick auf das Kreuz und auf die Auferstehung Jesu. Es wird in einem unteren Abschnitt eigens davon gesprochen, wie Glaube, Hoffnung und Liebe zueinander gehören. Hier muss schon zumindest anfänglich ausgesagt sein, dass Menschen sich nicht glaubend auf einen Weg einlassen können ohne *Liebe zu dem, der sie auf den Weg ruft.* Und es muss zumindest anfänglich auch von der Hoffnung die Rede sein; denn das bereits hier und heute im Glauben neu gelingende Leben kann das endgültige Gelingen des Lebens nicht vorwegnehmen, wohl aber *die Hoffnung* tragen, *dass Gott das Begonnene auch vollenden wird.*

Dieter Emeis

Dieter Emeis, Was Getaufte glauben, leben, feiern, München 2003, 45-59; *Jürgen Werbick,* Glauben lernen aus Erfahrung, München 1987, 49-66.218-249.

Leibhaftigkeit und Bildlichkeit des Glaubens

Wer Wallfahren als »Beten mit den Füßen« oder Heilige als »Evangelium auf zwei Beinen« bezeichnet, will damit zum Ausdruck bringen, dass Glaube auf *Leibhaftigkeit* ausgeht. Glaube spielt sich nicht nur in Seele oder Geist, also im verborgenen Inneren des Menschen ab, sondern drängt auf Konkretisierung in leiblich-sichtbaren Vollzügen an Ort und Stelle. Das sollte nicht als »Veräußerlichung« diffamiert werden; es entspricht der leib-seelischen Verfassung des Menschen. Der äußere Vollzug wirkt seinerseits verstärkend zurück auf die innere Haltung. Das Liebesspiel zweier Menschen ist das bekannteste und schönste Beispiel dafür. Praktisch-religiös heißt das: Wer beispielsweise bewusst eine Kniebeuge macht, drückt damit nicht nur eine schon vorhandene Demut verehrend aus, sondern erbittet, vermehrt und steigert sie auch. Dasselbe lässt sich von allen liturgischen und karitativen Gesten und Handlungen des Glaubenden sagen. Verleiblichung ist Bewahrheitung durch Praxis. Kommunizieren können wir nur durch unsere leiblichen Sinne.

Gott ist für Christen nicht bloß ein neutraler Begriff, oberstes Prinzip oder letzte Ursache. Er hat sich uns vielmehr als ein Du zu erkennen gegeben; er hat seine Geschöpfe zum Du seiner Liebe gemacht. So liegt es nahe, ihn sich wie ein leibhaftes Wesen vorzustellen – mit Hand und Fuß, mit einem starken Arm und vor allem mit einem Angesicht.

Die Bibel ist voll von *Bildworten*, die menschliche Beziehungserfahrungen mit Gotteserfahrungen verknüpfen: Gott erweist sich als König, Liebhaber und Geliebter, Richter, Hirte, Schöpfer, Helfer, Befreier, Vater und Mutter, Erzieher, Rächer, Revolutionär, Retter. Hinzu kommen Bilder aus der Natur: Gott als Fels, Sturmwind, Blitz oder Quelle. Alle diese Bildworte sind nicht abbildlich gemeint; sie legen nicht fest, wie es Begriffe tun, die einander ausschließen. Sie zeigen vielmehr die Wirklichkeitsfülle an, die gemeint ist, wenn wir *Gott* sagen. Der Gläubige weiß aus vielen Offenbarungsgeschichten, dass Gott dies alles zugleich ist und dennoch darüber hinaus »der ganz Andere« bleibt. Er weiß, dass zur Ähnlichkeit seiner Bilder eine noch größere Unähnlichkeit gehört.

Hier kommt *das biblische Bilderverbot* ins Spiel (Ex 20,4; vgl. Dtn 5,8). Es wendet sich dagegen, den bildhaft-metaphorischen Vorstellungen einen festen Umriss zu verleihen, indem sie in einer Statue oder sonstwie gegenständlich materialisiert werden. Dadurch würde die Glaubensphantasie erstarren; vor allem würde die Unverfügbarkeit Gottes angetastet (Bildmagie). Materielle Gottesbilder sind Idole – eine Versuchung zum Götzendienst. Sie sind zerstörbar, anders als die Bildworte für Gott. So ist zu erklären, dass in der Bibel von Gott kräftig menschlich (anthropomorph) gesprochen wird, es dort aber letztlich keine Lizenz gibt, ihn sichtbar darzustellen und damit den Anschein zu erwecken, wir könnten uns auf diesem Wege seiner bemächtigen.

Das gilt auch für das Neue Testament. Es setzt das Götzenbilderverbot wie selbstverständlich voraus. Zugleich sind die Evangelien für uns das authentischste »Bilderbuch Gottes«. In ihnen spricht der Herr in leuchtenden Bildworten und *Gleichnissen* vom kommenden Gottesreich:

»Vom großen Frieden der Menschen und der Natur im Angesichte Gottes, von der einen Mahlgemeinschaft der Liebe, von der Heimat und vom Vater, vom Reich der Freiheit, der Versöhnung und der Gerechtigkeit, von den abgewischten Tränen und vom Lachen der Kinder Gottes. Diese Bilder und Gleichnisse sind genau und unersetzbar. Wir können sie nicht einfach ›übersetzen‹, wir können sie eigentlich nur schützen, ihnen treu bleiben und ihrer Auflösung in die geheimnisleere Sprache unserer Begriffe und Argumentationen widerstehen«, so die Würzburger Synode im Beschluss *Unsere Hoffnung* (I,6).

Wie aber kommt es dann ab dem 3. Jahrhundert zum christlichen *Bildergebrauch,* seit dem 6.Jahrhundert sogar zur *Bilderverehrung?* Es handelt sich um eine spezielle Form der Verleiblichung der gehörten und aufgeschriebenen christlichen Botschaft, um ihre Augenfälligkeit. Die zunehmende Bilderpraxis der Christen wird theologisch begründet mit der Sichtbarwerdung (Inkarnation) Gottes: »Das Wort ist Fleisch geworden« (Joh 1,14). Der Mensch Jesus von Nazaret stellt die geschichtliche Verkörperung Gottes dar, das ewige Wort Gottes »auf zwei Beinen«, leiblich, mit Hand und Fuß und mit einem menschlichen Gesicht: Jesus Christus als »das Ebenbild (wörtlich: die Ikone) des unsichtbaren Gottes« (Kol 1,14). So fungiert das *Christusbild als das christliche Gottesbild schlechthin.* (Darüber hinaus Gottvater als menschliche Person darzustellen widerspricht der klassischen Bildertheologie der Kirche; hätte man sich immer daran gehalten, wären uns manche Karikaturen Gottes erspart geblieben.)

Die ungebremste Bilderfreundlichkeit vor allem der östlichen Kirche geriet dort im 8. Jahrhundert in ihre erste große Krise (Bilderstreit, Bildersturm). Sie wurde zu Gunsten der Bilder gemeistert im 7. Ökumenischen Konzil, das 787 in Nizäa stattfand. Es erklärte ein für allemal: Bilder werden verehrt, nicht angebetet. Ihre Verehrung bezieht sich auf das Dargestellte, nicht auf die Darstellung. Bilder gehören zur kirchlichen Tradition. Sie machen das Evangelium nachdrücklicher, als es das Wort allein vermöchte. Sie beglaubigen die wahre Menschwerdung Gottes in Jesus. Die Malbarkeit des

Evangeliums spiegelt *Gottes Interesse an Leibhaftigkeit* und zeigt die *grundlegende Bildhaftigkeit der christlichen Botschaft.*

Schon bevor es zum Bildergebrauch in der Kirche kam, hatte der Theologe TERTULLIAN gegen leibfeindliche Tendenzen im Christentum gesagt, Leiblichkeit sei die Türangel des Heils (wörtlich: *caro salutis est cardo*). Zeichen für ein christliches »Unbehagen an der Materie« finden sich allerdings in allen Jahrhunderten. Ihnen ist entgegenzuhalten, was JOHANNES VON DAMASKUS, ein prominenter Bildertheologe, im Bilderstreit zur Verteidigung der materiellen Bilder sagte (was aber ebenso bezüglich der Sakramente oder der Kirche zu sagen wäre):»Ich erweise der Materie keine Anbetung, vielmehr bete ich an den Schöpfer der Materie, der um meinetwillen Materie wurde und in der Materie seine Bleibe nahm und durch die Materie mein Heil wirkte, – und so ehre ich unaufhörlich die Materie, durch die mein Heil gewirkt wurde«.

Günter Lange

Jürgen Werbick, Bilder sind Wege. Eine Gotteslehre, München 1992; *Günter Lange*, Bilder zum Glauben, München 2002.

Schrift und Tradition

In der spätmittelalterlichen Kunst wird Maria in der Verkündigungsszene oft mit einem Buch dargestellt. Maria, der von Gott begnadete Mensch, lebt aus dem Wort der Heiligen Schrift, gleichzeitig wirkt das Wort, mit dessen Geist sie begabt ist, mit ihr und in ihr fort. Erst in jüngerer Zeit ist neues Augenmerk auf die lange Tradition der geistlichen Schriftinterpretation gefallen, die in diesem Bild symbolisiert ist. Gerade sie steht für die enge und unauflösliche Bezogenheit von *Schrift und Tradition* aufeinander und auf den einen Wurzelgrund des *Wortes Gottes*, aus dem sie hervorgehen.»Die Heilige Überlieferung und die Heilige Schrift bilden den einen der Kirche überlassenen heiligen Schatz des Wortes Gottes.« (Dogmatische

Konstitution des Zweiten Vatikanischen Konzils über die göttliche Offenbarung DEI VERBUM = DV 10). Wenn die Konzilsväter Schrift und (apostolische) Tradition in ihrer Aufeinanderbezogenheit *als die eine entscheidende Glaubensquelle* im Blick haben (DV 7-10), als die grundlegende Norm, auf die sich bei der Suche nach einem Verstehen des Glaubens alle weiteren ihn bezeugenden Instanzen der Kirche zu beziehen haben, so setzen sie einen der entscheidenden Grundsteine für das neue ökumenische Gespräch der christlichen Kirchen.

In der kontroverstheologisch geprägten Zeit nach dem Konzil von Trient (1545-1563) galt das *Schriftprinzip* »sola scriptura« als *Kennzeichen des Protestantismus*, die *Vorordnung der (apostolischen) Tradition* vor der Heiligen Schrift als *Kennzeichen des Katholizismus*. Neuere hermeneutische Zugänge zur Schrift, die Erarbeitung eines geschichtlichen und kommunikativen Verständnisses der Offenbarung und vor allem auch die Diskussionen um den »Kanon der Schrift« (d.h. um die rechtmäßig zur Heiligen Schrift gehörenden Bücher) haben den Blick für die *Zusammengehörigkeit von Schrift und Tradition* wieder neu geschärft. Die Herausbildung und Formung der Heiligen Schrift wird selbst als zentrales Moment *im umfassenden Überlieferungsprozess* verstanden, als lebendiger Vollzug der Kirche. Und der »Kanon« setzt gerade in seiner Abgeschlossenheit den weiteren Prozess der Überlieferung frei, die Geschichte der Kirche »unter dem Wort Gottes«.

Schrift und Tradition haben beide ihren *Ursprung im Christusereignis*, im Glauben an den Gott, der in Jesus Christus das Heil für die Menschen ist (DV 9-10). In einer Vielfalt an Texten wird in der Schrift der Gott des Lebens bezeugt, das Wort Gottes, das Evangelium, das in die Geschichte eingegangen ist und von Anfang an Verheißung von Leben für die ganze Schöpfung auch über alle Zeiten hinaus ist (Eph 1,3ff.; Phil 2,6ff.; Gal 4,4; 1 Kor 8,6; Röm 8,3). Die Evangelien bezeugen, was Jesus gelebt hat. Sie bezeugen den Gott, den er als liebenden und barmherzigen Vater (Lk 15,11-32) verkündet hat, und der in ihm selbst, als der Weg, die Wahrheit und das Leben (Joh 14,6), als der Gott, der Liebe ist (1 Joh 4,8.16), den Menschen nahe gekommen ist.

Die Texte der Schrift sind vor allem eines: Zeugnisse einer Begegnung vieler Männer und Frauen mit dem Gott des Lebens, Zeugnisse ihres Hineinwachsens in die Glaubenserfahrung, dass Jesus der Christus ist, der Herr und Meister, den Gott von den Toten auferweckt hat – so z. B. das von Paulus überlieferte Glaubensbekenntnis der Gemeinde in Antiochien, das bereits um 30 n. Chr. vorliegt:»Christus ist für unsere Sünden gestorben, gemäß der Schrift, und ist begraben worden. Er ist am dritten Tag auferweckt worden, gemäß der Schrift, und erschien dem Kephas, dann den Zwölf.«(1 Kor 15,3-5). Und sie sind Zeugnisse für die Ausbildung der vielfältigen Lebensformen, die daraus erwachsen: die verschiedenen Dienste und Ämter, die Formen der Verkündigung, der Liturgie, der Feier des Gottesdienstes, vor allem die sakramentalen Zeichen von Taufe und Eucharistie, die je eigenen Weisen gelebter Barmherzigkeit in den Gemeinden usw. Das Zeugnis der Apostel – zu ihnen gehören die Jünger auf dem Weg nach Emmaus ebenso wie Petrus und Johannes, Maria und Maria von Magdala, Thomas und Paulus und viele andere – ist Ausgangspunkt für die Abfassung der Schrifttexte. Die Heilige Schrift ist das»verschriftete« Zeugnis der Apostel. Das Zeugnis von der Auferstehung, die Ausbildung der apostolischen Tradition und die Schriftwerdung sind nicht voneinander zu trennen, Schrift und apostolische Autorität gehören von Anfang an zusammen. Was apostolische Tradition ist, tritt so gerade im Prozess der Schriftwerdung hervor. Und genau dies ist das Gründungsgeschehen von Kirche, ihr»apostolischer« Ursprung.

Schrift und apostolische Tradition sind so *nicht zwei unterschiedliche Glaubensquellen* bzw.»Orte« der Bezeugung des Christusereignisses; vielmehr muss von einem *»zwei-einen« theologischen Ort* gesprochen werden. Die Schrift ist der Tradition qualitativ und normativ vorgeordnet, gleichzeitig ist die Tradition aber auch der Ort und Lebensraum für die Ausgestaltung der Kriteriologie der Schriftinterpretation, zu der der Glaube der Kirche, die Kirchenväter, die Theologie, das Lehramt beitragen. Schrift und apostolische Tradition zusammen sind von entscheidender Maßgeblichkeit für alle anderen Formen und Bezeugungsinstanzen, die sich, von ihnen ausgehend, im lebendigen Überlieferungsgeschehen der Kirche ausbilden. An ihnen haben alle anderen Lebensformen je neu ihr Maß zu nehmen: Auch in den unterschiedlichen Traditionsbildungen der nachapostolischen Zeit (den vielfältigen Lebensformen der Kirche, ihrer Verkündigung, Liturgie und Diakonie, der Theologie und allen Gestalten des Glaubenslebens) geht es um das Leben, das in der Schrift bezeugt ist: um die Erinnerung an das Heil und die Liebe Gottes, die auf dem Weg Jesu von Nazaret in der Geschichte ansichtig geworden und in seiner Auferstehung als Verheißung für die ganze Schöpfung, über jeden Tod hinaus, bezeugt worden sind. Sie sind nur dann Lebensformen des Glaubens, wenn sie die Spur Jesu Christi in einem lebendigen Überlieferungsgeschehen in die Geschichte hinein ausziehen, wenn sie selbst für das Leben einstehen, das sie bezeugen.

Die Schrift – als das »verschriftete« Zeugnis der Apostel – ist sozusagen eine »bewohnbare Welt«, die je neu, in Lektüre und Interpretation, eine Geschichte freisetzt. Es ist die Geschichte der Kirche als der »eschatologischen Sprachgemeinschaft«, welcher durch Jesus Christus »das Leben Gottes selbst als Lebensraum eröffnet« ist (PETER HÜNERMANN). Maler des Spätmittelalters haben Maria, aber auch andere große Christinnen und Christen, mit dem Buch dargestellt. Sie symbolisieren die Gemeinschaft derer, in der das Wort Gottes neu lebendig und so die einmalige und einzigartige Liebesgeschichte Gottes mit seinem Volk (Hebr 1,1-4) fortgeschrieben wird.

Margit Eckholt

Peter Hünermann, Dogmatische Prinzipenlehre. Glaube – Überlieferung – Theologie als Sprach- und Wahrheitsgeschehen, Münster 2003, 59-98; *Wolfhart Pannenberg/Theodor Schneider* (Hg.), Verbindliches Zeugnis I. Kanon – Schrift – Tradition, Freiburg i. Br./Göttingen 1992; *Margit Eckholt*, Poetik der Kultur. Bausteine einer interkulturellen dogmatischen Methodenlehre, Freiburg i. Br. 2001, 503-572.

Reich Gottes und Kirche

Jesus kündigte das Reich Gottes an, und was kam, war die Kirche.« Mit diesem provokant klingenden Satz wollte ALFRED LOISY (1902) nicht einen Gegensatz, sondern einen Zusammenhang von Reich Gottes und Kirche anzeigen. Und recht bedacht konnte es in der Menschenwelt, wie sie ist, auch kaum anders laufen, als der Satz andeutet. Denn in dem Moment, wo Jesus mit seinem Programm nur bei wenigen Aufnahme findet, werden diese wenigen zum – nach Ostern ›Kirche‹ genannten – Vorauszeichen und dienenden Werkzeug für das Reich Gottes. Doch sehen wir genauer zu.

Reich Gottes, Herrschaft Gottes: die üblichen Übersetzungen der biblischen Ausdrücke sind missverständlich. Es geht nicht um ein territoriales »Reich«, nicht um autoritäre »Herrschaft«, sondern um das *dynamische* Herr-Werden Gottes in seiner Schöpfung. Gottes Herr-Sein ist befreiend: es schließt unterdrückende Herrschaft von Menschen über Menschen aus (Lev 25), es bedeutet Gerechtigkeit, Friede, Heilung aller Gebrechen, Heil.

Das Alte Testament sagt: »Gott *ist* König« und Herr der ganzen Welt (Ps 47,8f. u.a.), aber er wird nicht überall als solcher anerkannt; daher seit dem Exil die Hoffnung auf das *zukünftige* volle Herr-Werden Gottes (Jes 52,6-10 u.a.). Bedrückt von Fremdherrschaft bitten Juden Gott: »Gib uns wieder Retter wie vordem, sei du König über uns, du allein« (Achtzehngebet 11). Manche Gruppen wollen die Sünder und Heiden vom Heil ausschließen, manche denken, menschliche Aktivitäten (wie strenges Einhalten der Thora, Aufstand gegen die heidnischen Fremdherren) könnten Gottes Herr-Werden herbeiführen. Das Substantiv »(Königs-) Herrschaft/Reich Gottes« wird jedoch ganz selten für Gottes Herr-Werden verwendet.

Dieses seltene und unbelastete Wort macht Jesus zum Programmwort: »Sucht zuerst das Reich Gottes«; alles andere wird dem untergeordnet (Lk 12,31; Mt 13,44f.). Was meint er damit? Entscheidend ist: Jesus erfährt und verkündet den einen Gott Israels als den barmherzigen Vater, als die *unbedingt für alle entschiedene Güte* oder Liebe. Deshalb *lebt* er diese Güte, deckt er den Sinn der Schöpfung auf, heilt er Kranke, isst er mit Ausgegrenzten und Sündern, weist er auch Heiden nicht ab, propagiert er die offene Familie Gottes (Mk 3,31-35) und die positive Unterbrechung der Vergeltungs- und Gewaltmechanik (Lk 6,27-36).

Für Jesu Programm bedeutet das: (1) *Inhaltlich* geht es darum, dass Gottes *Güte* bei den Menschen – bis in ihre sozialen Beziehungen und Verhältnisse hinein – zu herrschen beginnt, also z. B. nicht »Geld die Welt regiert«. (2) *Zeitlich* steht das Regieren der Güte Gottes weithin noch aus (weshalb man bitten muss »Dein Reich komme«), aber im Wirken Jesu und derer, die ihm folgend Gottes Güte in ihr Leben ein- und zu anderen durchlassen, fängt es *jetzt schon* an und ist es da. (3) Die *Initiative* liegt bei Gott: Gott ist es, der uns mit seiner Nähe beschenkt und uns annimmt, nicht wegen unserer Vorzüge, sondern einfach, weil er uns liebt. (4) Gott *wartet auf Antwort* von Menschen, welche die geschenkte neue Lebensmöglichkeit glaubend annehmen und ihrerseits eintreten in die Bewegung seiner Liebe hin zu allen. (5) Die Diskrepanz zwischen den *kleinen Anfängen* und der universalen Vision vom vollendeten Gottesreich ist groß. Doch auf die Anfänge (in Jesu Bildern: auf das kleine Senfkorn, den Sauerteig, der das Mehl durchsäuern soll, das Salz der Erde, das Licht der Welt) kommt es an, sie sind Vororte des Herr-Werdens von Gottes Güte und des Heil-Werdens von Menschen.

Jesu Programm bedeutet die Krise alles Bestehenden: Wo Gott Herr werden soll, wird die bestehende Ordnung, sofern sie ausgrenzt, arm und krank macht, in Frage gestellt: Man müsste seine Einstellung ändern. Kein Wunder, dass es zu Konflikten kommt, dass Jesus Verweigerung und bei einigen tödliche Ablehnung entgegenschlägt. Doch sie kann weder Jesu Hoffnung (vgl. Mk 14,25) noch, wie Ostern zeigt, Gottes Initiative zunichte machen. Der auferweckte Gekreuzigte schafft sich Zeugen. Sein Geist vergegenwärtigt die in ihm erschienene Liebe Gottes in den Gruppen und Gemeinden, die sich verstehen lernen als von ihm »Herausgerufene« (griechisch ekklesía, davon lateinisch ecclesia und romanische Wörter wie église). Im germanischen Raum wird man später dafür *»Kirche«* (von griechisch kyriaké = die zum Herrn Gehörige) sagen. So ist Kirche die sachliche Konsequenz der Reich-Gottes-Botschaft Jesu. Zwar hat der irdische Jesus nicht direkt die Kirche im Sinn der späteren Institution mit ihrer Verfassung eingesetzt. Aber im Rückblick zeigen sich in der Geschichte Jesu Elemente einer stufenweisen Kirchenentstehung (die auch das Zweite Vatikanische Konzil annimmt): Jesu Predigt und Praxis der Gottesherrschaft (das Programm), sein einladender Ruf zur Umkehr an alle (weiterer Anhängerkreis), die Berufung eines engeren Kreises (von Nachfolgern auf seinem Weg), die Einsetzung der Zwölf (Symbol für die Sammlung ganz Israels als Kern der Völkerwelt), die in der Ablehnung durchgehaltene Hingabe für alle (dieses »Für alle« ist Wurzel und Sinn der Kirche), die Ostererfahrung und Gründung der Urgemeinde (der erhöhte Herr ruft neu zusammen und sendet), die pfingstliche Entscheidung im Heiligen Geist für die Völkermission (Kirche aus Juden und Heiden).

Für das Verhältnis von Reich Gottes und Kirche ergibt sich: Die Dynamik der Reich-Gottes-Botschaft Jesu ist auf die ganze Welt gerichtet. *Kirche ist* nicht das Reich Gottes. Sie ist aber – trotz allem Versagen – *Zeichen und Medium des Reiches Gottes*, das in der Welt Raum gewinnen will. Mit dem Zweiten Vatikanischen Konzil: Das gesamte Gottesvolk der Kirche ist »gleichsam Sakrament, d.h. Zeichen und Werkzeug für die innerste Vereinigung der Menschen mit Gott und für die Einheit der ganzen Menschheit« (und die Gläubigen sind »lebendige Zeugen und Werkzeuge« dafür). Soweit Kirche dies ist, ist sie schon »Keim und Anfang des Reiches Gottes auf Erden«, Vortrupp einer großen Hoffnung für alle, für die Mühseligen und Beladenen zumal.

Wie Jesus für andere, so ist Kirche für andere da. Ihr Sinn liegt nicht in ihr selber, sondern in dem, worauf sie hinzeigt und dem sie dient: der in Jesus Christus angebrochenen Herrschaft der Güte Gottes, die alle erreichen möchte. Diese hat sie zu bezeugen, die Hoffnung auf Gottes Reich wach zu halten und zu einem Leben zu inspirieren, das etwas von diesem Reich erahnen und spüren lässt.

Wo Menschen in den Spuren Jesu anfangen, Gott mit seiner allen geltenden Güte in ihre Beziehungen einzulassen, dort wird die Welt partiell zum Raum der Herrschaft Gottes, dort kommt die ursprüngliche Absicht des Schöpfers zum Vorschein und zum Tragen.

Hans Kessler

Meinrad Limbeck, Christus Jesus. Der Weg seines Lebens. Ein Modell, Stuttgart 2003; *Joachim Gnilka*, Die frühen Christen. Ursprünge und Anfang der Kirche, Freiburg 1999.

Gesetz und Evangelium – Wirken des Geistes und Kirchenrecht

Nach einem zählebigen Klischee besteht einer der hauptsächlichen Unterschiede zwischen Katholizismus und Protestantismus darin, dass Katholiken glauben müssen, was der Papst sagt, Protestanten dagegen glauben können, was sie wollen. Und ist es nicht tatsächlich so, dass in der katholischen Kirche alles, was die Kirchenmitglieder glauben und tun sollen, durch Konzilsbeschlüsse, päpstliche Rundschreiben und Hirtenbriefe festgelegt und in Geboten, Gesetzen und Erlässen kirchenrechtlich festgeschrieben ist, während in den evangelischen Kirchen alles viel großzügiger gehandhabt zu werden scheint, gleichsam der Freiheit der Kinder und dem freien Wirken des Geistes Gottes reichlich Raum gebend? Auf der anderen Seite ist es nicht nur ein katholischer Eindruck von außen, dass im Protestantismus die Identität des Glaubens und die Einheit der Gemeinschaft des Glaubens durch eine solche nur schwach gezähmte innere Polarisierung und Pluralisierung bisweilen zu verschwimmen droht. Dieser Unterschied ist nicht nur ein polemisches Klischee, sondern mit den unterschiedlichen Grundoptionen von Katholizismus und Protestantismus eng verbunden.

Angesichts der fortgeschrittenen Verweltlichung der Kirche im Spätmittelalter, angesichts der hochgradigen Politisierung und Verrechtlichung der Kirchenordnung und angesichts der verbreiteten Werkfrömmigkeit hatten die Reformatoren eine Reform der Kirche beabsichtigt, in der das Eigentliche wieder vom Uneigentlichen unterschieden wäre, in der wieder Gott und seinem Wort allein die Ehre gegeben würde, in der die Grundverheißung des christlichen Glaubens, die Erlösung aus reiner Gnade um Jesu Christi willen wieder in den Mittelpunkt gerückt würde und in der jede kirchliche Vermittlung eines falschen Herrschaftsanspruches entkleidet und zum bloßen Dienst an Verkündigung und Sakramenten reduziert wäre.

MARTIN LUTHER hat sich bei dieser Unterscheidung des Christlichen vor allem an Paulus angeschlossen und dort auch eine Gegenüberstellung angetroffen, die für ihn zur Grundunterscheidung des Christlichen werden sollte: die Unterscheidung von *Gesetz und Evangelium*: Nicht die Gebotserfüllung ist der Weg, der den Menschen aus seiner Gottesferne und aus seiner Selbstverfehlung erlöst, die Gebote machen eher unser Ungenügen und unsere Verfehlungen vor Gott offenbar. Allein die im Wort des Evangeliums begegnende gnadenhafte Zuwendung Gottes in Jesus Christus, die wir im Glauben empfangen, kann den Sünder aus seiner Verfallenheit befreien und von neuem leben lassen. Dies ist die *Grundoption der Reformation*. Daher wird hier jede kirchliche Vermittlung zwar als notwendig angesehen, aber streng dem Wirken Gottes untergeordnet. Der Blick soll ganz auf das allein erlösende Nahekommen Gottes in seinem Wort und Sakrament gerichtet werden. In der *katholischen Tradition* wird umgekehrt gerade die Notwendigkeit und Zuverlässigkeit der kirchlichen Heilsvermittlung betont und daher dieses Heilszeichen auch rechtlich sorgfältig abgestützt.

Geht man vom Zeichencharakter kirchlicher Heilsvermittlung aus, so werden *Berechtigung und Gefährdung beider konfessioneller Traditionen* deutlicher sichtbar. Weil jede authentische religiöse Erfahrung die dialektische Grundbestimmung enthält, dass das Göttliche in der Welt und vermittels der Welt begegnet (anders auch gar nicht dem

Menschen begegnen könnte), dass aber die Welt nicht Gott und Gott nicht die Welt ist, hat jede Erscheinung Gottes in der Welt notwendig Zeichencharakter, ist jede Offenbarung Gottes im weltlichen Zeichen zugleich Verborgenheit im weltlichen Zeichen, ist Glaube notwendig die Fähigkeit religiöser Zeichendeutung (weltliche Zeichen als Erscheinungsgestalt göttlichen Wirkens zu verstehen und zu erfahren) und die Fähigkeit religiöser Zeichensetzung (die Erfahrung der Gegenwart Gottes in der Verkündigung, im gottesdienstlichen Ritus, in der Lebenspraxis und in Ordnungen der Gemeinschaft voreinander und vor der Welt zu bezeugen). Damit gibt es grundsätzlich *zwei mögliche gegensätzliche Fehlhaltungen* des Gläubigen: zum einen die Überbetonung der Identität von irdischem Zeichen und göttlichem Inhalt, die die Differenz von Gott und Welt vergisst oder verdrängt und die daher notwendig zur *Bilderanbetung* bzw. zum Götzendienst führt; zum anderen die Überbetonung der Differenz von irdischem Zeichen und göttlichem Inhalt, die die Einheit von Gott und Welt vergisst oder verdrängt und die daher notwendig zur *Bilderzerstörung* bzw. zur Entweltlichung des Göttlichen führt. Gibt es eine Grundtendenz zur ersten Gefahr hin in der katholischen Tradition, so gibt es eine Grundtendenz zur zweiten Gefahr hin in der evangelischen Tradition. Damit daher *katholischerseits* die Transparenz des Zeichens gewahrt ist, muss vor allem *die Unterscheidung von Gesetz und Evangelium* neu gelernt werden: Der ganze kirchliche Apparat ist nur dann legitim, wenn er tatsächlich »geistlich« einweist in die befreiende Begegnung mit dem in Jesus Christus erschienenen und im Heiligen Geist gegenwärtigen Geheimnis Gottes. Damit aber *evangelischerseits* die in Jesus Christus erschienene Menschenfreundlichkeit Gottes in der Welt gegenwärtig und wirksam werden kann, muss vor allem *der Zusammenhang von Zeichengehalt und Zeichengestalt* und damit die Notwendigkeit und Zuverlässigkeit einer bestimmten Zeichengestalt neu gelernt werden. So haben beide konfessionellen Traditionen und Kirchentümer zugleich auch einen wichtigen Dienst für einander zu leisten.

Siegfried Wiedenhofer

Wilfried Härle/Peter Neuner (Hg.), Im Licht der Gnade Gottes. Zur Gegenwartsbedeutung der Rechtfertigungsbotschaft, Münster 2004; *Gottlieb Söhngen*, Gesetz und Evangelium. Ihre analoge Einheit – theologisch, philosophisch, staatsbürgerlich, Freiburg/München 1957.

Ortskirche und Weltkirche

Das Neue Testament gebraucht für Zusammenhänge, für die heute das deutsche Wort »Kirche« steht, den griechischen Begriff *ekklesia*. Er bedeutet hier ein Zweifaches: Da er sich ursprünglich auf die Versammlung der zusammengerufenen freien Bürger bezieht, bedeutet er zum einen die Gemeinde vor Ort, in der Christinnen und Christen zusammenleben und sich regelmäßig zum gemeinsamen Gottesdienst treffen. Demnach sind Hauskirchen, Basisgemeinden oder Pfarreien solche Kirchen vor Ort; aber auch die von einem Bischof geleitete Diözese wird als Ortskirche bezeichnet. Wo also christliches Leben in konkreten, überschau- und erlebbaren Gemeinschaften verwirklicht wird, kann in diesem Sinne von Ekklesia – von der Ortskirche – gesprochen werden. Zum anderen ist unter Ekklesia die gesamte Glaubensgemeinschaft zu verstehen. Diese bildet nicht einfach die Summe der verschiedenen Ortskirchen, sondern die eine, allumfassende Kirche des Volkes Gottes. Ortskirche und Weltkirche gehören zusammen; beide sind aufeinander angewiesen. Kirche realisiert sich immer sowohl in der Vielfalt von Orts- wie auch in der Einheit als Weltkirche und zwar in der Weise, dass in jeder Ortskirche die Kirche anwesend ist und sie in Gemeinschaft mit allen anderen Kirchen steht. Diese »Gemeinschaft des Geistes« drückt sich im wechselseitigen Anteilnehmen und Anteilgeben der Ortskirchen aus. Das Zweite Vatikanische Konzil hat im 20. Jahrhundert die herausragende Bedeutung der Ortskirchen neu zur Geltung gebracht. Darin sind Pflicht und Recht eingeschlossen, Gottes befreiendes Evangelium »vor Ort« so zur

Sprache zu bringen, dass Menschen es verstehen und sich darauf einlassen können. Und wie zeigt sich das in der konkreten kirchlichen Wirklichkeit?

Das, was empirisch und exemplarisch als Weltkirche bezeichnet werden kann, ist heute nicht mehr – wie vorher Jahrhunderte lang – die »Westkirche«, sondern die Dritte-Welt-Kirche. Während die Europäer anfangs des 19. Jahrhunderts ziemlich genau die Hälfte der Christenheit ausmachten, so in den achtziger Jahren des 20. Jahrhunderts weniger als ein Drittel. Im gleichen Zeitraum ist aber der prozentuale Anteil Afrikas, Asiens und Lateinamerikas gewaltig gestiegen. Wichtiger als Zahlen ist die Tatsache, dass sich der Schwerpunkt der Weltchristenheit inzwischen vom Norden in den Süden verlagert hat. Die meisten Christinnen und Christen haben ihre Identität aus den Geschichten nicht-europäischer Kulturen und im Umfeld nicht-christlicher Religionen zu gewinnen. Das Ringen dieser Ortskirchen um eine eigene geschichtliche und kulturelle Identität eröffnet dem Christentum die Möglichkeit einer multikulturellen Weltkirche. Ihrer zahlenmäßigen Bedeutung und dem erstarkten Bewusstsein ihrer Eigenständigkeit entsprechend erlangten die Ortskirchen in Afrika, Asien und Lateinamerika im Verlauf der letzten Jahre eigenes Gewicht und weltkirchliche Bedeutung, was auf den Stellenwert des europäischen Christentums unmittelbar zurückwirken musste. Die Schwerpunktverlagerung hat Konsequenzen für das Selbstverständnis unserer europäischen Ortskirchen, weil sie gezwungen sind, sich nicht mehr länger als »Westkirche« zu begreifen, die ihre Glaubensformen, Liturgien, Theologien und Strukturen in andere Teilen der Welt »exportiert«. Vielmehr hat sich Kirche nun konsequent als *weltkirchliche Lerngemeinschaft* zu begreifen, in der »man sich gegenseitig gerne sieht und gerne voneinander sehen lässt, gerne miteinander redet und gerne aufeinander hört, gerne Beistand empfängt und gerne Beistand leistet« (KARL BARTH).

Christinnen und Christen, welche – wie in den nichtwestlichen Ortskirchen – vorwiegend der untersten gesellschaftlichen Schicht angehören, bauen Kirche »von unten« auf. Das gemeinsame Hören des Wortes Gottes, seine Auslegung in einer konkreten gesellschaftlichen Situation und die Verwirklichung dieses Wortes im Alltag haben dazugeführt, das Evangelium als *das* Wort des Lebens zu entdecken. Entdeckt wird es im gelebten Glauben von Gemeinschaften, die sich der »Freude und Hoffnung, Trauer und Angst der Menschen von heute, besonders der Armen und Bedrängten aller Art« (GS 1) konkret stellen und diese solidarisch teilen. Solche Gemeinden sind damit zu den eigentlichen Trägerinnen der Evangelisierung in einem Großteil der Regionen der Welt geworden. Ihr primäres Interesse richtet sich darauf, Glauben und Leben so miteinander zu verbinden, dass das Evangelium als »Wort des *Lebens*« verstanden und angenommen werden kann. Das ist ja das Grundanliegen verschiedenster Ortskirchen in der ganzen Welt, die sich ihrer Sendung – ihrer Mission – bewusst sind. Einige Ortskirchen sehen ihre größte Herausforderung in der Dringlichkeit, den christlichen Glauben in der jeweiligen Kultur zu verwurzeln. Für andere wiederum bedeutet die Befreiung vom sozialen Elend das Gebot der Stunde. Die einen bemühen sich um eine indische Liturgie, andere suchen in einer nach-christlichen Gesellschaft für deren Mitglieder den Sinn von Glauben neu zu gewinnen und zu erschließen. Mission bedeutet das eine Mal, sich um den Erhalt der menschlichen Lebensbedingungen zu kümmern: Land, Wasser, Wald etc., das andere Mal die Vermittlung des Evangeliums in die jeweilige Kultur mit ihren religiösen Traditionen zu suchen; hier sich für die Rechte der Frau stark zu machen, dort den interreligiösen Dialog aufzunehmen und zu pflegen. Auch darin zeigt sich ein vielfältiges Bild von Weltkirche.

In der nachkonziliaren Zeit machten sich unterschiedliche Strömungen innerhalb der Kirche bemerkbar: Es gibt nicht nur Kräfte, welche sich von der Vision einer multikulturellen Weltkirche mit einer Vielfalt liturgischen Lebens, kirchlicher Ordnung und theologischer Reflexion bestimmen lassen. Auch solche Kräfte sind am Werk, die nach wie vor zentralistisch für alle Ortskirchen bestimmen wollen, was in Lehre und Liturgie, Moral und Pastoral als »katholisch« zu gelten hat. Auch wenn das Zweite Vatikanische Konzil die Stellung der Bischöfe und damit jene der Ortskirchen aufgewertet hat, erscheint die Kirche als römische, in der die Institution des

Papstamtes dominant ist. Die ortskirchlichen Zuständigkeiten wurden seit dem Konzil erheblich eingeschränkt. Die theologische und rechtliche Stellung von partikularkirchlichen Zwischeninstanzen, wie sie nationale oder regionale Bischofskonferenzen, kontinentale Synoden darstellen, wurden nicht auf-, sondern abgewertet. Und die Verantwortung der Ortskirchen für die weltkirchliche Einheit wird ungleich stärker eingefordert als die für ihre eigene, zeit- und ortsgerechte Identitätsfindung. Wenn Weltkirche nicht nur ein Desiderat bleiben soll, dann müssen die einzelnen Ortskirchen mehr Mitsprache und Mitgestaltungsmöglichkeiten erhalten.

Giancarlo Collet

Ludwig Bertsch (Hg.), Was der Geist den Gemeinden sagt. Bausteine einer Ekklesiologie der Ortskirchen, Freiburg 1991; *Jürgen Werbick,* Warum die Kirche vor Ort bleiben muss, Donauwörth 2002.

Katholisch und ökumenisch?

Im Wortsinn sind die Begriffe *katholisch* und *ökumenisch* nahezu austauschbar und gleichbedeutend: Die *Katholizität* der Kirche (von griechisch *kat-holos* – allumfassend, für alle und mit allen) besteht in ihrer *Ökumenizität* (von griechisch *oikumenä* – bewohnte Welt). An allen Orten des Erdkreises wünscht Gott seine erfahrbare Gegenwart. Wer wirklich katholisch sein möchte, ist ökumenisch gesinnt.

Die Sendung der Kirche ist es daher, das Evangelium in aller Welt zu verkündigen. Dieser missionarische Dienst geht von der Voraussetzung aus, dass das Bekenntnis zu Jesus Christus das menschliche Leben verwandelt: In Schuldverstrickungen und auch angesichts des Todes sind gläubige Menschen getröstet durch die Hoffnung auf Gottes Erbarmen und auf seine ewige Lebendigkeit, an der er Anteil geben möchte.

Genau zu bestimmen, was mit der *einen*, heiligen, *katholischen* und apostolischen Kirche im Sinne des christlichen Glaubensbekenntnisses gemeint ist, stellt keine leichte Aufgabe dar. Lebendig vor Augen steht vielen eher, wie bunt und vielgestaltig das kirchliche Leben ist: Das Alter der Gemeindemitglieder, die Erwartungen und Interessen, die Berufswelten der Getauften, die Stärke der Glaubenskraft, die Kenntnisse der Grundlagen des Glaubens, die ethischen Werte, der Umgang mit den Lebensfragen – all das kann sehr unterschiedlich sein unter Christinnen und Christen, zwischen den verschiedenen Konfessionen und Denominationen.

Es ist ein Verdienst der *Ökumenischen Bewegung*, bei ihrer intensiv betriebenen Suche nach dem rechten Verständnis der christlichen Einheit zu erkennen, dass mit ihr nicht Einheitlichkeit, nicht Uniformität in den Ausdrucksgestalten des Glaubens gemeint ist. Die Vielfalt birgt einen großen Reichtum: Die Sprachen und Riten, die Gesänge und die Bewegungsformen in den Gottesdiensten können recht unterschiedlich sein. In den meist langen und meditativ gestalteten östlich-orthodoxen Liturgien kommen Menschen zur Ruhe und stimmen ein in den immer währenden Lobpreis Gottes. Manche christliche Traditionen sehen den Dienst an den Not leidenden Menschen als ihre besondere Aufgabe an (die Quäker etwa oder die Heilsarmee). Andere treten entschieden vor allem für die Möglichkeit der Versöhnung ein (die Mennoniten und andere Friedenskirchen unter den christlichen Freikirchen).

In den reformatorischen Traditionen ist ein waches Bewusstsein für die Suche nach Übereinstimmung zwischen einer Frömmigkeitspraxis und der inneren Gesinnung im bitteren Streit geformt worden und im Gedächtnis erhalten. Bloß äußerlich bleibende Frömmigkeitsübungen – der Ablass etwa, wenn er ohne innere Bekehrung erworben wird – verwandeln den Menschen nicht. Der ganze Mensch ist mit seinem Glauben, mit seinem Vertrauen beteiligt, wenn Gott sich Gehör verschafft. Gott selbst ist im Wort. Die Verheißung seines Erbarmens verwandelt den Sünder und die Sünderin. Wir brauchen uns Gottes Gnade nicht durch Wohlverhalten zu verdienen. Gottes Wohlwollen ist uns gewiss. In der römisch-katholischen Kirche ist die Erfahrung lebendig, dass der Glaube nur in Gemeinschaft zu bewahren ist. Der hohe Wert gerade der gottesdienstlichen Gemeinschaft, die sich am ersten Tag der Woche, an jedem Sonntag, zum Hören des Wortes Gottes sowie zur Feier des Gedächtnisses des Todes und der Auferstehung Jesu Christi versammelt und dabei das eucharistische Mahl hält, ist in römisch-katholischen Gemeinden sehr bewusst. Wir brauchen einander, um zum Glauben zu finden und ihn zu bewahren.

Alle Kirchen im Erdenkreis sind von Gott berufen, ihn in Werken der Liebe (Diakonia), im bekennenden Zeugnis (Martyria) und im gottesdienstlichen Lobpreis (Leiturgia) zu verkündigen. Die Wege und Formen dieses gemeinsamen Dienstes unterscheiden sich. Gut begründet erscheint die Vielfalt der kirchlichen Lebensformen vor allem, wenn diese als kulturspezifische, situationsbezogene, aktuelle Darstellungen des Wesens der einen Kirche zu erkennen sind.

Seit dem Zweiten Vatikanischen Konzil (1962-1965) hat die römisch-katholische Kirche großen Anteil an der Ökumenischen Bewegung, die im 20. Jahrhundert vor allem von anglikanischen und evangelischen Kirchen begründet wurde. Das Konzil hat einen *Weg zur Einheit der Kirchen* vorgezeichnet, der sich von dem in der Zeit zuvor leitenden Gedanken der Rückkehr der anderen Christen zur einen römisch-katholischen Kirche deutlich unterscheidet, nämlich den *Weg der eigenen Bekehrung,* der inneren Erneuerung aller Kirchen in Gestalt einer gemeinsamen Hinkehr zur Mitte des christlichen Bekenntnisses: Je näher die Christen dem gekreuzigten Christus kommen, desto näher kommen sie auch einander.

In den Worten des Konzils lautet diese Vorstellung vom Weg zur Einheit:»Alle Christgläubigen sollen sich bewusst sein, dass sie die Einheit der Christen um so besser fördern, ja sogar einüben, je mehr sie nach einem reinen Leben gemäß dem Evangelium streben« (Ökumenismusdekret, Unitatis Redintegratio = UR, Nr. 7). Die Forderung nach einer geistlichen Erneuerung der eigenen Kirche ist verbunden mit dem Aufruf,»dass die Katholiken die wahrhaft christlichen Güter aus dem gemeinsamen Erbe anerkennen und hochschätzen ... Es ist billig und heilsam, die Reichtümer Christi und das Wirken der Geisteskräfte im Leben der anderen anzuerkennen, die für Christus Zeugnis geben, manchmal bis zur Hingabe des Lebens …. Man darf auch nicht übergehen, dass alles, was von der Gnade des Heiligen Geistes in den Herzen der getrennten Brüder gewirkt wird, auch zu unserer eigenen Auferbauung beitragen kann« (UR, Nr. 4). Einen besonderen Akzent setzen die Konzilsväter mit ihrem Aufruf zum gemeinsamen sozialen Dienst in den Krisenregionen der Erde im Kampf gegen den Hunger, die Armut, die Wohnungsnot, den Analphabetismus und die ungerechte Verteilung der Güter.

Die Bereitschaft zur Schuldanerkenntnis und zum Umkehrwillen charakterisieren die geistliche Haltung, mit der die römisch-katholische Kirche seit dem Zweiten Vatikanischen Konzil an der Ökumenischen Bewegung teilhat. Programmatisch formulieren die Konzilsväter: »Es gibt keinen echten Ökumenismus ohne innere Bekehrung« (UR, Nr. 7). Bereits die biblischen Schriften legen davon Zeugnis ab, dass die Einheit der Kirche eine Gabe Gottes ist. Die angestrengte Tatkraft allein von Menschen kann die Einheit der Kirche nicht erzwingen. Der eine Geist Gottes bewirkt die Einheit der Kirche: »Durch den einen Geist wurden wir in der Taufe alle in einen einzigen Leib aufgenommen, Juden und Griechen, Sklaven und Freie; und alle wurden wir mit dem einen Geist getränkt« (1 Kor 12,13; vgl. Gal 3,28).

Dorothea Sattler

Michael Meyer-Blanck / Walter Fürst (Hg.), Typisch katholisch – typisch evangelisch. Ein Leitfaden für die Ökumene im Alltag, Rheinbach/ Freiburg ²2003; *Peter Lüning*, Ökumene an der Schwelle zum dritten Jahrtausend, Regensburg 2000.

Biblische Offenbarung
und die nichtchristlichen Religionen

Das war für mich eine Offenbarung: ein Konzert, das mir ein altbekanntes Werk neu erschlossen hat; ein Buch, das mich begeistert hat, weil es mich bislang nicht gesehene Zusammenhänge entdecken ließ. Es kann auch eine das ganze Leben verwandelnde Begegnung sein: Ein Mensch wird mir zur »Offenbarung«, weil er mir die Augen öffnet für die Tiefe meines Lebens und unserer Welt. Im Zentrum vieler Religionen stehen solche Erschließungs-Erfahrungen, in denen Menschen überraschend, z. T. auch auf langen Übungswegen oder beim Mitvollzug kultischer Handlungen, mitunter auch in Träumen, ekstatischen Visionen oder Auditionen Zugang zur göttlichen Tiefendimension ihres gemeinschaftlichen und individuellen Lebens finden. In solchen Erschließungs-Situationen stellt sich ein neuer Blick auf die Wirklichkeit ein oder erfahren Menschen die bergend-schützende Macht des Göttlichen, werden ihnen Augen und Ohren geschenkt für Möglichkeiten »wahren Lebens«.

Offenbarung – unter dem Geflecht alltäglicher Routinen öffnet sich, beseligend oder erschreckend, faszinierend und erschütternd, der göttliche »Abgrund des Lichts«; öffnet sich »der Himmel«. Und das Leben unter diesem Himmel, über und »in« diesem Abgrund wird neu. Es gehorcht nun einer Berufung, da Gott an Menschen »gehandelt«, nach ihnen »gegriffen« hat. Wo Gott handelt, geschieht das Wunderbare, die »Gottes-Überraschung«: in Erfahrungen des Gepackt- und Entrücktseins, des Gebieten-Könnens über neue Kräfte und über Naturgewalten. Gottes Handeln geschieht aber auch im kaum Hörbaren und Spürbaren: wo Menschen Mut finden für ihren Weg, Klarheit über ihre Berufung (vgl. 1 Kön 19,12), wo sie Gottes Güte erfahren.

Auch die Bibel schreibt einer bunten Vielfalt solcher Erlebnisse die Bedeutung einer Gottesoffenbarung zu. Aber sie hat keinen Oberbegriff, durch den all diese Ereignisse theologisch zu qualifizie-

ren wären: Gott legt seinen *Geist* (seine *ruach*) auf Menschen und lässt
sie zu Zeugen werden, die das Volk auf den Weg seiner Berufung
zurückführen. Er sendet Befreier, er kämpft für sein Volk, führt es
ins Freie, rettet und richtet es. Er handelt an Einzelnen oder an seinem Volk. Bestimmte *Gottes-Widerfahrnisse* gewinnen für Israel aber
eine grundlegende und maßgebende Bedeutung: Gott führt sein erwähltes Volk aus der Gefangenschaft und verpflichtet es darauf, seinen Willen zu achten, damit es seine Freiheit nicht wieder verspielt,
damit Gottes gute Schöpfung blüht und die »Völker« es sehen können, so dass auch sie den Schöpfer preisen. Gott ergreift einzelne
Menschen in krisenhaften Zuspitzungen der Geschichte und nimmt
sie in Pflicht, seinem guten Willen gegen die vielfältigen Versuchungen zur Anpassung und Verfälschung Gehör zu verschaffen; Gott
schenkt Lehrerinnen und Lehrern des Volkes ein »Lebenswissen«
(Weisheit), das in politischen und sozialen Wirrnissen Orientierung
und Perspektive schafft. Die verschiedenen maßgebenden Gottes-
Widerfahrnisse rufen in Israel eine Bezeugungsgeschichte hervor, die
dann im Kanon der Bibel zur Heiligen Schrift wird.

Die frühen Christengemeinden sammeln sich um die Zeugnisse
einer für die Menschen entscheidenden Gottesbegegnung in Jesus
Christus, der als Glied seines Volkes der »Immanuel« (Gottes Gegenwart mitten unter uns) war. Er ist ihnen das Wort, in dem der
Gott Israels sein Innerstes ausspricht, *sich selbst mitteilt*. Er ist ihnen
das Bild Gottes, in dem dieser sich den Menschen zeigt und ihnen
greifbar macht, woran sie sich halten sollen: daran, dass Gottes guter Wille, der in Jesus Christus geschah, über alles Unheil und alle
Verfolgung hinaus zum Heil der Menschen geschehen wird. So gilt
Jesus Christus den ihm und seinem Vater Glaubenden *als end-gültige
Gottesoffenbarung*: Sein Leben, Sterben und Auferstehen spricht zuverlässig von Gottes Willen – und lässt ihn konkret für die Menschen geschehen.

Die theologische Reflexion hat weiter zu klären versucht, was die
gründende und maßgebende *Offenbarung* (Einzahl!) im Kontext und
im »Zusammenklang« mit vielen offenbarenden Erschließungs-Erfahrungen – auch außerhalb des Raums biblischer Zeugnisgeschich-

te – kennzeichnet und was Offenbarung dem entsprechend »eigentlich« ist. Vielfach sah man die »richtige« Offenbarung durch wunderbare Begleitumstände und die vollständige richtige Lehre über
Gott und seinen Heilsplan ausgezeichnet. Dabei fand zu wenig Beachtung, dass – biblisch-christlich gesehen – die Geschichte Israels
und Jesu Christi selbst Gott »herzeigen« darf, weil Gott selbst sich
darin zeigt und mitteilt. Gott offenbart sich, indem er seinen guten
Willen geschehen lässt. Und sein Wille geschieht, wo Menschen sich
von ihm ergreifen lassen, Zeugen werden dafür, wie Gott diese Welt
in seine neue Welt zu verwandeln anfängt. Das Zweite Vatikanische
Konzil spricht davon, dass Gott *sich selbst* – und nicht nur einzelne
Wahrheiten – *offenbart*, indem er das »Sakrament« seines Willens
kundtut (Konstitution über die göttliche Offenbarung DEI VERBUM
2): *Sakrament* bedeutet hier, dass in dem, was biblisch bezeugt wird,
Gott seinen heilsamen Gemeinschaftswillen geschehen lässt und ihn
immer wieder erneuert.

Christinnen und Christen halten sich an das in Jesus Christus
Geschehene, weil sie es als die letztgültige Offenbarung der Liebe
glauben, die Gott ist und die die Menschen vollenden wird, so dass
sie schließlich als Söhne und Töchter dieses Gottes »offenbar werden« (Röm 8,19.23). Aus dieser Glaubensüberzeugung entsprang
mitunter die überzogene Vorstellung einer »Absolutheit des Christentums«, die alle anderen religiösen Überlieferungen als bedeutungslos
ansah oder gar zu vernichten suchte. So kam es immer wieder zu
Auswüchsen eines religiösen »Imperialismus«, der neben dem Christentum nichts mehr religiös gelten ließ. Wenn Christen andere religiösen Überlieferungen aber ohne Vorurteile kennen lernen, begegnen ihnen darin häufig geistlich wertvolle Zeugnisse eines vom
Göttlichen ergriffenen und für es geöffneten menschlichen Lebens.
So werden sie die Frage stellen, ob nicht auch hier Gottes Geist
Menschen zum Zeugnis für Gottes Liebe zu seiner Schöpfung erwählt und befähigt hat. Die katholische Kirche lehnt – so das Zweite Vatikanische Konzil – »nichts von alldem ab, was in diesen Religionen wahr und heilig ist« (Erklärung über das Verhältnis der Kirche zu den nichtchristlichen Religionen *Nostra aetate* 2). Die *Religio-*

nen können zu den »Wegen« gehören, die Gott allein kennt und auf denen er die Menschen zum Glauben führt (vgl. Dekret über die Missionstätigkeit der Kirche *Ad gentes* 7); und sie sind dann von einem »Strahl jener Wahrheit« durchdrungen, »die alle Menschen erleuchtet« (*Nostra aetate* 2). Christen werden die Zeugnisse dieser Religionen im Licht der eigenen Offenbarungszeugnisse würdigen. Das heißt aber nicht, dass sie in ihnen vor allem das dort »Fehlende« sehen müssten. Die geschichtliche Erfahrung spricht vielmehr dafür, dass den Gliedern der Kirche die *Begegnung* vor allem mit dem *Judentum*, aber auch mit den *nichtbiblischen Religionen* Dimensionen ihres eigenen Glaubens erschlossen hat, die ihnen selbst verschüttet waren oder von ihnen nicht hinreichend wahrgenommen wurden. So öffnet sich im Gespräch über das Eigene der verschiedenen Überlieferungen *die größere biblische Ökumene* und darüber hinaus *die umfassende Ökumene der Religionen* als der Raum, in welchem die unterschiedlichen Glaubens- und Lebenswege der Religionen zum gemeinsamen Zeugnis gerufen, zum Lernen von einander eingeladen, aber auch zum Widerspruch herausgefordert sind, wenn man bei Gesprächspartnern im konkreten Fall die *eine* Gotteswahrheit nicht gewürdigt sieht.

Jürgen Werbick

Hans Waldenfels, Einführung in die Theologie der Offenbarung, Darmstadt 1996; *Jürgen Werbick*, Den Glauben verantworten. Eine Fundamentaltheologie, Freiburg/Basel/Wien, 2000, 227-402.

Glaube – Hoffnung – Liebe

Was macht den Kern des Christseins aus? Paulus fasst es, nachdem er viele Begabungen und Aktivitäten aufgezählt hat, in drei Worte zusammen:»Nun bleiben Glaube, Hoffnung und Liebe, diese drei« (1 Kor 13,13). Die Wörter scheinen uns vertraut;

aber in der alltäglichen Umgangssprache verbinden sich mit ihnen unterschiedliche Assoziationen und auch in Formulierungen der christlichen Überlieferung wechseln die Akzente. Deshalb sind Präzisierungen angebracht: Was meint eine an der Bibel orientierte Theologie, wenn sie von Glaube, Hoffnung und Liebe als christlicher Grundhaltung spricht?

Glaube ist nicht eine mindere Form des Wissens (wie in dem Satz »Ich glaube, es wird kälter«), sondern eine Grundhaltung des Vertrauens, wie wenn jemand sagt: »Dir glaube ich.« Im Glauben geht es primär nicht um inhaltliche Informationen und entsprechende Erkenntnisse, sondern um eine personale Beziehung: »Ich vertraue mich dir an.«

Biblisches Urbild eines Glaubenden ist Abraham (Gen 15,6). Sein Glaube bestand darin, dass er sich auf einen Weg machte. »Fest glauben« meint also nicht eine durch Beweise gesicherte Überzeugung, sondern eine entschiedene Haltung. Wenn z. B. jemand mitten in einer Beziehungskrise sagt: »Trotz allem: Ich glaube an unsere Ehe«, dann drückt er damit seinen Willen aus, sich an diese Beziehung zu binden und sich dafür einzusetzen, dass sie gelingt. So ähnlich ist es mit dem Bekenntnis »Ich glaube an Gott.« Es sagt: Ich setze auf Gott, ich vertraue mich ihm an, ich lasse mich ein auf das Leben mit ihm. Erst in zweiter Linie bedeutet Glauben die Zustimmung zu einer Botschaft: »Dir glaube ich das.«

Ähnlich ist es mit der *Hoffnung*. Dieses Wort meint nicht eine bloße unsichere Annahme, wie wenn wir sagen: »Man kann nur hoffen, dass es morgen nicht regnet«, sondern eine Antwort auf eine Verheißung: »Ich setze auf die Zukunft, die du mir versprichst.« Wieder geht es um Vertrauen. Hoffnung ist der Zukunftsaspekt des Glaubens: »Ich lasse mich ein auf deine Zukunft.«

Hoffnung ist nicht dasselbe wie Optimismus. Vielleicht haben Optimisten es manchmal leichter zu hoffen; aber die Hoffnung bewährt sich auch bei düsteren Zukunftsperspektiven. Während Optimisten sagen können: »Warte nur ab – es wird schon gut gehen«, warten Hoffende die Zukunft nicht tatenlos ab, sondern sie setzen sich dafür ein, dass die erhoffte Zukunft Wirklichkeit wird. Die

Hoffnung, das Ziel zu erreichen, wird praktisch im Tun des nächsten Schritts.

Den größten Klärungsbedarf gibt es wohl bei dem sehr unterschiedlich gebrauchten und oft auch missbrauchten Wort *Liebe*. Liebe im Sinne der hier gemeinten christlichen Grundhaltung bedeutet Bejahung, Wohlwollen und Nähe. Der oder die Liebende sagt gewissermaßen zu dem geliebten Du diese drei Sätze:»Es ist gut, dass es dich gibt. Es soll dir gut gehen. Ich möchte dir nahe sein.« Gefühle wie Sympathie und verliebtes Entzücken können die Liebe beflügeln; aber sie sind nicht selbst die Liebe. Die Liebe bleibt, selbst wenn die guten Gefühle aufhören oder gar negative Gefühle (Antipathie, Enttäuschung) dagegen stehen.»Die Liebe erträgt alles, hält allem stand« (1 Kor 13,7).

Radikal Liebende vergessen sich selbst und wenden ihre ganze Aufmerksamkeit dem anderen zu. Gerade darin finden sie ihr eigenes *Glück*. Denn nirgends verwirklichen wir uns selbst so stark wie in der Liebe. Deshalb sind *Selbstliebe und Nächstenliebe* nicht Gegensätze, sondern sie gehören eng zusammen.

Allerdings stellt Glück sich längst nicht immer sofort ein, wo Menschen lieben. Liebe macht verletzbar. Sie kann schmerzen, Ängste hervorrufen und sogar in den Tod führen. Das lehrt die Erfahrung, und das sieht man am Schicksal Jesu. Dass aber die Liebe stärker sein kann als der Tod, davon spricht die Hoffnung auf Auferstehung.

Lieben kann wohl nur, wer *zuvor schon geliebt* wurde und sich als liebenswert erfahren hat. So lautet auch die grundlegende Botschaft der Bibel: Wir sind von Gott geliebt. Erst nach diesem Zuspruch kommt der Anspruch, nun auch selbst zu Liebenden zu werden (vgl. 1 Joh 4,10f.). Er ist wie ein ermutigender Appell: Trau dich, zu lieben! Die Aufforderung, *Gott »aus ganzem Herzen zu lieben«* (Mk 12,30), zielt nicht auf eine Konkurrenz zwischen unserer Nächsten- und Selbstliebe einerseits und unserer Gottesliebe andererseits, sondern eher auf eine Vertiefung unserer Nächsten- und Selbstliebe: Wir können Gott lieben als die geheimnisvolle Tiefe im anderen und in uns selbst.

»Die Liebe Gottes ist ausgegossen in unsere Herzen«, schreibt Paulus (Röm 5,5). In Anlehnung an dieses Bild spricht die Theologie von Glaube, Hoffnung und Liebe als »*eingegossenen Tugenden*«. »Tugend« meint eine positive Grundhaltung. »Eingegossen« bedeutet: Diese Grundhaltung ist nicht das Ergebnis höchster geistiger Akrobatik, sondern zunächst und vor allem ein Geschenk. Alles fängt damit an, dass Gott uns liebt. Seine Liebe durchströmt uns. Sein Atem in uns bewegt unser Glauben, Hoffen und Lieben. Wir können uns darauf einlassen, wie eine Schwimmerin, die sich von der Strömung eines Flusses tragen lässt. Weil es Gott selbst ist, der in unserem Glauben, Hoffen und Lieben lebt, nennt man diese drei auch *»göttliche« (»theologische«) Tugenden*.

»Glaube«, »Hoffnung«, »Liebe« kann man zwar begrifflich unterscheiden; der Sache nach aber geht es um drei Aspekte *einer einzigen Grundhaltung:* Menschen lassen sich ein auf Gott; sie bauen auf seine Verheißungen; sie lassen sich anstecken von dem göttlichen Geist, der bejaht, heilt, zusammenführt und vollendet.

Franz-Josef Nocke

Franz-Josef Nocke, Liebe, Tod und Auferstehung. Über die Mitte des Glaubens, München ³1993; *Thomas Söding*, Die Trias Glaube, Hoffnung, Liebe bei Paulus. Eine exegetische Studie, Stuttgart 1992.

A. Glauben

1. Glaubensbekenntnis

Christus in der Trinität, Miniatur (Tafel 11, Vision II, 2); Hildegard von Bingen, "Scivias – Wisse die Wege", Rupertsberger Kodex, um 1180 (verschollen).

Der Begriff "Dreifaltigkeit" steht für das zentrale Charakteristikum des Christentums, wie es im Credo formuliert ist: den Glauben an den einen Gott, der sich in drei Personen offenbart. Die Trinitätslehre, im Neuen Testament in Ansätzen enthalten, ist das Ergebnis theologischer Reflexion, mit der vor allem auf den ökumenischen Konzilien von Nizäa (425) und Konstantinopel (481) die kirchliche Verkündigung von der Göttlichkeit Jesu Christi und des Heiligen Geistes zu klären versucht wurde.

Die christliche bildende Kunst sah sich von Anfang an zwei Problemstellungen bzw. Widersprüchen zu sich selbst gegenüber: einerseits dem im Dekalog überlieferten generellen Bildnisverbot (Ex 20,4 und Dtn 5,8) und andererseits der gestalterischen Frage, wie, ohne gegen dieses Gebot zu verstoßen, die zentrale Glaubensvorstellung des Christentums von der gleichzeitigen Einheit und Dreiheit ins Bild gesetzt werden konnte.

Die Künstler arbeiteten daher zunächst mit Symbolen, von denen das Auge im Dreieck oder die Hand für Gottvater, die Taube für den Heiligen Geist die bekanntesten sind. Wesensheiten oder Taten Gottes konnten zudem über einen "Umweg" verbildlicht werden: Christus in der Gestalt des Mensch gewordenen Gottessohnes darzustellen, war kein Problem. Entsprechend den Johannes-Worten "Ich und der Vater sind eins" (10,30) und "Wer mich siehet, der siehet den Vater" (12,45) zeigt sich in Christus der Vater, weshalb die Christusfigur z.B. auch als Pantokrator, d.h. als Allschöpfer erscheint. Im späten Mittelalter trat die Bedeutung des ursprünglichen Verbotes der Gottesbildnisse mehr und mehr zurück und es finden sich immer häufiger Darstellungen auch Gottvaters, die bis heute unser "Gottesbild" prägen: Gottvater als alter, bärtiger Mann.

Heute sind uns die in ihrer theologischen Aussagekraft viel weiter reichenden symbolischen oder abstrakten Darstellungsversuche wieder näher.

Eine besonders beeindruckende Gestaltung ist die Miniatur "Christus in der Trinität" zu den Visionen der Hildegard von Bingen (1098-1179). Die Eindrücklichkeit dieser Darstellung beruht auf der intensiven Farbigkeit und klaren Formensprache. Ein mit grünen Leisten versehener Rahmen, der

ornamentartig wirkende Blüten zeigt, umschließt ein blaugraues, leicht rechteckiges Feld. Vor diesem Grund liegt eine kreisförmige Scheibe, die an den Längsseiten den Rahmen überschneidet. Während der äußere Bereich der Kreisfläche silberhell und mit goldenen Wellenlinien konzentrisch gegliedert ist, ist der innere Bereich goldfarben und enthält rot-schwarze Wellenlinien. Inmitten dieser inneren Scheibe und sie senkrecht durchmessend steht eine blaugraue Männergestalt, deren Kontur von einem silberfarbenen Band gerahmt wird, welches nach oben hin zum silberfarbenen Kreis geöffnet ist. Flächigkeit und Linearität sind auch — für die Zeit typisch — die Gestaltungsmerkmale der Figurendarstellung. Stilisierte Linien sollen Höhungen bzw. Vertiefungen des Gewandes verdeutlichen, zugleich wird mit der schwarzen Linie als Binnen- und Außenkontur gearbeitet.

Die Darstellung ist eng an den entsprechenden Text der Vision der Hildegard angelehnt. Sie beschreibt ein helles Licht, in dem die saphirfarbene Gestalt eines Menschen, ganz von rötlichem Licht erfüllt, erscheint. Zugleich spricht sie die Einheit an und benennt das helle Licht als den Vater, die Gestalt als den Sohn, während das rötliche Licht auf den Heiligen Geist verweise.

Besondere Ausdruckskraft besitzt diese Darstellung durch die Wirkung der Kreisform und konzentrischen Wellenlinien: Sie vermitteln den Eindruck eines nach außen strahlenden Lichtes oder einer nach außen (weiter) wirkenden Energie.

Kerstin Clasen

1.0 Den Glauben bekennen – Zeugnis und Bekenntnis

Wenn die ersten Christen sich selbst als glaubende Menschen beschrieben haben, nannten sie sich »die den Weg Befolgenden« (so Apg 9,2). Die »Konsequenz« (wörtlich Folgerichtigkeit), mit der sie am Weg in den Fußspuren Christi, des Gekreuzigten (1 Petr 2,21) festhielten, brachte ihnen Spott und Verfolgung ein (Apg 19,9). Sie ließen sich nicht von ihm abbringen, weil sie sich mit ihm *identifizierten*; weil er ihnen Leben und Wahrheit bedeutete (vgl. Joh 14,6). Jesus selbst ist dieser Weg »in Person«. Er öffnet den Weg und geht ihn voran zum Vater, von dem er gekommen ist. Er lässt die Glaubenden nachkommen. Dazu sendet er ihnen den Heiligen Geist, den Inspirator und Ermutiger (den Parakleten), der sie in die befreiende Wahrheit und Folgerichtigkeit dieses Weges einführt (vgl. Joh 16,13).

Menschen, die vom Heiligen Geist ergriffen sind, werden von dem »be-wegt«, was Jesus selbst bewegt hat: davon, dass Gottes guter Wille endlich geschehe, dass seine Gerechtigkeit in dieser Welt Platz greife und sein Reich komme; davon, dass sein Name – er heißt und ist: Ich bin der »Ich bin für euch da« (Ex 3,14) – geheiligt und so für alle Menschen wahr werde. Der »treue Zeuge« Jesus Christus (Offb 1,5) hat den Vater zuverlässig »ausgelegt« (Joh 1,18), indem er sein ganzes Leben davon bestimmen ließ, indem er davon und dafür lebte, vom guten Willen des Vaters Zeugnis zu geben (vgl. Joh 4,34). Er redete nicht nur von ihm; er macht ihn mit seinem ganz aus dem Heiligen Geist gelebten Dasein für die Menschen handgreiflich spürbar und erfahrbar.

Die an ihn und sein *Zeugnis* glauben, sind Menschen, die in seinem Geist den Weg Jesu Christi bis ans Kreuz und im Kreuz zum Vater als den Weg erkennen, auf dem Gottes Herrschaft in die Welt kommt und sie nach seinem guten Willen verwandeln will. So wissen sich die Glaubenden davon in Anspruch genommen, dem Geschehen des guten Gotteswillens in dieser Welt zu dienen: im *Tat-*

zeugnis, das diesen guten Willen den Menschen zugute konkret erfahrbar werden lässt; im *Wortzeugnis*, das Rechenschaft gibt von der
Hoffnung, die sie beseelt: von der Hoffnung auf die endgültige Verwandlung dieser Welt in Gottes Herrschaft (vgl. 1 Petr 3,15); im
Zeugnis des gemeinsamen Feierns und Betens, das danksagend begeht, was zum Heil der Menschen geschehen ist, und zuversichtlich
erbittet, was noch aussteht.

Die Rechenschaft von der Hoffnung, die das Leben der Christen
beseelt, kommt nicht aus ohne Markierungen, die die Richtung des
Weges in der Nachfolge Christi von anderen Wegen unterscheidbar
halten; nicht ohne Nennung der »Ressourcen«, die den Glaubenden
mit auf ihren Weg gegeben sind. Der Weg geht aus vom Vater »im
Himmel«, von seinem Entschluss, eine gute Schöpfung ins Dasein
zu rufen und sich darin »Mit-Liebende« (JOHANNES DUNS SCOTUS)
zu erwählen, die auf seinen guten Willen eingehen können. Der Weg
wird gebahnt von gottergriffenen Menschen, die diesen guten Willen erkennen und dafür werben, dass er geschehen kann; für die
Christen entscheidend von Jesus Christus, der die mit ihm Glaubenden an seiner Gottesnähe teilhaben lässt; der sie so in dem Geist,
der ihn selbst beseelte, zur Gemeinschaft der Glaubenden zusammenführt. Die Gemeinschaft der Glaubenden bekennt ihren »Seins-
grund« in der Erwählung, am Weg Jesu Christi teilzuhaben; sie bekennt, woraus sie lebt, wozu sie sich gesandt und in welche Gottes-
Zukunft sie sich gerufen weiß.

Das *Glaubensbekenntnis* identifiziert mit gemeinschaftlicher Verbindlichkeit, was diesen Weg der Nachfolge kennzeichnet. Es markiert, worauf der Glaube sich beziehen darf: in welche Beziehungs-
Wirklichkeit er sich einbezogen glaubt. Es ist die Wirklichkeit des
drei-einen Gottes, dessen Beziehungswirklichkeit und Beziehungs-
mächtigkeit an den ihm Glaubenden auf den Wegen der Nachfolge
in den Verheißungen und Konflikten ihres Lebens, im Abgrund des
Sterbens und in der Herrlichkeit ihrer Auferstehung offenbar werden soll, so dass sie die Wahrheit seines Namens erfahren dürfen:
Ich bin der »Ich bin für euch da«. Das Bekenntnis zu diesem Gott
rühmt ihn; es rühmt die Unüberwindlichkeit und Güte seines Bezie-

Das Apostolische Glaubensbekenntnis

Ich glaube an Gott,
den Vater, den Allmächtigen,
den Schöpfer des Himmels und der Erde.

Und an Jesus Christus,
seinen eingeborenen Sohn, unsern Herrn,
empfangen durch den Heiligen Geist,
geboren von der Jungfrau Maria,
gelitten unter Pontius Pilatus,
gekreuzigt, gestorben und begraben,
hinabgestiegen in das Reich des Todes,
am dritten Tage auferstanden von den Toten,
aufgefahren in den Himmel;
er sitzt zur Rechten Gottes, des allmächtigen Vaters;
von dort wird er kommen, zu richten die Lebenden und die Toten.

Ich glaube an den Heiligen Geist,
die heilige katholische Kirche,
Gemeinschaft der Heiligen,
Vergebung der Sünden,
Auferstehung der Toten
und das ewige Leben.

Amen.

hungswillens. Zugleich markiert es das »Koordinatensystem«, das es ermöglicht, den Richtungspfeil der Nachfolge in den Herausforderungen der Gegenwart so zu bestimmen, dass Gottes guter Wille authentisch bezeugt werden kann. Bekenntnis ist deshalb nicht zuerst um der Abgrenzung willen da. Es ist ursprünglich Doxologie (rühmendes Sprechen von dem, zu dem man sich bekennt); und es will das Zeugnis der Glaubenden ermöglichen, in dem Gott sich selbst bezeugt, damit die Welt glaube.

Jürgen Werbick

1.1 Gott, Vater und Schöpfer

Die Anrede Gottes als Vater, als *abba*, gehört ins Zentrum einer aus dem Glauben Israels sich speisenden Spiritualität. Auch das Gebet Jesu eröffnet mit dieser Anrede seine Bitten an Gott. Es spricht einen Gott an, der der Geschichte fähig ist, der Heil schaffend und rettend in die Geschichte eingreift. Damit ist dieser Gott, bei aller Unterschiedenheit zum Menschen, doch in einem uns gleich: Er kann handeln.

Diese sehr menschliche Rede von Gott dürfte in vielen Ohren längst veraltet klingen. Entscheidend hat dazu beigetragen, dass so viele Menschen Gott in Situationen abgründigen Unheils ohne sichtbaren »Erfolg« zu Hilfe gerufen, dass sie ihn vermisst haben, wo sie elementar auf ihn angewiesen waren. Hinzu kommt, dass die Rede von einem Gott, der handeln kann und dessen erste Handlung in Bezug auf die Welt ist, dass er sie aus dem Nichts ins Dasein ruft, zunehmend dem Verdacht der Unglaubwürdigkeit ausgesetzt ist, seitdem dem Menschen im Verlaufe der Neuzeit immer mehr die unermesslichen Tiefen des Alls vor Augen geführt wurden und dieser Prozess an kein Ende zu kommen scheint. Tief nagt der Verdacht, dass der Glaube an einen aus dem Nichts ins Dasein rufenden personalen Gott einer mythologischen Vorstellungswelt vergangener Zeiten angehört.

Es war IRENÄUS VON LYON, der den Glauben an den aus dem Nichts ins Dasein rufenden Schöpfergott zuerst mit Vehemenz in den Kernbestand christlichen Glaubens eingeschrieben hat. Die Bibel kennt diese Vorstellung noch nicht; wie sollte sie auch, stellte sich ihr doch die Frage nach dem einen Ursprung von allem noch nicht. Sie erinnert mit ihren verschiedenen Schöpfungstheologien zwar die Schöpfungsmacht Gottes. Doch geht es ihnen darum, den Menschen an den guten Ursprung der Schöpfung zu erinnern und dazu aufzufordern, an dem Gott festzuhalten, der Ordnung in das Chaos bringt, so wie am Anfang. IRENÄUS freilich kann hierbei nicht mehr stehen bleiben. Zwar geht es auch ihm nicht um abstrakte Spekulationen über den Anfang der Welt. Im Zentrum seines Denkens steht die Geschichte, die er als die *eine* Heilsgeschichte begreift. Gerade deshalb vertieft er aber nun resolut das biblische Denken. Der Gott Israels und damit der Gott Jesu ist der einzige. Und als dieser einzige Gott ist er zugleich der Ursprung von allem; er ist nicht nur die alles bewahrende, sondern auch die alles aus dem Nichts ursprünglich begründende Wirklichkeit. Nahm man bis dahin an, dass jedenfalls die Materie – die Welt – ewig sei, so hält IRENÄUS als christliche Glaubenswahrheit fest: Auch die Materie verdankt ihre Existenz Gott. Fortan gab es kein Entweichen mehr, wenn die abgründigsten aller Fragen gestellt wurden: Woher das Böse? Woher das immer wieder in die Schöpfung eindringende Chaos? Warum diese scheinbar unvermeidliche, immer wieder jedes Verlangen nach Menschlichkeit mit Hohn strafende Entstellung von Gottes angeblich guter Schöpfung?

Die Theologie weiß auf diese Fragen keine erschöpfende Antwort. Natürlich wird sie sich die biblisches Erbe in Erinnerung rufende Einsicht des DUNS SCOTUS zu Eigen machen, dass es diese Schöpfung gibt, weil Gott uns Menschen zu seinen Mitliebenden wollte und dieser Gott den Menschen deshalb auch mit Freiheit begabt hat. Diese Einsicht ist stark. Wenn der Mensch nicht seine Marionette sein sollte, dann erklärt dies, warum Gott ihm das Geschenk einer Freiheit gemacht hat und damit das Wagnis des Missbrauchs der Freiheit durch die Menschen einging. Aber auch wenn Gott den Menschen nur die Möglichkeit zum Bösen eingeräumt hat, so ist Gott noch lange nicht aus dem Spiel. Schließlich war er es, der den freien Menschen wollte und um das damit verbundene Risiko wusste. Und der Verweis auf die menschliche Freiheit erklärt noch nicht, warum es die vielen erniedrigenden, manchmal gerade erst aufblühendes Leben vernichtenden und durch keine Menschenhand verschuldeten Krankheiten gibt, warum es Naturkatastrophen gibt, die plötzlich alles Leben zermalmen. Wer Gott als die alles aus dem Nichts ins Dasein rufende und erhaltende Wirklichkeit versteht, kann sich vor solchen Fragen nicht schützen. Auch das Gebet Jesu schützt sich vor solchen Fragen nicht, sondern setzt sich ihnen aus. Schließlich bittet es Gott, die Menschen nicht in Versuchung zu führen und seinen Namen zu heiligen. Es fügt sich damit ein in die alttestamentlichen Gebetstraditionen, die von Gott nicht lassen wollen, um keinen Preis, selbst wenn sie ihm klagend die Widrigkeiten seiner Schöpfung ins Antlitz schreien. Der christliche Glaube glaubt zudem den Gott Israels als den Schöpfergott, der bis ins Äußerste hinein sein Eintreten für den Menschen erfahrbar gemacht hat.

In diesem Glauben ist es der in der Lebensgeschichte Jesu selbst Mensch gewordene Gott Israels, der um die Menschen und ihre Einstimmung in seinen Liebeswillen ringt, bis dahin, dass Jesus sich, um auch noch die letzte Ernsthaftigkeit seiner von Anfang an geltenden Entschiedenheit für den Menschen zu bewahrheiten, hierfür ans Kreuz schlagen lässt.

Der christliche Glaube an den Schöpfergott verharmlost nicht die Realität. Mit offenen Augen blickt er hin, aber er staunt auch. Er staunt vor dem Gott, der eine Welt um der Menschen willen schafft, mit dem Ziel, sich diesen als der barmherzige und liebende Vater erweisen zu können. Diese mit dem Glauben Israels geteilte Kernaussage gilt auch da noch, wo die Menschen nicht mehr verstehen, nur noch Gott selbst um Antworten bitten können. Den Vater um Antworten zu bitten heißt auch, in das Gebet Jesu einzustimmen – heißt, den um Antwort zu bitten, an den sich nach dem neutestamentlichen Zeugnis der Verlassenheitsschrei Jesu – sein *Wozu?* – richtete. Gemäß christlichem Bekenntnis ist der Vater indessen nur zusammen mit dem Sohn und dem Geist.

Frömmigkeitsgeschichtlich betrachtet, ist gerade die Vateranrede immer wieder pervertiert worden. Den Gott Jesu anzureden meint aber, ihn als den vorbehaltlos Barmherzigen zu glauben, als den Gott, der »verrückt vor Möglichkeit« (SÖREN KIERKEGAARD) nicht nur ursprünglich eine Welt ins Dasein gerufen hat, sondern dieser durch den Geist stets neu das Versprechen einstiftet, ihr treu bleiben zu wollen. Allerdings erfordert dieser Glaube Mut: den einen Gott als den einzigen Ursprung der Welt zu glauben, als den Gott, der deshalb, weil er aller Wirklichkeit ursprünglich und bleibend mächtig ist, diese auch vollenden kann und will, wenngleich nur mit den Mitteln seiner Liebe. In dieser Weise menschlich von Gott zu reden, ihn konsequent als den freien Ursprung alles Wirklichen zu glauben, muss nicht heißen, vergangenen Weltbildern aufzusitzen, sondern heißt zunächst einmal, die Hoffnung nicht aufzugeben. Und solange das Gegenteil nicht bewiesen werden kann, ist die Wette auf diesen Gott zu riskieren als die menschlichere Alternative. Denn die andere lautet, bereits jetzt alles, das Gelungene und das Nichtgelungene, dem Vergessen auszuliefern.

Magnus Striet

Hans Kessler, Gott und das Leid seiner Schöpfung. Nachdenkliches zur Theodizeefrage, Würzburg 2000; *Georg Kraus*, Welt und Mensch. Lehrbuch zur Schöpfungslehre (Grundrisse zur Dogmatik 2), Frankfurt 1997.

1.2 Jesus Christus, Wort, Sohn und Bild Gottes

Und an Jesus Christus, seinen eingeborenen Sohn, unsern Herrn«. Mit diesem Satzanschluss geht das Apostolische Glaubensbekenntnis vom Glauben an Gott, den Schöpfer, über zu Jesus Christus, dem eingeborenen Sohn dieses Schöpfergottes, von dem bereits die ersten Sätze der Bibel sagen, er sei Schöpfer, indem er spricht (»Und Gott sprach«; Gen 1). Das Johannesevangelium beginnt mit Bezug auf Genesis 1: »Im Anfang war das Wort und das Wort war bei Gott und Gott war das Wort« (Joh 1,1). Der Text fügt sogleich hinzu: »Alles ist durch es [das Wort] geworden.« Schöpfung geschieht durch das Wort. Doch wer ist dieses Wort?

Die Sprache, die das Johannesevangelium hier spricht, ist nicht Jesu Sprache selbst, sondern entstammt dem Nachdenken des Evangelisten und seiner Gemeinden. Man sagt heute von allen »Titeln« Jesu, dass Jesus sich diese – vielleicht abgesehen von »Menschensohn« – nicht selbst zugesprochen hat. Vielmehr wird über Jesus mit Hilfe der Offenbarungssprache des Ersten Testamentes nachgedacht und gesprochen. Dabei geht es nie nur um die Frage, *was* Jesus war, sondern *wer* er – für uns – ist. Die Werfrage ist die nach der Person als einer lebendigen Ganzheit. Ist er göttlich oder menschlich? Ist er göttlich und menschlich zugleich? Unter der Voraussetzung, dass man in Jesus einem wirklichen Menschen begegnet war, versuchen die neutestamentlichen Schriftsteller zu sagen, *wer* Jesus auch für die gegenwärtige Gemeinde ist. Deshalb fragt z. B. Jesus die Jünger, für *wen* sie ihn halten. Sie geben darauf ihre Antwort (vgl. Mk 8,27-30). Es sind nicht frei erfundene Antworten, sondern Antworten, die einer zweifachen Anforderung genügen müssen: Sie müssen ihn als diese konkrete menschliche Person meinen; und sie müssen ihn benennen, indem sie sich an das Zeugnis Gottes selbst halten. Letzteres geschieht durch den Rückbezug auf das Erste Testament.

Dass Jesu Wort ein wirksames Wort war und sich seine Worte mit seinen Taten verbanden oder die Taten die Worte bekräftigten, ermutigte die johanneische Gemeinde, von Jesus im Rückblick auf Genesis 1 zu singen, er sei das Fleisch und Mensch gewordene Wort Gottes (Joh 1,1-18).

Es ist möglich, dass Jesus von sich selbst als »dem Sohn« gesprochen hat, wenn er seine Beziehung zum »Vater« (zu seinem *abba*) besonders hervorheben wollte (vgl. Mt 11,25-27). Dies ermutigte die Gemeinde, Jesus als den »einzigen« Sohn zu bezeichnen (Joh 1,14; 1 Joh 4,9). Die Glaubensbekenntnisse der frühen Kirche haben dieses Wort aufgenommen und haben Jesus als »eingeborenen Sohn« (*filium unigenitum*) bezeichnet. Dass mit dieser Bezeichnung nicht nur Worte weiter tradiert werden, sondern auch theologische Aussagen gemacht werden wollen, zeigt sich besonders im Glaubensbekenntnis von Nizäa (325) und Konstantinopel (381). Dort heißt es nämlich von Jesus: Er ist »aus dem Vater geboren vor aller Zeit«, so dass er »Licht vom Licht« und »wahrer Gott vom wahren Gott« genannt werden darf. Auf diese Weise wurde die Frage, *wer* Jesus sei, auf eine sehr grundlegende Weise beantwortet und von anderen Verstehensweisen (z. B. bei ARIUS) abgesetzt. Gesagt soll damit werden, dass Jesus nicht erst im Laufe seines Lebens, sei es bei seiner menschlichen Geburt oder bei der Taufe am Jordan, zum »Sohn Gottes« geworden ist. Er hat als der »vor aller Zeit« aus dem Vater Geborene eine zweite, menschliche Geburt »aus Maria der Jungfrau« auf sich genommen, um als Gott-Mensch das Werk der Erlösung der Menschheit zu vollbringen. Wie schwierig dies zur Sprache zu bringen ist, wussten schon die frühen Gemeinden, aus deren Taufpraxis das Bekenntnis hervorgegangen ist. Wie kann man von einer Geburt *vor aller Zeit* sprechen, wenn doch Gott nicht verzeitlicht werden darf? Und wie von einer *Geburt*, wenn doch Gott nicht »verdoppelt« werden darf?

Diese Fragen sind jeder Glaubensgeneration neu aufgegeben. Heute besteht die Versuchung eher darin, Jesus von Nazaret als bloßen Menschen anzusehen, dem der Titel »Sohn Gottes« nicht im Sinn seiner Herkunft von Gott zukomme. So unvollkommen die Sprache des Glaubens ist, so wichtig wurde es jedoch immer erachtet, die Balance zu halten und Jesus auf Grund seiner Göttlichkeit nicht das Menschsein und auf Grund seines Menschseins nicht die Göttlichkeit abzusprechen. Das *Konzil von Chalkedon* (451) hat dazu einen eindrücklichen Text als Interpretation des Glaubensbekenntnisses vorgelegt. Aber wir können nur ahnen, was bei Jesus *volles Gottsein* bedeutet, zumal wir schon von uns nicht wissen, was *volles Menschsein* bedeuten könnte. Das Bekenntnis lädt uns ein, nicht Banales, Selbstverständliches zu bekennen, sondern ganz und gar Ungewöhnliches, was kaum noch zur Sprache gebracht werden kann. Gleichwohl hat schon Paulus nicht nur von Jesus, dem Auferstandenen, als dem »Sohn Gottes« gesprochen, sondern auch uns Söhne und Töchter Gottes genannt, die durch die Taufe in den Tod und in die Auferstehung Jesu »hineingetaucht« sind (vgl. Röm 6,1-11) und Gottes Geist empfangen haben (vgl. Röm 8,14). Dieser »Geist ist der Geist der Sohn- und Tochterschaft Gottes«, weshalb wir – wie Jesus – Gott »abba« rufen dürfen (Röm 8,15-16). Diese Aussage von uns Getauften ist nicht weniger ungeheuer als die von Jesus selbst! Die Rede von Jesus als »Bild Gottes« ist nicht in die Glaubensbekenntnisse übernommen worden. Sie findet sich im Neuen Testament nur an wenigen Stellen, greift aber auch dort die Sprache des Ersten Testamentes auf und interpretiert sie christologisch. Die klassische Stelle in Gen 1,26 sagt vom Menschen, dass er »zum Bild« und »Gleichnis« Gottes auf Erden geschaffen wurde. Damit ist nicht das Aussehen des Menschen gemeint, als sehe er aus wie Gott, sondern es wird die Berufung des Menschen bedacht. Er soll als Stellvertreter Gottes auf Erden so handeln wie Gott. So ist er kein gemachtes, totes Gottes-Standbild, was dem Volk Israel mit dem »Bilderverbot« (vgl. Ex 20,4) ausdrücklich verwehrt wird. Gott wird im Menschen sichtbar, mit besonderer und endgültiger Deutlichkeit in Jesus Christus, der den Menschen als Gottes Bild erneuert: »Er ist Bild des unsichtbaren Gottes, Erstgeborener aller Schöpfung, denn in ihm ist alles geschaffen in den Himmeln und auf Erden« (Kol 1,15-16). In ihm hat Gott »uns der Macht der Finsternis entrissen und aufgenommen in das Reich seines geliebten Sohnes. Durch ihn haben wir die Erlösung, die Vergebung der Sünden« (Kol 1,13-14). Jesus ist das »Bild des unsichtbaren Gottes«, weil er es ist, durch den Gott die Welt erschaffen hat, um »alles zu versöhnen« (Kol 1,20). Das Werk der Versöhnung, das Jesus Christus in Gottes Auftrag vollbringt, ist deshalb möglich, weil Gott in ihm »mit seiner ganzen Fülle wohnen wollte« (Kol 1,19). Die Menschwerdung Gottes in Jesus Christus widerruft nicht das Bilderverbot. Jesus ist in seiner menschlichen Erscheinungsweise und Gestalt das »Bild des unsichtbaren Gottes«, weil sein Handeln Gottes Handeln ist.

Josef Wohlmuth

Hans Kessler, Christologie, in: *Theodor Schneider* (Hg.), Handbuch der Dogmatik, Bd. 1, Düsseldorf 1992, 241-442.

1.3 Heiliger Geist – Geist in Welt

Gibt es überhaupt so etwas wie Geist »jenseits« des Materiellen? Viel und heftig wird gegenwärtig darüber gestritten. Manche Hirnforscher bestreiten das, indem sie Phänomene wie Bewusstsein, Denken und Wollen auf ihre materiellen Grundlagen reduzieren. Wenn sie Recht hätten, wäre der Mensch in allem, was er denkt und tut, in allen Formen seines Zusammenlebens und deren Gestaltung in Gesellschaft, Recht und Staat bis hin zu seinen »höchsten« Äußerungen in Kunst, Philosophie und Religion ausschließlich und »restlos« von materiellen Vorgaben bedingt. Die philosophische Tradition von den Griechen bis ins 19. Jahrhundert hat mit *Geist*, welche Begriffe auch im Einzelnen dafür verwendet wurden, den tiefsten Grund der Wirklichkeit und das höchste Vermögen im Menschen bezeichnet. Aufgrund seines Geistes und durch ihn kann der Mensch sich denkend und wollend zu sich selbst, zu seinesgleichen, zur Welt im Ganzen und zu Gott verhalten. Im Anschluss an PLATON wurde freilich die geistige und das hieß hier oft: die »jenseitige« Welt als die eigentliche, die diesseitige lediglich als ein schwacher Abglanz derselben betrachtet. Die Bibel kennt eine solche Abwertung der innerweltlichen Wirklichkeit nicht; und sie kennt auch nicht die »platonische« Entgegensetzung des »Geistigen« zum »bloß Materiellen«. Die Wirklichkeit dieser Welt ist Gottes gute Schöpfung, die da ist und lebendig ist, weil sie von Gottes Lebensatem erfüllt ist.

Im Alten Testament erscheint Gottes Geist noch nicht als eine göttliche Person, sondern als göttliche Kraft. Israel hat den Geist Gottes in seiner Frühzeit als eine unerwartete und unberechenbare, alle menschliche Möglichkeiten übersteigende Größe erfahren, hat ihn jedoch nicht auf seine außerordentlichen Begleiterscheinungen eingeengt. Die Erfahrung des Geistes Gottes hatte aber immer wieder auch eher befremdliche Dimensionen: Die »Begeisterten« erfuhren sich von ihm gepackt, herausgefordert, mit einer unerklärlichen Kraft begabt und von ihr »angetrieben«, mitunter auch ekstatisch entrückt. Diese Erfahrungsqualitäten haben eine Zurückführung der

Geist-Erfahrung auf menschliche Selbsterfahrung verhindert. In einer zweiten Reflexionsstufe ist Israel dann der umfassenden Macht des Gottesgeistes inne geworden, die sich nicht nur in der Geschichte dieses Volkes, sondern in der ganzen Schöpfung am Werk zeigt. Alles Leben verdankt sich Gottes Geist; gerade dadurch ist es dem Zugriff des Menschen entzogen. Dies schließt freilich eine besondere Teilhabe von Menschen am Geist Gottes nicht aus, die bei den Richtern, den Propheten, den Königen und bei dem für die Endzeit erhofften Messias in unterschiedlicher Weise zutage tritt.

Im Neuen Testament wird der Heilige Geist von Gott Vater und dem Sohn Jesus Christus unterschieden. Alle vier Evangelien berichten von der Taufe Jesu durch Johannes den Täufer, bei der der Heilige Geist auf Jesus herabkommt und ihn als den endgültigen Träger des Gottesgeistes, als den von Gottes Geist Gesalbten – und das bedeutet: als den Messias, den Christus – ausweist. »Geistgewirktheit« ist für das Neue Testament das Vorzeichen vor der Klammer des ganzen Jesus-Geschehens, von Jesu Auferweckung von den Toten bis zu seiner Empfängnis. Mit Gottes Geist begabt ist Jesus aber nicht für sich selbst, sondern um sein Erlösungs- und Versöhnungswerk zu vollbringen.

Die lukanischen Schriften und das Johannesevangelium unterscheiden ausdrücklich zwischen der Zeit Jesu und der Zeit der Kirche. Letztere beginnt nach der Apostelgeschichte mit Pfingsten. In diesem Ereignis, das Lukas mit Anspielungen an das Sinai-Geschehen und die babylonische Sprachverwirrung darstellt, geht die prophetische Verheißung in Erfüllung, Gott werde seinen Geist in der Endzeit über alles Fleisch ausgießen. Der Heilige Geist ist es, der die junge Kirche auf ihrem Weg bis in das Herz der damals bekannten Welt, nach Rom, leitet. Er wirkt dabei sowohl in außerordentlichen Charismen und auffälligen Wundertaten wie im sakramentalen Geschehen. Auch für das Johannesevangelium ist die Geistsendung Frucht der Verherrlichung Jesu. Dieser bleibt durch den Beistand des Heiligen Geistes bei den Seinen und leitet durch ihn seine Kirche. Der Geist ist ihr Lehrer und befähigt sie, Zeugnis abzulegen. Er verbürgt die bleibende Gegenwart Jesu; er erinnert die Jünger an alles, was Jesus ihnen gesagt hat, und führt sie in die volle Wahrheit ein.

Für Paulus ist die Kirche der von Gottes Geist durchwirkte »Leib Christi«. Der einzelne Christ wird durch Glaube und Taufe in das Auferstehungsleben Jesu hinein genommen. Der Geist des Herrn ist der Geist der Freiheit; er ist derjenige, welcher die Menschen aus Sklaven zu Kindern Gottes macht, die Gott ihren Vater nennen dürfen. Das Wirken des Heiligen Geistes ist für Paulus vor allem an zwei Kriterien zu erkennen: *zum einen* an dem Bekenntnis zu Jesus Christus als dem Herrn und *zum anderen* an der Bereitschaft zum Dienst in der Kirche. Die Charismen sind nach Paulus den einzelnen Christen gegeben, um am Aufbau der Gemeinde mitzuwirken. Das höchste unter ihnen, die Liebe, wird in besonderer Weise mit dem Geist in Verbindung gebracht.

Dass der Heilige Geist dritte göttliche Person ist, wurde nach heftigen Auseinandersetzungen vom Zweiten Allgemeinen Konzil, das im Jahre 381 in Konstantinopel tagte, gelehrt. Noch heute bekennen die Christen mit den Worten des damals verabschiedeten Glaubensbekenntnisses: »Wir glauben an den Heiligen Geist, der Herr ist und lebendig macht, der aus dem Vater hervorgeht, der mit dem Vater und Sohn angebetet und verherrlicht wird, der gesprochen hat durch die Propheten.« In der Hinzufügung, dass der Geist auch aus dem Sohn hervorgeht (»filioque«), die auf Wunsch von Lokalkirchen erst im Hochmittelalter von Rom vorgenommen und von den Kirchen der Reformation übernommen wurde, sehen die Ostkirchen eine unzulässige Erweiterung. Die Kontroverse um diese Hinzufügung zwischen Ost- und Westkirche gilt heute als entschärft, insofern sie als eine spezifische, in der westlichen Theologie nahe liegende Akzentuierung des gemeinsamen Glauben gedeutet wird, die keinen die Kirchen trennenden Charakter haben muss.

Im dritten Glaubensartikel werden im Anschluss an den Heiligen Geist die Kirche, die Sakramente, das ewige Leben und die Vollendung der Schöpfung genannt. Damit kommt zum Ausdruck: Gott schenkt seinen Geist, um durch das Wirken der Kirche in Verkündigung und Feier der Sakramente das Heilswerk seines Sohnes weiterzuführen und zu vollenden. Der Glaube an das Wirken des Heiligen Geistes vermag Menschen für ihren Einsatz in Kirche und Welt zu inspirieren. Es ist kein Zufall, dass viele Krankenhäuser seit dem Mittelalter seinen Namen tragen. Sie erinnern auch heute daran, dass Hilfe für die Bedürftigen und der Aufbau einer menschwürdigen Welt der primäre Ort der Bewährung für den christlichen Glauben sind.

Peter Walter

Eduard Schweizer, Heiliger Geist, Stuttgart/Berlin 1978; *Bernd Jochen Hilberath*, Pneumatologie, Düsseldorf 1994.

1.4 Der drei-eine Gott und das Heil der Welt

Das christliche Glaubensbekenntnis ist Bekenntnis zum drei-einen Gott: zum Vater, der in unerschöpflicher Kreativität und Liebe alles ins Dasein gerufen hat (1. Artikel); zu dem wahrhaft zuverlässigen Gotteswort, das in »Sohn« Jesus Christus den Menschen ein Mitmensch geworden ist und ihnen den Weg zum wahren Leben öffnete (2. Artikel); zu der Leben verändernden und in Jesu Gottesbeziehung hereinholenden, inspirierenden Macht des Heiligen Geistes, der die Glaubenden zutrauen, die von Unglück und Sünde heimgesuchte Welt in Gottes gute Herrschaft zu verwandeln (3. Artikel). Der Sohn und der Heilige Geist werden mit Gott (dem Vater) in einem Atem genannt, weil dieser sich in ihnen zugänglich gemacht hat; weil christlich von ihm nicht gesprochen werden kann, ohne den mit zu nennen, der den Menschen zum Immanuel – zum »Gott ist hier mit uns« – geworden ist, und ohne den Geist zu nennen, in dem Gott uns ergreift und zu Menschen machen will, durch die er das »Angesicht der Erde« verwandelt.

So fasst das trinitarische (= den drei-einen Gott nennende) Bekenntnis zusammen, worauf sich die christlich Glaubenden bezogen wissen, wenn sie an Gott glauben:

- auf Gott den Vater, Grund ihres Daseins und ihrer Hoffnung,
- auf den Menschenbruder Jesus Christus, in dem Gott sich in seiner ganzen Göttlichkeit und gerade deshalb mitmenschlich-mitleidend geoffenbart hat;
- auf den Heiligen Geist, durch den Gott sich als unendlich verheißungsvolle Herausforderung zum neuen Leben in der erlösenden Gottesgemeinschaft vergegenwärtigt.

Dieser drei-eine Gottesbezug wird schon früh in Taufformeln ausgesprochen (so Mt 28,19) und im feierlichen Gebetsschluss (der Doxologie) gemeinschaftlich zum Ausdruck gebracht. Gerade im Gebet wenden sich die Gläubigen ja an den Gott, der sich ihnen zuvor als der trinitarisch-beziehungsreiche geöffnet hat. Sie antworten, indem sie Gottes Beziehungswilligkeit dankbar rühmen und sich im Gebet darauf berufen. Die Frage, wen die Betenden eigentlich ansprechen, wird meist so beantwortet, dass die Gebete durch den Sohn und im Heiligen Geist, der das Gebet »beseelt«, an den Vater gerichtet sind. Bald entstehen auch Formeln des Lobpreises, in denen dem Vater *und* dem Sohn *und* dem Heiligen Geist die Ehre erwiesen wird. Sie werfen die Frage auf, ob Sohn und Geist in gleichem Sinne wie der Vater als Gott anzusprechen oder ob sie ihm unterzuordnen sind. In langen theologischen und kirchenpolitischen Kontroversen setzte sich die Einsicht durch (ausformuliert auf den Konzilien von *Nizäa*, 325, *Konstantinopel*, 381, und *Chalkedon*, 451), dass die beiden Gottesbegegnungswirklichkeiten Sohn und Heiliger Geist »nicht weniger« Gott sind als der Vater; dass sie aber auch nicht ein zweiter und dritter Gott neben dem Vater sind. Der eine Gott ist in drei »Personen« Gott. Sein Gottsein verwirklicht sich immer schon in den drei Gott-Wirklichkeiten *Vater, Sohn* und *Heiliger Geist,* die in der Offenbarungsgeschichte den Menschen Gottes guten Willen erfahrbar machen. Die Antwort auf die Frage: *Wer* ist Gott? ist in diesem Sinne eine dreifache (wobei das Wort Person – wie Augustinus sagte – eher aus Verlegenheit gewählt wurde), während die Frage: *Was* ist Gott? eine einfache Antwort findet: Gott ist in sich, aus sich und für uns Liebe.

Aber ist dieses Bekenntnis vereinbar mit dem biblischen Glauben an den *einen* Gott, dem Monotheismus des Alten Testaments und damit auch Jesu selbst? In der theologischen Reflexion der folgenden Jahrhunderte hat man versucht, die Mitte zu halten zwischen einem unbiblischen Drei-Gott-Glauben (Tritheismus) und einem überspitzten Monotheismus, der das Gottsein Jesu Christi und des Heiligen Geistes nicht zum Ausdruck bringen konnte. Dabei ging es nicht um einen »Kompromiss« zwischen biblischem Monotheismus und antikem Vielgötterglauben (Polytheismus). Das Glaubens-Interesse an der Herausarbeitung der Vereinbarkeit von Monotheismus und trinitarischem Gottesverständnis lag vielmehr darin, den lebendigen, begrifflich so schwer zu fassenden Spannungsreichtum christlichen Gottesglaubens nicht einseitig aufzulösen.

Wie viel Spannung brachte es in den Gottesglauben hinein, wenn man ernst nahm, dass der allmächtig-lebendige Gott sich im ohnmächtig Gekreuzigten als er selbst zeigte! Wie spannungsreich war der Glaube daran, dass dieser Gott im Heiligen Geist um die Zuwendung der Menschen wirbt und um ihre freie Einwilligung in seinen guten Willen bittet! Wie kann das alles zusammengehalten, zusammengeglaubt werden? Einfacher wäre es, die Ohnmacht des Sohnes und das Angewiesensein des Geistes auf die freie Antwort der Menschen aus der Vorstellung des transzendent-allmächtigen Gottes herauszuhalten. Aber das hätte der Glaubenserfahrung der Christen zutiefst widersprochen. Der Gott der Christen ist eben so: dass er auf Gedeih und Verderb die Gemeinschaft der sündigen und scheiternden Menschen sucht, sie in ihrer Ohnmacht aufsucht und mit ihnen geht bis »zuletzt« – damit sich ihnen auch Leiden und Tod noch auf Gott hin öffnen. So ist dieser Gott: dass er sie seiner Bitte würdigt – und nicht aufhört, in seinem Geist um ihr Einverständnis zu werben!

Das ist die Spannung, die im trinitarischen Gottesglauben zusammengehalten werden soll: Der allmächtig-ewige Gott ist so *anders* allmächtig, als man es sich denken würde. Seine Größe zeigt sich in seiner Hingabe, in seiner »Schwäche«, ja seiner »Dummheit« – gemessen an den Weisheiten und Kalkülen, mit denen sich die Mächte dieser Welt durchzusetzen wissen. Aber Gottes »Dummheit« ist weiser als die Menschen, seine Schwäche stärker als die Stärke der Menschen (1 Kor 1,25). Sie ist – wie der deutsche Philosoph SCHELLING diesen Satz des Paulus umschrieben hat – Gottes »Schwäche für den Menschen«, in der er sich den Menschen unüberwindlich treu verbindet. Die Schwäche für den Menschen, die sich auf dem Lebensweg des Messias Jesus manifestiert und im Heiligen Geist zur Erfahrung bringt, ist Gottes Macht, denn sie ist die Macht der Liebe, die er seinem Wesen nach *ist* (vgl. 1 Joh 4,16): Die Liebe Gottes und der Gott, der die Liebe ist, wurden »unter uns dadurch offenbart, dass Gott seinen einzigen Sohn in die Welt gesandt hat, damit wir durch ihn leben« (1 Joh 4,9). Wir leben durch ihn, wenn wir an seinem Geist Anteil haben, der der Geist der Liebe ist, wenn wir so in der Liebe und in Gott bleiben.

Was am Messias Jesus und in der Erfahrung des ohnmächtigmächtigen Gottesgeistes in der Geschichte spürbar wird: die Leidenschaft Gottes für den Menschen, in der er sich grenzenlos in Mit-Leidenschaft ziehen lässt, damit die Menschen das Leben haben und es in Fülle haben (vgl. Joh 10,10), das gehört gleichsam in Gott selbst hinein. Gott ist christlich nicht mehr anders denkbar, nicht mehr anders anzurufen und zu preisen als der Gott dieser liebenden Mit-Leidenschaft. Deshalb ist er der trinitarische Gott. Alle Versuche, der Identifikation des Messias Jesus und des Heiligen Geistes mit Gott auszuweichen, halten aus Gott heraus, was ihn zuinnerst kennzeichnet und bewegt: seine Schwäche für den Menschen, seine Mitleidenschaft, in der er die Gemeinschaft der Menschen sucht, und sie dazu erlöst, an seiner Menschlichkeit teilzuhaben. So formuliert das Bekenntnis zum drei-einen Gott den Glauben an einen Gott, dem an den Menschen liegt und der ihnen deshalb das Heil der Gottesgemeinschaft eröffnet.

Jürgen Werbick

Gisbert Greshake, An den drei-einen Gott glauben. Ein Schlüssel zum Verstehen, Freiburg i. Br. ³2000; *Gotthard Fuchs/Jürgen Werbick* (Hg.), Der dreieine Gott. Predigten mit Hintergrund, Donauwörth 1999.

1.5 Kirche – Gemeinschaft der Heiligen

Wenn Christen ihren Glauben an den dreifaltigen Gott bekennen, bringen sie auch die Werke, die Gott zum Heil der Menschen wirkt, zur Sprache. Das erste und alles umgreifende Werk ist die Erwählung und Ausstattung Israels und der Kirche zu seinem Volk.

Religiöse Menschen, die ernsthaft mit Gott als dem Schöpfer der Welt und ihrer selbst rechnen, dürfen immer wieder die wunderbare Erfahrung machen, dass dieser Gott nicht ein fremder oder gar bedrohlicher Gott im Jenseits der Welt ist, dass er seiner Welt und den Menschen vielmehr wohlwollend zugewandt ist. Zuneigung und Wohlwollen haben schon mitmenschlich etwas Schöpferisches. Wenn ein Mensch einen anderen liebt, bringt er in seinem geliebten Gegenüber Neues zur Entfaltung. In ihm lebt auf, was zuvor nicht oder nur verdeckt da war. Solche Erfahrungen dürfen wir auf das Miteinander von Gott und Welt übertragen. Wenn Gott sich seiner Welt wohlwollend zuwendet, bringt er in ihr als »Reflex« seiner Güte überraschend Neues hervor: Inmitten der Welt und der Menschen bildet er sich ein Volk, zunächst Israel, dann durch Wort und Werk Jesu Christi die Kirche aus Juden und Heiden, das neue Gottesvolk, das Paulus den »Zweig auf dem Ölbaum Israel« nennt.

Inmitten der Völker waren Abraham und das große Volk, das aus ihm hervorgehen sollte, zu ihrem Weg durch die Geschichte aufgebrochen. Abraham war von Gott dazu gerufen worden (Gen 12,1-4). Und dann hatte es geheißen: »Segnen sollen sich mit deinen Nachkommen alle Völker der Erde« (Gen 22,18). Israel – erwählt zu Gottes Volk auf der einen Seite, sowie die Völker – bestimmt zur Teilhabe am Segen Israels auf der anderen Seite: Dieses spannungsreiche Miteinander kennzeichnet nach Gottes Willen von Anfang an die Geschichte Gottes mit seiner Welt. Aus dem Volk Israel ging Jesus von Nazaret, der Sohn Abrahams und Davids, hervor. Im Zentrum seines Wirkens in Wort und Tat stand die Ankündigung der Gottesherrschaft in Israel: »Gottes Herrschaft ist nahe gekommen«. Wenn die Gottesherrschaft kommt, bricht die letzte Zeit an.

Zu den Ereignissen am Ende gehört auch die Wallfahrt der Völker zum Zion, das Hinzutreten der Heiden zu den Juden, damit sie durch die Juden und mit ihnen Anteil an den Gaben Gottes hätten. Wie in Jesu Gleichnissen und Wundern, in seinen Worten und in seinen Taten die Gottesherrschaft anfänglich gegenwärtig wurde, so deutete sich die Öffnung Israels für die Völker ebenfalls schon in Zeichen, Ereignissen und in Worten an. Gottesherrschaft und Völkerwallfahrt gehören zusammen. »Viele werden kommen von Osten und Westen und mit Abraham, Isaak und Jakob zu Tische sitzen in der Gottesherrschaft«, sagte Jesus (Mt 8,11f.). Und so ist – nicht ohne Jesu Kreuz und Auferweckung – aus Jesu Wort und Werk die Kirche aus Juden und Heiden hervorgegangen. Sie ist in einem ursprünglichsten Sinn die »katholische«.

Dieses Volk Gottes, Israel zunächst und dann die Kirche aus Juden und Heiden, und der mächtige und zugleich gütige Schöpfergott, Israels Gott Jahwe – sie gehören zusammen. Gott hat dieses Volk erwählt und dieses Volk weiß sich als sein Eigentumsvolk. Das Nachdenken darüber, welcher Art denn der Gott sei, der die Welt erschaffen und sich sein Volk und die Kirche zusammengerufen hat, hat bei den Christen zu der überraschenden und im Glaubensbekenntnis ausgesprochenen Erkenntnis geführt, dieser Gott müsse ein dreifaltiger Gott sein. Das wirkte sich konkret so aus, dass ein Mensch, der in Gottes neues Volk, also in die Kirche aufgenommen wird, auf den Namen des dreifaltigen Gottes getauft wird. Der Taufbefehl, der auf den auferstandenen Jesus zurückgeht, lautet: »Geht hin in alle Welt und machet alle zu meinen Jüngern und taufet sie im Namen des Vaters und des Sohnes und des Heiligen Geistes.« Dies tut die christliche Kirche bis heute. Das Glaubensbekenntnis, das vor allem sonntags im Gottesdienst gesprochen wird, ist das Bekenntnis, auf dem die Kirche als Gottes neues Volk ruht, das Bekenntnis zu Gott dem Vater und dem Sohn und dem Heiligen Geist. Wenn wir es sprechen – was wir auch tun, wenn wir uns bekreuzigen und dabei den Namen Gottes sprechen –, bekräftigen wir, dass wir auf den Namen des dreifaltigen Gottes getauft sind und darum zu seinem Volk gehören und zum Gottesdienst zusammenkommen. Durch die gläubig empfangene Taufe werden die Menschen zu »Heiligen«; die Kirche ist dann die »Gemeinschaft der Heiligen«. In jeder Eucharistiefeier wird die Kommunion dieser Heiligen mit dem dreifaltigen Gott gefeiert und vertieft. Darum ist die Kirche eucharistische Gemeinschaft – »*communio sanctorum*«, wobei hier die »*sancta*« die von Gott gegebenen Wege und Weisen sind, auf denen und durch die die »Heiligen« mit dem dreifaltigen Gott »kommunizieren«: empfangend und dankend.

In diesem Volk sind Menschen beieinander, die darin übereinkommen, dass sie Gottes gnädige Zuwendung zu seiner Welt annehmen, aus dieser Zuwendung ihr Leben verstehen und gestalten, von Gottes Wirken sprechen, es loben und preisen, eine gemeinsame, dem entsprechende Lebensweise entwickeln. Sie haben ein Buch, die Bibel, die ein Zeugnis des Glaubens und Lebens dieses Gottesvolkes ist und dessen frohe Botschaft sie lesen oder hören. Sie haben einen Kalender, der die Festtage und Gedenktage aufweist, an denen der gnädigen Taten und Worte Gottes für sein Volk feiernd gedacht wird. Sie haben ein Gebetbuch, den Psalter. Sie helfen einander und miteinander denen, die der Hilfe bedürfen. Das sind Lebensäußerungen dieses Volkes und dann der Kirche, die den in ihr lebenden Menschen eine menschliche und geistliche Heimat ist. Das Leben in und mit dem Volk Gottes, das die Gemeinschaft der Heiligen ist, heißt Glaube. Man glaubt also nicht nur »an die Kirche« – was eine zutreffende Aussage ist, sofern das Volk Gottes nach Gottes Willen zu Gott gehört –, sondern auch »mit und in der Kirche«. Der Glaube ist der Vollzug der Zugehörigkeit zum neuen Gottesvolk, die lebendige Teilhabe an der »Gemeinschaft der Heiligen«.

Wenn im Glaubensbekenntnis gesprochen wird: »Ich glaube an die heilige, katholische Kirche, Gemeinschaft der Heiligen und Vergebung der Sünden«, dann ist bei der *heiligen, katholischen Kirche* an Gottes erwähltes Volk und seine Öffnung für alle Menschen zu denken, bei der *Gemeinschaft der Heiligen* an die Mitteilung der eucharistischen und sonstigen Gaben, durch deren Empfang die »Heiligen«, die die Christen sind, mit ihrem Gott und untereinander »kommunizieren«, bei der *Vergebung der Sünden* nicht nur, aber doch grundlegend an die Taufe: Durch sie wird die »Heiligkeit der Heiligen« mit ihrer Einfügung in die Kirche begründet, was zugleich die Vergebung ihrer Sünden bedeutet.

Werner Löser SJ

Henri de Lubac, Credo ... Sanctorum communionem, in: Internationale kath. Zeitschrift »Communio« 1 (1972), 18-32; *Communio sanctorum. Die Kirche als Gemeinschaft der Heiligen* (erarbeitet durch die bilaterale Arbeitsgruppe der Deutschen Bischofskonferenz und der Kirchenleitung der Evangelisch-Lutherischen Kirche Deutschlands), Paderborn/Frankfurt 2000.

1.6 Vergebung der Sünden

Alle Christen bekennen die »Vergebung der Sünden« als Wirkung des Heiligen Geistes, als Geschenk des gekreuzigt-auferstandenen Herrn Jesus Christus am Ostertag. Die dankbare Zustimmung dazu gehört zum Zentrum des christlichen Glaubens. Katholiken werden dabei vorrangig an die »Beichte«, das Sakrament der Umkehr und Versöhnung, denken. Sie könnten dabei leicht vergessen, dass die grundlegende Vergebung der Sünden durch Umkehr, Glaube und Taufe von Gott geschenkt wird und dass auch in anderen Sakramenten Sünden vergeben werden (z. B. in der Eucharistie und in der Krankensalbung). Darüber hinaus gibt es auch andere Wege der Sündenvergebung im Namen des Dreifaltigen Gottes in der Kirche und durch sie: das Gebet der Reue, das Hören und Meditieren des Wortes Gottes, liturgische Elemente und Feiern von Umkehr und Vergebung, die tätige Nächstenliebe, und besonders die Bitte um Vergebung und ihre Gewährung zwischen den Menschen als Voraussetzung und Konsequenz der Vergebung durch Gott.

Die früher überstarke Fixierung auf das Bußsakrament als den einzigen oder vorrangigen Weg der Sündenvergebung ist inzwischen auch bei Katholiken vielfach einer äußeren und inneren Distanzierung gewichen, bei vielen bedingt durch negative Erfahrungen mit der Beichte. Eine Rolle wird dabei auch spielen, dass der sonntägliche Kommunionempfang in der Sicht selbst der »praktizierenden« Katholiken nicht mehr wie selbstverständlich den vorangegangenen Empfang des Bußsakramentes in der Beichte voraussetzt. Auch in der Situation schwerer Schuld, für welche die Feier des Bußsakramentes theologisch zur »Wiederversöhnung mit Gott und der Kirche« notwendig ist – ansonsten empfiehlt man sie im Sinne der »Andachtsbeichte« zur Vergebung von alltäglichen Sünden und im Zusammenhang von geistlicher Begleitung als wertvoll und hilfreich –, wird die persönliche Beichte eher selten praktiziert. Bußfeiern werden häufig als sinnvoller erlebt. Eine neue Qualität hat die Feier des Sakramentes allerdings im Beichtgespräch erreicht. Hinter all diesen Vorgängen liegt eine veränderte Sicht und Erfahrung von *Schuld* – gegenüber dem eigenen Leben oder gegenüber anderen – und *Sünde* – als bewusster Verweigerung gegenüber der Liebe Gottes. Zu beobachten sind vielfach Bagatellisierungen oder eine Alltags-Säkularisierung (»damit muss ich selbst zurecht kommen«, »was geht das den Pfarrer und die Kirche an?«). Hier ist nicht nur die Rede von der Sünde verflacht und marginal geworden; auch das Bewusstsein von Sünde als Schuld gegenüber Gott und der Kirche ist massiv zurückgegangen oder verschwunden. Diese problematische Entwicklung hat freilich auch eine mechanistisch-ritualistische Praxis des Bußsakramentes – als »Buß-Umgehungs-Sakrament« – abgebaut und mitunter die Bedeutung der Vergebung im Alltag neu in den Blick gebracht. Sie hat zudem eine überbetont-leistungsorientierte Sicht des Sakraments, die in der Vergangenheit nicht selten bis hin zu einer krankhaften Beicht- und Sühnefixierung führen konnte, weitgehend verschwinden lassen.

Die genannten Einseitigkeiten hatten ja die Feier-Dimension – das Bußsakrament als Feier der dankbaren Annahme des Gnadengeschenks Gottes – eher verdrängt und damit Erfahrungen mit der Beichte geradezu konditioniert, die dann ebenfalls zum Verfall der Beichtpraxis beitrugen: Wenn man immer wieder tun »musste«, was doch so wenig bewirkte, warum sollte man es dann nicht ganz lassen! Heute führt ein sinnvoller Weg zur Annahme der Geistesgabe der Vergebung als Geschenk Jesu in der Gemeinschaft der Glaubenden über die Erkenntnis: Vergebung und Versöhnung mit dem eigenen Leben, mit den Mitmenschen und zwischen Völkern, Rassen, Konfessionen und Religionen sind überlebens-notwendig geworden und werden – wo sie gelingen oder auch nur ernsthaft angestrebt werden – als Gottes-Geschenk erfahren. Diese »Gott-sei-Dank«-Erfahrung kann neu den Weg zur persönlichen und gemeinsamen Feier der Vergebung der Sünden bahnen und zur dankbaren Antwort führen, »aus der Versöhnung und für die Versöhnung« leben zu wollen: in Kirche und Welt.

Konrad Baumgartner

Die deutschen Bischöfe, Umkehr und Versöhnung im Leben der Kirche, Bonn 1997; *Eberhard Hahn*, »Ich glaube ... die Vergebung der Sünden«, Göttingen 1999.

1.7 Auferstehung der Toten und das ewige Leben

Viele unserer Zeitgenossen, selbst getaufte Christen, stoßen sich gerade an diesem letzten Satz des Credo, so ja auch schon – wie die Apostelgeschichte berichtet – die Athener zu Zeiten des heiligen Paulus (Apg 17,32).

Vermutlich liegt dies auch an uns heute mythologisch anmutenden *Vorstellungen*, die das Neue Testament von der frühjüdischen Apokalyptik übernommen hat und die dann sowohl von der kirchlichen Verkündigung als auch von der christlichen Kunst durch die Jahrhunderte weiter getragen wurden: dass nämlich am »Jüngsten (= letzten) Tag« unserer Zeitrechnung, bei der sichtbaren Wiederkunft des Herrn auf dieser Erde, die Gräber geöffnet und die Leichname aller Verstorbenen neu belebt werden, so dass sich dann alle

Menschen zum »Jüngsten Gericht« vor Christus, dem Richter, versammeln können.

Inzwischen sind viele Gläubige und auch die meisten Theologen davon überzeugt, dass wir uns die Auferstehung der Toten auch anders als in dieser massiv körperlich-realistischen Bildsprache vorstellen können, ohne dabei den verbindlichen Inhalt unseres Glaubens aufgeben zu müssen. So wird heute viel stärker die *Einheit* von Leib und Seele im Menschen betont, und zwar auch für die Vollendung des Lebens bei Gott. Das bedeutet: Wir glauben, dass nach dem Tod jeder Mensch mit »Leib und Seele«, also mit seinem ganzen Menschsein und seiner ganzen bunten Lebensgeschichte, mit allem, was er erlebt und erlitten, was er getan oder auch unterlassen hat, unverborgen der Liebe Gottes im Angesicht des auferstandenen Jesus Christus begegnet. *Leib* bezeichnet hier – genau wie in der Eucharistie, wenn wir den »Leib Christi« (eben des Auferstandenen!) empfangen – nicht den biologischen Organismus unseres Körpers (mit Haut, Fleisch und Knochen), sondern das, was Paulus den »pneumatischen Leib« der Auferstehung nennt (1 Kor 15,44): also den ganz vom Heiligen Geist, dem *Lebensspender*, durchdrungenen und verwandelten Körper. Darin bleibt all das von unserem irdischen Leben, von unserer vergänglichen Körperlichkeit und ihren Erfahrungen von Glück, Liebe und Freude »aufgehoben«, was für das Heil des Menschen bei Gott bedeutsam ist. Diese Auferstehung *des Leibes* steht nicht im Gegensatz zur »Unsterblichkeit *der Seele*«. Denn der biblisch verstandene Begriff *Seele* hebt die Gott-Offenheit des Menschen hervor: dass er über seine leibliche Verbundenheit mit der Erde und ihren Geschöpfen hinaus auch mit Gott, seinem Schöpfer, in eine persönliche Beziehung der Liebe und Freundschaft treten kann, die – jedenfalls von Gott her – niemals endet und darum »unsterblich« ist. In der Auferstehung der Toten geht es also um die Rettung des einen und ganzen Menschen.

Für den Menschen endet im Tod definitiv das Leben in unserem irdischen, in viele verschiedene Phasen und Orte ausgedehnten Raum-Zeit-Zusammenhang. Das »ewige Leben« nach dem Tod verläuft darum auch nicht einfach parallel zu unserer Zeit, nur auf einer höheren, unsichtbaren, »himmlischen« Ebene endlos weiter. Nein, im Tod findet unser hier gelebtes Leben bei Gott seine *endgültige* Gestalt. Aber nicht so, als ob Gott dann das »Ergebnis« unseres Lebens unabänderlich festschreiben würde. Endgültigkeit bedeutet: Wir bringen die »Frucht« unseres Lebens zu Gott. Er nimmt sie entgegen und hebt sie im unerschöpflichen Gespräch der Liebe zwischen Vater und Sohn im gemeinsamen Heiligen Geist bewahrend, reinigend und vollendend auf. Im Licht dieser Liebe kann unsere Lebensfrucht zur vollen »Reife« gelangen; eben zu jener geglückten Lebensgestalt, die Gott jedem persönlich vom Anfang seines Daseins an zugedacht hat. Wenn einmal alle Menschen ihren Tod erlitten und Gott die Frucht ihres Lebens übergeben haben werden, dann wird Christus zu allen »wiedergekommen« sein; dann ist der »Jüngste Tag« der Weltgeschichte erreicht, der – wie die Schöpfung – nicht als ein bestimmtes Kalenderdatum auf unserer Zeitlinie liegt und darum auch niemals vorauszuberechnen sein kann.

In dieser letzten, unverborgenen Begegnung mit der Liebe Gottes wird uns auch die Wahrheit unseres Lebens unverstellt und unverdrängbar aufgehen; wird uns die große Diskrepanz zwischen unserem Leben und der Liebe Gottes zu uns offenbar. Diese Liebe nimmt darum auch das Antlitz einer uns »richtenden Liebe« an (= *Gericht*): Sie möchte uns zur Erkenntnis der Wahrheit, zur Einsicht in unsere Schuld und zur Reue darüber bewegen. Wenn wir uns dann den unbestechlich wahrhaftigen und zugleich unendlich barmherzigen Blick Gottes auf unser Leben zu Eigen machen, dann kann seine Liebe uns auch zutiefst »läutern«; dann können wir ihre Vergebung auch nachhaltig annehmen und uns von ihr zutiefst umwandeln lassen, um wirklich »himmelsfähig« zu werden. Das nennt die Tradition das *Purgatorium* (Läuterung bzw. Fegefeuer); es ist das »Eingangsportal« zum »Himmel«.

Unter *Himmel* verstehen wir das rundum beseligende »Aufgehobensein« des Menschen in der Gemeinschaft mit dem *dreieinen Gott;* aber zugleich auch mit dem *Leib Christi,* der dann alle glaubenden, hoffenden und liebenden Menschen dieser Erde in sich vereinen wird; und schließlich auch mit der *ganzen Schöpfung,* die von Gott bleibend geliebt ist, die mit uns jetzt noch »in Geburtswehen« liegt, die aber einmal von ihrer »Verlorenheit« befreit werden soll »zur Freiheit und Herrlichkeit der Kinder Gottes« (Röm 8,21f.).

Und die »*Hölle*«? Im Unterschied zum Himmel teilt Gott sie nicht von sich aus dem Menschen (als Strafe) zu. Von sich aus teilt Gott nur sich selbst mit, eben als die alle retten wollende Liebe. Jedoch kann der Mensch – so unwahrscheinlich es auch sein mag – von sich aus, in seiner von Gott unangetasteten Freiheit auch »Nein« sagen und sich dieser Barmherzigkeit Gottes verschließen. Zum Beispiel, wenn er – in die eigene Leistung verliebt – sich sein Heil nicht restlos von Gott schenken lassen, sondern es als ihm zustehenden Lohn einklagen will. Eine solche »negative Endgültigkeit« können wir uns nur vorstellen als eine sich zum Nein verfestigende Erstarrung allen Lebens und aller Beziehung, als eine sich absolut setzende Egozentrik. Wir dürfen und sollen hoffen, dass dies für niemanden das letzte Wort über sich selbst und sein Leben sein wird. Aber mit Gewissheit ausschließen können wir es nicht. Denn wie Gottes unendliche Güte und des Menschen unauslotbare Freiheit sich am Ende zueinander verhalten, bleibt für uns, solange wir noch unterwegs sind, ein Geheimnis des Glaubens und der Hoffnung.

Medard Kehl SJ

Medard Kehl, Und was kommt nach dem Ende? Von Weltuntergang und Vollendung, Wiedergeburt und Auferstehung, Freiburg u.a. ⁴2002; *Wolfgang Beinert*, Tod und jenseits des Todes, Regensburg 2000.

2. Glaubenszeugen

Giotto di Bondone (um 1267-1337): *Die Predigt vor Papst Honorius III.*, 17. Bild der Franziskuslegende, vor 1300; Fresko, 270 x 230 cm; Basilica superiore di San Francesco, Assisi.

Die Malerei des Italieners Giotto gilt als eine der bedeutendsten Neuerungen der abendländischen Kunst und wurde bereits von den Zeitgenossen als etwas vollkommen Neuartiges gepriesen. Durch seine nachahmende Naturdarstellung, die plastische Figurengestaltung und die perspektivische Raumwirkung wurde Giotto zum Vorläufer der Renaissancekunst. Bereits ein Frühwerk des Malers, der 28-teilige Freskenzyklus zur Franziskanerlegende für die Hauptkirche des Ordens in Assisi, enthält diese herausragenden Gestaltungsmerkmale. Als erste Darstellung einer erzählerischen Folge sind diese Fresken auch in ihrer inhaltlichen Konzeption etwas Besonderes. Auf Wunsch des Ordens sollte den Gläubigen die Lebensgeschichte des großen Heiligen vor Augen geführt werden – in einem Bildprogramm, das Vorbild für alle weiteren Darstellungen sein konnte. Dieser Auftrag zeigt die Bedeutung des 1228 nur knapp zwei Jahre nach seinem Tod heilig gesprochenen Franziskus und des von ihm gegründeten Ordens.

Grundlage für die Szenenauswahl war die 1260/62 vom heiligen Bonaventura verfasste und vom Papst als verbindlich bestimmte "Legenda Maior". Das Fresko der "Predigt vor Papst Honorius III." (1216-1227) verbildlicht, was die Zeitgenossen an Franziskus so sehr beeindruckt hat: sein Auftreten als Prediger, d.h. Redeweise, Mimik und Gestik, mit denen er seine Zuhörer ganz in seinen Bann zog. Den Quellen zufolge kamen Temperament, Phantasie und eine schauspielerische Begabung zusammen und machten zahlreiche Situationen für die Augenzeugen zu unauslöschlichen Erlebnissen. Ein solches muss auch ein in Ordensangelegenheiten notwendiges Treffen des Heiligen mit dem Papst gewesen sein, von dem die Legende berichtet.

Giotto lässt die Szene in einer prachtvollen gotischen Halle spielen, die durch drei Spitzbögen bzw. Gewölbefelder gegliedert ist. Unter dem mittleren thront, seiner Würde entsprechend, der Papst. In einem nach vorne zum Betrachter hin geöffneten Halbkreis um ihn herum sitzen die Kardinäle, während Franziskus, vor dem ein Mitbruder auf dem Boden sitzt, am linken Bildrand platziert ist – die einzige stehende Figur der Gruppe.

Durch die Dreiteilung der Bildfläche, die Senkrechten und Bögen der Architekturelemente und die bogenförmige Figurenanordnung wirkt die

Komposition ausgeglichen und ruhig. Dieser formale Aufbau bildet den Hintergrund, vor dem Giotto meisterhaft die Lebendigkeit und Spannung gestaltet, die der dargestellten Redesituation entsprechen. Dazu muss man eigentlich nur die schmale, waagerecht verlaufende Bildzone der Gesichter betrachten, aus der – spannungskompositorisch geschickt – nur der Kopf des Papstes etwas nach oben und der des Franziskanerbruders leicht nach unten abweichen. Gesichter und Gesten der Zuhörer spiegeln unterschiedliche Reaktionen: gebannte Aufmerksamkeit, stille Versunkenheit, fragend-zweifelndes Abwarten. Das Beeindruckendste aber ist der Bezug zwischen den beiden Hauptpersonen, Franziskus und Honorius. Durch seine aufrechte Haltung steht Franziskus nur geringfügig unterhalb der Augenhöhe des Papstes, so dass ein direkter Blickkontakt möglich ist, ohne dass der eine den Kopf heben oder der andere ihn senken müsste. Während Honorius in einer Denkerpose mit seiner Rechten leicht den Kopf stützt, schaut er Franziskus direkt an und scheint fasziniert und gebannt den Ausführungen des Redenden zu folgen. Dieser hat zur Unterstützung dessen, was er sagt, die rechte Hand gehoben und blickt den Papst ebenfalls direkt an. Der Betrachterblick, der zunächst die kompositorisch und farblich hervorgehobene Figur des Papstes erfasst, wird durch den Augenkontakt der Protagonisten zur Figur des Heiligen gelenkt, entlang der Zuhörerreihe zum rechten Bildrand und von dort zurück zu Franziskus. So folgt der Betrachter mit den Augen der dargestellten Kommunikation.

Die außerordentliche Anziehungskraft des Franziskus zu Lebzeiten lag natürlich wesentlich in seinem Charisma begründet, doch ist es seine gelebte Idee der unbedingten Nachfolge Jesu im Sinne des Evangeliums, die ihn zu *der* Heiligengestalt des Mittelalters machte und die bis heute seine Faszination ausmacht. Das Ideal der Verkündigung des Evangeliums als Wanderprediger in absoluter Besitzlosigkeit hat Franziskus zeit seines Lebens gelebt – so konsequent, dass er sich letztlich von der Leitung seines Ordens zurückzog, weil sowohl dessen innere Struktur als auch die Zielsetzung der Kirchenleitung dieses unbedingte Ideal nicht mehr zu leben erlaubten.

Kerstin Clasen

2.0 Bibel – Wort Gottes – Zeugen und Zeugnis

Eine handelsübliche Bibel hat 1.500 Seiten, häufig prachtvoll gedruckt, noch häufiger schlicht und einfach gestaltet. Manchmal verstaubt sie im Bücherregal, oft ist sie zerschlissen vom häufigen Gebrauch. Seit Generationen ist die Bibel für zahlreiche Menschen das Buch ihres Lebens, für andere aber ein Buch mit sieben Siegeln. Kein Buch wird häufiger gelesen, abgeschrieben, übersetzt, gedruckt und verkauft. Über kein Buch gibt es einen so erbitterten Streit der Interpretation.

Die Bibel ist ein Buch aus vielen Büchern. Sie ist ein Buch, weil sie von der ersten bis zur letzten Seite eine große Geschichte erzählt: von der Schöpfung bis zur Erlösung, vom Garten Eden bis zum himmlischen Jerusalem; von Adam und Eva bis zu Jesus Christus. Realistisch ist diese Geschichte, weil sie »jenseits von Eden« spielt, mitten in der Lebens- und Leidensgeschichte der Menschen. Dramatisch ist diese Geschichte, weil sie in Gott, dem Schöpfer, auch den Erlöser sieht, im Herrn der Heerscharen den »Gott für uns«, im Geheimnis seiner unendlichen Größe das Geheimnis seiner unendlichen Liebe. Wahr ist diese Geschichte, weil sie erzählt, dass die verheißene Rettung nicht über die Köpfe der Menschen hinweg sich ereignet, sondern auf menschlichen Wegen: durch die Erwählung Abrahams, Segen für alle Völker (Gen 12), und durch die Erwählung Jesu, Retter der Welt zu sein (Joh 4,42).

Um diese eine Geschichte erzählen zu können, braucht es viele Geschichten. Die Bibel ist eine ganze Bibliothek, die in tausend Jahren entstanden ist und die Spuren dieser langen Zeit nicht verwischt. Juden und Christen haben an ihr mitgeschrieben, Priester und Propheten, Historiker und Mystiker, Lehrer und Schüler; die Stimmen von Männern und Frauen fängt sie ein, von Königen und Sklaven, Kämpfern und Betern. Sie enthält Mythen und Gedichte, Geschichtsbücher und Lebensregeln für den Alltag, Evangelien und Briefe, prophetische Visionen und skeptische Reflexionen. Diese

Vielfalt der Formen und Farben kann nicht reduziert werden. Ohne sie bliebe die eine Schöpfungs-, Welt- und Rettungsgeschichte ein leeres Versprechen. Umgekehrt ist die Vielfalt der Bibel nicht Beliebigkeit, sondern Ausdruck ihrer inneren Einheit, die geprägt ist vom Bekenntnis des einen Gottes und der Einsicht in die Einmaligkeit dieser Welt, dieser Zeit und jedes lebendigen Wesens.

Die christliche Bibel hat zwei Teile, das Alte und das Neue Testament. Die Sendung Jesu, des »Sohnes« Gottes (Gal 4,4), markiert den Einschnitt und stiftet den Zusammenhang. Im ersten Teil der Bibel wird die Geschichte des Gottesvolkes vor dem Kommen Jesu beschrieben, im zweiten Teil dieses Kommen samt seiner entscheidenden Wirkung, der Gründung der Kirche aus Juden und Heiden.

Das Alte Testament ist im Wesentlichen identisch mit der Jüdischen Bibel. Dadurch entsteht eine radikale Verbundenheit zwischen Juden und Christen. Allerdings gab es viel Streit um das richtige Verständnis des Alten Testaments. Erst in letzter Zeit begreift die christliche Exegese, dass die jüdische Schriftauslegung keine Rivalin ist, die es auszustechen, sondern eine Schwester im Geiste, von der es zu lernen und mit der es zusammenzuarbeiten gilt. Heute gibt es keine neutestamentliche Exegese, ohne dass die Verwurzelung Jesu und der frühen Kirche im Judentum beachtet würde. Die alttestamentliche Exegese konzentriert sich darauf, den Grundsinn der Schriften »vor Christus« zu eruieren. In der Biblischen Theologie kommt es auch darauf an, das Alte Testament »in Christus« auszulegen und einen facettenreichen theologischen Gesamtsinn der Schrift zu erarbeiten.

Die Bibel ist für Theologie und Kirche die Heilige Schrift. Als »Wort des lebendigen Gottes« wird sie im Gottesdienst verkündet. Die Bibel bezeugt Gott als den, der sich »durch Menschen nach Menschenart« offenbart – »weil er, so redend, uns sucht« (AUGUSTINUS).

Die Inspiration der Schrift spricht von der geistgewirkten Fähigkeit, das Wort Gottes zu bezeugen und in Schriftform zu bringen, aber auch diese Schrift so zu lesen, dass Gottes Wort in ihr zu hören ist. Wer den menschlichen Faktor ausklammert, wird zum Fundamentalisten; wer die Möglichkeit der Inspiration leugnet, hat sich der Transzendenz verschlossen. Weil die Bibel Gotteswort in Menschenwort ist, sind ihre literarische und ihre historische Gestalt theologisch nicht unerheblich, sondern wesentlich. Deshalb gibt es im Judentum wie im Christentum von Anfang an historische und literarische Forschung an den biblischen Texten innerhalb der Theologie.

Die Bibel ist der Kanon: Richtschnur und Maßstab, Quelle und Ansporn der Liturgie und der Diakonie, der Lehre und des Lebens. Die Orthodoxie betont eher die Einheit der Bibel mit dem Leben der Alten Kirche; die evangelische Theologie sieht die Schrift eher als kritisches Gegenüber der Tradition; für die katholische Theologie kommt es auf die rechte Interpretation der Bibel in der Kirche an.

Die Auswahl der biblischen Texte erfolgte in einem langen Prozess, der mit der Entstehung der Schriften beginnt und mit der Aufstellung von Kanon-Listen einen nur vorläufigen Abschluss findet. Die Kanonisierung ist entscheidend nicht »von oben« organisiert worden, sondern hat sich »unten« abgespielt – bei den jüdischen und später den christlichen Gemeinden, die gesammelt und überliefert haben, was ihnen als geschichtliche Erinnerung und gläubige Meditation wichtig schien. Vieles, was aus heutiger Sicht wertvoll und wichtig wäre, ist aussortiert worden und für immer verloren. Bei anderem, vor allem im Neuen Testament, wird man das Kanonische mit dem »Apokryphen« (dem »Verborgenen«) vergleichen – und staunen über das sichere Urteil der Kirche, sehr Gutes von Gutem und Hilfreiches von Problematischem zu unterscheiden.

Thomas Söding

2.1 Väter, Propheten und Lehrer des Glaubens

Wer vom Christentum spricht und über den christlichen Glauben nachdenkt, für den steht die Gestalt Jesu Christi im Mittelpunkt. Dabei kann es leicht geschehen, dass die Väter, Propheten und Lehrer des Glaubens, denen sich der Jude Jesus verbunden wusste, aus dem Blick geraten. Die Evangelisten Matthäus, Markus und Lukas erzählen, wie Jesus mit seinen Jüngern auf einen Berg gestiegen ist und vor ihren Augen verwandelt wurde (Mt 17,1-8; Mk 9,2-8; Lk 9,28-36). In allen drei Evangelien legen die neutestamentlichen Schriftsteller ihre Erzählung so an, dass *Mose* und *Elia* zu der veränderten Gestalt Jesu hinzutreten und mit ihm reden. Mose und Elia bilden als Gestalten des Alten Testaments aber genau die zwei tragenden Säulen des ersten Teils der Bibel ab, auf die Jesus seine Botschaft vom Reich Gottes gegründet hat: Mose repräsentiert die Väter des Glaubens, er ist der Repräsentant des Gesetzes; Elia verkörpert die prophetische Botschaft des Alten Testaments, die sich uns sowohl in einzelnen Prophetengestalten als auch in prophetischen Schriften erschließt, die nicht mehr mit einer historischen Prophetengestalt in Verbindung gebracht werden können. Die Erzählung von der Verklärung Jesu stellt ihn mitten zwischen Gesetz (Mose) und Propheten (Elia). Es überrascht dann nicht mehr, dass nach alttestamentlichem Vorbild eine Wolke die Szene überschattet und Jesus als den auserwählten Gottessohn vorstellt, auf den es zu hören gilt. Für die Anhänger Jesu in neutestamentlicher Zeit kamen durch Jesus und mit ihm und in ihm Gesetz und Propheten zu ihrer Vollendung.

Die jüdische Bibel, das Alte Testament, wird in jüdischem Kontext mit der Wortschöpfung »Tenak« bezeichnet. Die drei darin verwendeten Konsonanten T-N-K zeigen wie ein kleines Inhaltsverzeichnis den Aufbau des ersten Teils der jüdisch-christlichen Bibel an: T steht für Thora, was mit »Gesetz« oder »Weisung« übersetzt werden kann, N ist der Anfangsbuchstabe von Nebiim, das hebräische Wort für »Propheten«, und mit K beginnt die Bezeichnung für den dritten Teil, die Ketubim, die Schriften. *Die Thora* erzählt die

Geschichte des Volkes Israel von der Schöpfung an, über den Glauben, der die Patriarchen *Abraham, Isaak* und *Jakob* ausgezeichnet hat, den Weg des Volkes Israel nach Ägypten und die Herausführung des versklavten Gottesvolkes aus Ägypten unter Mose, bis hin zum Weg Israels durch die Wüste, dem Bundesschluss Gottes mit seinem Volk am Sinai und dem Weg bis an die Grenze des Landes, das der biblische Gott Jahwe seinem Volk verheißen hat. All das findet sich in den fünf Büchern der Thora: Genesis, Exodus, Levitikus, Numeri und Deuteronomium, die oft auch als die *Fünf Bücher Mose* bezeichnet werden. Neben Mose ist die herausragende Gestalt dieses ersten Teils des Tenak der Patriarch Abraham. Von ihm wird oft auch als »Vater des Glaubens« in Bezug auf die drei Weltreligionen gesprochen, die an einen einzigen Gott glauben: Judentum, Christentum und Islam. Das 12. Kapitel des Buches Genesis erzählt, wie dieser Patriarch auf den Ruf Jahwes hin sein Heimatland, seine Verwandtschaft und sein Zuhause aufgibt, um in ein Land zu ziehen, das ihm von Gott erst während seiner Wanderung gezeigt werden wird. Darin, dass Abraham bedingungslos einwilligt aufzubrechen und sich auf das Risiko der Zusage Gottes einlässt, sieht die Gemeinschaft der Glaubenden ein Vorbild, dem sie immer wieder nachzueifern hat.

Die alttestamentlichen Propheten, *die Nebiim*, haben das Beispiel dieses blinden Vertrauen Abrahams immer wieder dort angemahnt, wo Israel in die Gefahr geriet, Vorbehalte gegenüber Gott zu entwickeln und seinem Willen nicht mehr zu folgen. Immer wieder haben sie auf die Schuld Israels hingewiesen und als seine Boten das von Gott verhängte Gericht angekündigt.

Elia kommt in diesem Zusammenhang eine ganz besondere Bedeutung zu. Schon in der Volksfrömmigkeit wird er als der Prophet angesehen, der immer dann zurückkehrt, wenn ein entscheidendes Datum für die Geschichte Israels ansteht. Am Vorabend des Pessachfestes wird ihm sogar ein Stuhl in der häuslichen Familienfeier für seine mögliche Wiederkunft freigehalten. Da er gerade in der Auseinandersetzung mit dem gegnerischen Gott Baal im Israel alttestamentlicher Zeit von Bedeutung gewesen ist, steht Elia für die Bewahrung der Identität des Glaubens an Jahwe, seine Einzigartigkeit und Macht.

Die Ketubim, die Schriften, versammeln eine Vielzahl von Lehren und Lehrern des Glaubens, wie er sich gerade im Vorfeld der Zeit entwickelt hat, in der Jesus gelebt hat. Von manchen – wie etwa Esther, Rut, Jesus Sirach oder Kohelet – kennen wir zumindest einen (fiktiven) Namen, andere sind in der theologischen Strömung (beispielsweise der so genannten »weisheitlichen Theologie«), die sie mit angestoßen und geprägt haben, untergegangen.

Die Väter, Propheten und Lehrer des Glaubens, wie der Tenak sie uns vorstellt, sind vor der Zeit Jesu entstanden und haben ihre eigenen, von der jeweiligen Entstehungszeit abhängigen Aussagen. Insofern sind sie zunächst einmal ohne die »Brille« anzuschauen, die Jesus Christus und der Glaube an ihn den heutigen Lesern aufsetzen. Die Gemeinschaft der an Christus Glaubenden kann aber nicht umhin, mit dem Apostel Philippus zu sagen: »Wir haben den gefunden, über den Mose im Gesetz und auch die Propheten geschrieben haben« (Joh 1,45).

Thomas Meurer

Alfons Deissler, Die Grundbotschaft des Alten Testaments. Ein theologischer Durchblick, Freiburg 1995; *Ida Lamp/Thomas Meurer*, Basiswissen Bibel (GTB 673), Gütersloh 2002.

2.2 Jesus von Nazaret und sein Evangelium

Kennen wir Jesus? Das ist keine rhetorische Frage, die sofort eine befriedigende Antwort findet. Das ist die geheime Unruhe, welche die Kirchengeschichte in Atem hielt, und ein unabgeschlossener, die Generationen überdauernder Prozess.« Dieses Wort des protestantischen Theologen ERNST KÄSEMANN aus den 60er Jahren des 20. Jahrhunderts stellt uns auch heute noch vor die Frage: Was lässt sich über Jesus und seine Botschaft verlässlich sagen?

Die wichtigsten Anhaltspunkte zu seinem Wirken sind uns in den Evangelien zugänglich, seine Existenz ist aber auch in außerchristlichen Quellen belegt. Der Name »Jesus« leitet sich vom hebräischen »Jehoshua« (»Jahwe hilft« oder »Jahwe soll helfen«) her. Über Geburt und Kindheit wissen wir nicht viel. Im Matthäus- und im Lukasevangelium finden sich verschiedene Erzählungen, die im Anschluss an die Prophetie des AT (Mi 5,1) mit der Geburt Jesu in Betlehem den *Messias*-Jesus glaubend verkünden. Das Markus- und das Johannesevangelium setzen Jesu Herkunft aus Nazaret voraus.

Am Beginn des Auftretens Jesu steht in allen Evangelien seine Begegnung mit Johannes dem Täufer, dessen Bewegung er sich nach seiner Taufe durch Johannes angeschlossen hat. Bald aber beginnt er eigenständig in seiner Heimatregion Galiläa zu verkünden. Seine prophetische Sendung versteht Jesus primär an Israel gerichtet. Das zeigt sich in der Bildung des Zwölferkreises, der symbolisch die zwölf Stämme Israels repräsentiert. Freilich hat Jesus auch die Begegnung mit Heiden keineswegs gescheut, was angesichts der gemischten Bevölkerung in Galiläa gar nicht möglich gewesen wäre.

Jesu Botschaft kreist um das schon im Alten Testament reflektierte Thema der Nähe Gottes und seiner hereinbrechenden Herrschaft. Er vertritt die Überzeugung, Gott werde seine verletzte Schöpfungsordnung wiederherstellen, ja eine neue Ordnung schaffen. Jesus weiß sich authentisch von Gott beauftragt, dieses Geschehen einzuleiten und erfahrbar zu machen. Die Teilhabe an der noch ausstehenden Vollendung der Gottesherrschaft knüpft er an die Bejahung seiner Person und seiner Botschaft.

Diese Grundbotschaft vermittelt Jesus in seiner *Predigt*. Charakteristisch für die Wortverkündigung sind seine *Gleichnisse*, die von Gott und seiner Herrschaft in bildhaft-erzählender Annäherung sprechen. Gott in Begebenheiten des Lebensalltags aufzuspüren, das ist die große Vision Jesu. So kann er in der Rede von Saat, Acker und Ernte die Verborgenheit Gottes einerseits, aber auch seine bald sich offenbarende Wirklichkeit zur Sprache bringen: Im Gleichnis vom Schatz im Acker und von der Perle (Mt 13,44-46) kann er dafür sensibilisieren, dass man alles einsetzen muss, um zu erahnen und zu erfahren, was Gott für die Menschen bedeutet. Das erklärte Ziel Jesu ist es, seine Adressaten im Glauben an das bevorstehende Eintreten des Gottesreiches schon jetzt zu einem »Mehr-Sehen« zu bewegen, das sich nicht in Perspektivlosigkeit verliert, sondern hinter den vermeintlichen Realitäten Gott am Werk sieht und so zu einer neuen Lebenseinstellung befähigt. Auch wenn der überwiegende Teil des ausgesäten Samens zertreten wird, am Ende steht das Ereignis der großen Ernte (Mk 4,3-9). Das ist nicht nur eine »gute Botschaft«, sondern auch ein hoher Anspruch.

So bestimmt dieser Zusammenhang auch die *Ethik Jesu*, die uns prägnant in der Bergpredigt begegnet. In den Seligpreisungen der Armen, Hungernden und Weinenden (Lk 6,20f. und Mt 6,3-6) erkennt Jesus die als Söhne und Töchter Gottes an, denen ein menschenwürdiges Leben verweigert wird. Ihnen sagt er die Teilhabe am Reich Gottes zu. Ihre Ohnmacht verdunkelt das Bild, das sich Gott vom Menschen macht. Dieses Bild aufzudecken, dazu ist Jesus gekommen; von daher versteht sich seine Freiheit, sich über religiöse oder gesellschaftliche Ordnungen hinwegzusetzen und mit Gescheiterten, Diskriminierten und Opfern des politischen wie des religiösen Systems Tischgemeinschaft zu halten, sie so ihrer Würde in den Augen Gottes zu vergewissern. Eine entsprechende Praxis ist dann auch bleibende Verpflichtung aller Jesusnachfolger und Hinweis auf die Verhältnisse im kommenden Reich Gottes, wo es keinerlei Ausgrenzungen mehr gibt.

Auf die Spitze getrieben ist die ethische Forderung Jesu im Gebot der Feindesliebe sowie im Verbot der Vergeltung (Lk 6,27-36). Die bedingungslose Akzeptanz des Menschen begründet sich in Gottes Schöpferwillen, der seine Sonne aufgehen lässt über Gerechten und Ungerechten, der es regnen lässt über Guten und Bösen. Mit etablierter – aber ebenso erfolgloser – Vernunftstrategie lässt sich diese Ethik nicht begründen und realisieren; allein im Risiko glaubenden Denkens und Handelns kann sie gewagt werden.

Jesus belässt es nicht bei der *Predigt* vom Reich Gottes; auch sein *Handeln* stellt er in den Dienst der Gottesreichbotschaft. In Taten, die dämonisierte Menschen befreien (Mk 1,23-26; Mk 5,1-20; Lk

11,14-26), erweist er sich als authentischer Repräsentant der Gottesherrschaft:»Wenn ich mit dem Finger Gottes die Dämonen austreibe, ist die Herrschaft Gottes schon zu euch gekommen« - mit diesem Wort und der darin genannten exorzistischen Praxis gibt Jesus seiner Botschaft einen konkreten Ort. Ihrer Freiheit und Identität beraubten Menschen gibt er im Namen Gottes ihre Würde zurück. In diesem Zusammenhang stehen auch Jesu Heilungen. In ihnen will er Gottes heilende Macht hier und jetzt geschehen lassen. Auch die Wundertaten wollen also als Geschenk von Freiheit und Würde verstanden werden. In ihnen soll Gottes Wirken trotz aller Widrigkeiten, die auch Jesus nicht aus der Welt schafft, spürbar werden.

Vordergründig enden Jesu Wirken und Verkündigung, endet er selbst im Desaster. Zu den am besten belegten, weil auch außerchristlich bezeugten Fakten gehört sein *gewaltsamer Tod am Kreuz*. Als er sich anschickte, sein Bild von Gott und Mensch mit dem ihm innewohnenden Anspruch auch in Jerusalem zu vertreten, wurde der Prophet aus Nazaret in zeitlicher Nähe zum jüdischen Paschafest (vielleicht im Jahr 30) von Vertretern der jüdischen Tempelhierarchie festgesetzt, an die römische Besatzungsmacht übergeben, vom Prokurator Pontius Pilatus zum Tode durch Kreuzigung verurteilt und hingerichtet – für die jüdische Seite als Gotteslästerer, für die römische als Aufrührer, zumal er eine beträchtliche Anhängerschaft mobilisiert hatte. Mit seinem Anspruch, die Gottesherrschaft an seine Person zu binden, musste Jesus die Konfrontation mit der Tempelhierarchie provozieren, die im Tempel die vorrangige Heil vermittelnde Institution sah. Das»Tempelwort«, das Jesus nach Mk 14,58 in den Mund gelegt wird (»Ich werde diesen von Menschenhand erbauten Tempel abreißen und in drei Tagen einen anderen errichten«), lässt erahnen, wie sehr sich die jüdische Tempelinstitution getroffen fühlen musste. Dagegen dürfte Jesu Verhältnis zur Thora – dem Gesetz – nicht zum tödlichen Konflikt geführt haben. Für sich allein genommen fiel es nicht völlig aus dem Rahmen des im zeitgenössischen Judentum Möglichen und war nicht todeswürdig.

Im Bewusstsein seiner bevorstehenden Hinrichtung hält Jesus mit seinen Vertrauten ein Abschiedsmahl, in dem er die Gültigkeit seiner Botschaft bekräftigt. Darauf vertrauend, dass Gott ihm Recht widerfahren lassen wird, geht er in das gewaltsame Todesgeschick, das seine Anhänger später als stellvertretendes Sühneleiden des Gerechten oder als Prophetengeschick deuten. Sie, die am Karfreitag mit ihrem Meister gebrochen hatten, kamen – ausgelöst durch visionäre Begegnungen – bald nach seinem Tod zu der Überzeugung, Gott habe sich zu Jesus bekannt, ihn auferweckt, ihm neues Leben verliehen und mit gottgleicher Vollmacht ausgestattet. Sie versammelten sich neu in der Stadt der Hinrichtung, um von hier aus seine am Karfreitag nur scheinbar gescheiterte Botschaft als Gottes Leben stiftendes und allen Tod überwindendes Wort missionarisch zu verbreiten.

Rudolf Hoppe

Martin Ebner, Jesus von Nazaret in seiner Zeit – Sozialgeschichtliche Zugänge (= Stuttgarter Bibelstudien 196), Stuttgart [2]2004; *Ludger Schenke u.a.*, Jesus von Nazaret – Spuren und Konturen, Stuttgart 2004.

2.3 Apostelkollegium – Petrus und Paulus

An den Säulen unserer Kirchen stehen sie: die Zwölf Apostel. Wer kennt nicht wenigstens einige beim Namen? Und da einer von ihnen ausgefallen war – Judas Iskariot, der Jesus verriet –, ist ihre Zahl mit einem Ersatzmann, nämlich Matthias (vgl. Apg 1,15-26), wieder aufgefüllt.

Überdies stellen die Künstler oft noch einen dreizehnten hinzu, den Apostel Paulus, und damit dieser nicht als das fünfte Rad am Wagen erscheint, was nun seiner überragenden Rolle nicht gemäß wäre, dem anderen »Apostelfürsten« Petrus gegenüber! Auf diesen »Säulen« ruht die Kirche (vgl. Gal 2,9)!

Doch so imposant dieses Bild ist: die »apostolische« Wirklichkeit der frühen Kirche war viel dynamischer, reichhaltiger und unübersichtlicher, als dieses statische Bildes es ahnen lässt. In einer Welt, in der das Botenwesen für die Kommunikation über kleinere und größere Entfernungen hin unabdingbar war, verbanden sich mit dem Begriff des Apostels (griechisch: Bote, Gesandter) zwar gleich bleibende Momente wie *Beauftragung, rechtmäßige Vertretung des Auftraggebers durch den Boten, Durchführung der Sendung, Rechenschaft über sie* etc.; indes sind Anwendung, Ausgestaltung und Reichweite der Gesandten-Terminologie nach dem Neuen Testament derart breit, dass sich von einem einheitlichen Apostel-Begriff in der Frühzeit der Kirche noch nicht sprechen lässt. Doch der Reihe nach!

Jesus verstand sich nicht als Einzelkämpfer. Als er angesichts erfolgreicher Exorzismen und Krankenheilungen erkannte, dass Gottes endzeitliche Herrschaft mit seinem Auftreten angebrochen sei (vgl. Lk 11,20), rief er Jünger und Jüngerinnen in seine Nachfolge, damit sie seine Sendung mittrügen. Dazu sandte er sie auch aus (vgl. Mk 6,7ff.; Lk 10,1ff.): Er traute es ihnen zu, selbstständig Gottes endzeitliche Herrschaft in Wort und Tat anzusagen. Wenn er *zwölf Männer* (Mk 3,16-19) aus seinem Sympathisantenkreis eigens nominierte (einigen gab er – als Ausdruck besonderer Wertschätzung – Beinamen; so wird Simon Barjona *Kephas = Edelstein*, später: der Fels genannt), dann verstand er dies als prophetisches Zeichen: Er wollte keine Sekte gründen, sondern *ganz Israel* sammeln, das *Zwölf-Stämme-Volk*, aus dem niemand ausgegrenzt werden darf, vor allem nicht die Armen (Lk 6,20f.) und die »Sünder« (vgl. Lk 7,34; Mk 2,15-17).

Ein eigentlicher Apostel-Begriff (nach der sprachlichen Vorgabe des aramäischen *schaliach* = der Gesandte) bildete sich erst nach Ostern aus. Dem alten Credo des Ersten Korintherbriefs (15,3ff.) zufolge erschien der Auferweckte »dem Jakobus (dem Herrenbruder), dann *allen Aposteln*« (V.7). Nach dem Wortlaut der voranstehenden Credo-Zeile (V.5: »er erschien dem Kephas, dann den Zwölfen«) ist dieser Apostel-Kreis aber mit dem der Zwölf nicht deckungsgleich. Wer zu ihm gehörte, wissen wir nicht. Wenn Paulus

– unser ältester Zeuge – von »*den* Aposteln *vor mir*« spricht, die er mit Jerusalem in Verbindung bringt (Gal 1,17), zählt er zu diesem Kreis Kephas, Jakobus und Johannes (Gal 1,18f.; 2,9), aber auch noch »andere«, in Gal 1,19 nicht Genannte, zu denen z. B. das Paar Andronikus und Junia gehören könnte, von denen Paulus andernorts (Röm 16,7) sagt, sie seien »berühmt unter *den Aposteln* und schon *vor mir* in Christus gewesen«. Die Zugehörigkeit von Frauen zu ihrem Kreis ist – schon sprachlich – nicht ausgeschlossen (Maria Magdalena, nach Joh 20,11ff. *erste* Osterzeugin, erhielt schon früh den Titel »Apostolin«). Weil für das Apostelsein nach diesem Verständnis die Legitimierung zu Sendung und Zeugnis durch eine Erscheinung des *Auferstandenen selbst* konstitutiv war, konnte auch Paulus – trotz aller Widerstände gegen seine Person – sich mit guten Gründen ihrem Kreis zurechnen (vgl. 1 Kor 9,1; 15,8-11; Gal 1,1.15f.): Seine Berufung vor Damaskus begriff er als *Beauftragung durch den Auferstandenen selbst!*

Daneben gibt es aber auch Spuren, die zeigen, dass man durch Geistbegabung berufene missionarische Verkündiger gleichfalls Apostel nannte (vgl. die Trias *Apostel – Propheten – Lehrer*, 1 Kor 12, 28 mit Apg 13,1: *Propheten und Lehrer;* Apg 14,4.14: die *Apostel* Paulus und Barnabas, vgl. auch 13,4). Schließlich hießen auch Gemeindeboten Apostel (vgl. 2 Kor 8,23). Wandermissionare trugen noch zu Beginn des zweiten Jahrhunderts diesen ehrenvollen Namen. Man sieht, wie vielgestaltig Terminologie und Verständnis waren!

Folgenreich war aber dann die Identifikation der Apostel mit den »Zwölf«, wie sie sich bereits im ältesten Evangelium, dem des Markus, anbahnte (vgl. Mk 6,7 mit 30) und bei Matthäus (Mt 10,2), schließlich bei Lukas (Lk 6,13) zu voller Ausgestaltung gelangte. Bei Lukas führte diese Identifikation dahin, dass für das Apostelsein jetzt nicht mehr nur die Zeugenschaft für den *Auferweckten*, sondern auch die für den *irdischen* Jesus als konstitutiv galt (Apg 1,21f.). Die »zwölf Apostel« garantieren nach dem dritten Evangelisten die Kontinuität zwischen der Zeit Jesu und der Kirche. Das hatte bei ihm zur Folge, dass er Paulus (von den zwei Ausnahmen« Apg 14,4.14 abgesehen) den Apostel-Titel vorenthalten musste. Das heißt aber nicht, dass er ihn geringer eingeschätzt hätte. Im Gegenteil: als dem »Zeugen« Christi vor Israel und den Heidenvölkern (Apg 9,15; 26,16ff.) hat er ihm in der Apostelgeschichte (Apg 13-28) ein beeindruckendes Denkmal gesetzt.

Wenn es dann im nach-paulinischen Epheserbrief heißt, die Kirche gründe »auf dem Fundament der Apostel und Propheten« (Eph 3,20; vgl. Offb 21,14), so kommt hier, ähnlich wie bei Lukas, ein zentrales Anliegen der nach-apostolischen Generation zum Tragen: Die Apostel sollten – zusammen mit den frühchristlichen Propheten – als Traditionsnorm für die nachapostolische Zeit zur Geltung gebracht werden. Der uns unbekannte Autor der Pastoralbriefe (1 Tim, 2 Tim, Tit) hatte erkannt, dass Treue zur Botschaft der Apostel (hier der des Paulus) nur über *persönliche* Zeugenschaft gehen kann (vgl. 1 Tim 4,12-16; 2 Tim 2,1-7 etc.). Der 1 Clemensbrief (Ende des 1. Jahrhunderts) entwickelte darüber hinaus ein übergreifendes Konzept von Apostelnachfolge, das an der Wahrung apostolischer Überlieferung insgesamt orientiert ist und »in absteigender Linie« *Gott, Christus, die Apostel sowie Bischöfe und Diakone* einander zuordnet (1 Clem 42.44). Nach katholischem Verständnis sind »an die Stelle der Apostel« die Bischöfe »als Hirten der Kirche getreten« (Zweites Vatikanisches Konzil, Kirchenkonstitution LUMEN GENTIUM 20). Die Treue zu den Aposteln lässt sich aber nicht ein für allemal juridisch-sakramental sichern, sondern will im Hören auf das apostolische Zeugnis in seiner ganzen Spannweite zwischen »Petrus und Paulus« – um nur diese beiden Pole zu nennen – stets neu errungen werden, heute vor allem auch in der Verantwortung vor dem Anspruch der Ökumene.

Michael Theobald

Jürgen Roloff, Apostolat – Verkündigung – Kirche, Gütersloh 1965; *Franz Mußner*, Petrus und Paulus – Pole der Einheit. Eine Hilfe für die Kirchen (QD 76), Freiburg i. Br. 1976.

2.4 Maria

Eine hervorgehobene und in ihrer Rolle einzigartige Glaubenszeugin ist – für die Evangelien wie für Frömmigkeitspraxis
und Lehrüberlieferung der Kirche – die Mutter Jesu Christi. Nach
dem Zeugnis des Neuen Testaments wird sie vielfach in die Sendung ihres Sohnes eingewiesen und einbezogen gesehen: von dem
Gottesboten, der ihr – der Jungfrau – die Empfängnis aus dem Heiligen Geist ankündigt (Lk 1,26-38); durch die vom Geist erfüllte und
prophetisch redende Elisabeth (Lk 1,43f.); durch die Zeugnisse des
Simeon und der Hanna (Lk 2,25-38); durch den heranwachsenden
Jesus selbst (Lk 2,48-50). Die Evangelien verschweigen auch nicht,
dass Maria zu ihrem – von der Kirche später so hoch geschätzten –
Zeugnis durch schmerzhafte Erfahrungen und tiefe Irritationen hindurch erst hinfinden musste: Maria und Josef können nicht verstehen, was ihnen der Zwölfjährige über sein Zurückbleiben im Tempel sagen will; aber Maria »bewahrte alles, was geschehen war, in
ihrem Herzen« (Lk 2,50f.). Noch deutlicher im Markusevangelium,
wo Maria mit anderen Familienmitgliedern Jesus von seinem öffentlichen Wirken abbringen und in den Familienverband zurückholen
will: Jesus distanziert sich scharf von seiner Herkunftsfamilie – zugunsten der neuen Familie all derer, die ihm nachfolgen (Mk 3,20f.;
31-35; vgl. insbesondere Vers 35: »Wer den Willen des Vaters erfüllt,
der ist für mich Bruder und Schwester und Mutter«). Das Johannesevangelium stellt Maria deutlicher als die von Anfang an der Sendung ihres Sohnes gläubig Verbundene dar. Im Bericht von der
Hochzeit zu Kana belehrt sie – mit den Umstehenden und über den
konkreten Anlass hinaus – die späteren Gemeinden über Jesus als
den wahren Verkünder des guten Willens Gottes, der Thora: »Was
er euch sagt, das tut!« (Joh 2,5); und das, obwohl sie eben erst von
ihrem Sohn hören musste: »Was willst du von mir Frau? Meine
Stunde ist noch nicht gekommen« (Vers 4). Sie weiß, dass seine
Stunde kommen wird, aber dass es jetzt schon und immer darauf
ankommt zu tun, was er als den guten Gotteswillen auslegt und verkündigt. Als die »Stunde« kommt, steht sie mit anderen Frauen und

dem Jünger, den Jesus lieb hat, unter dem Kreuz. Vom Gekreuzigten wird sie diesem Jünger anvertraut. So wird sie mit ihrem Zeugnis der aus Kreuz und Auferstehung ihres Sohnes hervorgehenden Kirche anvertraut: als die exemplarisch Glaubende, die sich von Gottes Geist in die Sendung ihres Sohnes hat hineinnehmen lassen.

Die Kirche verehrte Maria von frühester Zeit an als das Urbild kirchlichen Glaubens und als Vorbild einer von Gottes Geist bis in die Tiefe ihrer Existenz verwandelten Glaubensgestalt, in diesem Sinne als kirchliche Bezugsperson des Glaubens. Das Wirken des Heiligen Geistes hat sie in besonderer Weise ergriffen und dafür empfänglich gemacht, Gottes ewiges Wort jungfräulich und mütterlich aufzunehmen sowie dafür Mitsorge zu tragen, dass es in dieser Welt ankommen und geglaubt werden kann. An dieser Empfänglichkeit und Sorgfalt für das »Wachstum« des vom göttlichen Vater der Welt – dem ersterwählten Volk Israel und durch es den Völkern – Geschenkten orientiert sich die Kirche in ihrem Auftrag und in ihrer dankbaren Freude über das ihr Anvertraute.

Auch alle Maria darüber hinaus zugesprochenen Titel und »Vorzüge« stellen sie den Glaubenden als Identifikationsgestalt des Kircheseins vor Augen. Sie ist *Gottesmutter*, die aus dem Heiligen Geist empfangen hat: Urbild der Kirche, die aus der Kraft des Heiligen Geistes Menschen zu ihrer Gottes-Berufung »gebären« darf. Sie ist *die ohne Erbsünde Empfangene*: In diesem Bekenntnis bestaunt und lobt die Kirche die verwandelnde Kraft des Heiligen Geistes, der Maria von allem Anfang an vor der Verstrickung in die Sünde der Welt bewahrte und sie so zu dem Menschen machte, in dem Gottes Wort »Wohnung nehmen« konnte (vgl. Joh 1,14). Darin ist Maria Vorbild der Kirche, aller, die dieses Wort aufnehmen und so die Macht empfangen, Kinder Gottes zu werden (Joh 1,12), dabei aber immer wieder neu der Begnadung und Reinigung durch den Heiligen Geist bedürfen. Der Glaube an *die bei Gott schon Vollendete*, an die »Königin des Himmels«, weiß Maria bereits an dem Ziel, zu dem die Kirche immer wieder neu aufbricht. So ist sie »Urbild und Anfang der in der kommenden Weltzeit zu vollendenden Kirche«, das dem wandernden Gottesvolk hier auf Erden schon aufleuchtet »als Zeichen

der sicheren Hoffnung und des Trostes« (Kirchenkonstitution LU-
MEN GENTIUM des Zweiten Vatikanischen Konzils, 68).

Die genannten »Marien-Dogmen« (formuliert in den frühen
Glaubensbekenntnissen, auf dem Konzil von Ephesus, 431, sowie
von den Päpsten PIUS IX., 1854, und PIUS XII., 1950) haben zu
Kontroversen und Missverständnissen in der christlichen Ökumene
geführt; und dies nicht zuletzt deshalb, weil weder das Dogma von
der »unbefleckten Empfängnis« noch das von der schon geschehe-
nen »Aufnahme Marias in den Himmel« (d.h. in die endzeitliche
Gottesgemeinschaft) im Neuen Testament ausdrücklich bezeugt
sind. Weitgehender Konsens aber besteht zwischen den Konfessionen darin, dass der Mutter Jesu Christi zu Recht eine besondere Bedeutung und Ehre zukommt

- als der auf Gottes Wort hörenden und ihm vorbehaltlos glaubenden jungen Frau, die sich von Gottes Geist zuinnerst ergreifen
und exemplarisch zur Empfängnis des ewigen Gotteswortes bereiten ließ;
- als Prophetin Gottes, die (wie etwa die alttestamentliche Prophetin Hanna) im Magnifikat Gottes Handeln zugunsten der Niedrigen und der Leidenden lobpreist und ihrem Sohn Jesu als leib-
hafte Mutter wie als gläubiges Glied des Volkes Israel eine
Glaubens-Heimat geboten hat;
- als jener Mensch der Heilsgeschichte, in dem Gott durch seinen
Geist mitten in Israel, im leibhaft-menschlichen Leben einer
Frau dieses Volkes, jene neue Heilsinitiative hat beginnen lassen,
die alle Menschen Seines guten Willens in der endzeitlichen Gottesherrschaft vollenden wird.

Diese Bedeutung Marias für den Glauben und das Zeugnis aller
christlichen Kirchen sollte auch da im Vordergrund stehen, wo man
ihr – wie in der römisch-katholischen Glaubensüberlieferung – besondere Gnadengaben zuschreibt. Auch in solchen Gaben bezeugt
sich ja die neu-schöpferische Dynamik des Gottesgeistes, die alle
Menschen in Gottes Herrschaft hinein verwandeln und zum Zeug-

nis für die neue Freiheit der Kinder Gottes bewegen will. Würde man diesen Zusammenhang aus dem Blick verlieren, wäre das Reden von den besonderen Gnadengaben Marias nur eine für den Glauben der Christen wenig bedeutsame »Privilegien-Mariologie«. Die Verehrung der Kirche aber kommt Maria entscheidend deshalb zu, weil Gott sie erwählte, der Sendung ihres Sohnes – des Mensch gewordenen ewig-verheißungsvollen Gotteswortes – in einzigartiger Weise zu dienen und weil sie so zum Urbild der Kirche wurde; weil sie an sich geschehen ließ und bezeugte, was ihr geschah (vgl. Lk 1,28).

Jürgen Werbick

Alois Müller, Glaubensrede über die Mutter Jesu. Versuch einer Mariologie in heutiger Perspektive, Mainz 1980; *Gruppe von Dombes,* Maria in Gottes Heilsplan und in der Gemeinschaft der Heiligen, Frankfurt a. M./Paderborn 1999.

2.5 Jüngergemeinden und Wandercharismatiker

Neben den zwölf Aposteln gilt Paulus als der Glaubenszeuge und Missionar des Urchristentums schlechthin. Nach einer spektakulären Bekehrung durchstreift er in Siebenmeilenstiefeln die Alte Welt und unterläuft die Strukturen des römischen Weltreichs. Gezielt gründet er in den Provinzhauptstädten christliche Gemeinden (Thessaloniki, Korinth, Ephesus). Wie es für Römer Brauch ist, siegreichen Eroberern einen Triumphzug zu gewähren, so sieht Paulus Christus als Triumphator durch das Weltreich ziehen, seine eigene Tätigkeit aber als den Weihrauch, durch den Gott den Duft der Glaubenserkenntnis verbreitet (vgl. 2 Kor 2,14).

Neben und vor Paulus gibt es andere Missionare und Glaubenszeugen: allen voran die nicht mit Namen genannten, *ganz »normalen« Christen,* die durch ihre alternative Lebensweise überzeugen, gegenüber dem staatlichen Kult auffällige Zurückhaltung üben und im

Gespräch zu »offenbaren« bereit sind, was der tragende Grund für ihr solidarisches Verhalten und ihren Optimismus ist. Der Christenkritiker Kelsus belächelt die christlichen Wollarbeiter, Schuster und Walker, die als selbst ernannte Lehrer auftreten und am Arbeits- und Verkaufstisch den Dienstboten der reichen und gebildeten Gesellschaft Flöhe von einer neuen Weisheit ins Ohr setzen. Auch die »Mission« des Paulus wird im Normalfall nicht anders abgelaufen sein. Großauftritte wie auf dem Areopag in Athen blieben die Ausnahme und zeitigten bescheidene Erfolge (vgl. Apg 17,32-34). In Korinth war sein erster und wohl auch wichtigster Standort der Mission die Werkstätte des Ehepaars Priska und Aquila, die ihm in ihrem Haus Logis samt Arbeitsplatz gaben (vgl. Apg 18,1-3). Obwohl von missionarischen *Frauen* nur wenige Namen überliefert sind, ist das Bild doch eindeutig: Vor und neben Paulus gab es auch Apostolinnen und Hausmütter. Die einen reisen wie Paulus durch das Weltreich, die anderen organisieren Christentum vor Ort.

Wir stoßen also auf zwei unterschiedliche Formen gelebten Christentums: Zum einen Jünger und Jüngerinnen vor Ort, die – in Häusern organisiert – christliches Leben in kleinen Gruppen zu strukturieren versuchen.

Auffällig ist dabei das Engagement von Frauen, die sich wie Paulus um die Verkündigung mühen (vgl. Röm 16,6.12) und als Hausmütter parallel zu den Hausvätern ihr Privathaus für die Feier des Herrenmahls zur Verfügung stellen. Zum anderen die so genannten Wandercharismatiker, die wie Paulus von Stadt zu Stadt ziehen und die Flamme des Christentums entfachen. Hier sind vor allem die reisenden Ehepaare zu nennen. Petrus mit seiner Frau gehört genauso zu ihnen wie die anderen »Herrenbrüder« (vgl. 1 Kor 9,5), aber auch das bereits erwähnte Ehepaar Priska und Aquila, die offensichtlich schon in Rom einer Hausgemeinde vorstanden, sich aber im Zuge der so genannten Judenvertreibung nach Korinth absetzten, von dort aus zusammen mit Paulus nach Ephesus reisten und, als in Rom nach dem Regierungsantritts Neros 54 n. Chr. die Luft zunächst wieder rein schien, dorthin zurückkehrten, um Paulus erneut den Boden zu bereiten.

Insofern spiegeln sich im Vorschlag zur Bewältigung des fehlenden Priesternachwuchses, wie er jüngst von P. M. ZULEHNER und F. LOBINGER in die Diskussion gebracht wurde, urchristliche Verhältnisse. Von »Korinthpriestern«, also verheirateten Verantwortlichen vor Ort, und »Pauluspriestern«, also zölibatär lebenden Professionellen, die durch ihren Kontakt die Einzelgemeinden von außen befruchten sollen, ist die Rede. Allerdings sind drei Unterschiede zu markieren: Weder Paulus noch die Verantwortlichen vor Ort waren im Urchristentum »Priester«. Alle Amtsbezeichnungen, die das Urchristentum wählt, vermeiden das Wort Priester samt den kultischen Assoziationen für einen einzelnen Amtsträger. Entweder sind alle Christen »Priester« (1 Petr) oder nur ein einziger im Himmel: Jesus Christus (Hebr). Und: Gemäß urchristlichen Verhältnissen werden Frauen paritätisch in die Strukturen der christlichen Gemeinden mit einbezogen. Schließlich: Ohne Ehefrau bzw. Ehemann zu leben ist keine Verpflichtung, sondern eher die auffällige und begründungswürdige Ausnahme (vgl. 1 Kor 7; 9,5).

Jünger und Jüngerinnen, die vor Ort christliche Hausgruppen bilden und Strukturen von unten wachsen lassen, sowie reisende Missionarinnen und Missionare, die in einzelnen Städten den Keim für christliche Gruppen legen, im Kontakt mit ihnen bleiben, um sie in ein größeres Netzwerk einzubinden und davor zu bewahren, immer nur die eigene Suppe zu kochen: nicht immer ging dieses Wechselspiel gut. Missionare unterschiedlichen Zuschnitts kommen sich in die Quere. Besonders Paulus leidet darunter, dass andere Missionare nach ihm – mit einem »anderen Evangelium« (vgl. Gal 1,6) oder gefälligerer Rhetorik (vgl. 2 Kor 10-13) – besser ankommen. Innerhalb der johanneischen Hausgemeinden versuchen Wandermissionare mit unterschiedlicher christologischer Grundausrichtung einzelne Kleingruppen für ihre Richtung zu gewinnen (vgl. 2/3 Joh). Diotrephes, ein offensichtlich besonders beflissener Hausvater im Netzwerk der johanneischen Hausgemeinden, setzt diesem Treiben dadurch ein Ende, dass er überhaupt keine »Wanderbrüder« mehr in seine Hausgemeinde hineinlässt. Gemäß der Didache, der ersten vollständig ausgeführten Gemeinderegel (syrischer Raum um 120 n.

Chr.), dürfen Wanderprediger höchstens drei Tage in der Gemeinde bleiben, sonst disqualifizieren sie sich selbst. Der Trend ist klar: Die »Hausmacht« vor Ort lässt sich nur ungern hineinreden und hält sich den dauerhaften Vergleich bzw. die Auseinandersetzung mit kontroversen Ansichten vom Leib. Schließlich siegt das Modell der prinzipiell autarken Ortsgemeinde mit einem Bischof an der Spitze. Aber auch in den Gemeinden vor Ort gibt es Aufbrüche und Innovationen. Dafür sind vor allem die Schriftgelehrten des Urchristentums zuständig. Musterbeispiele ihres theologischen Zeugnisses sind die Evangelien. Sie erzählen die bekannte Jesusgeschichte so, dass sich Gemeindeprobleme darin spiegeln und durch die Betonung eines bestimmten Aspekts im Verhalten oder in der Lehre Jesu die Provokation zu neuen bzw. veränderten Wegen erreicht wird. So plädiert das Markusevangelium für eine egalitäre Gemeinde, das Matthäusevangelium für die Öffnung einer judenchristlichen Gemeinde für die Heidenwelt; das Lukasevangelium will den Umbau der Sozialstruktur im Sinn einer Option für die Armen anstoßen; und das Johannesevangelium bezeugt die kreative Verarbeitung des Traumas, von der jüdischen Muttersynagoge (in der gleichen Stadt) ausgeschlossen worden zu sein.

Martin Ebner

Hans-Josef Klauck, Gemeinde zwischen Haus und Stadt. Kirche bei Paulus, Freiburg i. Br. 1992; *Martin Ebner*, Strukturen fallen auch in christlichen Gemeinden nicht vom Himmel. Überlegungen zu neutestamentlichen Gemeindemodellen, in: Diakonia 31 (2000), 60-66. 199-204.

2.6 Märtyrer und Heilige

Eine öffentliche oder private, kultische oder individuelle Verehrung herausragender Verstorbener ist in vielen Religionen anzutreffen. Einzelne ehemalige Mitglieder werden besonders herausgehoben und zu Vorbildern für die nachfolgenden Generationen erklärt. Christliche Heiligenverehrung wurzelt im Bekenntnis zu der Gemeinschaft aller Getauften, der auf Erden und der in der himmlischen Vollendung. Schon früh wurden in der Theologie die Begriffe entwickelt, mit denen die Heiligenverehrung beschrieben und vor Missverständnissen geschützt werden konnte. So wurde die Verehrung (*veneratio*) der Heiligen von der Anbetung (*adoratio*) Gottes unterschieden. Ihre Anrufung *(invocatio)* kann nur auf dem Weg der Fürbitte *(intercessio)* bei Gott wirksam werden.

Die christliche Heiligenverehrung beginnt mit der Märtyrerverehrung und beruht auf der engen Verbindung zwischen Glaubensbekenntnis und Verfolgung, die dazu führte, dass schon früh Zeugenschaft für das Evangelium als Blutzeugenschaft verstanden wurde. Bedeutete das Wort *martys* bis um die Mitte des 2. Jahrhunderts noch Zeuge, Missionar, Glaubensverkündiger im allgemeinen Sinn, so danach nur noch Märtyrer im Sinne des Blutzeugen. Der Bericht der Gemeinde von Smyrna über das Martyrium ihres Bischofs POLYKARP (gestorben 156) enthält das erste Zeugnis über die nun auch kultische Verehrung eines Märtyrers durch die Gemeinden. Lange Zeit wurden nur Märtyrer als Heilige verehrt und Heilige zu Märtyrern gemacht, um verehrt werden zu können. Vor allem die Apostel als die Erstzeugen des Herrn galten als Märtyrer.

War es in der Verfolgungszeit ihre Funktion als Fürbitter bei der Rekonziliation (Wiederaufnahme) und Sündenvergebung gewesen, welche die Verehrung der Märtyrer gefördert hatte, begann man sie nach dem Abklingen der Verfolgungen in allen möglichen geistlichen und irdischen Anliegen anzurufen. Sie wurden zu Patronen einzelner Gemeinden, Städte und Landschaften. In ihnen konkretisierte sich die Erwartung der Gläubigen auf Schutz und Hilfe. Gott kümmert sich um alle Menschen, der Märtyrer dagegen sorgt für seine Stadt: DEMETRIUS für Thessalonich, JANUARIUS für Neapel, THEKLA für Seleukia, AGATHA für Catania.

Die Märtyrerverehrung war zunächst an Gräber und Reliquien gebunden, wobei verschiedene Wege der Reliquienverbreitung gegangen wurden, um möglichst vielen Gemeinden und Privatpersonen Anteil an der wirksamen Nähe der Märtyrer zu ermöglichen. Als nach Beendigung der Verfolgungen unter Kaiser KONSTANTIN (313) die Martyrien aufhörten, entstanden neue Leitbilder der Heiligkeit. In einem Typenwandel wurden zunächst die Bischöfe, Mönche und Asketen, dann erst Maria und schließlich Kaiser und Könige in den Katalog der Heiligen einbezogen.

Im Westen begann die kultische Verehrung eines Nichtmärtyrers mit MARTIN VON TOURS (gestorben 397). Bald darauf wurden bedeutende Bischöfe wie HILARIUS VON POITIERS, AMBROSIUS VON MAILAND, AUGUSTINUS und LEO DER GROSSE im Westen, BASILIUS DER GROSSE, GREGOR VON NAZIANZ und GREGOR VON NYSSA und allen voran JOHANNES CHRYSOSTOMUS im Osten in den Kreis der verehrten Bischöfe aufgenommen. Die Volksfrömmigkeit wandte sich ihnen zu, weil die Zeugenschaft *(martyria)* für Christus von den Gläubigen am deutlichsten in der Hirtensorge der Bischöfe wahrgenommen wurde. Gleichzeitig mit den Bischöfen kam es zur Verehrung herausragender Mönche. Ihr asketisches Leben wurde als ein lebenslanges unblutiges Martyrium betrachtet. Besondere Hochschätzung erfuhr die Jungfräulichkeit, die als Aufgipfelung des Strebens nach Vollkommenheit galt. Relativ spät setzte die Marienverehrung ein; erst als sich der Glaube an die immer während Jungfräulichkeit Mariens im 5. Jahrhundert mit dem Aufkommen der Verehrung von Ikonen verband, verbreitete sie sich – nun aber in Windeseile. Zur gleichen Zeit entstanden auch die ersten der Gottesmutter geweihten Kirchen, die Marienkirche in Ephesus und S. Maria Maggiore in Rom.

Nach einzelnen Beispielen von Herrscherverehrung in Konstantinopel und Jerusalem in spätantiker Zeit wurde die Heiligenverehrung im Mittelalter gezielt auf Kaiser, Könige und Fürsten nebst ihren Gemahlinnen ausgedehnt: HEINRICH II., LUDWIG DER HEILIGE, STEPHAN VON UNGARN, MATHILDE, KUNIGUNDE und ELISABETH, in Aachen sogar KARL DER GROSSE. Gekrönte Häupter galten als Förderer und Beschützer der Kirche und auf diese Weise als hervorragende Zeugen *(martyres)* des Glaubens. Bis ins Mittelalter hinein entstand die Heiligenverehrung spontan. Um Wildwuchs zu vermeiden, hat die Kirche versucht, sie an feste Regeln zu binden und insbesondere den öffentlichen Kult der Heiligen von der Erlaubnis des Römischen Stuhls abhängig zu machen. Der erste im heutigen Sinn heilig gesprochene und »zur Ehre der Altäre erhobene« Glaubenszeuge ist Bischof ULRICH VON AUGSBURG. Er war der Lehrer Kaiser OTTOS III., der 993 durch Papst JOHANNES XV. die Kanonisation Ulrichs vornehmen ließ. Die pastorale Bedeutung der Heiligen für die Kirche ist unbestreitbar. Vorbilder gelebten Glaubens vermögen mehr als Dogmen und Gebote zur Christusnachfolge zu bewegen. Heilige sind Leitbilder, sei es für einzelne Christen in konkreten Situationen, sei es für die gesamte Kirche in bestimmten Zeiten. Unter diesem Gesichtspunkt lassen sich aber auch Defizite in der Kanonisationspraxis ausmachen. Noch nie wurde eine Frau und Mutter in ihrer Eigenschaft als solche heilig gesprochen, obwohl viele von ihnen den für eine Kanonisation geforderten heroischen Tugendgrad erfüllt haben dürften. Eine Selig- und Heiligsprechung hat immer auch mit Gruppeninteressen und Lobby zu tun. Es hat zahllose heiligmäßige Seelsorger gegeben; heilig gesprochen wurde nur der Pfarrer von Ars, dagegen eine unüberschaubare Zahl von Bischöfen und Päpsten. Die größten Chancen besitzt, wer einen Orden oder eine fromme Kongregation gegründet hat.

Eine intensive und aktuelle Kanonisationspraxis hat Papst JOHANNES PAUL II. eingeleitet. Er orientiert sich neben dem weiterbestehenden Bedürfnis von Ordensgemeinschaften an Gründerheiligen am Vorbildcharakter christlicher Persönlichkeiten für die gegenwärtige Kirche (vgl. ADOLF KOLPING, SCHWESTER EUTHYMIA). Vor allem aber will er das Glaubenszeugnis christlicher Frauen und Männer wach halten, die in den Kirchenverfolgungen der jüngsten Vergangenheit in den verschiedenen Ländern und Kontinenten getötet worden sind. Für den deutschen Sprachraum hat er u. a. die Kanonisation von MAXIMILIAN KOLBE, EDITH STEIN, BERNHARD LETTERHAUS und KARL LEISNER vorgenommen.

Ernst Dassmann

Zeugen für Christus. Das Deutsche Martyrologium des 20. Jahrhunderts, hg. von Helmut Moll im Auftrag der Deutschen Bischofskonferenz, 2 Bde., Paderborn ³2001; *Walter Kerber* (Hg.), Personenkult und Heiligenverehrung – Fragen einer neuen Weltkultur, Bd. 14, München 1997.

2.7 Bischöfe – Presbyter – Diakone

Für jede religiöse Bewegung beginnt eine kritische Phase, wenn ihr Gründer abtritt und die erste Generation der Augen- und Ohrenzeugen nicht mehr da ist. In der Urkirche wurde sie dadurch verschärft, dass Jesus nicht geregelt hatte, in welcher organisatorischen Form seine Anhänger auf seine Wiederkunft warten sollten, weder in der horizontalen Ebene des Nebeneinanders bestimmter Ämter oder Dienste, noch in der vertikalen Linie der Über- und Unterordnung, des Führens und Geführtwerdens. Paulus hatte gehofft, der Heilige Geist würde bei Bedarf alle Begabungen wecken, die für das Leben einer Gemeinde erforderlich sind, die Charismen zu leiten, zu lehren und zu versöhnen (vgl. 1 Kor 12,28), bis zur Wiederkunft des Herrn, die man in naher Zukunft erwartete. Doch als die Zeit verging, einander widersprechende Lehren auftauchten und Gemeindespaltungen drohten, wurde es überlebenswichtig: 1. das Glaubensfundament durch Heilige Schrift und Kanon zu sichern und 2. die Leitung der Gemeinden durch Ämter zu regeln. Hinsichtlich der Ämter ergaben sich ebenfalls zwei Probleme: Wie sollten sie organisiert und wie konnten sie legitimiert werden?

Da von Jesus her nur vorgegeben war, dass die Amtsträger sich nicht auf Macht und Wissen berufen dürfen (vgl. Mt 23,1.12), übernahmen die Gemeinden unbefangen Vorbilder und Bezeichnungen sowohl aus der palästinensischen Synagogenverfassung (Älteste; Presbyter) als auch aus der Organisation hellenistischer Kultvereine (Episkopen bzw. Bischöfe und Diakone). Es entstand ein Leitungs- und Dienstamt, das alle die Funktionen und Aufgaben erfüllen konnte, die für Bestand und Mission der Kirche notwendig waren: die Feier der Gottesdienste, Spendung der Sakramente, Verkündigung und Bewahrung der Lehre sowie die Leitung und karitative Versorgung der Gemeinde. Knapp zwei Generationen nach Jesus und den Aposteln, spätestens um die Mitte des 2. Jahrhunderts, ist die Ausbildung des dreigestuften Amtes abgeschlossen. Um diese Zeit besaß die Gemeinde einer jeden Stadt einen einzigen Bischof, daneben Presbyter und Diakone. Und niemand zweifelte daran, dass diese Ordnung richtig war, dem Willen Gottes entsprach und mit der Apostolischen Tradition übereinstimmte. Was später – sieht man einmal von Petrusamt, Papst und Primat ab – an Differenzierungen noch folgte, Kardinäle und Erzbischöfe, Protonotare und Prälaten, Erzpriester und Archidiakone und alle die Schattierungen, welche die kirchliche Hierarchie so farbenprächtig machen, ist im Vergleich damit unerheblich.

Ist diese beeindruckend rasante Entwicklung, die den Bedürfnissen der Gemeinde, den Erfordernissen einer schnell wachsenden Kirche und offenkundig auch ihrer Sendung entsprach, unumkehrbar? Oder wäre, wenn die geschichtliche Situation es nahe legte, auch eine ganz andere Leitungsstruktur und Ämterorganisation in der Kirche denkbar? Anders gefragt: Welchen Grad an Verbindlichkeit besitzt die frühchristliche Ämterentwicklung, und wie wird sie legitimiert? Das ist angesichts der konfessionellen Unterschiede im Verständnis und in der Ausformung der kirchlichen Ämter eine nicht unerhebliche Frage.

Der Erste Klemensbrief (42,4), ein Schreiben der römischen Christengemeinde an die Gemeinde von Korinth um das Jahr 96 n. Chr., gibt eine klare Antwort: »Jesus Christus wurde von Gott gesandt. Christus kommt also von Gott und die Apostel kommen von Christus … Sie predigten in Stadt und Land und setzten ihre Erstlinge (Erstbekehrten) nach vorhergegangener Prüfung im Geiste zu Bischöfen und Diakonen für die künftigen Gläubigen ein … Hernach gaben sie Anweisung, es sollten, wenn sie stürben, andere erprobte Männer deren Dienst übernehmen.« Die Ordnung der Ämter mit Bischöfen und Diakonen geht also auf dem Weg der *Sukzes-*

sion über die Apostel und Christus direkt auf Gott zurück. Wer diese Ordnung umstößt, versündigt sich nach dem Klemensbrief gegen den Willen Gottes. Wenig später bezeugen die Pastoralbriefe, dass der erwählte Amtsträger durch Handauflegung den Heiligen Geist empfängt und zum Bischof/Presbyter oder Diakon geweiht wird (1 Tim 4,14; 2 Tim 1,6). Das Charisma des Geistes zum bevollmächtigten Dienst in der Gemeinde wird nicht ohne Prüfung des Kandidaten (vgl. 1 Tim 3,2-7), letztlich aber doch unabhängig von persönlichen Vorzügen durch Handauflegung übertragen. Geistmitteilung durch ein äußeres Zeichen bedeutet sakramentale Weihe. Sie wirkt auf dem Weg der Sukzession fort, wenn der Geweihte weitergibt, was er selbst empfangen hat, »an zuverlässige Menschen, die fähig sind, wiederum andere zu belehren« (2 Tim 2,2).

Die Pastoralbriefe unterscheiden nicht zwischen Bischöfen und Presbytern, die in gleicher Weise für die Leitung der Gemeinde zuständig sind. Die Ordnung, die sich bald darauf durchgesetzt hat, dass jede Gemeinde nur einen Bischof besitzt, dem Presbyter zur Seite stehen und Diakone unterstellt sind, bezeugen zum ersten Mal die Briefe des IGNATIUS VON ANTIOCHIEN.

Warum die kollegiale Gemeindeleitung schon bald aufgegeben worden ist und einem Einzelbischof Platz gemacht hat, lässt sich historisch nicht sicher beantworten. Meist wird darauf hingewiesen, dass die Wahrung der Einheit und der Kampf gegen die Häresie die Konzentration der Gemeindeleitung in einer Hand erforderlich gemacht habe.

IGNATIUS selbst betrachtet den Gemeindeleiter als Repräsentanten Gottes. Als Abbild *(typos)* des einen Gottes soll nur ein Bischof an der Spitze der Gemeinde stehen. Die Presbyter versinnbilden die Apostel und sollen wie die Saiten der Leier mit dem Bischof verbunden sein (An die Smyrnäer 8,1f.; Magnesier 6,1; Trallianer 3,1). Sie werden damit zu einer Art ehrenamtlichem Kollegium, das mit und unter dem Bischof die Eucharistie feiert und besondere Aufgaben, z. B. als *presbyter-doctores* in der Katechumenenunterweisung, erfüllen kann. Erst später übernehmen die Presbyter bei wachsenden Gemeinden und der Christianisierung ländlicher Gebiete als Gehilfen

120

des Bischofs alle anfallenden pastoralen Dienste in klar umgrenzten Gebieten (Pfarreien).

Die Diakone, die seit IRENÄUS VON LYON (um 200) als Nachfolger der von den Aposteln für den Tischdienst bestellten sieben Männer gelten (Apg 6,1-7), waren direkt dem Bischof unterstellt. Die enge Zusammenarbeit mit dem Bischof übertrug ihnen administrative Aufgaben; aus der Caritasarbeit, insbesondere dem Umgang mit den Gaben für die Versorgung der Armen, erwuchs ihre liturgische Beteiligung bei der Gabendarbringung im Gottesdienst, der Austeilung der Eucharistie an Abwesende und Kranke, später die Spendung des Kelches. Auch bei der Taufe leisteten sie Hilfestellung.

Über die Entstehung und Entfaltung der kirchlichen Ämter besteht konfessionsübergreifend historische Einmütigkeit. Strittig ist, wie die Entwicklung zu beurteilen ist: Legitime Entfaltung oder Abfall von der im Wesen der Kirche beschlossenen Kernstruktur? Die Antwort ist nicht mehr historisch zu begründen, sondern verlangt eine dogmatische Entscheidung, die auf einer Glaubensentscheidung darüber beruht, ob man die Entwicklung der Kirche vom Jüngerkreis bis zur heutigen Papst- und Bischofskirche als von Gott gewollt und vom Heiligen Geist gewirkt ansieht oder nicht, ebenso welche Verbindlichkeit man der kirchlichen Tradition zuerkennt, besonders wenn sie – wie im Fall der Ämter – in spätere Konzilsentscheidungen eingegangen ist.

Ernst Dassmann

Ferdinand Hahn/ Wilfried Joest/ Bernhard Kötting/ Heribert Mühlen, Dienst und Amt. Überlebensfrage der Kirchen, Regensburg 1973; *Ernst Dassmann*, Ämter und Dienste in den frühchristlichen Gemeinden (= Hereditas 8), Bonn 1994.

2.8 Kirchenväter und Kirchenlehrer (-innen)

Kirchenväter und Kirchenlehrer bzw. Kirchenlehrerinnen nennt man die maßgebenden Zeugen der kirchlichen Tradition. Als solche galten in der lateinischen Westkirche seit dem 8. Jahrhundert AMBROSIUS, HIERONYMUS, AUGUSTINUS und GREGOR DER GROSSE, in der griechischen Ostkirche seit dem 9. Jahrhundert BASILIUS DER GROSSE, GREGOR VON NAZIANZ und JOHANNES CHRYSOSTOMUS, im Westen ferner ATHANASIUS. In der katholischen Kirche wurde die Bezeichnung Kirchenlehrer seit dem 16. Jahrhundert auf mittelalterliche und weitere altkirchliche Theologen ausgedehnt, zum Beispiel EPHRÄM DER SYRER, HILARIUS VON POITIERS, LEO DER GROSSE, ANSELM VON CANTERBURY, BERNHARD VON CLAIRVAUX, THOMAS VON AQUIN, BONAVENTURA und ALBERTUS MAGNUS. Im Jahre 1970 kamen erstmals Frauen als Kirchenlehrerinnen hinzu, TERESA VON AVILA und KATHARINA VON SIENA, 1997 THÉRÈSE VON LISIEUX. Während »Kirchenlehrer(-in)« ein kirchenamtlicher Titel ist, wird »Kirchenvater« als Bezeichnung für alle Bischöfe und Theologen der Alten Kirche bis in das 8. Jahrhundert, näherhin bis BEDA VENERABILIS im Westen und JOHANNES VON DAMASKUS im Osten, gebraucht. Die vier klassischen Merkmale der Rechtgläubigkeit (was nicht völlige Irrtumslosigkeit meint), der persönlichen Integrität (»Heiligkeit«), der Annahme durch die Kirche (die nicht ausdrücklich sein muss) und der Zugehörigkeit zum kirchlichen Altertum haben sich nämlich als zu schablonenhaft erwiesen, um eine sinnvolle Auswahl aus der altkirchlichen Tradition zu liefern.

Für die Herkunft der Rede von »Vätern« wird gern auf den antiken philosophischen oder jüdischen rabbinischen Lehrbetrieb und die alttestamentlichen Prophetenschulen verwiesen, in denen das Lehrer-Schüler-Verhältnis als Vater-Sohn-Beziehung verstanden werden konnte. Abgesehen vom Stimmungswert des Wortes »Vater« ist dieser Sprachgebrauch für den Sinn des kirchlichen »Väter«-Begriffs aber wenig aufschlussreich. Dieser ist vielmehr aus dem kirchlichen Traditionsverständnis erwachsen. Als man sich Ende des

2. Jahrhunderts des Abstands zur Anfangszeit der Kirche bewusst wurde, entstand das Bedürfnis, über verlässliche Zeugen und Vermittler die Kontinuität mit dem Ursprung herzustellen. Außer in der Amtsnachfolge der Bischöfe sah man die kirchliche Lehre durch »alte« Lehrer gesichert, die dem apostolischen Zeitalter näher waren als spätere Zeiten. Je weiter die Kirchengeschichte vorrückte, umso länger wurde dann die Epoche der jeweils maßgeblichen »Väter«. Während IRENÄUS VON LYON sich Ende des 2. Jahrhunderts schon in einer Spätzeit sah, war er für BASILIUS Ende des 4. Jahrhunderts ein Mann, »der den Aposteln nahe war«. Um 336 berief EUSEBIUS VON CAESAREA sich erstmals auf »kirchliche Väter und Lehrer«, um die rechtgläubigen Zeugen der Tradition von häretischen Standpunkten abzugrenzen. Bereits im frühen 5. Jahrhundert gehörte das 4. Jahrhundert insgesamt zur alten Zeit, vertreten durch ehrwürdige »Väter« und ihre Synoden, besonders die »Väter« des Konzils von Nizäa im Jahre 325. »Die Schrift und die Väter« wurden zu den theologischen Autoritäten, auf die man sich berief, um die eigene Position als rechtgläubig zu erweisen. Im Mittelalter rückte die gesamte Alte Kirche in den qualifizierten Rang der Zeit der »Kirchenväter«. Die Berufung auf die Kirchenväter wurde zur theologischen Methode. Eine Sammlung von theologischen Sätzen aus Werken der Kirchenväter durch PETRUS LOMBARDUS war das maßgebende Lehrbuch der Theologie. In der beginnenden Neuzeit wurden den Vätern aus dem Altertum die »Kirchenlehrer« des Mittelalters an die Seite gestellt.

Problematisch wurde dieses theologische Denkmuster seit dem 11./12. Jahrhundert, als Lehrer des kirchlichen Rechts in der kirchlichen Rechtsüberlieferung und der Theologe PETRUS ABAELARD in der Väter-Theologie Widersprüche aufdeckten. Humanisten und Reformatoren beurteilten den argumentativen Wert von Väter-Aussagen dann konsequent kritisch am Maßstab der Bibel. Die katholische Gegenreformation (etwa ROBERT BELLARMIN, der 1931 »Kirchenlehrer« wurde) reagierte mit dem Aufweis einer kontinuierlichen Lehrübereinstimmung der Väter-Tradition in sich und mit der Bibel. In der Folgezeit entwickelte sich die Beschäftigung mit den

Kirchenvätern und Kirchenlehrern zu einer eigenständigen wissenschaftlichen Disziplin, der »Patrologie« oder »Patristik«.

In der von ihren Ursprüngen her lehrhaft-begründenden Bezugnahme auf Kirchenväter und Kirchenlehrer und im »Väterbeweis« wird die kirchliche Überlieferung als bloßes Wiederholen dargestellt. Dahinter steht die Vorstellung, die christliche Lehre sei schon am Anfang inhaltlich vollständig und im Wortlaut exakt vorhanden gewesen und die folgende Geschichte sei lediglich deren immer neue Mitteilung in unverfälschter Gestalt, ständige Präzisierung und Absicherung ihrer Aussage oder – in den Häresien – ihre Verfälschung. Tatsächlich war die Geschichte von Theologie und Kirche aber von Anfang an viel mehr. Was die Väter zur Heiligen Schrift hinzu brachten, war nicht einfach Wiederholung, sondern Auslegung der Bibel. Der tatsächliche Verlauf der Geschichte des kirchlichen Glaubens war weit vitaler und die darin zum Ausdruck kommende Freiheit der Kirche größer, als die »Väter«-Theorie einer rückwärts orientierten, geschlossenen, bruchlosen Tradition vorgibt.

Im Kontext einer überaus mannigfaltigen Entwicklung der Kirche und ihres Glaubens sind ihre Väter und Lehrerinnen und Lehrer nicht lediglich formale Berufungsinstanzen für eine von Anfang an weitergereichte Lehre, sondern individuelle Zeugen der Geschichte des Evangeliums auf einem Weg durch zeitweilig geradlinige Traditionen, aber auch durch ungezählte Auslegungen und Neuorientierungen. Gerade in ihren Eigenheiten und Widersprüchen bezeugen sie miteinander die bewegte Geschichte, deren Verlauf sie selbst intensiv beeinflusst haben. Sie sind nicht nur Repräsentanten, sondern auch Gestalter der Kirchengeschichte, beteiligt an grundlegenden Entscheidungen, die für die jeweils späteren Generationen maßgeblich wurden.

Verfassung und Amt, Liturgie und Frömmigkeit, Spiritualität und Mystik, Bekenntnis und Dogma, die Bibelauslegung, das Verhältnis von Philosophie und Theologie, das Verhältnis des Christentums zu Kultur, Staat und Gesellschaft – allen Bereichen kirchlichen Lebens haben sie ihren Stempel aufgedrückt. So sind sie zu Zeugen eines Glaubens geworden, der bleibend auf seine Ursprünge und Traditionen verwiesen ist. Insofern haben sie eine Bedeutung, ohne die die historisch gewordene Gestalt des christlichen Glaubens nicht zureichend zu verstehen ist.

Alfons Fürst

Norbert Brox, Zur Berufung auf »Väter« des Glaubens, in: *ders.*, Das Frühchristentum. Schriften zur Historischen Theologie, hg. v. Franz Dünzl/Alfons Fürst/Ferdinand R. Prostmeier, Freiburg 2000, 271-296; *Adalbert Hamman*, Kleine Geschichte der Kirchenväter, mit einer Einführung neu hg. v. Alfons Fürst, Freiburg 2004.

2.9 Frauen und Männer

Christlich zu leben bedeutet, Zeugnis und damit Antwort auf den Zuspruch Gottes zu geben. Dieser Zuspruch, die Erlösung durch Jesus Christus und die Verheißung auf Vollendung gelten jedem Menschen, ganz gleich ob Mann oder Frau. Die Vorstellung fundamentaler Gleichheit gehört zur christlichen Botschaft. Im Laufe der Theologie- und Glaubensgeschichte wurde diese Botschaft unterschiedlich auf die Geschlechter bezogen und dadurch verdunkelt. Der Anspruch an männliche und weibliche Zeugnisgestalten ist nicht der gleiche.

Man ist nicht als abstrakter Mensch Glaubenszeuge, sondern in der Konkretheit des individuellen Lebens. Dazu gehört das Geschlecht, denn Vorstellungen von den Geschlechtern regeln nach wie vor unser Leben, prägen Wahrnehmungs- und Denkstrukturen und lassen bestimmte Deutungen und Handlungen bei dem einen zu und verwehren oder erschweren sie der anderen. Glaube und Zeugen- bzw. Zeuginnenschaft sind Bestandteile des sozialen Lebens, daher ist auch dieser Bereich von der Wirkmächtigkeit der Geschlechterbilder betroffen.

In unserer kulturgeschichtlichen Tradition wurde dem Männlichen das Geistige und dem Weiblichen die sinnliche Wahrnehmung

zugesprochen; Geist und Wahrnehmung standen dabei nicht gleichberechtigt nebeneinander, sondern der Geist stellte eine höhere Er-
kenntnisstufe dar. Die Hierarchie dieser beiden Erkenntnisweisen
spiegelt die Hierarchie der Geschlechter. Da die Gottebenbildlichkeit als an eine »Geistseele« gekoppelt galt, kamen (bis ins 20. Jahrhundert hinein!) immer wieder Stimmen auf, die den Frauen das
volle Menschsein absprachen. Traditionell gelten Frauen als gefühl-
voll, aufopfernd, passiv, während Männern Rationalität, Dominanz
und Aktivität zugesprochen wird. Tatsächlich verhalten sich viele
Frauen und Männer diesen Bildern entsprechend, weil sie gelernt
haben, nach diesen Mustern zu leben. Mädchen werden eher angehalten, Verständnis für andere aufzubringen und zuzuhören, während Jungen eher dazu ermutigt werden, unbeirrt ihren Weg zu gehen. Durch gesellschaftliche Prozesse (wie Erziehungs- und Lebens-
muster) erlangen geschlechtsspezifische Verhaltensformen eine
Quasi-Natürlichkeit und entfalten große Wirkung. Dennoch geht
man heute davon aus, dass sich das soziale Geschlecht nicht »natürlich« aufgrund des biologischen Geschlechts ausformt, sondern Re-
sultat gesellschaftlicher Prozesse ist. Das soziale Geschlecht ist *kon-*
struiert. Das bedeutet, dass Männer nicht aufgrund ihrer Biologie
durchsetzungsfähig und rational sind oder Frauen aufgrund ihrer
»anderen Biologie« emotional und fürsorgend, sondern dass dies
kulturell von ihnen *erwartete* Verhaltensweisen darstellen.

Ein Beispiel: Das Hochmittelalter gilt als Blütezeit so genannter
christlich-gefühlvoller »Frauenmystik«. Religiöse Frauen dieser Epoche berufen sich auf die Gnade Gottes und artikulieren ihre Erfahrungen des Göttlichen, etwa in Form einer kosmischen Mystik oder
als Liebes- und Freiheitsgeschehen zwischen Gott und Mensch.
Frauen durften aufgrund der Auslegung neutestamentlicher Lehr-
verbote theologisch nicht tätig werden, also mussten sie sich, wenn
sie nicht schweigen wollten, auf die Tradition biblischer Prophetin-
nen berufen und sich als göttlich legitimiert begreifen. Das erklärt
bis zu einem gewissen Grad, warum es im Mittelalter so viele Mysti-
kerinnen gab. Es war die einzige Möglichkeit für Frauen, sich religiös öffentlich zu artikulieren, denn charismatisch-mystische Äuße-

rungen von Frauen waren akzeptabel, nicht jedoch theologische Abhandlungen oder Einmischungen. Letzteres galt als genuine Domäne der vermeintlich natürlicherweise rationalen Männer. Weibliche Frömmigkeit wurde mit Haltungen wie Empfänglichkeit, Enthaltsamkeit, Passivität und Demut assoziiert. Maria, die Mutter Jesu, wurde als erste Glaubenszeugin und Vorbild dargestellt. Durch einseitige Auslegung des »Mir geschehe nach deinem Wort« und der Niedrigkeit der Magd, die das »Magnifikat« sang, wurde Frauen eine Rolle angetragen, die ihre Autonomie verhinderte. Eine gesellschaftlich wirksame Rolle wurde so religiös überhöht. Diese Linie hat Bestand bis heute. Papst JOHANNES PAUL II. stellt in der Verlautbarung »Über die Würde der Frau« und im »Brief an die Frauen« die »natürliche Hingabefähigkeit der Frau« heraus, wie sie Maria stellvertretend für alle Frauen vorgelebt habe: Jungfräulichkeit und Mutterschaft seien die beiden Dimensionen der Berufung der Frau und insbesondere in der Mutterschaft komme die Frau zu sich selbst.

Auch die Ordenstraditionen belegen dies: Während die meisten Frauenorden in erster Linie karitativ tätig sind, widmen sich Männerorden der Theologie und der Liturgie – also dem Geistigen und Erhabenen. Frauen ist eher die charismatische und karitative Ausgestaltung des Zeugnisses aufgegeben, Männern eher der amtliche Kontext und Vorsteherfunktionen, sei es im liturgischen oder im familiären Zusammenhang. Amt und Charisma sind *gegendert* (das Wort ist abgeleitet von engl. *gender*: soziales Geschlecht).

Solche Traditionen und kirchliche Erwartungen gelebter Weiblichkeit haben viele Frauen der älteren Generation verinnerlicht; bei jüngeren und zunehmend auch bei älteren Frauen stößt diese Art des Frauseins auf Widerstand, denn damit wird der Verzicht auf Selbstbehauptung, mangelndes Selbstwertgefühl und eine Lebenspraxis bis zur Selbstaufgabe verbunden. Das eigene Ich nicht zu schätzen, widerspricht zutiefst dem Gedanken der Gottebenbildlichkeit. Frauengemeinschaften und Frauenliturgien bieten hier geschützte Räume bei der Suche nach sich selbst – jenseits der Klischees – im Angesicht Gottes.

Während das Thema »Frau« in lehramtlichen Stellungnahmen immer wieder bearbeitet wird, gibt es zum Thema »Mann« in der Reihe »Verlautbarungen des Apostolischen Stuhles« keinen einzigen Text. Aus kirchlicher Sicht scheint dies nicht nötig zu sein. Gilt das Mannsein immer noch als Repräsentation des Menschseins? Nur wenige Männer setzen sich bislang kritisch mit ihrer Rolle auseinander. Der Kirche wird wenig an Unterstützung bei einem Überdenken der geschlechtstypischen Rollen zugetraut, vielmehr werden traditionelle Männlichkeiten in kirchlichen Zusammenhängen honoriert: Männer nehmen in der Kirche leitende Stellungen ein oder sie ziehen sich zurück!

Zusammenfassend lässt sich konstatieren, dass beide Geschlechter in einer Umbruchsphase stehen, in der sie auf der Suche sind nach ihrer Spiritualität, nach ihrer Rolle als Mann oder Frau und nach ihnen adäquaten Formen, ihren Glauben zu leben. Die Perspektive weist jenseits von typisierenden Geschlechtsnormierungen auf eine individuelle Ausformung von menschlich geglücktem Leben jeder und jedes Einzelnen. Ein Verzicht auf männliche Privilegien in der Kirche wäre dazu hilfreich und könnte heute als glaubwürdiges Zeugnis des die Menschen befreienden Gottes wahrgenommen werden.

Stefanie Rieger-Goertz

Irene Leicht/Claudia Rakel/Stefanie Rieger-Goertz (Hg.), Arbeitsbuch Feministische Theologie. Inhalte, Methoden und Materialien für Hochschule, Erwachsenenbildung und Gemeinde, Gütersloh 2003; *Paul M. Zulehner*, MannsBilder. Ein Jahrzehnt Männerentwicklung, Neufilden 2003.

2.10 Mönchtum und Orden

Ein Kapuziner in der Straßenbahn ist offenbar ein Anachronismus. Aber es könnte sein, dass nicht *er* quer zur Gegenwart liegt, sondern der sehr normal gekleidete Herr ihm gegenüber.« (WALTER DIRKS) In Nürnbergs öffentlicher Bibliothek kann man sehr chic und stimmungsvoll in einem ehemaligen Klosterkreuzgang Kaffee trinken.

200 Jahre nach der Säkularisierung – bei der die Aufklärung gegen ihre eigenen Prinzipien sündigte – haben wir ein viel weniger verkrampftes Verhältnis zu den Vorgängen und den verbliebenen Zeugnissen mönchischer Geschichte.

Heute treffen unsere Touristen auf Schritt und Tritt auf alte Klosterruinen, -burgen, -paläste, begehbare Geschichte. Sie kaufen *Gutes aus Klöstern*, kuren und essen nach alten Rezepten, finden Partituren des 18. Jahrhunderts im bolivianischen Hochland, astronomische Geräte der Jesuiten in Peking aus dem 17. Jahrhundert. Es ist nicht zu übersehen, wo unsere Wurzeln liegen, mögen sie auch in der EU-Verfassung fehlen. Wurzeln haben das so an sich: verborgen, vermitteln und tragen sie das Leben.

Die Säkularisierung (von *saeculum* – Welt bzw. Weltzeit) schien das Gegenteil mönchischer Weltabgeschiedenheit, besser Gottzugewandtheit. Bald aber schossen in ganz Europa neue Gründungen und Orden aus dem Boden, weltweit als Vorreiter von Evangelisierung, Erziehung und Wissenschaft, Sozialarbeit u.ä.: Globalisierung vor 100 und 200 Jahren. Das 19. Jahrhundert, Blüte des Atheismus, war zugleich ein Frühling kirchlicher Berufe, Werke und Orden.

Dieses Phänomen lässt sich nur zum Teil mit der Aufzählung der Fakten erklären, eher aus den Motiven und der Berufung ihrer Mitglieder und Gründer. Das *Mönchtum* (von griech. *monos = eins,* einzig, allein) kommt nicht nur von den »*Ein*-siedlern« her, sondern eher von der Einladung Jesu: »*Eins* nur ist notwendig: Sucht zuerst das Reich Gottes. Alles andere wird euch hinzugegeben.« Die Gleichnisse vom Schatz im Acker, von der kostbaren Perle, sagen es ähnlich.

Die Begegnung mit Jesus findet heute wie damals statt. Daraus entsteht ein umfassender Lebenssinn: Nachfolge, Jüngerschaft, die apostolische und christliche Urgemeinde (vgl. Apg 2,43; 4,32) als Modell von Kirche und das christliche Gemeinschaftsleben, grundsätzlich für alle, in ausdrücklicher Form aber für geistliche Berufe. Seit dem Zweiten Vatikanischen Konzil spricht man nicht mehr von Orden als *Stand*, sondern von »*Gott geweihtem Leben*«. Wer erfahren hat, wie prägend für ihn Partner- oder Berufswahl waren, wird zumindest Verständnis dafür haben, dass auch der geistliche Beruf mehr ist als ein Job, nämlich Sinn eines Lebens. Vielleicht darf man an dieser Stelle an Jesusworte erinnern: »Wenn du vollkommen sein willst, geh, verkauf deinen Besitz und gib das Geld den Armen; so wirst du einen bleibenden Schatz im Himmel haben, dann komm und folge mir nach«; und ferner: »Jeder, der um meines Namens willen Häuser oder Brüder, etc. verlassen hat, wird dafür das Hundertfache erhalten, freilich unter Verfolgungen, und das ewige Leben gewinnen« (Mt 19,21.29; Mk 10,30).

Historisch entstanden aus den Erfahrungen biblischer und frühchristlicher Jüngergemeinden bzw. aus den Herausforderungen der Christenverfolgungen erste Formen mönchischen Lebens im Wüstenmönchtum (Ägypten, Palästina, Vorderasien). Religionsgeschichtlich gibt es übrigens Formen »geweihten Lebens« auch in anderen Kulturkreisen, offenbar als tieferes Bedürfnis des Menschen. »In jedem Menschen steckt ein Mönch.« (WALTER DIRKS)

Aus den ersten Anfängen schälten sich zwei Grundformen des geweihten Lebens heraus: Eremitentum und Zönobitentum (von *koinos bios* – gemeinsames Leben). Letzteres fand vom Mittelmeerraum aus im Westen weitere Verbreitung: in Klerikergemeinschaften (nach der Augustinusregel) und bzw. oder in Mönchs- oder Laiengemeinschaften, zunächst unter sehr verschiedenen Regeln, bis unter den Karolingern die Benediktusregel maßgeblich wurde.

Benediktinische Klöster wurden Zentren der Wissenschaft, ihre Skriptorien Vermittler antiken Gedankengutes und Pole zur Erschließung von Kulturlandschaften. Seitens der Reformorden des Mittelalters und Hochmittelalters setzten die Zisterzienser neue Akzente für das mönchische Leben, die Prämonstratenser für die Kleriker. Die Urbanisierung der Gesellschaft brachte aus den Armutsbewegungen die Mendikantenorden hervor (Franziskaner, Dominikaner, Karmeliten, Augustiner- Eremiten u. a.). Renaissance, Reformation und die Entdeckung der Neuen Welt forderten wiederum neue Antworten, beweglichere Formen (Jesuiten, Oratorianer u.a.), und verlangten nach neuen Formen der Spiritualität (IGNATIUS, TERESA, FRANZ VON SALES). In den folgenden Jahrhunderten brachten neue Schwerpunkte und Spezialisierungen weitere Verzweigungen am alten Stamm der Orden hervor.

Je mehr Aufgaben die Orden aber an die Gesellschaft abgeben konnten, desto mehr waren sie auf ihr ursprüngliches Charisma verwiesen. In Neuzeit und Gegenwart entstanden Säkularinstitute, die Kleinen Brüder von CHARLES DE FOUCAULD, das Werk von MUTTER THERESA, neue geistliche Gemeinschaften, Übergänge der verfassten Orden zu Laiengemeinschaften, Weltoblaten, Mönch und Missionar auf Zeit usw. Es entstanden evangelische bzw. ökumenische Gemeinschaften wie Taizé, die Marienschwestern von Darmstadt, der Casteller Ring. Innerhalb der Orden begann ein Prozess der Rückbesinnung auf das eigene Charisma und zugleich die Suche nach angemessenen Antworten auf Fragen der Zeit, der Religionen, etwa bei THOMAS MERTON, HEINRICH DUMOULIN, HUGO ENOMIYA-LASSALLE, Versuche eines Dialogs der Menschen von heute mit dem fernöstlichen Mönchtum oder dem Islam, die auf dem Zweiten Vatikanischen Konzil Bestätigung erfuhren. Im Bereich der Erziehung erwächst den Ordensschulen eine zunehmende Wertschätzung, weil sie mit fachlicher Kompetenz Wertevermittlung anbieten. Der Beitrag von Ordensleuten in sozialen Brennpunkten, ihre Präsenz in der Peripherie von Großstädten der Dritten Welt oder im Bemühen um Wege der Inkulturation sowie des Dialogs mit fremden Kulturen und anderen Religionen ist nicht zu übersehen.

Zur Statistik: Im Jahr 2003 gehörten in Deutschland 6.500 Männer und 27.700 Frauen Ordensgemeinschaften an; weltweit sind es 2.000.000 Frauen und 800.000 Männer; die Säkularinstitute haben ca. 30.000 Mitglieder.

2. Glaubenszeugen

Der wichtigste Auftrag der Orden ist immer noch – um mit den Wüstenmönchen zu reden – die Erinnerung an Gott, Zeichen geben, Zeuge sein, für die Würde des Menschen eintreten als Ebenbild Gottes, Leben aus Gottes Kraft.

Bruno Fromme OCist

Georg Schwaiger, Mönchtum, Orden, Klöster, München 1998; *Leonhard Holtz,* Geschichte des christlichen Ordenslebens, Zürich/Einsiedeln/Köln 2001.

3. Glaubensweg

Dieric Bouts (um 1415-1475): *Heimsuchung*, linke Mitteltafel des Marien-altars, um 1445; Eichenholz, 80 x 56 cm; Prado, Madrid.

Dieric Bouts, einer der bedeutendsten Maler des 15. Jahrhunderts, war bereits zu Lebzeiten hoch geschätzt und weit über die Grenzen Brabants hinaus bekannt. Der 1584 für das Kloster San Lorenzo in El Escorial be-zeugte Marienaltar zeigt Verkündigung, Heimsuchung, Geburt Christi und Anbetung der Könige.

Gemalte Rundbogenportale fassen die Einzelszenen optisch zusammen, lassen aber zugleich vier getrennte Bildfelder für die verschiedenen Hand-lungsorte entstehen.

Inhaltlich steht der Portalrahmen der "Heimsuchungsszene", welcher im gemalten Skulpturenprogramm zur Passion Christi überleitet, im Wider-spruch zu der in die freie Natur verlegten Begegnung der beiden Frauen. Der Betrachter bleibt so im wirklichen Sinne außen vor und Beobachter der Szene. Diese ist, wie auch das Portalgewände, meisterlich in abbildhaf-ter Manier gemalt. Vor einer weiten Sommerlandschaft, für die Bouts per-fekt die Mittel zur Tiefenraumgestaltung einsetzt, erhebt sich im näheren Hintergrund ein Hügel, auf dem ein stattliches gotisches Anwesen liegt. Elisabeth, dargestellt in einem leuchtend roten Gewand und durch die Kopfbedeckung als verheiratete Frau gekennzeichnet, ist ihrer Besucherin den gewundenen Weg hinab entgegengegangen. Im direkten Bildvorder-grund ist wie auf einer Bühne das Treffen der beiden Frauen dargestellt.

Es gelingt Bouts auf eindrucksvolle Weise, die von Lukas beschriebene Begegnung als intensives Erlebnis der Frauen und als Offenbarung des künf-tigen Heils zu gestalten.

Die beiden Frauen sind durch die Ähnlichkeit ihrer Situation mitein-ander verbunden, durch das Eingreifen Gottes hat sich ihr beider Leben radikal verändert: Für die alte, in langer Ehe kinderlos gebliebene Frau wie für die junge, unverheiratete Frau kommt die Nachricht von einem Kind nicht im Einklang mit der eigenen Lebenszeit.

Während Maria sich zu Beginn ihrer Schwangerschaft auf den Weg zu Elisabeth macht, von der sie durch die Botschaft des Engels weiß, dass auch sie ein Kind erwartet, weiß Elisabeth nichts von Marias Zustand. Der Maler stellt nun den Augenblick des Erkennens dar: Elisabeth schaut erstaunt aus einer leicht gebückten Haltung zu Maria auf und umfasst sie mit ihrer Rech-

ten, während sie die linke Hand wie tastend auf den Leib der Jüngeren legt. Deren Linke ruht wiederum auf Elisabeths Bauch, während ihre Augen demütig gesenkt sind. Durch die sich kreuzenden Arme entsteht ein beide Figuren verbindendes Liniengefüge, das sie gestalterisch zu einer Einheit werden lässt, was durch die offene Kreisform noch unterstützt wird. Das leuchtende Inkarnat der Hände vor dem intensiven Blau- bzw. Rotton der Gewänder lenkt die Aufmerksamkeit des Betrachters zusätzlich auf diese Stelle, die zum eigentlichen Bildzentrum wird.

In Geste und Blick gestaltet der Maler ein intuitives Verstehen vor allem der Besonderheit des Kindes, das Maria erwartet, wie Lukas es in Elisabeths Begrüßung und dem Magnifikat beschreibt. Die beiden Frauen sind aber über ihre situationsbezogene Verbundenheit hinaus einander ähnlich: Sie haben die Haltung gegenüber dem Eingreifen Gottes in ihr Leben gemeinsam. Wie der Segenswunsch Elisabeths und der Lobgesang Marias bezeugen, geben sie sich beide ganz und voller Freude über die Gottesbegegnung in Gottes Hände und sind so die ersten und beeindruckenden Zeugen des göttlichen Wirkens und des Neuen, das mit der Menschwerdung Gottes beginnt.

Kerstin Clasen

3.0 Unterwegs zum Glauben

Glauben geht im Nu: Menschen entscheiden sich für einen Weg, der sie in Gottes Zukunft führen soll. Sie entscheiden sich dafür an Gottes Versprechen zu glauben, daran zu glauben, dass dieser Weg – für Christen ist es der Weg der Nachfolge in den Spuren Jesu – der verlässliche Weg ist, der sie zum Ziel führt. Sie entscheiden sich für die Hoffnung, auf diesem Weg niemals verlassen zu werden, auch wenn er durch Leid und Tod hindurchführt. Der Weg, für den mir das versprochen wird, ist freilich ein Weg der Umkehr, der mich in die Fülle des göttlichen Lebens hineinführen soll, ein Weg der lebenslangen Wandlung, auf dem ich mich von Gottes neuschöpferischem Geist immer mehr ergreifen lassen soll, auf dem mein Glauben immer mehr in mir und an mir Wirklichkeit werden soll. So hat der Glaube einerseits Entscheidungscharakter – ich habe mich entschieden, diesen und keinen anderen Weg für mein Leben maßgebend sein zu lassen; andererseits aber auch Wegcharakter – Glaubende sind unterwegs zum Glauben; ein ganzes Menschenleben lang leben sie sich in ihren Glauben hinein. Mit ihrer Glaubensentscheidung machen sie sich in Gottes Entschiedenheit für die Menschen fest, die ganz konkret auch ihnen gilt. Keine Macht des Himmels und der Erde wird sie aus der Reichweite der Liebe Gottes mehr entfernen können (vgl. Röm 3,37-39), es sei denn, sie machen sich selbst unempfänglich für diese Liebe. Die Glaubensentscheidung aber will und soll das ganze Leben bestimmen und auf Gott hin verändern. Sie will »Fleisch werden« und Lebensgeschichte, weil sie ja nur so über das konkret gelebte Leben eines Menschen entscheiden und ihm die Richtung geben kann.

Wo über Menschen in der Säuglingstaufe entschieden wurde, wird das Unterwegssein zum Glauben als Herausforderung besonders deutlich in den Vordergrund treten. Diese Menschen stehen vor der Aufgabe, kennen zu lernen und bejahen zu lernen, wozu Eltern und Paten stellvertretend Ja gesagt haben. Aber auch alle anderen Glaubenden stehen vor der Notwendigkeit, die Bedeutung ihres Glaubens-Ja in jeder Lebenssituation neu oder vertieft nachzuvollziehen: Worauf richtet es sich angesichts der vielen Verbindlichkeiten und Lebensperspektiven, die mir wichtig geworden sind? Wozu steht es in Spannung? Und womit ist es unvereinbar? Man kann das Glaubens-Ja nicht »konservieren«. Und das heißt auch: Man kann die Frömmigkeitsformen, die Gottesbilder, die Gestalten, in denen mein Glaube lebendig war und seinen Ausdruck fand, nicht konservieren – so sehr man den Glaubensimpulsen treu sein soll, die sie hervorriefen. Neue Erfahrungen werden es vielleicht nötig machen, den gern geteilten oder auch zweifelhaft gewordenen »Kinderglauben« neu zu buchstabieren. Neue Lebensbereiche und Verantwortungsfelder fordern dazu heraus, die Wegweisung des Glaubens neu lesen zu lernen. Der Glaube darf und muss sich entwickeln, in der je eigenen Biographie wie in der Geschichte von Glaubensgemeinschaften und Kirchen. Die »Zeichen der Zeit« sind – so sagt es das Zweite Vatikanische Konzil – entscheidende Impulse, auf dem Weg der Reifung im Glauben nicht stehen zu bleiben und im Vertrauen auf die Unerschöpflichkeit unserer Glaubensüberlieferung in neue Glaubenshorizonte aufzubrechen.

Die Weg- und Such-Gemeinschaft Kirche wird frei für ihre und für Gottes Zukunft, wenn sie sorgfältig und einfühlsam mit dem umgeht, was ihr vom Herrn der Kirche auf ihren Weg mitgegeben wurde; wenn sie es immer wieder bereitwillig annimmt, »begeht«, wenn sie es in Gemeinschaft feiert und das Gefeierte gegenwartssensibel deutet; wenn sie immer wieder neu und neugierig in die heiligen Schriften und Glaubensüberlieferungen hineinhört und sich provozieren lässt, das Gehörte und Meditierte mit Wagemut auszuprobieren. Weil Gott nie mit den Menschen fertig ist, deshalb werden auch die Menschen mit ihrem Gott niemals fertig sein. Und so werden sie darauf warten, ja darauf hoffen, dass er sie »morgen« überraschen und ihnen »heute« neu begegnen wird. Die lateinamerikanischen Basisgemeinden und die Befreiungstheologie wissen sich von diesem »Neuwerden« und »Heutigwerden« Gottes vielleicht stärker fasziniert und in Anspruch genommen als die Ortskirchen im alten Europa und im ebenso alt gewordenen Nordamerika. Die Kirche der Armen, die mitten in ihrer Not mit dem Gott der Befreiung und des neuen Lebens Gemeinschaft haben wollen, nehmen – so sagt es der Befreiungstheologe JON SOBRINO – das »Heute Gottes … absolut ernst«. Und sie wollen ihn deshalb im Heute finden, nicht nur im Gestern oder in einer fernen Zukunft. Heißt Glaubenlernen und Glaubensentwicklung nicht auch, von diesem jungen und jung gebliebenen Glauben lernen?

Jürgen Werbick

3.1 Glauben lernen – Glaubensgemeinschaft

Warum kommt man überhaupt auf die Welt, wenn man eh wieder sterben muss?«, so ein 13-jähriger Jugendlicher. Unser Leben als Menschen gleicht einem Abenteuer; dem Abenteuer der Sinnsuche. Wir sind schon in Beziehung mit Gott, längst bevor wir ihn gefunden haben. Wir existieren *in* der Gottesbeziehung. Aber diese Beziehung bedarf der Kommunikation. *Glauben lernen* ist *Beziehungslernen,* ist *Gottesbeziehung lernen.* Der Glaube an Gott ist eine Gabe; er ist aber auch eine Aufgabe.

Kinder haben immer schon religiöse und philosophische Fragen. Kinder fragen nicht erst, was sie fragen dürfen; sie *sind religiöse Menschen* von innen heraus: »Wo war ich eigentlich, als ich noch nicht da war?« – »Wer macht die Tage, und wann sind sie alle?« – »Wenn ich tot bin, bin ich dann noch ganz?« Solche und ähnliche Fragen von Kindern sind nicht etwa angelernt oder von außen beigebracht. Sie sind vielmehr ursprüngliche Themen, die Kinder beschäftigen und die üblichen Schemata sprengen. Kinder machen sich immer ihre eigenen Vorstellungen von Gott.

Eltern wollen für ihre Kinder das Beste. Umso erstaunlicher ist es, dass eine große Gruppe von Eltern ihre Kinder um die Beziehung mit Gott »betrügt«. Denn: Kinder sind nicht auf das Leben und nicht auf das Sterben vorbereitet, wenn ihnen Eltern die Beziehung zu Gott nicht erschließen. Die These, Eltern dürfen »*Kinder nicht um Gott betrügen*«, ist ein Aufschrei in die derzeitige gesellschaftliche Situation hinein, in der es für Eltern immer wichtiger wird, ihren Kindern frühzeitig Ballettunterricht, musikalische Früherziehung und mehrere Sportarten zu ermöglichen. Eltern sehen sich diesbezüglich schon geradezu unter einem gesellschaftlichen Leistungsdruck: Gute Eltern, so heißt es, tun das einfach für ihre Kinder! Führt also der Aufschrei »Kinder nicht um Gott betrügen« nur noch zu einer weiteren Verschärfung dieses Drucks, immer noch mehr leisten zu müssen? *Die Beziehung zu Gott ist keine Leistung. Die Beziehung zu Gott ist eine Gabe*, sie ist ein unverdientes Geschenk von Gott her. Sie ist aber auch eine Aufgabe, die gelebt werden kann – ohne Druck und moralische Aufforderung. Wer sich nämlich als Vater oder Mutter mit seinen Kindern auf die Beziehung mit Gott einlässt, dem kommt etwas zu, was er oder sie selber nicht leisten muss. Es wird der Vorhang für ein Leben geöffnet, das niemand anderer *zu*sagen kann als Gott selbst, der es gut meint mit unserem Leben.

Die *Familie* ist in der Regel der Ort intensiver Kommunikation mit vielen positiven oder negativen Emotionen. Sie ist der Ort, der auf kleine Kinder zunächst den intensivsten Einfluss nimmt und ihnen Orientierung gibt. Dies gilt für die verschiedensten Familienformen. Ich gehe *nicht* von »heilen Familien« aus. Da wir alle des Heiles bedürfen, sind wir alle nicht heil. Die Familie ist zunächst für Kinder die *Glaubensgemeinschaft*, wenn sie in der alltäglichen Kommunikation Anregungen und Möglichkeiten der Gottesvergewisserung bekommen. *Glauben lernen in der Familie* baut Kinder in ihrer Persönlichkeitsentwicklung auf und bietet ihnen Stabilität und einen ganzheitlichen Orientierungsraum. Welche konkreten *Wege* zum Glauben-Lernen in der Familie sind gangbar und sinnvoll? Auch für Eltern, die sich auf dem Gebiet der religiösen Erziehung wenig zutrauen, gibt es einige markante *Möglichkeiten*, die von heute auf morgen in einer Familie realisiert werden können:

Vor dem Essen ist es eine Geste der Dankbarkeit und der Kommunikation, wenn wir *gemeinsam mit den Kindern beten*. Dies kann bereits anfangen, wenn das kleine Kind im Hochstuhl mit am Tisch sitzt. Als Gebet eignet sich etwa:»Jedes Tierlein hat sein Essen, jede Pflanze trinkt von Dir, hast auch unser nicht vergessen, lieber Gott, wir danken Dir.« Oder, wenn die Kinder allmählich älter werden: »Alle guten Gaben, alles, was wir haben, kommt o Gott von Dir. Wir danken Dir dafür.« Nach dem Gebet reichen sich alle, die am Tisch sitzen, die Hände. Für Kinder ist das sehr beeindruckend und sie lernen, dass Essen etwas mit Gemeinschaft untereinander und Gemeinschaft mit Gott zu tun hat.

Am Ende des Tages sollten Kinder nicht einfach ins Bett geschickt werden. Es ist hilfreich, gemeinsam mit ihnen einen *Abendritus* zu entwickeln. Vater oder Mutter – wobei die Väter auf diesem Gebiet viel an Beziehungsdichte zu ihren Kindern gewinnen, wenn sie sich darauf einlassen – setzen sich an das Bett des Kindes und gehen mit dem Kind noch einmal den Tag durch, besprechen möglicherweise offene Konflikte, danken gemeinsam Gott für das, was schön war an diesem Tag oder legen Gott das in die Hände, was belastend oder traurig war, etwa wenn jemand in der Familie krank ist. Man kann diese Geschichte des Tages auch in ein einfaches Gebet bringen. Unsere damals 5-jährige Ingrid hat nach einem solchen Gespräch einmal spontan gebetet:»Lieber Gott, heute war es gar nicht schön. Der Moritz hat mich nämlich gehaut. Dann habe ich ihn auch gehaut. Schlaf gut, lieber Gott«. Nach diesem Gebet haben wir noch lange über ihren Konflikt mit Moritz gesprochen, der sich rasch wieder aufgelöst hat.

Mit der Zeit können sich auch andere Gebete entwickeln, die das Kind von selbst lernen möchte. So hat Ingrid mit sechs Jahren von selbst das »Vater Unser« angefangen zu beten, ist dann aber hängen geblieben, weil sie nicht mehr weiter wusste. Sie wollte dann einige Abende nur das »Vater Unser« beten und hat es dann so gelernt. Der Vorschlag »Abendritus« meint nicht einfach ein Abendgebet, das heruntergebetet wird. Vielmehr wird das gesamte Leben und die Kommunikation des abgelaufenen Tages abgerundet und mündet ein in Versöhnung, innere Ruhe und Geborgenheit, die Kinder am Beginn der Nacht ganz besonders brauchen.

Kinder gehen gerne in die Kirche. Dies ist insofern nicht überraschend, weil sie die Stille und die besondere Atmosphäre der Kirchen viel intensiver aufnehmen als manche Erwachsene. Ich kenne viele Eltern, die mit ihrem Kind während der Woche in die Kirche gehen und mit ihnen die Figuren anschauen, ein kurzes Gebet sprechen oder auch – vielleicht mit einem bestimmten Anliegen verbunden – eine Kerze anzünden. Dies ist für Kinder ein urtümliches religiöses Erlebnis, weil sie dafür (noch) eine ganz besondere Sensibilität haben. Kerze und Licht sind ein ganz wichtiges Symbol gegen Angst, Dunkelheit und Unsicherheit. Kindern Angst vor Gott zu machen ist unverantwortlich und religionspädagogisch inkompetent. Von der *Bibel* her gibt es eine strahlende Begegnungssituation *Jesus und die Kinder:* »Da brachten die Leute Kinder zu Jesus, damit er sie mit der Hand berühre. Die Jünger aber schickten sie weg. Jesus, als er das sah, wurde zornig und sagte zu ihnen: Lasst die Kinder zu mir kommen. Wehret ihnen nicht, denn ihnen gehört das Reich Gottes. Wenn Ihr nicht so werdet wie diese Kinder, habt ihr von Gott nichts begriffen. Dann nahm er die Kinder in seine Arme und legte ihnen die Hände auf und segnete sie.« (Mk 10,13-16). Diese biblische Situation hat der Maler EMIL NOLDE in seinem berühmten Bild »Christus und die Kinder« eindrucksvoll gestaltet. In der Begegnung mit Jesus leuchten die Kinder und ihre Eltern auf. Die Jünger malt er als dunkle Gestalten, die noch nicht viel begriffen haben.

Wenn wir Kinder bei ihrem Abenteuer der Gottessuche kompetent begleiten wollen, dann geht es um biblisch eindeutig gedeckte *Bilder von Gott.* Niemand hat das Recht, die befreiende Gotteserfahrung, die Jesus von Nazaret verkündet hat, in Unterdrückungsmechanismen umzumünzen, die Gott zu einem Dämon machen. Zu Recht wird man fragen: Welches sind dann die positiven Gottesbilder, die Kindern vermittelt werden sollten? Jesus hat Gott tatsächlich ganz anders verkündet: Gott hat jeden Menschen als sein Ebenbild erschaffen und schenkt jedem Menschen das Leben in Fülle. Gott begleitet das Leben des Menschen wie ein guter Hirte, er meint es gut mit uns Menschen. Gott sorgt für den Menschen als »mütterlicher« Vater. Gott leidet mit dem Menschen, wir können ihm klagen, ja sogar ihn anklagen; Gott schafft Heil, so dass Leid und Tod nicht das letzte Wort bleiben.

Mit diesem biblisch fundierten Gottesbild wird Kindern in der religiösen Erziehung eine »Neue Welt« eröffnet, sie können die Umfassungserfahrung wahrnehmen, die im Begriff »Reich Gottes« steckt, das Jesus mit vielen Gleichnissen und Bildern farben- und lebensfroh als große Zukunft von uns Menschen verkündet hat. Es ist sehr wichtig, mit Kindern in Abendritualen oder anderen Zusammenhängen auch gemeinsam Gott das zu sagen, worunter wir leiden. Was wäre er für ein Gott, wenn er uns Menschen in Leid, Not und Trauer allein ließe. Mit Tränen in den Augen sehen wir manches nicht mehr. Aber mit Tränen in den Augen schauen wir manchmal nach innen und »sehen« noch etwas ganz anderes, dass nämlich unser Leben geradezu nach Geborgenheit und tiefer Sicherheit in Gott schreit. Kinder brauchen die Gewissheit: »Gott haut nicht ab, wenn es dunkel wird.«

Ein wichtiger und möglicher Lernort des Glaubens ist nicht zuletzt die *Gemeinde*. Allerdings: Wenn Gemeinden wirklich Lernorte des Glaubens sein wollen, müssen sie sich unter den heutigen Bedingungen verändern. Ein hohes Maß an Beteiligung in Gottesdiensten, eine lebensnahe und dennoch aufmerksame Heiligung in der Liturgie als Familienliturgie sind zukunftsweisende Veränderungen. Taufkatechese in Elterngruppen, Erstkommunion als Familienkatechese und eine entschiedene Ausbildung von jugendlichen Gruppenleitern usw. würde Gemeinden Schritt für Schritt verlebendigen und regenerieren.

Da nichts mehr selbstverständlich ist und die gesellschaftlichen Außenhalte für den kirchlichen Weg eher abnehmen, ist eine solche intensive Verlebendigung höchst dringlich. An religiöser Sehnsucht fehlt es in der heutigen gesellschaftlichen Entwicklung nicht. Glauben lernen wird zur brisanten Frage der *Zukunftsfähigkeit unseres Lebens*. Dass wir bereits *in* der Gottesbeziehung sind, kommt all unserem Handeln zuvor. Dies wahrzunehmen, zu kommunizieren, gemeinsam in den verschiedensten Bereichen zu reflektieren und zu gestalten – in der Familie, im Religionsunterricht, in Jugendgruppen,

in Familienkreisen, in verschiedensten Formen von Liturgien –
bleibt eine spannende Aufgabe, die sehr wohl gelingen und Freude
machen kann.

Albert Biesinger

Albert Biesinger, Kinder nicht um Gott betrügen. Anstiftungen für
Mütter und Väter, 12. überarbeitete und erweiterte Auflage, Freiburg 2002; *Albert Biesinger*, Kinder brauchen mehr als alles. Eine El-
ternschule, Ostfildern 2003.

3.2 Erleben – Deuten – Feiern

Die katholische Liturgie gilt als sinnenfreudig, körperbetont.
Sie ist gekennzeichnet durch Bewegungsabläufe wie Prozessionen, durch Wechsel der Körperhaltungen, Gesten und Gebärden,
durch das Ansprechen aller Sinne. Dabei geht es nicht um Erlebnis
in der Art heutiger Spass-Kultur: Christliche Liturgie ist in allen Dimensionen *Gedächtnis des Todes und der Auferstehung Christi*, bezieht
also stets Leiden und Sterben mit ein, das zwar grundsätzlich im
Ostermysterium überwunden ist (vgl. 1 Kor 15), wobei jedoch die
persönliche Hineinverwandlung in das neue Leben für jede und jeden noch aussteht. Liturgie ist in dem Maße heilsame Liturgie, in
dem sie gerade auch das Un-heile nicht ausgrenzt, sondern ins Gebet nimmt. Krankheit, Behinderung, Gebrechen, Begrenzungen jeder Art sind nicht Ausschlusskriterien, sondern können den Betroffenen und den anderen Teilnehmenden am Gottesdienst die Erfahrung der größeren Nähe zu Christus vermitteln.

In unserer Zeit gibt es eine starke Sehnsucht nach tragfähiger
Gemeinschaft. Dies hängt nicht zuletzt mit den *neuen Lebensumstän-
den* zusammen: Zerbrechen alter Sozialstrukturen, Abnahme der
Bindungsfähigkeit, Medialisierung unserer Arbeits- und Freizeitwelt,
Krise der Ehe und Familie usw. Dieses Problem hatte schon ROMA-
NO GUARDINI für seine Zeit erkannt. In seinem Büchlein »Liturgi-

sche Bildung« (1923) beschreibt er eine Übung, um das »Wir« des
Betens zu erreichen: »Das ›Wir‹ muß lebendig verwirklicht werden:
ich und die rechts und links neben mir; der alte Mann vor mir, die
Frau mit dem sorgenvollen Gesicht dort; jene gleichgültig Dastehen-
den usf. ... Dann geht es auf die ganze Gemeinde über: alle Kranken; alle, die verhindert sind, teilzunehmen; die nicht wollen ... Er
schließt die Gemeinden zusammen zum Bistum ... Endlich gelangt
die Übung zur weltumspannenden Kirche ... Er bedenkt den Auftrag der Kirche in der Verkündigung des Wortes Gottes, in den Wir-
ren der Welthändel, in der Arbeit für Wohlfahrt, Caritas und geistiges Leben; nimmt irgendeine gerade vordringliche Schwierigkeit der
Kirche heraus, eine Aufgabe, einen Missstand, einen Fehler, ein Ärgernis, ein Versagen, und trägt sie vor Gott. Endlich wird er auch
die Kirche auf Erden einbauen in die allumfassende Eine und Heilige. Wird ... sich zum unendlichen Lichtreich der Verklärten erheben
und mit ihnen das ewige ›Heilig, Heilig, Heilig‹ sprechen.«

GUARDINI bezieht sich auf die traditionelle Liturgie, die für die
Gläubigen noch wenig Entfaltungsraum bot. Die Liturgische Bewegung hat erst mit der Zeit die Voraussetzungen geschaffen, die zur
jetzigen Gestalt der römisch-katholischen Liturgie geführt haben.
Ein wesentliches Moment darin sind die Fürbitten, die die Gemeinschaft der Kirche als Solidargemeinschaft aktualisieren. In diesem
Zusammenhang ist auch der Friedensgruß zu nennen, der vor der
sakramentalen Begegnung mit Christus die Gemeinschaft der Feiernden in Erinnerung ruft. Entscheidend für das christliche Verständnis von Liturgie ist ihr *dialogischer Charakter* in dem Sinne, dass
menschliches Tun innerhalb der »Inszenierung« Liturgie stets als
antwortendes Tun verstanden, Gottes Sprechen und Handeln immer
als vorrangig geglaubt wird. Christlicher Gottesdienst kreist also
nicht um sich selbst, sondern hat ein Ziel, das über ihn hinausweist.
Diesem kann er aber nur dienen, wenn er als »zweckloses«, befreiendes Tun erfahren wird, als »heiliges Spiel«.

Ohne Zweifel stellt die *Eucharistiefeier am Sonntag* eine besondere
Form der *Christusvergegenwärtigung* dar. In der Struktur der Emmaus-
erzählung ist die Grundgestalt der Feier bereits vorgebildet: *Unter-*

wegs deutet der Fremde den beiden Jesusjüngern die *Schrift*, indem er ihnen darlegt, »ausgehend von Mose und allen Propheten, was in der gesamten Schrift über ihn geschrieben steht« (Lk 24,27). Beim *Brechen des Brotes* erkennen die Jünger den Herrn, erfahren ihn in diesem rituellen Tun als den Lebendigen, und so gestärkt werden sie zu Zeugen des Auferstandenen.

Das Zweite Vatikanische Konzil spricht von den beiden »Tischen«: dem *Tisch des Wortes* und dem *Tisch des Eucharistischen Mahles*. Gleichwohl bilden Wortgottesdienst und Eucharistieteil zwei untrennbare Elemente der Messfeier. In den lateinischen Messgesängen kommt dies darin zum Ausdruck, dass der Gesang zur Kommunion häufig dem Evangelium des Tages entstammt. Hier klingt die Emmaus-Erfahrung nach: »Brannte uns nicht das Herz, als er unterwegs mit uns redete und uns den Sinn der Schrift erschloss?« (Lk 24,32). Die Liturgie vermittelt ihre Botschaft nicht gleichsam mit erhobenem Zeigefinger, sondern durch *Erleben beim Mitgehen*. Dabei spielt der Wechsel von stets gleichbleibenden und tagesbezogenen Teilen eine wichtige Rolle. Ritual lebt aus dieser Spannung, ihre Auflösung führt entweder in die Beliebigkeit oder in Ritualismus, in jedem Fall zur Zerstörung der Liturgie.

Die *Homilie* nimmt eine vermittelnde Stellung innerhalb der Liturgie ein zwischen religiöser Rede (Verkündigung) und symbolischem Handeln (Sakrament). Ihre Aufgabe ist es, in Wahrung der Eigenart der liturgischen Kommunikationsweisen die Lebenswelt, aus der das *Glaubenszeugnis der Vergangenheit* kommt, offen zu legen und mit der *Lebenswelt der gegenwärtig Feiernden* zu verknüpfen. Aus der *Deutung* der erinnerten (Heils-)Geschichte erwächst die *Bedeutung* der aktuellen Lebensgeschichte. In der Dramaturgie der Feier ist die Homilie zwar einerseits dem Verkündigungsgeschehen zugeordnet, nimmt mit der stärkeren Präsenz des Subjektiven aber zugleich eine Scharnierfunktion wahr. Das macht sie zu einer Vermittlungsinstanz zwischen Liturgie und Leben. Die Homilie hat also auf die Sprachspiele der religiösen Rede sowie des Rituals einzugehen und sie zugleich aufzuschließen auf die Lebenserfahrung der Anwesenden hin. Ihr Ziel ist demnach ein *Deuten* dessen, was bereits geschehen ist

(Begegnung im Wort) bzw. bald geschehen wird (sakramentale Begegnung). Damit bleibt sie die »Schnittstelle«. zwischen Traditionsverbundenheit und prophetischem Aufbruch. Weil sie Ausdruck der »Kirche auf dem Weg« ist, steht sie in Spannung mit einer Vorstellung von Liturgie als präsentische Vorwegnahme des »himmlischen Jerusalems«. Insofern ist die Predigt auch ein Mittel, selbst bei der Feier der in Christus geschenkten Ganzheit menschlichen Daseins sich der bleibenden Gebrochenheit in dieser Zeit bewusst zu bleiben. Vor allem in ihrer *mystagogischen Dimension* wirkt sie nicht nur auf der Ebene des Intellekts, sondern auch auf der emotionalen Ebene, indem sie einen Zukunftsraum der *Hoffnung* auf ewiges Heil vermittelt.

Christlicher Glaube wird in dieser eschatologischen Perspektive zunehmend als *Weg* verstanden, der innerweltlich stets unabgeschlossen bleibt. Damit entfernt man sich von Vorstellungen, nach denen Glaube so etwas wie ein fester Besitz sei. Hierbei gibt es nur die Alternative drinnen oder draußen. Die Sakramente werden in dieser Sichtweise nicht mehr als Hilfen auf dem Glaubensweg verstanden, sondern als Auszeichnung für die Vollkommenen. Wenn die Liturgie demgegenüber aber *noch nicht* die Vollendung der Gemeinschaft ist, sondern eine Station auf dem Weg zu ihr, so muss sie neben dem Ausblick auf die Vollendung auch die Dynamik des Vorläufigen widerspiegeln. Dennoch ist sie zugleich Feier der endgültigen Erlösung, die Jesus Christus bewirkt und verheißen hat. Die Liturgie antizipiert die Vollendung feiernd, indem sie einen symbolischen Raum und eine symbolische Zeit »in der Einheit des Heiligen Geistes« bildet, in denen die Begegnung mit dem erhöhten Herrn ermöglicht wird. In der Liturgie geschieht *schon jetzt* die Verwandlung des einzelnen Menschen, indem er eingegliedert wird in den Leib Christi durch Wort und Sakrament. Dies aber kann nur geschehen im Modus der Feier, d.h. in der preisenden und dankenden Anerkennung Gottes, in der Doxologie.

Albert Gerhards

Albert Gerhards, Die Rolle des Gottesdienstes für die Weitergabe des Glaubens, in: Wolfhart Pannenberg/Theodor Schneider (Hg.), Verbindliches Zeugnis II (Dialog der Kirchen 9), Freiburg 1995, 259-283; *ders.,* Deuten und Bedeuten. Zum Wechselspiel von Predigt und sonntäglicher Eucharistiefeier, in: Ursula Roth/Heinz-Günther Schöttler/Gerhard Ulrich (Hg.), Sonntäglich. Zugänge zum Verständnis von Sonntag, Sonntagskultur und Sonntagspredigt. FS Ludwig Mödl (ÖSP 4), München 2003, 159-168.

3.3 Evangelisierung und Glaubensentwicklung

Nachrichten, namentlich wenn sie Lebensfragen berühren, verändern die Menschen; sie lösen Jubel, Freude und Hoffnung aus oder aber Niedergeschlagenheit, Trauer und Angst; sie erzeugen Betroffenheit oder wirken ermutigend, sie fesseln oder befreien. Wie die jeweilige Nachricht empfunden wird, hängt zum einen von ihrem *Inhalt,* zum andern von der *existenziellen Situation* ab, in der sich die Adressaten, die Hörer oder Empfänger, befinden. Dementsprechend unterscheiden wir zwischen guten und schlimmen Nachrichten, zwischen Schreckensmeldungen und erfreulichen Mitteilungen, sprechen von »Hiobsbotschaft« oder »froher Botschaft«.

Im dritten Teil des biblischen Buches Jesaia sieht sich der Prophet von Gott dazu berufen, dem geschundenen Volk Israel, der zerstörten Stadt Jerusalem, den seelisch verletzten Rückkehrern aus dem babylonischen Exil (598-539 v. Chr.) neue Hoffnung und Zuversicht zu geben und ihnen im Vertrauen auf den Namen Gottes, JAHWE, d.h. Ich bin der Ich-bin-da, Mut zu machen zu neuem Leben: »Der Geist des Herrn Jahwe ... hat mich gesandt, *den Armen die Frohbotschaft* (griechisch: *euangelion*) *zu bringen,* zu heilen, die gebrochenen Herzens sind: den Gefangenen Befreiung und den Gefesselten Erlösung anzukündigen ... und alle Betrübten zu trösten ...« (Jes 61,1,2b,3a,4a).

Jahrhunderte später griff *Jesus von Nazaret* diese und andere Prophetenworte vom rettenden Kommen und Eingreifen Gottes (Basileia, Gottesherrschaft) auf, um angesichts von Armut und Unterdrückung, Krankheit und Sünde, Not und Tod zu verkünden. »Die Zeit ist erfüllt. Das Reich Gottes ist nahe. Kehrt um und glaubt der (dieser) Frohbotschaft (*euangelion*).« (Mk 1,15). Jesus verkündet das Evangelium aber nicht in bloßen Worten, sondern »in Tat und Wahrheit«, »mit Weisheit und Kraft«, »unter Zeichen und Wundern«, nicht primär als religiöse Doktrin, sondern als den von Gott selbst eröffneten neuen *Weg des Lebens im Bunde mit Gott.* Auf die ihm überbrachte Frage des Täufers: »Bist Du es, der da kommen soll, oder müssen wir auf einen anderen warten?«, antwortet er: »Geht und berichtet dem Johannes, was ihr gesehen und gehört habt: Blinde sehen wieder, Lahme gehen, Aussätzige werden rein; Taube hören, Tote stehen auf, und den *Armen wird die frohe Botschaft (das Evangelium) verkündet.*« (Lk 7,22b nach Jes 35,5 und 61,1) Jesus Absicht war es, indem er sich den *Einzelnen* in ihrer Not zuwandte, das *Volk Israel* als *Volk Gottes* neu zu sammeln.

Der Glaube an die all unserem Handeln *vorauseilenden* Liebe Jahwes zu seinem Volk, zu den Menschen überhaupt, war und ist der Kern der Botschaft Jesu. Die menschenfreundliche, rettende Gottesverkündigung, die Art dieser seiner »Reich-Gottes-Praxis«, war jedoch ein nicht geringes Ärgernis für die damaligen Frommen, für die dortigen amtlichen Vertreter der Religion, und kostete ihm schließlich das Leben. Für Paulus wurde aber gerade im *Tod Jesu am Kreuz* die *Kraft der Auferstehung* offenbar: *Gott* hat ihn auferweckt, hat ihn und seine Botschaft bestätigt. Der das Evangelium in Wort und Tat kündete, wurde als der Gekreuzigt-Auferstandene *selbst zum Evangelium Gottes für die Welt*, zum wirkmächtigen Zeichen der Solidarität (des »Bundes«) Gottes mit den Menschen.

Evangelisieren heißt seitdem: In Wort und Tat die Botschaft von Gottes rettender Nähe in Jesus Christus zu verkünden; dazu beizutragen, dass die Menschen *dem Evangelium glauben, das sie verwandelt* und ihrer heillosen Situation entreißt; dass »mitten am Tage« Erlösung und Befreiung, Auferstehung und Neuschöpfung geschieht.

Es ist eine alte Erfahrung: Wer sich nicht *wandelt*, kann nicht *sich selbst bleiben*. Wer keinen Weg geht, kommt nicht ans Ziel. Leben ist Auf-dem-Weg-Sein. Auch der Glaube wandelt und entwickelt sich. Die Geschichte Gottes mit den Menschen ist eine einzige *Glaubensschule*. Eben befreit aus der Gefangenschaft Ägyptens, beim Gang durch die Wüste, fragen die Israeliten zweifelnd:»Ist Gott in unserer Mitte, oder ist er es nicht?« Mühsam lernen sie, seine Wege zu gehen. Auch die Jünger Jesu mussten erst lernen, die »Geheimnisse des Reiches Gottes« zu verstehen. Als er am Ostertag mit den zwei Jüngern auf dem Weg nach Emmaus war, *lernten* diese neu, was es heißt an ihn und sein Evangelium zu glauben: Als er mit ihnen zu Tische saß und das Brot brach, gingen ihnen die Augen auf.

In der *Glaubensbiographie* des Einzelnen gibt es nicht nur altersbedingte »Stufen« auf dem Weg vom kindlichen zum erwachsenen Glauben, sondern auch, angestoßen durch kritische Lebensereignisse, Schicksalschläge und historische Veränderungen, *Glaubensentwicklung* über die ganze Lebenspanne hinweg. Die Weghaftigkeit des christlichen Glaubens und des menschlichen Daseins gilt jedoch nicht nur für den Glauben der Einzelnen, sondern auch für die *Kirche*, für Glaubenslehre und Glaubensleben der Glaubensgemeinschaft. Gerade indem der verkündete christliche Glaube Menschen, Situationen, Kulturen verwandelt, wandelt er sich auch selbst, ohne in seinem Wesenskern ein anderer zu werden. Der *persönliche Glaube* hat seine Geschichte, aber auch der *Glaube der Kirche* hat seine Geschichte, gesellschaftlich und kulturell (Stichwort: Inkulturation), theologisch und praktisch (Stichworte: Dogmenentwicklung, Pastoralgeschichte, Ekklesiogenese). Überlieferung ist ein lebendiger geschichtlicher Prozess. Hierin gilt es den Glauben »treu zu bewahren«. Es geht um Treue, aber immer um *schöpferische* Treue.

Bei aller notwendigen und berechtigten Vielgestaltigkeit der individuellen und kulturellen Ausdrucksformen, sind die Wandlungen des persönlichen und kirchlichen Glaubens also nicht beliebig. Der Glaube an das Evangelium Jesu Christi vom nahe gekommenen Reich Gottes als kritisch-inspirierendes *Grundkriterium* schlechthin, dessen Gehalt sich in Schrift (Bibel) und Tradition (depositum fidei) niedergeschlagen hat, beansprucht fortwährend die christlich-kirchliche Religiosität »von innen her« und gibt ihr äußere Form. Der unlösbare Zusammenhang von *Gehalt* und *Gestalt* des Glaubens fordert auch die Praxis der Kirche (einschließlich des kirchlichen Lehramtes) fortwährend zu kritischer Selbstprüfung heraus. Im *Licht des Evangeliums* und im Blick auf die *Zeichen der Zeit* lassen sich Fehlformen und Missgestalten christlich-kirchlichen Glaubensvollzuges identifizieren, wie etwa schwärmerischer Enthusiasmus und religiöser Fundamentalismus, einseitiger Intellektualismus der Theologie und erstarrter Hierarchismus der kirchlichen Amtsausübung.

Im Glauben erwachsen werden, dies ist eine beständige Aufgabe für die Einzelnen wie für die Kirche insgesamt. Eine evangeliumsgemäße und situationsgerechte, »erwachsene« christlich-religiöse Praxis lebt personal, ekklesial und theologal aus dem Zueinander von Glaube und Liebe und erschließt sich nur der Geduld der *Hoffnung*: Kirchesein, Christsein ereignet sich auf dem Weg vom »Sehen rätselhaft, wie in einem Spiegel« zum »Schauen von Angesicht zu Angesicht«.

Evangelisierung bedeutet schon immer beides: Glauben *lehren* und Glauben *lernen.* Das gilt auch heute für alle, die den christlichen Glauben weitergeben möchten. Aber auch die Kirche als ganze muss immer wieder »*sich* selbst evangelisieren« und evangelisieren lassen, »um die Welt glaubwürdig zu evangelisieren« (PAPST PAUL VI., EVANGELII NUNTIANDI 15). Vielfach lernt die Kirche erst in der Begegnung mit der »Welt«, mit den Armen, mit dem Menschen in Not, aber auch mit ihrer eigenen Bruchstückhaftigkeit, je neu und schmerzlich, den aktuellen Sinn des Evangeliums zu verstehen.

Die Kirche verkündet das Evangelium nicht bloß in Worten, sondern durch ihre ganze Lebensgestalt. Nicht zuletzt von ihr hängt es ab, ob die christliche Botschaft in der Welt als »Drohbotschaft« oder aber, was sie wahrhaft ist, als *Frohbotschaft* wahrgenommen und wirksam wird.

Walter Fürst

Evangelii nuntiandi. Apostolisches Schreiben Papst Paul VI. über die
Evangelisierung in der Welt von hcute. Verlautbarungen des Apostolischen Stuhls, hg. vom Sekretariat der Deutschen Bischofskonferenz, Bonn 1975; *Walter Fürst/Andreas Wittrahm,* Gestalten erwachsener Religiosität, in: Gottfried Bitter/Rudolf Englert/Gabriele Mil-
ler/Karl Ernst Nipkow, Neues Handbuch religiöser Grundbegriffe,
München 2002, 204-208.

3.4 Glauben und Wissen

Glaube, sagt das gängige Sprichwort, heißt: nicht wissen. Das
ist wahr – und doch auch wieder nicht. Natürlich ist beides
verschieden, das wusste schon PLATON (er hat von Glauben und
Wissen auch noch das Meinen unterschieden). Gelöst allerdings hat
PLATON das Problem nicht – und das ist bis heute so geblieben.
Eine gewisse Klärung lässt sich aber durch die Beobachtung unseres
alltäglichen Gebrauchs der Ausdrücke »wissen« und »glauben« gewinnen: »Wissen« bezeichnet eine geistige Fähigkeit der Zustimmung zu
einem Satz oder Sachverhalt und leitet oft Behauptungen ein; als
gewusst wird bezeichnet, was als wahr gilt; »erkennen« ist dabei als
Übergang vom Nichtwissen zum Wissen zu bestimmen. Wissen ist
eine Beziehung zwischen Personen und Sachverhalten. Wenn jemand weiß, dass etwas der Fall ist, schließt das auch ein, dass der
Betroffene glaubt, dass etwas der Fall ist. (»Ich weiß, dass …, aber
ich glaube es nicht …« ist ein unsinniger Satz).

Wissen ist also gegeben, wenn jemand von etwas nicht nur überzeugt ist, sondern wenn die Überzeugung auch wahr ist. Aber wahr
kann eine Überzeugung auch ohne Wissen sein, wie ebenfalls PLA-
TON schon bemerkt – z. B. wenn sich ein Richter auf eine Zeugen-
aussage verlässt, die wahrheitsgemäß ist. Das führt gleichzeitig
schon nah an die alltagssprachliche Bedeutung von »glauben« heran
und macht auf eine enge Verknüpfung von Glauben und Wissen
aufmerksam.

Mit »glauben« drücken wir in erster Linie die starke Überzeugung aus, dass etwas der Fall ist, aber auch, dass wir jemandem oder einem Zeugnis trauen, das andere ablegen. Wir glauben ihnen, was sie berichten oder was sie beispielsweise von Gott und über das Leben sagen. Die ganze *Bibel* etwa ist eine Sammlung von Zeugnissen, die Menschen so glaubwürdig und überzeugend schienen, dass sie sie festgehalten, selbst sozusagen ausprobiert und dann weitergegeben haben, auf dass auch andere von ihnen erfahren. Das Besondere von »glauben« wird spontan deutlich, wenn man sich klar macht, dass der Satz »Ich glaube an Gott« ein Moment persönlichen Vertrauens einschließt, das der Satz »Ich glaube, dass es Gott gibt« nicht hat.

Übrigens ist dieses Vertrauen auf Zeugnisse anderer gar keine Besonderheit des religiösen Glaubens. Sämtliches Wissen – sogar das naturwissenschaftliche und das mathematische – gründet letztendlich auf *Vertrauen*. Die Grundlagen des Wissens, die letzten Prinzipien kann man nicht beweisen; man kann ihnen nur trauen. Dass etwas zugleich und unter derselben Hinsicht nicht *sein* und *nicht-sein* kann, ist z. B. für den Philosophen ARISTOTELES ein solches Prinzip, das man einerseits nicht nochmals beweisen kann und ohne das es andererseits überhaupt kein Wissen gäbe, weil wir nicht sagen könnten, dass etwas so und nicht anders, ja nicht einmal, dass dies das Eine und jenes das Andere ist.

All unser Wissen steht und fällt damit, dass wir unserer Vernunft und ihren Regeln trauen. So gesehen sind also Wissen und Glauben im Kern gar nicht so verschieden – unter anderem mit der Folge, dass man sich sehr wohl auch wissenschaftlich mit dem Glauben beschäftigen kann.

Doch wozu das überhaupt? Eine erste Antwort lautet: Nicht aus Neugier und nicht, um über den Glauben sozusagen hinauszukommen, sondern um des Glaubens selber willen. Wissenschaft treiben heißt: nach dem Warum und Wieso, den Ursachen und größeren Zusammenhängen, schließlich auch nach dem Ganzen fragen. Christinnen und Christen sagen sich: Wenn wahr ist, was wir von Gott glauben – dass er die Welt geschaffen, dass er sich in Jesus von Nazaret auf einzigartige Weise zu erkennen gegeben hat und all das andere –, wenn das wahr ist, dann muss es ja mit allem, was es sonst von der Welt und vom Leben zu wissen gibt, etwas zu tun haben. Wahrheit kann es ja nur *eine* geben. *Zweierlei* Wahrheiten (im Sinn einer Theorie »doppelter Wahrheit«) sind gar keine Wahrheit. Darum interessieren sie sich für das, was die anderen Wissenschaften tun, und denken nach, wie alles, was man so wissen kann, mit dem Glauben zusammenhängt – so entsteht die *Theologie* als vernunftgeleitetes Nachdenken über den Glauben. Je mehr solche Zusammenhänge aufgedeckt werden, desto überzeugender wird das Geglaubte. Wem an seinem Glauben gelegen ist, der oder die werden darum nicht der Theologie aus dem Weg gehen, obwohl die manchmal auch lieb gewordene Vorstellung zerbricht, sondern sie werden sich lebhaft für die Theologie interessieren. Je mehr ich die besten Kräfte meines Verstandes auch für meinen Glauben in Anspruch nehme, desto überzeugter werde ich glauben und desto überzeugender für andere sein.

Schon früh waren Christen überzeugt, dass ihr Glaube so untrennbar damit zusammenhängt, wie die Welt und das Leben wirklich sind, dass sie ihren Glauben als Erkenntnis begriffen und sich selbst als die (im Vergleich zu früheren Zeiten) besseren Philosophen verstanden. In der Folgezeit haben sich viele der so genannten *Kirchenväter* und dann spätere *Theologen* Gedanken über das Verhältnis von Glauben und Wissen gemacht. AUGUSTINUS (Ende 3., Anfang 4. Jahrhundert n. Chr.) etwa hat Glauben als Vorschule des Erkennens bestimmt. ANSELM VON CANTERBURY (11. Jahrhundert n. Chr.) nannte sein philosophisch-theologisches Programm »*Fides quaerens intellectum*« (Glauben, der Einsicht sucht) und bezog Glauben und Vernunfteinsicht so aufeinander, dass sie sich wechselseitig auf die Sprünge helfen, um zu ihrer Vollgestalt zu kommen: Der Glaube provoziert gleichsam die Vernunft, ihre eigenen Kräfte auszuschöpfen und bis an die Grenzen des Wissbaren vorzudringen, umgekehrt fällt durch diese ganz zu sich gekommene Vernunft Licht in den Glauben, das sichtbar macht, worum es in diesem eigentlich geht.

Diese Frage nach dem Verhältnis von Glauben und Wissen stand auch im Zentrum der *neuzeitlich-kritischen Philosophie* seit I. KANT (ab Mitte des 17. Jahrhunderts) und hat seither die Philosophie fast mehr beschäftigt als die Theologie. Auch im *Denken der Gegenwart* wird das Thema intensiv bedacht, weil längst unübersehbar geworden ist, wie der explosionsartige Zuwachs von Wissen in jeglicher Forschungsperspektive gerade die Wissenden nach Orientierung und letztgültiger Verbindlichkeit bei der Erzeugung und dem Gebrauch des Wissens fragen lässt – und genau von solchem Unbedingten handelt Glauben im Sinn von religiöser Überzeugung. Die besondere Rolle, die dabei dem Christentum eignet, ergibt sich dadurch, dass sein Selbstverständnis als Erkenntnis den Weisen des Wissens nahe kommt, um die sich Philosophie als Wissenschaft vom Ganzen der Wirklichkeit bemüht.

Klaus Müller

Franz von Kutschera, Die großen Fragen. Philosophisch-theologische Gedanken, Berlin/New York 2000; *Klaus Müller,* An den Grenzen des Wissens. Einführung in die Philosophie für Theologinnen und Theologen, Regensburg 2004.

B. Hoffen

4. Kirche

Pfingst-Tafel, ca. 1410; Tempera auf Holz, 75 x 58 cm; Köln, Mittelrhein oder Westfalen (?); Museum Catharijneconvent, Utrecht.

Die Pfingstdarstellung ist Teil eines unvollständig erhaltenen Altares, der sich heute im Utrechter Catharijneconvent befindet. Ganz in der bildlichen Tradition stehend, zeigt sie Maria und das Apostelkollegium im Kreis sitzend, über ihnen die Geist-Taube.

Die Gestaltung versinnbildlicht auf faszinierende Weise eine Synthese der irdischen und himmlischen Aspekte des von Lukas in der Apostelgeschichte beschriebenen Geschehens.

Da ist zum einen die Bildraumgestaltung zu nennen, bei welcher die Einzelelemente doppelte Funktionen haben: Durch das Kreuzrippengewölbe und das prächtige gotische Mauerportal wird der (zeitgenössische) Betrachter einerseits an eine reale Raumsituation erinnert. Doch abgesehen davon, dass beide Architekturelemente so nicht zu einer Raumsituation passen, wird das Gewölbe durch den die Sphäre des Himmlischen repräsentierenden Goldgrund, vor dem es sich fast silhouettenhaft abhebt, zum Baldachin, der die Heiligen überspannt und sie so dem Irdischen entrückt. Die Mauer im Vordergrund dient gleichzeitig als Art Rückenlehne für die Apostel – fast witzig wirkt das Detail des überhängenden Manteltuches.

Daneben haben die Architekturteile eine wichtige kompositorische Funktion. Die Bogenformen des Gewölbes wiederholen die Kreisbogenform der Figurengruppe und schließen die Gestaltung nach oben hin ab. Der Mittelteil des Portals und der Schlussstein des Gewölbes betonen (in Fortführung der durch die Figur der Maria gebildeten Senkrechte) die Mittelachse des Bildes.

Maria erhält so eine herausgehobene Position, wirkt durch bogenförmige Bekrönung und die Portalbrüstung wie eine Thronende, ist bereits gekrönte Gottesmutter und nicht die "menschliche" Mutter Jesu, die sich mit den Jüngern trifft, um mit ihrer Trauer über den Tod des Sohnes nicht allein zu sein.

Verglichen mit Maria wirken die Apostel trotz ihrer Heiligenscheine viel eher "von dieser Welt". Überraschend plastisch sind die Gewandfalten gemalt, vor allem aber beeindrucken die ganz individuellen Gesichtszüge der Männer und ihre Mimik. Obwohl sie alle Ruhe ausstrahlen, reicht der Ausdruck von müder Ergebenheit bis hin zu hoffender Gewissheit.

Vom Sturm, den Lukas im Zusammenhang mit der Geistsendung beschreibt, ist in diesem Bild nichts zu spüren, auch die häufig dargestellten
Feuerzungen fehlen hier. Die Szene entspricht so eher der in der Apostelgeschichte beschriebenen Situation vor dem Pfingstereignis – oder unmittelbar danach. In Gestalt der Taube ist der Heilige Geist jedoch als gegenwärtig dargestellt.

Der Augenblick, mit dem die Geschichte der Kirche beginnt, in dem die
engsten Vertrauten Jesu für ihren Auftrag der Glaubensverkündigung gestärkt werden, wird hier als durch innere Sammlung und Konzentration auf
das Geistige geprägt gezeigt.

Kerstin Clasen

4.0 Glaube in Gemeinschaft, Volk Gottes unterwegs, Israel und die Kirche

Warum *Kirche*? Und wozu? Wenn die Kirche sich nach ihrem Woher und Wohin fragt, nach ihrem Grund und ihrer Bedeutung, dann bekommt sie es mit dem Gott der Bibel zu tun, der zu bestimmten Zeiten und an bestimmten Orten Menschen angesprochen und berufen hat. Sie versteht sich als die *Gemeinschaft derer, die von Gott herausgerufen und in eine Nachfolge gestellt werden*. Das geschieht zunächst in der Geschichte Israels, von der die Bibel erzählt.

Dabei kommt es zu dem spannenden Phänomen, dass die *Berufung des Bundesvolkes* in der *Berufung einzigartiger Menschen* geschieht. Das eine schließt das andere nicht aus. Was im Leben eines Menschen geschieht, kann eine Bedeutung für das ganze Volk und schließlich für alle Menschen haben. Einer steht bzw. lebt für den Anderen. Es geht in der Nachfolge um ein Geschehen der Stellvertretung, das uns Menschen in die Berufung der Zeugenschaft stellt. So bei *Mose*: Er spricht stellvertretend für das Volk mit Gott und wird von ihm angesprochen. Und das *Volk Israel* wird erwählt, d.h. in die Verantwortung gerufen, um in einer stellvertretenden Rolle vor Gott für *die Menschheit* zu stehen. Denn in diesem Volk ergeht das Wort Gottes zuerst an alle Menschen. Und die Gemeinschaft überliefert dieses Wort durch die Zeiten, damit es in jeder Generation neu gehört und erinnert werden kann. Gott spricht konkret zu einzigartigen Menschen, zu bestimmten Zeiten und an bestimmten Orten.

So geschieht es etwa in der *Berufung Abrahams*. Er macht sich auf den Anruf Gottes hin auf den Weg und verlässt sich auf Gott und auf eine verheißene Zukunft hin. So wird er zum Vorbild des Glaubens, des Sich-Verlassens auf Gottes Ruf. Die Existenz des Menschen wird als *Exodus*-Existenz (in Erinnerung an den *Auszug*, die

Befreiung der Israeliten aus Ägypten) verstanden. In der Lebensgeschichte eines Einzelnen aber geschieht zugleich die Geschichte des Bundesvolkes. Und in dieser Bundesgeschichte zeigt sich die Berufung jedes Menschen, der als Ebenbild Gottes dazu aufgerufen ist, Stellvertreter bzw. Stellvertreterin Gottes auf Erden zu sein und seine Verantwortung für den anderen Menschen und die Schöpfung zu leben. Die *Geschichte des Gottesvolkes* besteht aus den Geschichten einzigartiger Menschen, die sich auf eine spannende Freiheitsgeschichte mit Gott einlassen und sich auf den Weg machen.

Das Volk Gottes steht für jene *Weggemeinschaft mit Gott*, die sich von ihm beansprucht weiß und ihm im konkreten Lebens- und Glaubenszeugnis antworten will. In der Antwort der Zeuginnen und Zeugen ist das *Wort Gottes* nahe in der Zeit. Gottes Wort geschieht im menschlichen Wort, so sagt es das Zweite Vatikanische Konzil. Das Wort Gottes hörbar und für die anderen erfahrbar werden zu lassen, das ist die Aufgabe des Volkes Gottes, das seinen Weg in der Zeit schon angesichts der Nähe Gottes geht, aber noch auf sein Ziel und die Vollendung hin unterwegs ist. Das Volk Gottes ist nicht schon am Ende angekommen. Das wird erst geschehen, wenn die Zeit endet.

Schon in der Bibel, dem Schrift gewordenen Wort Gottes, zeigt sich, dass der Weg des Gottesvolkes auch von Brüchen gekennzeichnet ist. Doch jenen Brüchen, die auch mit der Freiheit und Schuld der Menschen zu tun haben, stellt Gott sein Wort der Treue und der Verheißung gegenüber: Der *Bund* mit seinem Volk wird immer wieder vergebend erneuert und nicht gebrochen. Aus dieser Zusage Gottes lebt das Volk Gottes in der Zeit. Diese Gabe aber bedeutet die Aufgabe der Verantwortung für alle. Der einzigartigen Verantwortung der Antwort kann sich keiner entziehen. Die Gemeinschaft aber hilft, die Verantwortung für alle zu tragen.

So kann Gemeinschaft *Gnade* bedeuten, auch wenn man darum weiß, dass sie auch zur Belastung zu werden vermag. Die Geschichte des Gottesvolkes bedeutet: Der Mensch ist vom ersten Moment seiner Existenz an in die Beziehungen zu Gott, zum anderen Menschen und zum erwählten Volk Gottes gestellt, dessen stellvertretende Erwählung auf das Heil aller Menschen zielt. Diese Beziehungen machen das Leben aus. Weil sie das Leben ausmachen, lebt das Gottesvolk auch von der Verheißung, dass diese Beziehungen nicht durch Sünde oder Schuld der Menschen zerstört werden können (Hoffnung auf *Vergebung*) und auch nicht an der Grenze des Todes enden (Hoffnung auf *Auferweckung*).

Seit dem Zweiten Vatikanischen Konzil hat eine theologische Neubesinnung hinsichtlich des Verhältnisses von *Kirche und Israel* eingesetzt, die von den Schrecken der Shoah gezeichnet ist und von den Päpsten seit JOHANNES XXIII. immer weiter vorangetrieben wurde. JOHANNES PAUL II. hat in den Vergebungsbitten des Jahres 2000 auch die Sünden der Christen »gegen das Volk des Bundes und der Lobpreisungen« zur Sprache gebracht. Dies zeigt, dass die Kirche in der Nachfolge Christi nicht immer in allen Gliedern ihre Berufung lebt, sondern auch mit dem Phänomen der Schuld ringt. Das ist schon das Problem der ersten christlichen Gemeinden. In der Erfahrung der Schuld wird der Kirche sehr klar vor Augen gestellt, dass sie, wie das Volk Israel, aus der vergebenden Nähe Gottes heraus lebt und noch auf dem Weg hin zu ihrer Erlösung ist.

Die Kirche Jesu Christi ist also nicht nur mit dem *dreieinen Gott* konfrontiert, wenn sie nach ihrem Grund fragt, sondern auch mit *dem Volk Israel*. Die Kirche erinnert sich auf dem Zweiten Vatikanischen Konzil des Bandes, »wodurch das Volk des Neuen Bundes mit dem des Stammes Abraham geistlich verbunden ist«. Zu den Juden hat Gott zuerst gesprochen und daher sind sie für uns *die älteren Brüder im Glauben*. So sagt es Papst JOHANNES PAUL II. und weist nachdrücklich darauf hin, dass der Bund Gottes mit dem Volk Israel nicht gekündigt worden, sondern nach wie vor gültig ist. Wenn die Kirche von dem *Neuen Bund in Jesus Christus* spricht, dann steht sie in der Erwählungsgeschichte Israels und kann den *Bund Israels* nicht als abgelöst oder entwertet darstellen. Kirche und Israel warten je anders auf das Ende der Zeit, sie sind auf je unterschiedliche Weise auf dem Weg zu dem einen Gott, der das Rätsel der je unterschiedlichen Berufung lösen wird, am Ende der Tage, wenn der Herr kommt. Die Kirche geht einen anderen Weg als Israel. Der Glaube Jesu an den einen Gott eint Juden und Christen, der Glaube an Jesus Christus trennt sie, so sagte es SCHALOM BEN CHORIN. Aber beiden geht es um den *Bund Gottes mit den Menschen*, um ein stellvertretendes Zeugnis Gottes für die Welt. Dabei führt der Weg zu Gott auf seinen Weg zu den Menschen.

Erwin Dirscherl

4.1 Gemeinde und Pfarrei

Die Kirche ist an vielen Orten in unterschiedlichen Gebilden von Gemeinschaft und Institution und Angeboten gegenwärtig. Auch wenn man immer noch zuerst an die *Pfarrgemeinde* denkt – aufgrund individueller Bedürfnisse und angestiegener Mobilität hat sich bereits in den Gemeinden und zwischen ihnen, aber auch über sie hinaus *eine vielfältige kirchliche Landschaft* gebildet: angefangen von unterschiedlichen gemeindlichen Gruppen bis hin zur lebensraumorientierten Seelsorge, in der die Kirche in Stadt und Land an besonderen Orten gegenwärtig ist, und wo sich Menschen in einer kulturell und sozial pluralen Gesellschaft begegnen. Die City-Pastoral ist eine solche lebensraumorientierte Kirchengestalt. Hier können sich Menschen von verschiedenen Wohnbereichen her treffen, die – beispielsweise – einen Vortrag hören wollen oder ein Gespräch suchen. Je mehr sich die Gegenwart der Kirche in der Gesellschaft *über die wohnraumorientierte Pfarrgemeinde hinaus in lebensraumorientierte Präsenzformen hinein*begibt, desto mehr entsteht für die Menschen innerhalb der Kirche eine Wahlmöglichkeit, je nachdem in welchen Situationen und Problemen sie sich befinden.

Damit sie aber von diesen unterschiedlichen Gegebenheiten der Kirche wissen, braucht es eine große Wachsamkeit der einzelnen Orte für die anderen, damit sie zueinander passagefähig werden. Die Gläubigen und vor allem die Hauptamtlichen in der Pfarrgemeinde sollten daher sehr genau darüber Bescheid wissen, wo z. B. für einen jungen Menschen in der gleichen Stadt ein kirchlicher Bereich ist, der für ihn nun viel wichtiger sein kann als der eigene. So kann etwa für musikinteressierte Jugendliche gerade in der evangelischen Nachbargemeinde jene Musikgruppe sein, die er braucht, im eigenen Bereich aber fehlt. Und so können aus der »Straßenkinderpastoral« heraus junge Menschen, die von dort aussteigen wollen, nach Gemeinschaftsorten in der Pfarrei fragen, wo sie sozialen Halt finden. Von daher ist es kein Problem, dass es viele Orte der Kirche in Stadt und Land gibt. Wenn sie in dieser Weise miteinander vernetzt bleiben und sich um der Menschen willen aufeinander verwiesen wissen, liegt darin vielmehr eine Chance. Die wohnraumorientierte Pfarrei wird weiterhin ihre Bedeutung haben, vor allem wenn es um eine gewisse Heimaterfahrung in einer Gemeinde geht, die soziale Kontinuität vor Ort ermöglicht, in der junge Menschen von der Kindheit bis in die Jugendzeit hinein das insbesondere auch sakramentale Leben der Kirche erfahren, in der ältere Menschen nicht mehr dem Mobilitätszwang unterworfen sind. Es wird allerdings zunehmend damit zu rechnen sein, dass insbesondere erwachsene Menschen mehr über die lebensraumorientierte Pastoral der Kirche nahe kommen und sich von daher in die Katechese des Glaubens hineinbegeben.

Wenn auch in allen diesen Gegenwartsweisen der *Kirche* in der Gesellschaft tatsächlich die Kirche in dieser jeweiligen Form gegenwärtig ist, stellt sich doch die Frage, wann es sich dabei um eine *Gemeinde* handelt. Kirche ist immer gegenwärtig, wo »zwei oder drei in Christi Namen versammelt sind« (vgl. Mt 18,20). In seinem Namen sind Menschen versammelt, wo sie in den Leidenden (z. B. in der Krankenpastoral) und in den Bedrängten und Benachteiligten (wie in allen Bereichen der Diakonie) Christus selbst begegnen (vgl. Mt 25,35-40). Und in seinem Namen sind die Gläubigen versammelt, wenn sie in Bibelkreisen oder in der Erwachsenenbildung sein Wort hören bzw. von der christlichen Botschaft her ihr Leben und ihr Handeln bedenken. Es liegt auf der Hand: Was zur Gesamtidentität der Kirche gehört, nämlich ihr Vollzug in Verkündigung und Diakonie, in Liturgie und Gemeinschaft, kommt nicht immer zusammen an jedem kirchlichen Ort vor, sondern mit unterschiedlichen

Schwerpunkten. Dass viele pastorale Orte »nur« Ausschnitte der kirchlichen Gesamtidentität repräsentieren, ist um der jeweils betroffenen bzw. beanspruchten Menschen willen ebenso notwendig, wie es unerlässlich bleibt, dass es kirchliche Gemeindeformen gibt, in denen wenigstens in annähernder Weise die gesamte Identität der Kirche zum Vorschein kommt, vor allem was das Verhältnis von Sakrament und Glaube, von Eucharistie und Gemeinschaft anbelangt. Von Anfang an, schon mit den ersten Gemeinden, wie sie im Neuen Testament begegnen, gehören die Taufe und das Herrenmahl zum zentralen Selbstvollzug der Kirche. Der Gemeindebegriff ist von daher für alle jene Gemeinschaftsformen der Kirche zu reservieren, in denen in ausdrücklicher Weise Gemeinschaft und Botschaft sakramental miteinander verbunden sind: So sind die jetzigen Pfarreien Gemeinden, so sind die klösterlichen Gemeinschaften Gemeinden, so ist eine Krankenseelsorge Gemeinde, insofern sich darin die Sakramente der Krankensalbung und der sonntäglichen Eucharistie in der Krankenhauskapelle ereignen.

Doch darf man diese gemeindlichen Formen der Kirche und die anderen, meist lebensraumorientierten Präsenzformen der Kirche nicht im Gegensatz zwischen eigentlich und uneigentlich verstehen. Vielmehr wird in der sakramentalen Gestalt erlebt, was auch in den anderen Vollzugsformen der Kirche der Fall ist: »Wenn zwei oder drei in seinem Namen versammelt sind«, ist Christus gegenwärtig bzw. er ist gegenwärtig in der Begegnung mit von Leid und Ungerechtigkeit betroffenen Menschen. Die Gemeindeformen sind allerdings deswegen so wichtig, weil sie die Möglichkeit bieten, in der gesamten pastoralen Landschaft Menschen, die sich dafür öffnen und entsprechend nachfragen, auf solche Gemeinschaftsformen der Kirche aufmerksam zu machen, wo sie die sakramentale Ausdrücklichkeit dessen erleben und vor allem sich schenken lassen dürfen, was sie in ihrem Bereich erfahren und tun.

Die *Gemeindereferenten und -referentinnen* haben von daher eine besondere Verantwortung für die Gestaltung und für den Aufbau der Gemeinden in diesem Sinne zuständig zu sein, also durch ihren Dienst in Katechese und seelsorgerlicher Tätigkeit in Religionsunterricht und Gruppenbetreuung möglichst viel an beidem mitzutragen und zu ermöglichen: Die Gemeinschaft vom Glauben her zu stärken und den Glauben von den Sakramenten her umso vertiefter erfahrbar werden zu lassen.

Ottmar Fuchs

Walter Krieger/ Balthasar Sieberer (Hg.), Gemeinden der Zukunft – Zukunft der Gemeinden, Würzburg 2001; *Thomas Söding* (Hg.), Eucharistie, Regensburg 2002.

4.2 Dienste und Ämter – Laientheologen

Alle *Dienste und Ämter,* angefangen von den Kräften, die für die Reinigung der Kirche sorgen, über den Mesner, den Gemeindereferenten und die Pastoralreferentin bis hin zum Priester und zum Bischof, haben die Aufgabe, von ihrer Kompetenz und von ihrem Auftrag her die Gegenwart der Kirche in den verschiedenen Vollzugsformen verantwortlich aufzubauen, mitzugestalten und immer wieder in den Horizont des Evangeliums zu stellen.

Hauptamtliches Handeln ist immer institutionelles bzw. begegnungsorientiertes und inhaltliches Ermöglichungshandeln zu Gunsten der jeweiligen kirchlichen Gestalten, ihres besonderen Charakters und ihrer am Evangelium orientierten Identität. Theologisch bedeutet dies: Wenn es die Gnade Gottes ist, die alles andere, auch das, was zu tun ist, trägt und ermöglicht, nämlich der Glaube daran, dass Gott uns ohne Bedingungen in unserem Leben, in unserem Tod und darüber hinaus liebt und damit die Notwendigkeit unseres Lebens in seine Hand geschrieben hat, dann orientieren sich die Dienste und Ämter an dieser Wirklichkeit. Sie tun dies, indem sie darauf schauen, Umkehr und christliches Lebens, christliche Gemeinschaft und christliche Verantwortung in die Gesellschaft hinein zu unterstützen und vom Glauben an die Gnade Gottes her möglich werden zu lassen.

Dass die *geistliche Gemeindeleitung* in der katholischen Kirche ein Sakrament ist, nämlich das Weihesakrament, bringt diesen Zusammenhang eindrucksvoll zum Ausdruck. Sakramente sind immer wirksame Zeichen der inneren Gnade: In ihrer Sehnsucht danach, sich in Gottes Liebe festmachen zu können und darin gehalten zu sein, dürfen die Gläubigen die Sakramente als jene Orte erfahren, wo Gottes unbedingte Liebe ohne Wenn und Aber auf sie zukommt und darin erlebbar ist. Das *priesterliche Amt* (und dies bezieht sich auf ein Weiheamt auch jenseits der bestehenden Zulassungsbedingungen) vollzieht in Bezug auf die Kirche, was die Taufe hinsichtlich des Einzelnen ist. Kommt Gottes unbedingte Gnade in der Taufe auf den Einzelnen zu, so gilt dies nun im Weihesakrament für das Gesamt der Kirche: Dem ordinierten Dienst ist damit eine *spezifische Amtsgnade* gegeben, nämlich die, dass Menschen die Kirche als Ermöglichung ihres Christseins erfahren; dass sie darin Orte finden, wo ihre *Charismen* aufleuchten können; dass sie darin eine Gottesbeziehung erzählt bekommen, in der sie sich nicht verkrümmen müssen, sondern aufrecht gehen dürfen. Erst von dem her, was uns geschenkt ist, kann formuliert werden, was aus diesem Geschenk der Liebe Gottes heraus zu tun ist.

Aus dieser Perspektive ist es die wichtige *Aufgabe des priesterlichen Amtes*, die Kirche nicht nur in ihrer Gegenwart zu stützen, sondern sie immer auch mit der Kirche der Vergangenheit in eine tragende und zugleich kritische Verbindung zu bringen, nämlich mit der Tradition der Kirche, mit ihrem Glauben, mit ihren wichtigsten Texten, vor allem mit der Bibel, und mit ihren Heiligen. Dass aber diese Erinnerung als Gnade erfahren wird, die dann das ermöglicht, was getan werden muss, dafür hat das priesterliche Amt genauso einzustehen wie dafür, dass Zuspruch und Anspruch der Botschaft, die uns aus der Vergangenheit her geschenkt ist, nicht den Wünschen einer Majorität oder Minorität zur beliebigen Veränderung ausgeliefert werden können. Man kann nicht darüber abstimmen, was in der Bibel stehen darf oder nicht. Sie ist uns »von außen« vorgegeben. Darauf beziehen sich die Kirche insgesamt – wie auch jede Präsenzform von Kirche – und der gläubige Mensch, um von Gottes Offenbarung her Erlösung, Befreiung und Hoffnung für das eigene Leben und Sterben zu gewinnen.

Seit mehr als dreißig Jahren gibt es in der deutschen Kirche in einer immer größeren Anzahl (allerdings mit unterschiedlicher Verteilung auf die Diözesen) *Laientheologen und -theologinnen*, die in den pastoralen Dienst gehen, zugleich gibt es nichtpriesterliche *Theologen und Theologinnen*, die in den verschiedenen Bereichen der Kirche (z.B. in Akademien oder in der Erwachsenenbildung) tätig sind. Es handelt sich um Laientheologen in dem Sinn, dass sie auf der Basis von Taufe und Firmung im Volk Gottes eine spezifische theologische Verantwortung übernehmen. Laien sind sie also gerade nicht im Bezug auf ihre theologische Kompetenz, sondern dahingehend, dass sie sich auf der Basis des Volkes Gottes (Laie kommt vom griechischen *laos* = Volk) verstehen. Sie sehen ihre Aufgabe vor allem darin, die Theologie des Volkes Gottes mit Hilfe ihrer eigenen theologischen Kompetenz zu stärken bzw. zwischen Kirche und Gesellschaft einen am Evangelium orientierten reflektierten Austausch zu ermöglichen bzw. zu provozieren.

In der pastoralen Arbeit ist es die *spezifische Verantwortung der Laientheologen und Laientheologinnen*, von ihrer theologischen Kompetenz her die jeweiligen Sozialformen der Kirche mit zu begleiten, allerdings nicht »über« die Köpfe hinweg, sondern als Dienst der Theologie an den Gläubigen, die von ihren eigenen Lebenssituationen her das Privileg gar nicht haben konnten, Theologie zu studieren. Es ist eine Theologie, die sich an die Seite der Gläubigen stellt, die vom Volk selbst lernen will, und zugleich von der Tradition her das Volk mit der Vergangenheit der Kirche verbindet. Damit geben sie der Theologie des Volkes Gestalt, bis hinein in den Aufbau entsprechender synodaler Strukturen. In der Pastoral übernehmen sie im weiteren Sinn vor allem die Verkündigungstätigkeit, insofern sie die Berufenen sind, das Evangelium mit dem Volk und für das Volk in Richtung auf die Verantwortung der Kirche nach innen und nach außen zu interpretieren.

Man darf allerdings nicht vergessen, dass es auf Grund der herrschenden Zulassungsbedingungen zum priesterlichen Amt so etwas wie »erzwungene« Laientheologen und Laientheologinnen gibt, die sich eigentlich, von ihrer Spiritualität und Tätigkeit (als letztlich leitende Ansprechpartner/innen in einer Gemeinde) zum Weiheamt berufen glauben. Hier liegen priesterliche Berufungen vor, die von Seiten der Kirche bislang leider nicht angemessen wahrgenommen werden. Die durch den Priestermangel nötig gewordenen Pfarreizusammenlegungen bzw. Seelsorgeeinheiten werden zum Gemeindemangel führen, also zur Auflösung der wohnortsbezogenen Gemeindegestalten, wenn die geistliche Gemeindeleitung nicht mehr vor Ort in einer überschaubaren Weise möglich sein wird.

Ottmar Fuchs

George Augustin/Günter Riße (Hg.), Die eine Sendung – in vielen Diensten, Paderborn 2003.

4.3 Gemeindeentwicklung

A ngesichts der Krise, in die Kirche mit ihrer geschichtlich gewordenen Gestalt und Wirkweise geraten ist, hat die Diskussion um den Stellenwert von Gemeinde stark zugenommen. Die Positionierung in dieser Frage ist kontrovers. Während bei den einen die Gemeinde, insbesondere die flächendeckende territoriale Pfarrstruktur, in den Zukunftsentwürfen keine Rolle mehr spielt, setzen die anderen auf Gemeinde als primäre Sozialgestalt für das Leben und Wirken der Christen im heutigen gesellschaftlichen Kontext. Wenn es auch in dieser Frage noch keine eindeutigen Lösungen gibt, so zeichnet sich doch eine deutliche Bewegung ab in der Frage, wie sich Kirche in Gegenwart und Zukunft für die Erfüllung ihrer Aufgaben organisieren muss. Und das ist gut so!

Christwerden und Christsein geht in der Regel nur in Gemeinschaft. Es vollzieht sich dort, wo Menschen selbst wohltuendes pastorales Wirken erfahren oder selbst praktizieren. Ein solches Wechselgeschehen setzt meistens Gemeinde voraus. Das Vermächtnis Jesu Christi, dass möglichst viele Menschen am Reichtum seines Evangeliums teilhaben sollen, ist den Gemeinden als eine Art »Erbengemeinschaft« aufgetragen. Einzelne wären damit weitgehend überfordert. Solche Gemeinden gibt es nicht aus sich selbst, nicht für sich selbst und nicht für alle Zeiten. *Gemeinden sind Werdegestalten.* Sie müssen gegründet und entsprechend ihrem Auftrag und ihrem Kontext entwickelt werden. Zum Kern dieses Auftrags gehören von alters her die so genannten *Grundfunktionen christlicher Gemeinde,* die so umschrieben werden können: Dafür sorgen, dass die Gemeinden durch ihre Gruppen, Projekte und Dienste die Heilstaten Gottes verkünden, seine liebende und befreiende Zuwendung erfahrbar machen und miteinander feiern.

Mit Menschen ihre Begabungen (Charismen) entdecken, sie mit anderen in Beziehung bringen (Gruppen, Teams bilden) und ihnen Orte und Aufgaben für ihr (pastorales) Mitwirken am Projekt Jesu Christi vermitteln, das ist eine der wichtigsten Dimensionen von Gemeindeentwicklung. Dabei geht es um zusammenführen, beteiligen, »auferbauen« (Paulus) und »ermächtigen«. Ob so etwas gelingt, hängt auch und nicht zuletzt von einer *dezentralisierten und vernetzten Strukturbildung* ab. Je mehr kleine und eigenverantwortliche Gruppen, Teams und Projekte eine Gemeinde hervorbringt und zu einem Ganzen vernetzt, desto mehr Gemeindemitglieder können sich mit ihren Charismen beteiligen und desto wahrscheinlicher ist es, dass sie sich mit Gemeinde und ihrem Auftrag identifizieren.

Die territorial und flächendeckend institutionalisierten Pfarreien sind wichtige geschichtlich gewachsene Gestalten von Kirche. Sie waren in der vergangenen geschichtlichen Epoche der »Normalfall« für das kirchliche Wirken. Heute wird deutlich, dass diese Sozialgestalt zwar nach wie vor Sinn macht, aber in vielerlei Hinsicht für die Erfüllung des kirchlichen Auftrags nicht mehr ausreicht. *Gemeinden und Gemeinschaften sind als Konkretionsformen für ein situationsgerechtes Leben und Wirken des »Volkes Gottes«* in der jeweiligen Gesellschaft notwendig. Sie konstituieren sich überall dort, wo zum Wohl der Menschen der Heilswille Gottes eine konkrete Gestalt annimmt: wo

Orte, Räume und Sozialformen zu pastoralen Orten, Räumen und Sozialformen werden. Solches Geschehen kann sowohl auf dem Territorium von Pfarreien als auch in besonders geprägten gesellschaftlichen Lebensräumen (z. B. in Ballungszentren) geschehen. Ein anderer Aspekt von Gemeindeentwicklung hat mit der besonderen Qualität von Christsein und Reich Gottes zu tun. Die Lebenslogik des Evangeliums verheißt den Menschen einen *Mehrwert für das Gelingen des Lebens* (Joh 10,10), d. h. einen Zugewinn an Lebensqualität. Die Teilhabe an diesem Mehrwert gelingt oft nur gegen bürgerlich-gesellschaftliche Moden und Trends. Das macht es jedoch erforderlich, dass sich die Anhänger des »neuen Weges« in Gemeinden sammeln, solidarisieren und organisieren.

Christliche Gemeinden haben es heute mit einem gesellschaftlichen Umfeld zu tun, das geprägt ist von einem ständigen und immer schneller werdenden Wandel und einer starken Wertrelativierung durch die zunehmend von Pluralität geprägten Lebensverhältnisse. In diesem Zusammenhang gehört die *Ausbildung klarer Wertoptionen* zur Entwicklung von Gemeinden. Sie kann es den Gemeindemitgliedern ermöglichen, inmitten von anders orientierten Verhältnissen eine christliche Identität auszubilden und Anwalt für eine christliche Wertorientierung zu sein.

Alle Bemühungen um Gemeindeentwicklung müssen auch auf eine *Balance von Sammlung und Sendung* aus sein. Einerseits ist Gemeinde notwendig, damit die Christen selbst am Lebensreichtum des Evangeliums und der Communio der Glaubenden teilhaben können (miteinander Leben und Glauben teilen), und andererseits, damit sie von solchen Erfahrungen Zeugnis geben und andere von diesem »guten Weg« zum Leben überzeugen können.

Alle bisherigen Überlegungen zur Gemeindeentwicklung machen deutlich, dass es in christlichen Gemeinden immer auch um eine qualitative Dimension geht, ohne die sie ihren ureigensten (pastoralen) Auftrag verfehlen würden. Gemeint ist damit die Sorge um eine *Kultur des Miteinanders und der Evangelisierung,* die den Zusammenhang von Leben und Glauben erfahrbar macht und das Anbrechen des Reiches Gottes im Hier und Jetzt begünstigt. Diese qualitative Di-

mension von Gemeinde hat den Charakter von »ermöglichenden«
oder »begünstigenden« Rahmenbedingungen, die man mit einem
Biotop vergleichen könnte. Das, was in und durch Gemeinde erfahrbar wird, ist einerseits Geschenk und andererseits auch Ergebnis
der Bemühungen um eine geistliche Kultivierung des menschlichen
Dazutuns. Gemeinde braucht Zeiten und Formen der Rückkoppe-
lung ihrer Gestalt und Wirkweise an den Geist des Evangeliums.
Das kann in regelmäßigen Auswertungsrunden als auch in größeren
Zeitabständen durch Phasen der geistlichen Erneuerung geschehen.
Beides ist notwendig, um Zustände der Routine, der Verflachung
oder der Erstarrung zu überwinden.

Eine Besonderheit im Werden von Gemeinden sind *Konflikte,*
Meinungsverschiedenheiten über die Ausrichtung und Praxis der
Gemeindearbeit. Störungen im Beziehungsgeflecht der Gruppen
und Gemeinschaften und zwischen diesen sind durchaus »normale«
Vorgänge in sozialen Prozessen, also auch in Kirchengemeinden.
Solche Phänomene werden in der Regel als unangenehm und zerstörerisch empfunden. Andererseits steckt in ihnen wertvolle Energie, die es positiv zu nützen gilt. So gesehen ist nicht der Konflikt an
sich tragisch, sondern in den meisten Fällen seine Verdrängung bzw.
der inkompetente Umgang damit.

Noch ein letzter Aspekt: Während das pastorale Wirken von Gemeinden Aufgabe und Kompetenz aller getauften und gefirmten
Christen ist, gehört die *Sorge um Gemeindeentwicklung eindeutig zur Lei-
tungsaufgabe.* Sie ist also eine – viel zu oft vernachlässigte – originäre
Aufgabe der Priester und der hauptberuflichen Dienste, die mit Aufgaben der Gemeindeleitung beauftragt sind.

Die bisherigen Überlegungen können den Eindruck erwecken,
dass Gemeindeentwicklung eine sehr komplexe Angelegenheit ist.
Das ist richtig! Gleichzeitig sollen diese Überlegungen aber auch
zeigen, dass es viele Möglichkeit gibt, den Prozess des Gemeinde-
werdens zu beginnen, anzuregen und zu beeinflussen. Insofern wollen sie auch eine Einladung sein, gemeindliche Entwicklungsprozes-
se zu erproben und in der Praxis voranzubringen.

Bruno Ernsperger

Bruno Ernsperger, Aufbruch braucht Gestaltung. Impulse für die Gemeindeentwicklung, Innsbruck/Wien/Mainz 1999; *Gregor von Fürstenberg/Norbert Nagler/Klaus Vellguth* (Hg.), Zukunftsfähige Gemeinde. Ein Werkbuch mit Impulsen aus den Jungen Kirchen, München 2003.

4.4 Gemeindeleitung

Eine Theologin, die im Kanton Bern seit Jahren mit viel Begeisterung eine Pfarrei »leitet«, also *faktisch* »Gemeindeleiterin« ist, berichtet aus ihrem Alltag: Es wird ein Todesfall gemeldet. Die Gemeindeleiterin nimmt Kontakt mit der Tochter der Verstorbenen auf, die aber erschüttert zurückfragt:»Halten Sie die Beerdigung?«»Ja, denn ich bin Ihre zuständige Seelsorgerin.« Dann schreit die Tochter ins Telefon:»Nein, ums Himmels willen keine Frau! Meine Mutter war nämlich eine gläubige Katholikin.« Andererseits erfährt die Gemeindeleiterin auch das Gegenteil:»Das haben Sie schön gesagt, Frau Pfarrer.« Sie spürt die Spannung ihres Dienstes: »Ich muss Aufgaben übernehmen, die eigentlich an das kirchliche Amt gebunden sind und dementsprechend die Weihe voraussetzen. Als Bezugsperson bin ich Vorsteherin einer Gemeinde und leite diese auch. Deshalb spende ich sinnvollerweise das Sakrament der Taufe und vollziehe die Assistenz bei der kirchlichen Trauung …«

Vor wenigen Jahrzehnten wären solche Aussagen einer katholischen Seelsorgerin unerhört gewesen. Denn in einem jahrhundertelangen Prozess hat sich der geweihte Priester als *Pfarrer* zum klassischen Gemeinde- bzw. Pfarreileiter herausgebildet. Das *Kirchenrecht* erklärt präzise:

»Der Pfarrer ist der eigene Hirte der ihm übertragenen Pfarrei; er nimmt die Seelsorge für die ihm anvertraute Gemeinschaft unter der Autorität des Diözesanbischofs wahr …, um für diese Gemeinschaft die Dienste des Lehrens, des Heiligens und des Leitens auszuüben, wobei auch andere Priester und Diakone mitwirken sowie

Laien nach Maßgabe des Rechts mithelfen.« (Kirchliches Rechtsbuch: *Codex iuris canonici*, Canon 519). Der kirchlich vorgegebene Rahmen steht fest. Aber damit fangen *die praktischen Probleme* erst an. Seit etwa drei Jahrzehnten macht auch in unseren Breitengraden der so genannte Priestermangel zu schaffen. Die Seelsorge und zunehmend auch die Gemeindeleitung konnten vielfach nicht mehr im Sinne des Kirchenrechts und auf den herkömmlichen Wegen des bisherigen Pfarreilebens wahrgenommen werden. Immer mehr Katecheten und Katechetinnen bzw. Laien als Theologinnen und Theologen sprangen in die Bresche. Ohne deren vielseitiges Wirken in den Bereichen der Verkündigung, des sakramentalen und gottesdienstlichen Lebens, der Caritas und des seelsorgerlichen Dienstes in den Pfarreien sowie in der Spezialseelsorge wie z.b. in den Krankenhäusern, in der Erwachsenenbildung, an Schulen oder im Strafvollzug usw. könnte die Kirche ihrem Dienst in unserer Gesellschaft gar nicht mehr nachkommen. Inzwischen ist der Priestermangel zu einem Pfarrer-Mangel geworden.

Vor diesem Hintergrund haben immer mehr Diakone sowie Seelsorger und Seelsorgerinnen die Aufgaben der Gemeindeleitung anstelle des am Ort fehlenden Pfarrers übernommen. Sie tun dies in Zusammenarbeit mit einem zugeordneten Priester, der für die gottesdienstlichen Belange verantwortlich ist. Allerdings besteht die Gefahr, dass die Priester in wachsendem Maße für immer größer werdende Sprengel zuständig werden. Im Sinne einer unmittelbaren Seelsorge bei und mit den Menschen und einer menschlich überschaubaren Pfarrei bzw. Gemeinde sind solche *Notlösungen* keine langfristig sinnvollen Wege. Die Kirche befindet sucht nach gangbaren Lösungen, die theologisch möglich und praktisch bzw. seelsorglich nötig sind. Zuerst begann man, mit Pfarr-Verbänden die Seelsorge für mehrere Pfarreien differenzierter abzustimmen und zu konzentrieren. Es bildeten sich neue seelsorgliche Berufe heraus. Stichwort wurde in der Folge *kooperative Seelsorge*, die aufgabenmäßig, gebietsmäßig bzw. territorial und auf Schwerpunkte ausgerichtet die Zusammenarbeit der Seelsorger und Seelsorgerinnen über die einzelne Pfarrei hinaus forderten und förderten. Inzwischen spricht man vom Konzept der pastoralen Räume, die von einem Team mit einem Priester als Leiter betreut werden. Im Verlaufe dieser Entwicklungsschritte machte und macht die Kirche ganz neue Erfahrungen und Entdeckungen. Ähnlich wie im gesellschaftlichen Umfeld spezifizierten sich auch die kirchlichen und seelsorglichen Berufe und das ehrenamtliche Engagement. Der Gedanke des Zweiten Vatikanischen Konzils (1962-1965) von der Kirche als Volk Gottes und als Sakrament des Heils in der Welt öffnete das kirchliche Leben und die Pfarreien für die Belange der Menschen und des gesellschaftlichen Umfeldes und regte das Engagement der Laien und das gemeindliche Leben an.

Vor allem wurden nebst dem Klerus viele Frauen und Männer in katechetischen, theologischen, seelsorglichen sowie in karitativen Aufgabenbereichen der Kirche professionell tätig. Es änderte sich das Bild von einer auf den Klerus eingeengten Sicht der Kirche auf das Verständnis einer schwesterlichen und brüderlichen Gemeinschaft, in der die Begabungen und Berufungen der einzelnen Christen und Christinnen als Bereicherung und als Charismen verstanden wurden. Das kirchliche Amt steht im Dienst der Einheit dieser gewachsenen Vielfalt und der Ursprungstreue gegenüber der biblischen Botschaft.

Da die geschichtlich gewachsenen kirchlichen Rahmenbedingungen dafür zu eng geworden sind, sind Themen wie Mitverantwortung und Partnerschaft in der Kirche *drängende Fragen, die auf strukturelle Lösungen warten.* Im Blick auf die Gemeindeleitung reiben sich alle Lösungsversuche an den gesamtkirchlichen Rahmenbedingungen wie z. B. die Verpflichtung zum Zölibat für die Priester und der Ausschluss der Frauen von der Weihe zum priesterlichen Dienst. Immerhin geht es um den Zusammenhalt der Gemeinden und um den ganzen Reichtum der Sakramente und des gottesdienstlichen Feierns. Diese Fragen werden zur Zeit offiziell eher abgewehrt statt konstruktiv einer Lösung zugeführt. Darin liegt ohne Zweifel eine belastende Herausforderung, die allerdings nicht vergessen lassen sollte, dass der Kirche heute wohl so viele Berufungen geschenkt sind wie selten zuvor. Die eingangs erwähnte Gemeindeleiterin sagt über ihre Berufung: »Ich liebe meinen Beruf. Könnte ich nochmals wählen, ich würde wieder an die Uni gehen, Theologie studieren und Seelsorgerin werden.«

Leo Karrer

Themenheft: Zukunft der Gemeindeleitung, Diakonia 32 (2001), H. 1.

4.5 Predigt

Die Predigt ist – wie die Katechese – eine bis in die Anfänge des Christentums hinabreichende Form der Verkündigung. Beide versuchen das Leben im Licht der Hoffnung zu deuten, die wir mit dem Namen Jesu verbinden. Dieses Ziel verfolgen sie jedoch auf unterschiedliche Weise und an verschiedenen Orten gemeindlichen Lebens.

Die *Predigt* hat ihren Ort im ersten Teil der Eucharistiefeier, dem Wortgottesdienst; sie sucht die biblischen Texte, die dort als Lesungen vorgetragen werden, für das Leben der mitfeiernden Menschen aufzuschließen. Die sind gekommen, um Ruhe zu finden, ihr Leben im Licht des Wortes Gottes anzuschauen und mit neuer Zuversicht wieder aufzubrechen. Christlicher Gottesdienst ist die »Feier des Lebens *inmitten* der Bedrängnis« (HENRI J. M. NOUWEN). Sie unterbricht – der jüdischen Sabbatregel folgend – die Zwänge zur Organisation und Bewältigung des Alltags und schafft einen Freiraum, in dem wir zur Ruhe kommen, durchatmen, Distanz gewinnen zu dem, was uns »bedrängt« und neu in den Blick nehmen, was das Leben selbst ist, wem es sich verdankt und warum es lohnt. Diesen Überstieg aus dem sorgenden, organisierenden Umgang mit der Welt zu einer Haltung des Horchens auf den verborgenen Grund und den Sinn des Lebens will die Predigt anstoßen. Sie will uns die Augen öffnen für etwas, das wir im Drang der Alltagsgeschäfte übersehen, weil wir uns zu sehr auf die Oberfläche der Dinge konzentrieren müssen. Darum entfaltet sie die Bilder und Worte der Heiligen

Schrift, die uns mitunter schon im ersten Hören der vorgetragenen Bibeltexte angerührt haben und die, wie Augustinus sich ausdrückt, an Leuchtkraft und Gewicht gewinnen, wenn man sie eine Weile wie eine Silbermünze in der offenen Hand halten und betrachten darf. Wegen ihrer stillen Eindringlichkeit bezeichnete man in der Alten Kirche die Predigt im Gottesdienst als *Homilie*, und diesen Namen hat das Konzil wieder aufgegriffen, denn er bedeutet: familiär, geschwisterlich, freundschaftlich miteinander umgehen. Die Predigt ist von Haus aus eine intime, vertraute Form des Umgangs mit dem Wort Gottes und miteinander, und wir können glücklich sein, dass wir durch die nachkonziliare Ausstattung unserer Kirchen mit dem Lesepult und der Lautsprecheranlage von dem Getöse Abschied nehmen konnten, das Jahrhunderte lang zur Predigt zu gehören schien und erheblich zu dem autoritären Gehabe des »Kanzelredners« beisteuerte, das noch in alltagssprachlichen Wendungen wie »anpredigen, abkanzeln, die Leviten lesen« nachklingt.

Dieser Predigtstil von oben herab hängt mit der Entwicklung der Predigt im Übergang zum Frühmittelalter zusammen. Weil die altkirchliche Katechese nach der Konstantinischen Wende (im 4. Jahrhundert) den Massen der Taufwilligen nicht mehr gewachsen war und die Erwachsenentaufe mehr und mehr von der Kindertaufe abgelöst wurde, glaubte man die Katechese in den Gottesdienst verlegen zu sollen. An die Stelle der Auslegung der Heiligen Schrift tritt seit dem Frühmittelalter die Darlegung der wichtigsten »Glaubenswahrheiten« und »Gebote«. Die Predigerorden, die sich der verheerenden Unwissenheit im Volk Gottes annehmen, importieren ihre Predigtkanzeln von den Marktplätzen in die Kirchen, die Predigt verliert ihre Beziehung zur Liturgie; sie wird zum Fremdkörper im katholischen Gottesdienst und vielerorts der Einfachheit halber zwischen den Gottesdiensten platziert. Inhaltlich verengt sie sich in der Reformationszeit mehr und mehr auf die polemische Abgrenzung des »wahren Glaubens« von dem der »Andersgläubigen«. Erst die elementaren politischen und kulturellen Umbrüche des vergangenen Jahrhunderts führen die zerstrittene Christenheit wieder zur Besinnung auf ihren eigentlichen und gemeinsamen Auftrag: Sie hat sich nicht als Durchsetzungsmacht eines fernen himmlischen Auftraggebers in dieser bösen Welt zu verstehen, sondern – nach dem Maßstab, den das Evangelium Jesu setzt – als Sauerteig (Mt 13,33) und Salz der Erde (Mt 5,13), als eine dienende und arme Kirche (JOHANNES XXIII.), die entschieden ihren Ort in der Welt von heute akzeptiert (Pastoralkonstitution des Konzils GAUDIUM ET SPES).

Am Maßstab Jesu gemessen besteht die *Kunst der Predigt* nicht in Durchsetzungsfähigkeit der Prediger/innen oder der Faszination ihrer rhetorischen Kaskaden, sondern in der schlichten, eindringlichen, liebevollen, auch konfrontierenden Sprache seiner Gleichnisse, Weisheitsworte und kritischen Anstöße umzudenken und umzukehren. Sie sind immer auf die konkrete Situation seiner Zuhörer bezogen. So muss auch die Predigt die Erwartungshaltung, die die Menschen in den Gottesdienst geführt und sich schon seit dem Eingangslied weiter aufgebaut hat, erspüren und aufgreifen, um sie weiter zu öffnen für das,»was wir verkünden: was kein Auge gesehen und kein Ohr gehört hat, was keinem Menschen in den Sinn gekommen ist – was Gott denen bereitet hat, die ihn lieben« (1 Kor 2,9).

Diese Kunst kann man nur erlernen, wenn man sich als Prediger oder Predigerin selber auf den Gottesdienst freut und sich von ihm auch für sich etwas erhofft, das man sich nicht selber geben kann. So kann GREGOR DER GROSSE († 604) in der Einleitung zu seinen Ezechielpredigten sagen:»Ich habe nämlich die Erfahrung gemacht, dass ich vieles in der Heiligen Schrift, das ich allein nicht zu begreifen vermochte, vor meinen Brüdern stehend verstanden habe. Aufgrund dieser Entdeckung habe ich mich bemüht zu verstehen, wem ich mein Verstehen verdanke. Offensichtlich wird es mir für die geschenkt, in deren Gegenwart es mir geschenkt wird. Mit Gottes Hilfe ergibt sich so, dass (beim Sprechen über die Heilige Schrift) gleichermaßen die Wahrnehmungsfähigkeit wächst und das Gefälle abnimmt, weil ich durch euch lerne, was ich vor euch lehre. Denn – ich rede die Wahrheit – oft höre ich mit euch zusammen, was ich sage. Was immer ich also bei diesem Propheten weniger gut verstehe, kommt von meiner Blindheit her; was ich aber richtig zu verstehen vermag, rührt von eurer ehrfürchtigen Aufgeschlossenheit her, und die ist ein Geschenk Gottes.« Zu Gregors Überraschung geht, während er predigt, die Ausarbeitung noch weiter; er lernt, während er lehrt, und kann diese verblüffende Erfahrung nur als etwas deuten,»was Gott denen bereitet, die ihn lieben«.

Rolf Zerfaß

Ursula Roth / Heinz-Günther Schöttler / Gerhard Ulrich (Hg.), Sonntäglich. Zugänge zum Verständnis von Sonntag, Sonntagskultur und Sonntagspredigt, München 2003.

4.6 Katechese

Die *Katechese* unterscheidet sich in der Frühzeit der Kirche von der Predigt darin, dass sie sich unmittelbar den Fragen widmet, die Menschen aus dem heidnischen Umfeld der Gemeinden am christlichen Lebensmodell faszinieren, sodass sie getauft werden wollen. Den Ausgangspunkt der Katechese bildet also nicht, wie bei der Predigt, die Heilige Schrift, sondern das Leben, die Sehnsüchte und Fragen, die es aufwirft: Was lohnt und was führt in die Irre? Was macht frei und was macht abhängig? Worauf ist Verlass, was und wer vermag Hoffnung zu stiften? Darum sucht die Katechese Räume auf, in denen man diskutieren kann. Ihr geht es in Anerkennung des Lebensweges und der Erfahrungen, die jede/r Suchende mit sich bringt, um den Abbau von Vorbehalten und Hindernissen auf dem Weg des Glaubens. Die Katechese hat darauf zu achten, ob der Lebensentwurf des Glaubens den Leuten plausibel, stimmig und lebbar erscheint unter den konkreten politischen, wirtschaftlichen und kulturellen Bedingungen, unter denen sie leben, an ihrem Ort und in ihrem Alltag. Sie sucht im *Dialog* nach dem nächsten gangbaren Schritt, d.h. auch allen Vorbehalten und Anfragen Raum zu geben, die sich aufgrund der Vorgeschichte der Einzelnen ergeben sowie aufgrund des kulturellen und gesellschaftlichen Großklimas, aus dem sie kommen.

So hat sich in der Alten Kirche eine dreijährige Einübungsphase eingespielt, das *Katechumenat*, bei dem Laienchristen als Wegbegleiter (»Paten«) eine zentrale Rolle spielen, weil sie den Taufbewerbern zu entdecken helfen, wie sich der Alltag im Horizont der Hoffnung weitet. In dieser Zeit nehmen die Katechumenen auch schon am Wortgottesdienst teil, bis sie im dritten Jahr in der Osternacht getauft und zur Eucharistie zugelassen werden. Dass ihnen erst nach dieser Erfahrung – also erst in der Osterwoche – vom Bischof diese beiden zentralen »Geheimnisse des Glaubens« gedeutet werden, beleuchtet die Tiefenstruktur christlicher Katechese: Ihr geht es nicht primär um Vermittlung »religiöser Wahrheiten« im Sinne spezieller Wissensbestände, sondern um die Erschließung des Geheimnisses Gottes am Grund unserer Existenz (KARL RAHNER) und die Einladung, den eigenen Lebensweg im Licht der Geschichte Gottes mit uns Menschen als Berufung zu begreifen.

Die Vielfalt der Manifestationen Gottes in der Geschichte der Menschheit wie in der Biografie des einzelnen Menschen zu entdekken und gemeinsam nach einem Lebensstil zu suchen, der Gottes Wohlwollen hier und jetzt auch für andere Menschen aufleuchten lässt, verlangt Achtsamkeit – nicht nur in der Wahl der Worte, sondern auch in der Aufmerksamkeit füreinander: »Wenn sich nämlich unsere Hörer davon betreffen lassen, dass wir sprechen, und wir uns berühren lassen davon, dass sie uns zuhören, wohnen wir gewissermaßen ineinander. Und so kommt es, dass sie, was sie hören, gewissermaßen in uns sprechen und wir auf geheimnisvolle Weise in ihnen lernen, was wir lehren.« (AUGUSTINUS † 430).

Katechese und Predigt sind zwei verschiedene, aus dem Glauben heraus entwickelte Formen des Umgangs mit dem Wort Gottes. Sie brauchen einander und beleben einander, können sich sogar phasenweise durchdringen. Die Katechese lebt vom Gespräch, von Rede und Gegenrede, von der frischen Auseinandersetzung um das, was wahr, verantwortbar und lebensförderlich ist; sie regt dazu an, gemeinsam nach Wegen zu suchen, wie sich aus der Kraft des Glaubens die individuellen und gesellschaftlichen Rahmenbedingungen förderlich verändern lassen. Aber ebenso braucht sie, wenn das Ge-

spräch über den Glauben Tiefe gewinnen soll, Phasen des Lau-
schens, die nicht gleich durch Gegenargumente irritiert und entwertet werden. Umgekehrt ist es im Gottesdienst außerordentlich hilfreich, wenn die Predigt auch Einwände und Gegenperspektiven anzusprechen versteht, die sich beim Zuhören einstellen und ein tieferes Verstehen blockieren, wenn der Eindruck entsteht, der Prediger
nähme sie nicht ernst oder versuche, sie zu überspielen.

Beide *Formen der Glaubensvermittlung* haben im Gang der Geschichte Schaden genommen. Als die Katechese sich in die Predigt ver-
irrte, ging der Glaubensdialog in den Gemeinden, also an der Basis
der Kirche verloren. Die entlang des Kirchenjahres abgehandelten
»Glaubenswahrheiten« verflachten zusätzlich durch die konfessio-
nelle Zuspitzung. Erst zu Beginn der Neuzeit wird in beiden Kirchen die Bedeutung auch der Einführung in den Glauben durch
eine sorgfältige Kinder- und Jugendkatechese bewusst, aber mit Einführung der Schulpflicht wird sie auch wieder aus den Gemeinden
ausgelagert. Erst auf der Grundlage der Beschlüsse des Zweiten Vatikanischen Konzils und nach Maßgabe der kontinentalen und nationalen Pastoralsynoden rückt ins Zentrum der sonntäglichen Liturgie wieder die Auslegung der Heiligen Schriften. Die Katechese
findet wieder ihren Ort in den Gemeinden und kirchlichen Gemeinschaften: als Hinführung zu den Sakramenten der Taufe, Erstkommunion, Firmung und Eheschließung, als Glaubensgespräch, als
Angebot für Jugendliche, junge Familien und alte Menschen, als
Einführung in Spiritualität und Meditation, im Rahmen der Fort-
bildung pastoraler Mitarbeiterinnen und Mitarbeiter usw. Der weiterhin von den Kirchen verantwortete schulische *Religionsunterricht*
versteht sich nicht länger als Einführung in Glauben und Kirche im
engeren Sinn, sondern umfassender als Hilfe zur Menschwerdung
aller Schüler.

So wird wieder deutlich, was Katechese *und* Predigt im Kern ausmacht: Es sind Formen der Verständigung unter Christen über ihren Weg. Sie haben den Charakter der Rast, konzentrieren sich auf
das, was ansteht – zwischen gestern und morgen. Wie eine Landkar-
te bieten sich dazu die »Ur-Kunden« des Glaubens (seine beiden

biblischen »Testamente«, d.h. Vermächtnisse) an: Mit ihrer Hilfe vermögen wir zu deuten, was wir sehen, wenn wir uns umschauen, und zu prüfen, wo und wie es mit uns weitergehen könnte. Dann ist der Weg unter unseren Füßen ein Weg, den wir mit Zuversicht weitergehen dürfen. Er ist unser Streckenstück auf dem langen Weg des Volkes Gottes, der mit dem Aufbruch Abrahams beginnt. Er führt durch die Wüste ins Land der Verheißung, aber auch ins Exil, in die Zerstreuung unter die Heiden – damals und vielleicht auch heute wieder. Es ist der Weg, auf den Jesus sich stellt. Er nennt sich im Johannesevangelium selber den »Weg« (Joh 14,6). Er lädt uns ein, hinter ihm her zu gehen (Joh 10,27) und denen, die unsern Weg kreuzen, zu sagen: »Du hast mehr Möglichkeiten als du ahnst – ganz zu schweigen von den ungeahnten Möglichkeiten Gottes mit dir!«

Rolf Zerfass

Gottfried Bitter/ Rudolf Englert/ Gabriele Miller/ Karl Ernst Nipkow (Hg.), Neues Handbuch religionspädagogischer Grundbegriffe, München 2002, 304-404.

4.7 Liturgie

Die Liturgie nimmt unter den verschiedenen Bereichen des Wirkens der Kirche eine herausragende Stellung ein. In ihr wird das Wort Gottes verkündet und der Glaube gefeiert; in ihr begegnen die Menschen Christus im Wort und Sakrament und erlebt sich Kirche als die universale Gemeinschaft der Gläubigen. Aus der Liturgie heraus wird das christliche Leben als ganzes aufgebaut und gestärkt. Worum geht es aber genauer, wenn wir von *Liturgie* sprechen?

Die Liturgie der Kirche, wie wir sie als Katholiken meistens in Gestalt des römischen Ritus erleben, ist das Ergebnis eines geschichtlichen Wachstumsprozesses, an dem vielfältige Kräfte mitgewirkt haben. Ausdruck dessen sind unter anderem die Liturgiefamilien des Ostens und Westens.

In der katholischen Kirche ist das liturgische Leben heute geprägt von der umfassenden *Liturgiereform*, die auf Weisung des Zweiten Vatikanischen Konzils (1962-1965) schrittweise überwiegend in den sechziger und siebziger Jahren vollzogen wurde. Der Übergang zur Muttersprache, die Möglichkeiten einer verstärkten Teilnahme und die Einführung neuer liturgischer Dienste waren für die meisten Gläubigen die auffälligsten Elemente. Wichtiger als die Erneuerung der Formen war den Konzilsvätern aber die theologische und geistliche Vertiefung der Liturgie. Insofern dieser Bestandteil der Reform nach wie vor von brennender Aktualität ist, kann die Liturgiereform auch vier Jahrzehnte nach dem Konzil nicht als abgeschlossen gelten. Vielmehr ist sie ein offener geistlicher Prozess im Austausch von Universalkirche und Teilkirchen, in den alle Getauften einbezogen sind.

Liturgie, im Deutschen auch mit dem treffenden Begriff »Gottesdienst« bezeichnet, umfasst viele verschiedene *Formen*. Sie reichen von Taufe und Eucharistiefeier und den anderen Sakramentenfeiern (Firmung, Buße, Krankensalbung, Trauung und Weihen zum Bischof, Priester und Diakon) über Segnungen und Weihen von Personen und Sachen, die Feiern besonderer Indienstnahme von Gläubigen und das Begräbnis bis hin zum Stundengebet (Tagzeitenliturgie) oder zum Wortgottesdienst. Einfachere Feierformen finden sich in Andachten und Prozessionen; sie haben in den letzten Jahrzehnten teilweise an Bedeutung verloren. Dafür sind aus einer pastoralen Grundhaltung heraus neue Gottesdienstformen entstanden, die bestimmten Gruppen entgegenkommen oder geistliche Entwicklungen aufgreifen. Nur wer diese Fülle des gottesdienstlichen Lebens im Blick hat, vermag die Liturgie der Kirche richtig zu erfassen. Was aber feiern die Christen in der Liturgie? Von den theologischen Begründungen seien einige wichtigere Aspekte hervorgehoben.

Liturgie ist *Dialog zwischen Gott und den Menschen*. Was die biblische Geschichte seit der Schöpfung aufzeigt, was der Psalmbeter des Alten Testaments in den unterschiedlichsten Situationen in immer neue Worte fasst, gilt in ähnlicher Weise für die christliche Liturgie: Gott wendet sich den Menschen zu, gibt ihnen Leben, Lebensraum und Freiheit, schenkt ihnen Vergebung und Hoffnung, und die Menschen antworten darauf mit Dank und Lobpreis, aber auch mit dem »Gottesdienst des Alltags«. Dieselbe Struktur findet sich in der Liturgie zum Beispiel in der Verkündigung oder bei der Feier der Sakramente. Auch hier ist es zunächst Gott, der sich den Menschen gegenüber als Liebender, Schenkender oder Lehrender erweist; darauf geben die Menschen gläubig bekennend Antwort mit Gesang und Gebet, mit Lob und Preis, mit einer Lebensform, die der Gabe Gottes und dem daraus erwachsenden Anspruch entspricht.

Alles liturgische Handeln ist *Gedächtnisfeier des Pascha-Mysteriums Jesu Christi*. Mit diesem Begriff werden die zentralen Momente des Lebens und Sterbens, der Auferstehung und Verherrlichung Christi umschrieben. Dieses Pascha-Mysterium, das im einmaligen und unwiederholbaren Christus-Geschehen gründet, wird in der Liturgie stets von neuem inmitten der Kirche Gegenwart. Kraft des Wortes und des Zeichens geschieht durch das Wirken des Heiligen Geistes nachösterlich diese »Aktualisierung« und die Gläubigen aller Zeiten bekommen Teilhabe an diesem rettenden Handeln Gottes an den Menschen. Die liturgischen Texte, Gesänge und Riten sprechen auf verschiedene Weise davon. Am dichtesten wird das Pascha-Mysterium in Taufe und Eucharistiefeier vollzogen, im Laufe des Kirchenjahres am intensivsten in der dreitägigen Osterfeier; darüber hinaus haben alle liturgischen Feiern im Pascha-Mysterium ihren eigentlichen Sinn. Dabei geht es nicht nur um liturgische »Inszenierung«, vielmehr soll das Pascha-Mysterium im engen Zusammenhang von Liturgie und christlichem Leben weit über den Gottesdienst hinaus die menschliche Existenz durchformen.

In der Liturgie *verwirklicht sich die Kirche* in besonderer Weise. Sie stellt sich nach innen und nach außen als eine vielfältige und strukturierte *Traditionsgemeinschaft im Glauben* dar, die die Begabungen und Charismen ihrer Glieder zu verbinden weiß. Sie erfüllt den Stiftungsauftrag Jesu Christi an seine Jünger, der überzeitlich gültig bleibt. Liturgie ist demnach in besonderem Maße ein integratives

Geschehen, das die Menschen zeitübergreifend verbindet, sie je im Heute zusammenführt und als Volk Gottes auf dem Weg der Vollendung entgegenführt. Alle Gläubigen sind aufgrund der Taufe (und Firmung) dazu berufen, voll, bewusst, tätig und geistlich fruchtbringend an der Liturgie teilzunehmen (*participatio actuosa*, Teilnahme). Vor jeder Unterscheidung nach Diensten und Ämtern, derer die Kirche und ihre Liturgie bedürfen, steht die *Gemeinsamkeit des Dienstes*, die in der Taufe gründet.

Liturgie als nachösterliches Handeln der Kirche geschieht immer *im Heiligen Geist durch Christus, mit ihm und in ihm*. So wie alles Leben der Kirche nur kraft des Wirkens des Geistes Gottes möglich ist, so gilt dies in besonderer Weise für die Liturgie; in ihr wird Gott immer wieder angerufen, seinen Wirklichkeit verändernden Geist herabzusenden. Ebenfalls ereignet sich Liturgie im Zueinander und Miteinander von Christus und seiner Gemeinde. Wenn wir in diesem Zusammenhang nach dem Träger des liturgischen Handelns fragen, so ist dies selbstverständlich zunächst die feiernde Gemeinde einschließlich ihrer Ämter und Dienste. Weiterhin ist jede Gemeinde Teil der Kirche als ganzer und in diese eingebunden; deshalb ist immer auch die *ganze* Kirche, der mystische Leib Christi, Trägerin der konkreten Feier. Das kommt etwa im Eucharistischen Hochgebet zum Ausdruck, wenn von der »Gemeinschaft mit der ganzen Kirche« gesprochen und diese zeit- und raumübergreifende Dimension durch die Nennung ihrer Vorsteher, insbesondere des Papstes und der Bischöfe, präsent gemacht wird. Schließlich aber ist es Christus selbst, der in der Liturgie handelt; er ist ihr erstes »Subjekt«. Er ist in jeder gottesdienstlichen Versammlung der Gläubigen, die sich ausdrücklich auf ihn beruft, auf verschiedene Weise gegenwärtig. Er selbst spricht in der biblischen Verkündigung zu seinem Volk; er selbst wirkt, wie es das Konzil am Beispiel der Taufe verdeutlicht, so dass, »wenn immer einer tauft, Christus selber tauft« (SC 7). Durch ihn als Mittler wendet sich die Kirche an Gott den Vater; mit ihm, der das Haupt seines Leibes ist (vgl. Kol 1,18), und unter ihm als dem eigentlichen Vorsitzenden kann die Kirche in der Liturgie Gott die Ehre erweisen; in ihm, in der innigen Christusgemeinschaft sind alle Gläubigen seit der Taufe dazu gerufen, am göttlichen Leben teilzuhaben, jetzt noch in »rätselhaften Umrissen«, dereinst aber in der Erkenntnis Gottes von Angesicht zu Angesicht (vgl. 1 Kor 13,12).

Liturgie: ohne Zweifel intensivste Begegnung von Gott und Mensch, Ort und Zeit der wirkenden Gegenwart Jesu Christi selbst, Mitte des Lebens der Kirche in dieser Welt, Quelle und Höhepunkt der Existenz aller Getauften. Diesen hohen Anspruch in der Spannung von Raum und Zeit, von Menschlichem und Göttlichem je neu zu verwirklichen bleibt eine Herausforderung für das Volk Gottes und für jeden einzelnen Christen zeit seines Lebens.

Martin Klöckener

Reinhard Meßner, Einführung in die Liturgiewissenschaft, Paderborn 2001; *Martin Klöckener/Eduard Nagel/Hans-Gerd Wirtz* (Hg.), Gottes Volk feiert ... Anspruch und Wirklichkeit gegenwärtiger Liturgie, Trier 2002; *Martin Stuflesser/Stephan Winter*, Wo zwei oder drei versammelt sind. Was ist Liturgie?, Regensburg 2004.

4.8 Seelsorge und Diakonie

Vor wenigen Jahrzehnten sah es aus, als würde das Wort *Seelsorge* verschwinden. *Seele* klang altertümlich, die Wissenschaften vom Menschen hatten sie schon lange als ebenso unbeweisbare wie entbehrliche Unterstellung verabschiedet; und *Sorge* mutete moralisierend und gängelnd an. Schrecklich viele Erfahrungen der Bevormundung verbinden sich auch mit Seelsorge. Obendrein scheint schon das Wort jene Geringschätzung des Leibes zu bekunden, die die Geschichte der Seelsorge so tief bestimmt hat.

Alternativen wurden erwogen: Heils- oder Menschensorge, Lebens- und Glaubensberatung bzw. -begleitung. Wirklich durchgesetzt hat sich keine. Wer sich heute umschaut, stellt fest, dass die

Seelsorge teils immer noch, teils wieder da ist: Ob Klinik- oder Not-
fallseelsorge, ob Schul- oder Internetseelsorge, unbefangen ist von
Seelsorge die Rede. Es mag auch hier zutreffen, was für Marken-
namen im Handel gilt: Alte, eingeführte Namen lassen sich nur
schwer ersetzen. Aber dem Namen *Seelsorge* scheint auch schon
selbst etwas »Seelsorgliches« anzuhaften. Er trifft ein Bedürfnis,
spricht etwas an, das gesucht wird – zumal in gesellschaftlichen
Kontexten, die oft seelenlos sind und in denen Menschen nicht anders können, als sie selbst zu sein, und doch ihre liebe Müh damit
haben.

Ich will nicht nur daraufhin angesehen werden, was ich leiste. Ich
muss doch mehr sein, als was sich als geldwerter Vorteil oder sozialer Mehrwert darstellen lässt. Ich kann nicht wirklich leben, wenn
ich immer nur »draußen« bin, geschmeidig auf alles reagierend,
schnell, immer schneller mich um- und einstellend auf die wechselnden Anforderungen. Und wer bin ich, wenn ich scheitere, wenn ich
verlassen werde, wenn ich den Standards nicht entspreche? Wer bin
ich, da ich bin wie das Gras, das am Morgen grünt und blüht, aber
schon am Abend geschnitten wird und welkt?

Es ist eben doch das alte Wort *Seele*, an dem diese Fragen immer
wieder andocken. Denn Seele heißt, was meinem Leben von innen
her Gestalt gibt, ohne welches auch Widerstand und Kampf unmög-
lich sind. Wer Seele sagt, spricht den Menschen auf das hin an, was
in den Brüchen und Zusammenbrüchen bleibt und worin die Stücke
und Episoden aufgehoben sind. Seele billigt dem Menschen Inner-
lichkeit und Tiefe zu. In der Vorstellung und im Gedanken der Seele
denkt der Mensch groß von sich.

Seelsorge ist in der Tat ein unverzichtbares Stich- und Merkwort
für das kirchliche Handeln und im Leben von Christinnen und
Christen. Sie stünden nicht länger in der Jüngerschaft Jesu Christi,
wenn diese wahrhaft menschlichen Fragen in ihren eigenen Herzen
keinen Widerhall mehr fänden. Das Evangelium würde unterboten,
wenn das Bewusstsein davon schwände, dass dem Menschen nur
gerecht wird, wer ihm Bestand und Gewicht zubilligt – über alle,
immer auch leiblichen Begrenzungen hinweg.

So ist es kein Zufall, dass das Wort *Seelsorge* von der antiken Philosophie her Eingang gefunden hat in die Sprache der christlichen Gemeinde. Wie es nicht verwunderlich ist, dass dasjenige, was Menschen in ihr in besonderer Weise suchen und woran sie diese messen, Seelsorge ist: Aufnahme, Begegnung, in der Menschen etwas zugetraut und ihnen ein Leben zugesprochen wird, das in ihnen selbst seinen Ursprung hat. Trotzdem, als die Gemeinde das Wort Seelsorge in ihre Sprache aufnahm, hat sie seinen Sinn zugleich kritisch verändert; und gegenwärtig geht es nochmals darum, seinen Sinn kritisch zu erneuern.

Denn das Evangelium – sowohl des Ersten oder Alten wie des Neuen Testamentes – entdeckt dem Menschen, dass Seele nicht etwas ist, das er *hat*. Die Seele, die er hat und zu besitzen meint, verliert er. Seele ist, *dass* Gott die Berufung des Menschen zum Leben nicht zurücknimmt, seine Bereitschaft zu verzeihen grenzenlos ist und er auch in Zukunft noch retten wird. Seele ist, *dass* Gottes Versprechen im Menschen die Antwort des Glaubens und Vertrauens finden und aus diesem Glauben Hoffnung erwächst. Die Seele von Christinnen und Christen ist das Geschenk, auf Gottes rettende Tat hoffen zu können.

Wenn Seelsorge früher alles kirchliche Handeln bezeichnen konnte, dann hatte dies also durchaus seinen guten Sinn. Allerdings sind alle Getauften zur Seelsorge bestellt, wie es schon vor zweihundert Jahren JOHANN MICHAEL SAILER betont hat: »Jeder sey sein Selbst-Seelsorger! Jeder sey des andern Seelsorger! Jeder Geistliche sey Seelensorger in seinem Kreise!« Auch sind die Situationen der Seelsorge so vielfältig wie die Situationen menschlichen Lebens und ihre Formen so mannigfaltig, wie sie die Menschen mit ihrem Wissen und Können, mit Einfallsreichtum und Sensibilität hervorbringen. Eines jedoch ist Seelsorge stets: *Kommunikation der Hoffnung.* Die Sorge gilt in der Seelsorge immer der Vermittlung von Beweggründen des Lebens und der Hoffnung.

Wenn heute mit einer gewissen Unbefangenheit wieder von Seelsorge gesprochen wird, dann geschieht dies allerdings auch mit einem neuen, zumindest mit einem zunehmend sich wandelnden Bewusstsein. Wiederkehr der Seelsorge ist zugleich »Rückkehr in die Diakonie« (ALFRED DELP). Zum vertrauten, aber nicht biblischen Wort *Seelsorge* gesellt sich die biblische, aber lange fremd gebliebene Bezeichnung für den Dienst, und zwar zuerst für den Dienst bei Tisch: *Diakonie* meint im Ursprung das Aufwarten bei Tisch, also Leibsorge. Damit wird das Verständnis von Seelsorge aber nochmals kritisch gewendet.

Kommunikation der Hoffnung heißt nämlich nun: Vor dem eigenen Tod ist der Tod des *anderen* Menschen Beunruhigung und Herausforderung. Kommunikation der Hoffnung geht nun in der Zuwendung zu *allen* Menschen, gilt aber eben deshalb gerade jenen, die landauf, landab ausgeschlossen werden: *den Armen und Bedrängten aller Art.* Und Kommunikation der Hoffnung gerinnt nun in *leiblichen* Gesten: Sie »plaudert«, d.h. gebärdet mit den Gehörlosen und widerspricht den Parolen der Macht. Sie nimmt Asylsuchende auf und bedient in der Suppenküche bei Tisch.

Erst in solcher Rückkehr in die Diakonie bewahrheitet sich auch, dass die Hoffnung, die die Seelsorge vermittelt, wirklich Hoffnung ist, die dem Glauben entspringt. Denn der Gott Israels und der Gott Jesu Christi sucht den Menschen und dessen Leben, und er sucht am Menschen, dass dieser in der Suche nach dem Leben-Können der anderen mit ihm geht (vgl. Mi 6,8).

Reinhard Feiter

Reinhold Bärenz, Die Wahrheit der Fische, Freiburg i. Br. 2000; *Hadwig Müller* (Hg.), Freude an Unterschieden – Kirchen in Bewegung, Ostfildern 2002.

4.9 Bischofsamt und Diözese

Das Zweite Vatikanische Konzil (1962-1965) hat mit einem fast unausrottbaren Missverständnis endgültig Schluss gemacht: Die *Bischöfe* sind »*nicht* als Stellvertreter der Bischöfe von

Rom zu verstehen«; sie haben vielmehr »eine ihnen *eigene* Gewalt inne und heißen in voller Wahrheit Vorsteher des Volkes, das sie leiten.« Ihre Amtsgewalt wird also vom *Papst* nicht ausgeschaltet, »sondern im Gegenteil bestätigt, gestärkt und in Schutz genommen.« (Dogmatische Konstitution über die Kirche LUMEN GENTIUM 27). Positiv gewendet heißt dies: Die Amtsgewalt der Bischöfe kommt ihnen als eigene, ordentliche (*mit dem Amt* gegebene) und unmittelbare Gewalt zu« (LG 27). So leiten Bischöfe die ihnen anvertraute »Ortskirche« oder »Diözese« *persönlich* »als Stellvertreter und Gesandte Christi«. Kraft Zugehörigkeit zum Kollegium der Bischöfe sind sie »Nachfolger der Apostel« (LG 19-22).

Es war ein zentrales Anliegen des *Zweiten* Vatikanischen Konzils, die Lehre des *Ersten* Vatikanums (1869/70) über den *Primat des Papstes* durch die Lehre über den »*Episkopat*« zu ergänzen und die Kirche wieder stärker als Gemeinschaft der Ortskirchen zu gestalten: Die Kirche verwirklicht sich *in* Ortskirchen und *aus* Ortskirchen. Das von Christus eingesetzte, daher vom Papst nicht aufhebbare Bischofsamt gehört zur fundamentalen Verfassung der katholischen Kirche und ist das strukturierende Grundamt, der Verstehens-»Schlüssel« zu allen ihren Ämtern.

Im Einzelnen lehrt das Zweite Vatikanum, »dass die Bischöfe aufgrund göttlicher Einsetzung *an die Stelle der Apostel als Hirten der Kirche* getreten sind« (LG 20); dass durch die Bischofsweihe »die *Fülle* des Weihesakramentes« und »die *Ganzheit* des heiligen Dienstamtes« übertragen wird. Dem entspricht die *dreifache Aufgabe* der Bischöfe, als *Lehrer*, *Priester* und *Hirten* den ihnen anvertrauten Kirche(n) zu dienen und das Volk Gottes zu sammeln, zu heiligen und zu weiden. Das Amt des *Bischofs* – das Wort ist abgeleitet aus dem lateinischen Lehnwort *episcopus*, griechisch *episcopos*, was so viel heißt wie Aufseher, Wächter – wird durch die sakramentale, von *drei* Bischöfen gespendete Weihe übertragen. Als Nachfolge im Apostelamt ist es *grundlegend kollegial konstituiert* und daher *konstitutiv kollegial verfasst*. Nachfolger *der Apostel* (Mehrzahl!) sind die Bischöfe nicht als isolierte einzelne, sondern im Kollegium und als Glieder des Kollegiums der Bischöfe. »Wie nach der Verfügung des Herrn der heilige

Petrus und die übrigen Apostel ein einziges apostolisches Kollegium bilden, so sind in entsprechender Weise der Bischof von Rom, der Nachfolger Petri, und die Bischöfe, die Nachfolger der Apostel, untereinander verbunden. ... Glied der Körperschaft der Bischöfe wird man durch die sakramentale Weihe und die hierarchische Gemeinschaft mit Haupt und Gliedern des Kollegiums« (LG 22). Daher üben die Diözesanbischöfe »*als einzelne* ihr Hirtenamt über den ihnen anvertrauten Anteil des Gottesvolkes, nicht über andere Kirchen und nicht über die Gesamtkirche aus. Aber *als Glieder des Bischofskollegiums* sind sie aufgrund von Christi Stiftung und Vorschrift zur Sorge für die Gesamtkirche gehalten« (LG 23). Die Kollegialität hebt die *Bindung an eine Diözese* (wenigstens an ein »Titularbistum«) jedoch nicht auf, sondern realisiert sich in und aus ihr. Die konstitutive Kollegialität des Bischofsamtes berechtigt folglich auch die sog. *Weihbischöfe* bzw. Titularbischöfe zur Teilnahme am Konzil (Dekret über die Hirtenaufgabe der Bischöfe in der Kirche CHRISTUS DOMINUS 4). Fazit: Das Bischofsamt ist also *personal, kollegial* und *ortskirchenbezogen* verfasst und auszuüben.

Bezüglich der Aufgabenstellung des Bischofs lehrt das Konzil: »Die Bischofsweihe überträgt mit dem Amt der *Heiligung* auch die Ämter der *Lehre* und *Leitung*, die jedoch ihrer Natur nach nur in der hierarchischen Gemeinschaft mit Haupt und Gliedern des Kollegiums ausgeübt werden können.« (LG 21). Die Bischofsweihe verleiht dem Bischof also die volle Auswirkungsmöglichkeit des *einen* Ordo in seiner Diözese: Kraft der *Weihegewalt* weiht der Bischof Priester, Äbte und Äbtissinnen, aber auch Kirchen, Altäre und heilige Öle und er spendet die Firmung; kraft der *Hirtengewalt* leitet er die Diözese als oberster Hirte (Glaubenslehre, Liturgie, Caritas, Seelsorge, Vermögensverwaltung etc.).

Die *Diözese* (griechisch *dioikesis*; im Römischen Reich ein Verwaltungsgebiet) ist der Teil des Gottesvolkes, der dem *Bischof* in Zusammenarbeit mit dem *Presbyterium* (Gemeinschaft der Priester einer Diözese) zu weiden anvertraut wird. »Indem sie ihrem Hirten anhängt und von ihm durch das Evangelium und die Eucharistie zusammengeführt wird, bildet sie eine Teilkirche, in der die eine, heilige, katholische und apostolische Kirche wahrhaft wirkt und gegenwärtig ist« (CHRISTUS DOMINUS 11). Als Vollgestalt der Kirche sind Diözesen die eigentlichen *Ortskirchen*. »*In* ihnen und *aus* ihnen besteht die eine und einzige katholische Kirche. Daher stellen die Einzelbischöfe je ihre Kirche, alle zusammen aber in Einheit mit dem Papst die ganze Kirche im Band des Friedens, der Liebe und der Einheit dar.« (LG 23) Das deutsche Wort für Diözese heißt *Bistum* (aus Bischof-tum). Bistum und Bischofsamt sind korrelative, sich gegenseitig bestimmende und bedingende Größen. Errichtung, Aufhebung und Veränderung von Diözesen ist allein Sache der höchsten kirchlichen Autorität (Papst, Bischofskollegium). Jede Diözese soll zu einer Kirchenprovinz gehören und ist selbst in Pfarreien zu gliedern. Alle Ämter der Kirche »über« dem Bischofsamt (ob Erzbischof, Metropolit, Präsident einer Bischofskonferenz, Primas, Kardinal oder Papst) sind Bischofsämter und unterscheiden sich vom »normalen« Amt des Diözesanbischofs nur durch ihre jeweils umfassendere kirchliche Leitungsgewalt, nicht in der Heiligungsvollmacht. Auch die Ämter »unterhalb« des Bischofsamtes sind – allerdings anders – konstitutiv auf dieses bezogen. »Die Bischöfe haben also ihr Dienstamt in der Gemeinschaft zusammen mit ihren Helfern, den Priestern und Diakonen, übernommen.« (LG 20) Sie »haben die Aufgabe ihres Dienstamtes in mehrfacher Abstufung verschiedenen Trägern in der Kirche rechtmäßig weitergegeben. So wird das aus göttlicher Einsetzung kommende kirchliche Dienstamt in verschiedenen Ordnungen ausgeübt von jenen, die schon seit *alters Bischöfe, Priester, Diakone* heißen.« (LG 28) Diese Gliederung, Ausdifferenzierung und abgestufte Weitergabe des einen kirchlichen Dienstamtes bestätigt auf ihre Weise den Charakter des Bischofsamtes, »Eckstein«, Brennpunkt und »Paradigma« des kirchlichen Ämtergefüges zu sein.

Da das Bischofsamt auf ein geistliches, übernatürliches Ziel ausgerichtet ist, erklärt das Konzil, »dass es wesentliches, eigenständiges und an sich ausschließliches Recht der zuständigen kirchlichen Obrigkeiten ist, Bischöfe zu ernennen und einzusetzen.« (CD 20) Das geschieht »durch rechtmäßige, von der höchsten und universalen Kirchengewalt nicht widerrufenen Gewohnheit, durch von der nämlich Autorität erlassene oder anerkannte Gesetze [im deutschsprachigen Raum in Konkordaten geregelt] oder unmittelbar durch den Nachfolger Petri selbst« (LG 24). Mit 75 Jahren müssen die Bischöfe beim Papst ihr Rücktrittsgesuch einreichen.

Trotz ökumenisch weitreichender Konvergenzen im Verständnis des Bischofsamtes und seines sachlichen Kernes der übergemeindlichen *episkopé* (Aufsicht) ist über Notwendigkeit und Stellenwert des Bischofsamtes für Struktur und Einheit, für Wirken und Leben der Kirche noch kein Kirchengemeinschaft ermöglichender ökumenischer Konsens absehbar. Die Bischöfe der orthodoxen Kirchen sind als wirkliche Bischöfe anerkannt (Schwesterkirchen, sakramentale Weihe in apostolischer Nachfolge), auch wenn sie nicht in hierarchischer Gemeinschaft mit dem Bischof von Rom stehen (UR 15; OE).

Josef Freitag

Die *Dogmatische Konstitution* des Zweiten Vatikanischen Konzils *über die Kirche* LUMEN GENTIUM, 18-29 sowie das *Dekret über die Hirtenaufgabe der Bischöfe in der Kirche* CHRISTUS DOMINUS; *Nachsynodales Apostolisches Schreiben* PASTORES GREGIS: Der Bischof – Diener des Evangeliums Jesu Christi für die Hoffnung der Welt (16.10.03), Verlautbarungen des Apostolischen Stuhls, hg. vom Sekretariat der Deutschen Bischofskonferenz 163, Bonn 2003.

4.10 Papst und Konzil

Den wenigsten ist bewusst, dass in dem Wort *Papst* von seinem Ursprung her die liebevolle Anrede »Papa« steckt. Die Redensart »päpstlicher als der Papst« ist dagegen den meisten bekannt. In der Anrede wie in der Redensart kommt die Autorität zum Ausdruck, die sich mit dem Amt des Papstes verbindet. Tatsächlich ist es das für alle Welt sichtbarste und zugleich umstrittenste Amt der Christenheit. Durch die Reisen der letzten Päpste und die modernen Medien hat die weltweite Sichtbarkeit des Papstamtes noch zugenommen.

Dagegen hat die Ablehnung dieses Amtes durch die nicht-katholischen Christen eher abgenommen. Dazu hat beigetragen, dass sich die letzten Päpste das ökumenische Anliegen zu eigen gemacht haben. Die Stimmen werden lauter, die einen Dienst der Einheit für die ganze Christenheit für wünschenswert halten. Und sie fänden es sinnvoll, dass dieser Dienst durch jenes Amt ausgeübt würde, das sich seit fast 2000 Jahren diesem Auftrag verpflichtet weiß. Der jetzige Papst hat die nicht katholischen Christen dazu eingeladen, mit der katholischen Kirche in einen Dialog über die trennenden Vorbehalte einzutreten.

Die katholischen Christen sind sich darin einig, dass das *Papstamt* dazu beigetragen hat, dass die römisch-katholische Kirche ihre Einheit bewahren konnte. Sie sind sich aber auch bewusst, dass nicht wenige Päpste im Laufe der Geschichte ihrem Amt nicht gerecht wurden und der Einheit der Christenheit geschadet haben. Worin sieht die katholische Kirche den Auftrag und die Autorität dieses Amtes begründet und woran misst sie seine rechte Ausübung?

Unter dem Papstamt oder dem Petrusamt des römischen Bischofs verstehen wir die Aufgabe, der ganzen Kirche als ihr oberster Hirte und Lehrer vorzustehen und ihrer Einheit und Treue zum Evangelium Jesu Christi zu dienen. Nach katholischer Überzeugung kann und darf diese Aufgabe nur in einem Auftrag Jesu Christi begründet sein, der das eigentliche Haupt der Kirche ist, ihr bleibender Hirte und Lehrer. Nun bezeugen alle vier Evangelien, dass Jesus dem Simon den Namen Kephas/Petrus, auf deutsch»Fels«, gab, obwohl sie nicht verschweigen, dass dieser bisweilen ein schwacher Mensch war. Der Name kann sich also nicht auf den Charakter des Simon, sondern nur auf den Auftrag beziehen, den Jesus ihm gab.

Was unter diesem Auftrag zu verstehen ist, finden wir in drei Evangelien erklärt. Nicht nur der Wortlaut dieser Stellen, sondern auch der Umstand, dass sie erst nach dem Tod des Petrus nieder-

geschrieben wurden, bezeugen, dass die Evangelisten davon aus-
gingen, dass es sich um einen dauernden Auftrag handele.

Im Matthäusevangelium heißt es: »*Ich aber sage dir: Du bist Petrus,
und auf diesen Felsen will ich meine Kirche bauen, und die Mächte der Unter-
welt werden sie nicht überwältigen. Ich werde dir die Schlüssel des Himmelreiches
geben: was du auf Erden binden wirst, das wird auch im Himmel gebunden
sein, und was du auf Erden lösen wirst, das wird auch im Himmel gelöst sein.*«
(Mt 16,18-19). Hier geht es um eine bleibende Aufgabe. Die Schlüs-
selgewalt bedeutet den Auftrag zur Verwaltung des Hauses Gottes,
der Kirche. Der Auftrag zu binden und zu lösen, meint das Recht,
verbindliche Lehrentscheidungen zu treffen, damit die Kirche dem
Erbe und Auftrag Christi treu bleibe.

Nicht weniger deutlich ist der dreimalige Hirtenauftrag des Auferstandenen an Petrus im Johannesevangelium: »*Hüte meine Schafe!*«
(Joh 21,15-17). Schließlich trägt Jesus im Lukasevangelium dem Petrus beim letzten Abendmahl auf: »*Stärke deine Brüder!*«, verbunden
mit der Zusage, für ihn zu beten, dass sein Glaube um dieses Auftrags willen nicht aufhöre (Lk 22,31-34).

Die fortdauernde besondere Autorität des Petrus wurde in der
frühen Kirche immer deutlicher. Zunächst war es die auf Petrus zu-
rückgehende Überlieferung, die besonderes Ansehen genoss. Den
anderen Gemeinden war es wichtig, mit der Überlieferung der römischen Gemeinde als dem Ort des Wirkens und Sterbens Petri und
Pauli übereinzustimmen. Nachdem sich das Bischofsamt entwickelt
hatte, wurde dieses besondere Ansehen auf den römischen Bischof
als Hirten und Lehrer der römischen Gemeinde übertragen. Die
Bischöfe galten als Nachfolger der Apostel und ihres Auftrags.

Je mehr die Kirche wuchs und die Treue zur apostolischen Überlieferung durch Irrlehren bedroht war, desto mehr wurden *Synoden*
und *Konzilien* notwendig, auf denen sich die Bischöfe über die gemeinsame wahre Überlieferung verständigten. Auf diesen Zusammenkünften spielte die Stimme des römischen Bischofs gleichfalls
eine besondere Rolle. Zudem wuchs ihm die Rolle eines Schieds-
richters unter den vielen Ortskirchen zu, die immer mehr zu einer
Kirche zusammenwuchsen.

Das war der Zeitpunkt, als es den römischen Bischöfen notwendig erschien, sich für die an sie herangetragene Aufgabe auf die Nachfolge Petri im Sinne einer gesamtkirchlichen Verantwortung zu berufen. Seit dem 4. Jahrhundert verstanden sie sich deshalb als Stellvertreter Petri, der kraft des Auftrags Jesu an Petrus bindende Entscheidungen trifft, wenn solche für die Wahrung der kirchlichen Einheit und die Sicherung der gemeinsamen Überlieferung notwendig werden. So trat zur Autorität des Zeugen, der die petrinische Überlieferung vertritt, die Autorität des Gesetzgebers, der als Stellvertreter Petri die Kirche leitet.

Die Leitungsautorität des römischen Bischofs über die ganze Kirche, auch universalkirchlicher Primat der Jurisdiktion genannt, wurde von den Ostkirchen nicht anerkannt. Die Rivalität zwischen dem alten Rom und dem neuen Rom, Konstantinopel, führte 1054 zum Bruch zwischen Ost- und Westkirche.

Nicht zu verwechseln mit den politischen Machtinteressen, in die das Papsttum verwickelt war, aber nicht immer von ihnen zu trennen, sind die Motive, die im Mittelalter zu einem Ausbau des päpstlichen Primats führten. Nur so ließen sich notwendige Reformen in der Kirche und die Unabhängigkeit der Kirche von den politischen Mächten durchsetzen. Diese beiden Anliegen waren es, die das Erste Vatikanische Konzil (1869-70) das Dogma vom *Jurisdiktionsprimat* des Papstes und das von der *Unfehlbarkeit* seines Lehramtes in bestimmten Fällen erklären ließen. Das Zweite Vatikanische Konzil (1962-65) bestätigte diese Dogmen. Es lehrte aber auch, dass der *Papst* die Kirche zusammen mit dem *Bischofskollegium* leitet. Das wird besonders deutlich, wenn sich dieses mit dem Papst zu einem *Konzil* versammelt. Feierliche Lehrentscheidungen der Konzilien gelten gleichfalls als unfehlbar. Das heißt: Sie führen die Kirche nicht in einen Glaubensirrtum.

Hermann J. Pottmeyer

Rudolf Pesch, Die biblischen Grundlagen des Primats, Freiburg 2001; *Hermann J. Pottmeyer*, Die Rolle des Papsttums im Dritten Jahrtausend, Freiburg 2001.

4.11 Die Stellung der Laien in der Kirche

In der katholischen Kirche bezeichnet *Laie* nicht den spirituell oder theologisch Ungebildeten oder Ungeübten, sondern dem griechischen Wortursprung *(laikós)* gemäß den *Zum-Volk-Gehörigen.* Das Gegenteil von *Laie* ist im katholischen Verständnis nicht der Gelehrte oder der Spezialist, sondern der *Kleriker,* dem ein besonderes Los *(kléros)* zugefallen ist.

Das Los des Klerikers ist es, gegenüber Gemeinde den auferstandenen Herrn auf eine eigene und besondere Weise zu vergegenwärtigen. Das Urbild dieser besonderen Repräsentanz ist die Rolle des Priesters in der Eucharistiefeier. Als Lehrer und Verkündiger des Glaubens in seiner Gemeinde ist der Kleriker eingegliedert (»ordinatus«) in die Reihe (»ordo«) aller vergangenen und gegenwärtigen Verkünder des Glaubens, die so in innerer Gemeinschaft mit den Aposteln (Apostolizität) und der universalen Kirche stehen. Dieses Eingebundensein meint der in der katholischen Kirche gebräuchliche Begriff der *Hierarchie.*

Im alltäglichen kirchlichen Reden erscheint der *Laie* oft nur als der *Nicht-Kleriker,* der dann wesentlich negativ, nämlich durch ein Defizit, einen Mangel, bestimmt ist. Historisch entspricht dieser Sicht ein abwertender Begriff von »Volk«, mit dem sich insbesondere im Mittelalter der gebildete Klerus gegenüber dem rohen und halbheidnischen Nichtklerikern absetzte. Das Zweite Vatikanische Konzil verwendet dagegen die Formel *»Volk Gottes« als Grundbegriff der Kirche* und wertet damit das *Zum-Volk-Gehören,* also das *Laiesein,* theologisch entscheidend auf. Im Anschluss an die alttestamentliche Erwählungstheologie bestimmt das Konzil die Kirche insgesamt als sakramentales »Zeichen und Werkzeug« Gottes »für die Vereinigung der Menschen mit Gott und für die Einheit der Menschen untereinander« (Dogmatische Konstitution LUMEN GENTIUM 1). Damit aber erfüllt *die Kirche gemeinsam, als ganze,* einen priesterlichen Dienst an der Menschheit. Das Konzil nimmt die biblische Rede vom *Volk aus Priestern* bejahend auf (Ex 19,5; 1 Petr 2,9; LUMEN GENTIUM 9-10) und knüpft damit zustimmend an die Lehre der Reformation vom *gemeinsamen Priestertum aller Gläubigen* an. Mit dieser Lehre hatte sich Luther gegen die Vorstellung gewandt, die Priesterweihe eröffne einen exklusiven und privilegierten Zugang zu Gott.

Gerade angesichts der großen Vielgestaltigkeit von sich immer weiter ausdifferenzierenden Lebensbereichen ist die Suche jedes einzelnen christlichen Menschen nach seinem besonderen Beitrag zur priesterlichen Sendung der Kirche als ganzer unentbehrlich. Die hier notwendige Gestaltungsaufgabe kann nicht an den Klerus abgegeben werden. Die Kirchengeschichte kennt zahlreiche Beispiele dafür, wie mitten im Leben stehende Christen immer wieder klug und mutig auf die Herausforderungen ihrer Zeit reagiert und der Kirche als ganzer so den Weg gewiesen haben.

Die kirchliche Lehrverkündigung betont die aktive Teilhabe (»participatio actuosa«) *aller Gläubigen* am liturgischen Handeln der Kirche, womit nicht gemeint ist, dass diese innere, geistliche Aktivität unbedingt in der Übernahme von Aufgaben in der Liturgie ihren sichtbaren Ausdruck finden muss. Das Lehramt hebt aber auch besonders den Wert und die Bedeutung eines »tugendhaften«, d. h. eines dem Glauben gemäßen Lebens für die Ausübung des gemeinsamen Priestertums der Gläubigen hervor.

Da in der lateinischen Kirche die Ehelosigkeit eine Voraussetzung für die Ordination ist, fällt der Aufbau der Kirche durch die Gründung einer Familie in der katholischen Kirche fast exklusiv den Laien zu. Die aus der Familiengründung sich ergebenden ökonomischen Notwendigkeiten konnten in der Vergangenheit zu der Unterscheidung führen: Die Laien kümmern sich um die *weltlichen* Güter (»Weltcharakter der Laien«) – die Kleriker pflegen die *geistlichen* Güter. Diese Unterscheidung ist aber nicht hilfreich. Sie wird solchen Laien nicht gerecht, die ein ausgesprochen geistliches Charisma entfalten. Sie verkennt, wie viele Aufgaben der Laien in der Welt einer geistlichen Bildung und Lebensführung bedürfen. Hierzu zählt insbesondere auch die Erziehung und Bildung der nachwachsenden Generation. Die Rede vom Weltdienst der Laien ignoriert darüber hinaus, wie weltlich notwendigerweise die kirchlichen Leitungsaufgaben des Klerus in vielen Bereichen sein müssen. Das Zweite Vatikanische Konzil sagt daher:»Wenn auch einige nach Gottes Willen als Lehrer, Ausspender der Geheimnisse und Hirten für die anderen bestellt sind, so waltet doch unter allen *eine wahre Gleichheit in der allen Gläubigen gemeinsamen Würde und Tätigkeit zum Aufbau des Leibes Christi.*« (LUMEN GENTIUM 32). Dieser grundlegenden Sichtweise entspricht auch das Dekret über das Laienapostolat:»Die Laien ... üben also ihr Apostolat *in der Kirche wie in der Welt, in der geistlichen wie in der weltlichen Ordnung* aus.« (APOSTOLICAM ACTUOSITATEM 5).

Zuweilen stellt es eine Schwierigkeit dar, wenn Laien einen Auftrag für Tätigkeiten wahrnehmen, für die eine Ordination wünschenswert wäre: Eine Pastoralreferentin leitet zum Beispiel das kirchliche Begräbnis, der Gemeindereferent steht regelmäßig Wortgottesdiensten vor, der Religionslehrer erfüllt erfolgreich seinen Auftrag als Schulseelsorger, die Ordensfrau leitet eine große kirchliche Einrichtung. Menschen in solchen Diensten wollen sich der vollen Dynamik ihres geistlichen Auftrages mutig überlassen. Sie dürfen ihr Tun nicht als Notbehelf deuten. Durch ihre bischöfliche Beauftragung sind sie innerlich und rechtlich mit der Hierarchie verbunden und in gewisser Weise ihr auch eingeordnet. Dennoch hört man manchmal, hier wollten sich Laien über ihren Stand erheben. Schlimmer wäre es wohl, wenn Menschen ihren geistlichen Dienst nur halbherzig und widerstrebend ausübten, um nicht als Kleriker zu erscheinen. Wo Kleriker und Laien sich gemeinsam zuvorderst als priesterliche *Diener* an der Einigung und Heiligung der Menschheit als ganzer verstehen, achten sie behutsam darauf, einander in der Fruchtbarkeit ihres Wirkens für die Kirche nicht zu beschneiden, vielmehr zu fördern und wechselseitig zu unterstützen.

Diese Haltung entspricht der Mahnung des Zweiten Vatikanischen Konzils zur geschwisterlichen Zusammenarbeit aller Gläubigen an der priesterlichen Sendung der Kirche in der Welt:»Bischöfe und Pfarrer sowie die übrigen Priester des Welt- und Ordensklerus mögen sich vor Augen halten, dass das Recht und die Pflicht zur Ausübung des Apostolates allen Gläubigen, Klerikern und Laien, gemeinsam ist und dass *auch die Laien bei der Auferbauung der Kirche eine ihnen eigentümliche Aufgabe* haben. Darum mögen sie brüderlich mit den Laien in der Kirche und für die Kirche arbeiten und diesen in ihrem apostolischen Wirken besondere Sorge schenken.« (APOSTO-LICAM ACTUOSITATEM 25).

Ralf Miggelbrink

Peter Neuner, Der Laie und das Gottesvolk, Frankfurt 1988; *Karl Rahner,* Über das Laienapostolat, in: *ders.,* Schriften zur Theologie, Bd. 2, Einsiedeln 1955, 339-373.

5. Sakramente

Rogier van der Weyden (1399/1400-1464): *Altar der Sieben Sakramente*, um 1440-1444; Eichenholz, Mitteltafel H. 200 cm, B. 97 cm, Flügel H. 119 cm, B. 63 cm; Koninklijk Museum voor Schone Kunsten, Amsterdam.

Rogier van der Weyden, der zu den bedeutendsten und innovativsten Malern des 15. Jhdts. zählt, schuf den Sakramentsaltar im Auftrag des Bischofs von Tournai, Jean Chevrot. Das Thema weist den Altar als Werk für den Klerus aus. Die Kirche im Spiegel der Sakramente erscheint als lebendiges Evangelium – zugleich wird hier aber auch die machtvolle, da unverzichtbare Rolle der Institution Kirche sichtbar.

Für die Darstellung der sieben Sakramente hat van der Weyden eine meisterhafte gestalterische Lösung gefunden: Er hat die einzelnen Handlungen in die Seitenkapellen einer dreischiffigen Basilika verlegt, so dass die

von der Architektur vorgegebene Gliederung geschickt zugleich das Bild gliedert und der Betrachter wie bei den frühen mittelalterlichen Simultanbildern im Nacheinander die gleichzeitigen Szenen erfassen kann.

Auf der linken Tafel vorne beginnt die Reihe der Sakramente mit dem ersten im Menschenleben, der Taufe, es folgt die Firmung, die nur ein Bischof spenden kann (hier ließ sich der Stifter Jean Chevrot verewigen). In der dritten Szene dieser Tafel ist das Bußsakrament dargestellt. Am Lettneraltar im Mittelschiff sieht man die Feier der Eucharistie; der Priester hat soeben die Hostie erhoben, um das in den Leib Christi verwandelte Brot zu zeigen. Auf der rechten Tafel folgen die Priesterweihe, das Ehesakrament und im Bildvordergrund die Letzte Ölung (heute meist als Krankensalbung bezeichnet), welche allein nicht recht in den Kirchenraum passt.

Die Tiefe erschließende, leicht schräge Sicht durch das Mittelschiff lässt diesen Kircheninnenraum luftig und real wirken. Um diesen Eindruck zu

unterstützen, folgt der Umriss der Altartafeln dem dargestellten Kirchen-raum bzw. dessen Höhen. Im Vordergrund dieser Altargestaltung steht aber – im doppelten Sinne – nicht die Auflistung der Sakramente, sondern die Darstellung des Kreuzestodes.

Geschickt hat van der Weyden das biblische Geschehen von der dar-gestellten Gegenwart der Handlungen im Kirchenraum getrennt und es zugleich mit ihr verknüpft. Die Kreuzigungsgruppe gehört ganz offensicht-lich einer anderen Wirklichkeitsebene an, was dem Betrachter durch den Größenmaßstab der Figuren sofort deutlich gemacht wird. Die unter dem Kreuz Versammelten stehen in keiner Verbindung zu den übrigen Figuren-gruppen. Die Christusfigur ist sowohl raumkompositorisch als auch farb-gestalterisch nochmals isoliert: Hoch oben unter dem Mittelschiffgewölbe schwebt der Gekreuzigte mehr als dass er am Kreuz hängt. Farblich ist die Figur durch das helle Inkarnat deutlich von der leuchtenden Farbigkeit der Personengruppen getrennt.

Die Distanz zwischen biblischer und liturgischer Zeit erscheint aber andererseits aufgehoben: Durch die Raum- und Bildachse sind Kreuz- und Altarszene direkt miteinander verbunden, treten in wechselseitigen Bezug, da der Betrachterblick vor- und zurückspringt. Der Kreuzestod wird als allem zugrundeliegende Erlösungstat vorgestellt, die Hostie in ihrer Zei-chenhaftigkeit versinnbildlicht.

Der Kirchenraum wird so zugleich zu einem Ort stehender Zeit, an dem die Liturgie die biblischen Ereignisse immer wieder nachvollzieht.

Kerstin Clasen

5.0 Zeichen des Glaubens

Der Glaube will sich verleiblichen – so wie Hoffnung und Liebe sich verleiblichen, sich offen zeigen wollen. Menschen begehen ihre Hoffnung leibhaft, indem sie etwa einen Baum pflanzen; sie begehen ihre Liebe, indem sie sich gegenseitig einen Ring schenken. Sie finden sprechende Zeichen für das, was sie bewegt, Zeichen für das Zutrauen, dass ihre Hoffnung und ihre Liebe »halten« werden, was sie versprechen. Indem sie das Zeichen setzen, verwirklichen sie ihre Hoffnung und ihre Liebe in konkreten Lebenssituationen.

Wie findet der Glaube den ihm entsprechenden leibhaften Ausdruck in sprechenden Zeichen? Indem er sich an die Zeichen hält, die Gott selbst gegeben hat – zum Zeichen dafür, dass *er* seine Versprechen hält.

Glauben bedeutet ja elementar, an Gottes Versprechen zu glauben, wie sie dann in Jesus Christus Mensch geworden sind. Sein Menschsein voller Verheißung, sein Zeugnis und seine Auferweckung sind das von Gott gegebene Zeichen dafür, dass er sein gegebenes Wort – seine Versprechen – wahr macht. Hier hat sich verleiblicht, woran die Menschen glauben dürfen. Und es verleiblicht sich weiter in denen, die Gottes Geist immer wieder neu zum Leib Christi zusammenfügt, zu der Gemeinschaft der Kirche, an und in der trotz all ihrer Ärmlichkeit und Sündigkeit sichtbar werden darf, wie Gottes Grund-Versprechen wahr wird: »Seht, ich schaffe etwas Neues; schon keimt es, merkt ihr es nicht?« (Jes 43,19). So nennt die Theologie Jesus Christus Ur-oder Wurzelsakrament, die Kirche aber das Grund-Sakrament des Glaubens.

Das von Gott gegebene Versprechen findet seinen sprechenden Ausdruck aber auch in Einzelzeichen, in denen es auf zentrale Krisen- und Wendepunkte des gemeinschaftlich-menschlichen Lebens hin begangen wird:

- heutzutage in der Regel kurz nach der Geburt eines Menschen in der *Taufe*, bei der gefeiert wird, dass Gott sich diesem Menschen versprochen hat und ihn dazu beruft, an der Lebensgemeinschaft mit ihm teilzuhaben;
- beim Eintritt in die Phase der selbstverantwortlichen Übernahme des eigenen Lebens und seiner Ausrichtung in der *Firmung*, in der gefeiert wird, dass Gott diesem Menschen seinen lebendig machenden, ermutigenden Geist zugesagt hat;
- beim Eingehen einer ehelichen Verbindung im *Ehesakrament*, mit dem gefeiert wird, dass Gott das Treueversprechen der Partner in seiner Treue mit trägt und ihre Liebe in seiner Liebe vollenden will;
- bei der Indienstnahme für ein priesterliches kirchliches Leitungsamt in der *Priesterweihe*, in der gefeiert wird, dass Gott den Lebens- und Glaubenseinsatz dieses Menschen annimmt und für seine Kirche fruchtbar machen will;
- bei Erfahrungen schwerer Krankheit oder des bevorstehenden Todes in der *Krankensalbung*, in der Gottes Versprechen begangen wird, diesen Menschen nicht der Macht des Todes zu überlassen;
- bei der *eucharistischen Versammlung* der Gläubigen, in der Gottes Versprechen gefeiert wird, sie im Leib Christi immer wieder neu zur Lebendigkeit des Glaubens und ihres Einsatzes für eine Gottes gutem Willen entsprechende Welt zu»nähren«;
- bei Situationen des Schuldigwerdens und der Selbstverfehlung im Sakrament der *Buße*, in dem Gottes Zusage gefeiert wird, die zu ihrer Berufung Umkehrenden auf den Wegen der Lebenskorrektur zu begleiten, zu stärken und sie so mit sich selbst, mit den Mitmenschen und mit Gott zu versöhnen.

Diese Einzelsakramente verleiblichen Gottes Versprechen. Sie sind deshalb Einladungen, den Glauben an diese Versprechen leibhaft auszudrücken und am Versprochenen jetzt schon teilzuhaben. So werden sie sinnlos, wenn sie nicht glaubend begangen werden. Die kirchliche Praxis darf aber den *einladenden* Charakter der Sakramente in den Vordergrund rücken und bis zum Offenkundigwerden des Gegenteils darauf vertrauen, dass alle, die sich eingeladen wissen, die Glaubensbedeutung der Sakramente – je nach ihrer Glaubenssituation – mitvollziehen wollen. Die Sakramentenkatechese soll dabei helfen, diese Glaubensbedeutung zu erschließen, und so einen Gott bezeugen, der den Menschen versprochen hat, keiner Kosmos- oder Erdenmacht werde erlaubt sein, die Lebens- und Liebesverbindung zwischen Gott und den Menschen zu zerstören (vgl. Röm 8,37-39).

Jürgen Werbick

5.1 Taufe und Firmung

Durch den einen Geist wurden wir in der Taufe alle in einen einzigen Leib aufgenommen« (1 Kor 12,13). An dieses Glaubensgeheimnis erinnert Paulus die Gemeinde von Korinth, und dies bekennen die christlichen Konfessionsgemeinschaften auch gegenwärtig. Christen haben »eine gemeinsame Hoffnung«, sie glauben miteinander an den »einen Herrn« Jesus Christus, es verbindet sie »ein Glaube und eine Taufe« (Eph 4,4f.).

Die Bilder sind vielgestaltig, die sich für Christinnen und Christen an das Geschehnis der Tauffeier knüpfen: Für die meisten ist die eigene Taufe in der Erinnerung nicht direkt zugänglich. Fotos im Familienalbum bringen ein Ereignis nahe, bei dem sich die Freude über ein neugeborenes Kind mit dem Bekenntnis des Glaubens an Gott in einer Feier verbunden hat. Für andere ist die Taufe die Stunde, in der sie nach einem langen Weg der Umkehr und der Hinkehr zu Jesus Christus in die Gemeinde der Erwachsenen aufgenommen werden. Eine bewusste Entscheidung ist gefordert und gefallen – wie in den Zeiten, in denen sich die ersten christlichen Gemeinschaften bildeten.

Viele der für die Gemeindepastoral Verantwortlichen in jenen Konfessionsgemeinschaften, in denen auch Kinder getauft werden, empfinden angesichts der gegenwärtigen Taufpraxis Unbehagen. Immer schwerer scheint es zu werden, Wege zu finden, mit denen, die um die Taufe ihres Kindes bitten, in ein Gespräch zu kommen, in dem sich die Bedeutung der christlichen Taufe erschließt. Die Seelsorger stoßen oft an Grenzen, weil sich nur ein Zugang zum Verständnis der Tauffeier eröffnen lässt, wenn ihr Sinn im Gesamtzusammenhang des christlichen Glaubens und des kirchlichen Lebens bedacht wird. Dazu wäre es erforderlich, über einen längeren Zeitraum gemeinsam einen Weg zu gehen und den Glauben auch der Eltern zu erneuern.

Eltern, die um die Taufe ihrer Kinder bitten, obwohl sie selbst im Zweifel über ihren christlichen Glauben sind oder sich der kirchlichen Gemeinschaft nicht zugehörig erklären, werden häufig von eher unbestimmten Ängsten getrieben. Entlastend wirkt in dieser Situation eine Rede von der Taufe, in der in verständlicher Sprache zum Ausdruck kommt, dass die Getauften durch ihre Aufnahme in die kirchliche Gemeinschaft von dem Leben stiftenden Wirken Gottes erfahren können und ihnen darin in aller Not Trost verheißen ist. Gemeinsam sprechen die christlichen Traditionen von der Heilsbedeutsamkeit der Taufe, nicht einfach von deren Heilsnotwendigkeit. Gemeinsam bekennen sich die Christen in der Taufe zu Gott, dem Freund des Lebens. Der Eintritt in der Gemeinschaft der Kirche, in der der Geist Jesu Christi lebendig ist, lässt hier und heute schon erfahren, inwiefern die Liebe stärker ist als der Tod. Die in Ängsten und Herzensenge erfahrene Verzweiflung kann verwandelt werden in eine frohe Erwartung des Guten. Umkehr, Rückkehr aus dem Tod ins Leben, ist denen möglich, die in die Nachfolge Jesu Christi treten. Alle, die in seinem Geist leben und handeln, erfahren den Lohn der Liebe.

Die biblischen Schriften lassen erkennen, dass die Taufe von frühester Zeit an als Zeichen des Eintritts in die christliche Gemeinde gefeiert und gedeutet wurde. Dies war insofern nicht selbstverständlich, als Jesus selbst vermutlich nicht getauft hat, und die Christen bestrebt sein mussten, sich von jener Bewegung, die von dem Täufer Johannes ausging und auch nach seinem gewaltsamen Tod fortwirkte, zu unterscheiden. Anknüpfend an den in der Johannestaufe symbolisierten Ruf zu Buße und Umkehr und geleitet von der Gewissheit, dass Jesus selbst sich nicht nur der Wassertaufe im Jordan, sondern auch der Bluttaufe auf Golgata unterzogen hat, erscheint die christliche Taufe insbesondere in den paulinischen Briefen in einem neuen theologischen Sinnzusammenhang: »Wisst ihr denn nicht, dass wir alle, die wir auf Christus Jesus getauft wurden, auf seinen Tod getauft worden sind? Wir wurden mit ihm begraben durch die Taufe auf den Tod; und wie Christus durch die Herrlichkeit des Vaters von den Toten auferweckt wurde, so sollen auch wir als neue Menschen leben« (Röm 6,3f.). Christus Jesus, der die Wasser des Todes durchschritten hat und aus ihnen in der Kraft des lebendig machenden Geistes Gottes auferstand ins unverlierbare Leben, hat die Möglichkeit eröffnet, dass auch wir leben können, wenn wir den alten Menschen in uns sterben lassen, darin frei werden von den Mächten des Bösen, die uns bedrängen, und in der Gemeinschaft der Jesus Nachfolgenden als Erlöste leben.

Das Glaubensbekenntnis von Nizäa und Konstantinopel (381) formuliert: »Wir bekennen die eine Taufe zur Vergebung der Sünden«. Auch im Apostolischen Glaubensbekenntnis kommt die »Vergebung der Sünden« als gemeinsames Bekenntnis der Christen zur Sprache. Das Bekenntnis zur Taufe ist im Credo dem Bekenntnis des Glaubens an Gottes Geist zugeordnet und schließt sich an das Bekenntnis zur einen, heiligen, katholischen und apostolischen Kirche an. In der Taufe geschieht durch das Wirken des Geistes Gottes die Eingliederung in den Leib Christi, die Kirche. Kirchen, die eine Taufe erst im Erwachsenenalter für möglich halten, messen der Umkehr und dem Glaubensbekenntnis der einzelnen Getauften konstitutive Bedeutung für das Christwerden zu. Sie stehen dabei in der biblischen und frühkirchlichen Tradition, in der Berichte über die Taufe von Erwachsenen in großer Zahl überliefert sind.

Die christlichen Konfessionen, die auch Kinder taufen, berufen sich auf den Vorrang von Gottes Gnade vor der Antwort des Menschen, auf den Weg- und Prozesscharakter jeglicher Glaubensentscheidung und auf die Teilhabe der einzelnen Gläubigen am Glau-

ben der kirchlichen Gemeinschaft. Die unvertretbare Glaubensentscheidung erwachsener Christen kommt in Kirchen, die auch Kinder taufen, in den Feiern der Firmung bzw. der Konfirmation zum
Ausdruck. Die gemeinsame christliche Wurzel dieser gottesdienstlichen Feiern liegt im christlichen Altertum, als sich die Praxis der
Kindertaufe erweiterte. Zwei Sinngehalte sind wesentlich mit der
Firmung verbunden: Gottes Geistesgabe zur Stärkung des eigenen,
persönlichen, erwachsenen Glaubens sowie die Verbundenheit nicht
nur mit der Gemeinde vor Ort, sondern mit allen Glaubenden. Diese überörtliche Einbindung in die katholische Kirche kommt in der
Regel im Besuch des Bischofs als Vorsteher der Feier der Firmung
zeichenhaft zum Ausdruck. Die Firmung kann als eine Form des
Taufgedächtnisses betrachtet werden. Während es bei der Firmung
lebensgeschichtliche Hintergründe für die Notwendigkeit einer Be-
kräftigung des Taufversprechens gibt, ist in ökumenischen Feiern
des Taufgedächtnisses die Überlegung leitend, die Erinnerung an die
eine Taufe bestärke in der Suche nach Wegen des gemeinsamen
Zeugnisses für Jesus Christus.

Dorothea Sattler

Martin Stuflesser / Stephan Winter, Wiedergeboren aus Wasser und
Geist. Die Feiern des Christwerdens, Regensburg 2004; *Dagmar
Heller/Rainer-Matthias Müller* (Hg.), Die Eine Taufe. Tradition und
Zukunft eines Sakramentes. Ein praktisches Handbuch für ökume-
nische Taufvorbereitung, Frankfurt a. M./Paderborn 2002.

5.2 Eucharistie

Abendmahl – Herrenmahl – Mess(opfer) – Eucharistie: Die
Bezeichnungen zeigen die Fülle verschiedenster Aspekte
einer Handlung an, von der das Zweite Vatikanische Konzil sagt,
dass »ihre Wirksamkeit kein anderes Tun der Kirche an Rang und
Maß erreicht« (Liturgiekonstitution SACROSANCTUM CONCILIUM 7).

Die Eucharistie hat ihren Ursprung im so genannten Letzten Abendmahl, bei dem Jesus kurz vor Ende seines Lebens, Gott dankend, in einer Zeichenhandlung mit Brot und Wein proklamiert, unter welchem Vorzeichen sein ganzes Leben stand und als was es jetzt bis in den Tod hinein durchgehalten wird: Leib für euch hingegeben – Blut für euch vergossen. In einer Kurzformel gesagt: Jesus versteht seine ganze Existenz als »Pro-Existenz«, d.h. als »Für-Sein«. Er ist als der »Sohn« ganz für den »Vater« da, der ihn zum Heil der Welt gesandt hat. Und er ist als unser »Bruder« ganz für uns Menschen da, um uns durch sein Leben und Sterben die unverbrüchliche Liebe Gottes zuzusagen, die einmal im vollendeten Reich Gottes ganz offenbar werden wird. Wo die Kirche seine Weisung »Tut dies zu meinem Gedächtnis« erfüllt, wird unter den Zeichen von Brot und Wein diese »Pro-Existenz« Jesu und die unbedingte Zusage der Liebe Gottes nicht nur Gegenstand rückwärts gewandter Erinnerung, sondern reale Gegenwart. Und wer an diesem je neu gegenwärtigen »Mahl des Herrn« teilnimmt und seinem Auftrag »Nehmt und esst, nehmt und trinkt« folgt, wird von diesem Für-Sein Jesu geprägt. Er darf wissen: Jesus ist auch für mich in den Tod gegangen; nichts kann mich »von der Liebe Gottes, die in Christus Jesus ist, scheiden« (vgl. Röm 8,39). Deshalb stimmt er ein in die Eucharistie, d.h. in die Danksagung an den Vater, aus der heraus Jesus gelebt und die er beim Letzten Mahl feierlich zusammengefasst hat.

Die Pro-Existenz Jesu wird aber auch deshalb je neu Gegenwart, damit die, die am Herrenmahl teilnehmen, sich in die Lebensgestalt des »Für-Seins«, seiner Hingabe an den Vater und an die Menschen, einbeziehen lassen.

Von hier aus erschließt sich auch der Sinn der Aussage von der Eucharistie als Opfer (»Messopfer«). Indem Jesus Christus sich dem Vater zu unser aller Heil hingegeben hat, wurde alles menschliche Opferwesen erfüllt, ja über-erfüllt. In seinem Lebensopfer wurde Gott »das reine Opfer« dargebracht, von dem in vielen Religionen die Rede ist. Sein Opfer ist endgültig, ihm fehlt nichts. Aber es wird gerade deshalb Gegenwart, damit wir uns davon ergreifen lassen und, von Christus befähigt, unser ganzes Leben Gott hinschenken. »Er (Jesus) nimmt uns mit auf den Weg zu Dir, zum Vater«, heißt es in einem der liturgischen Hochgebete. Gott das (Mess-)Opfer darbringen heißt: sich durch das Essen und Trinken der »Opfergaben« hineinnehmen, ja hineinziehen lassen in das in der Eucharistie gegenwärtige Opfer Christi, in seine Hingabe an den Vater und an uns Menschen.

Damit sind wir beim Wichtigsten: Indem die Feier der Eucharistie uns mit Christus und den übrigen Menschen verbindet, ist sie das »Sakrament der Einheit« schlechthin. Es ist bezeichnend, dass die Kirche zum ersten Mal im Zusammenhang mit der Eucharistie »Leib Christi« genannt wird. »Ist der Kelch des Segens ... nicht Teilhabe am Blut Christi? Ist das Brot, das wir brechen, nicht Teilhabe am Leib Christi? Ein Brot ist es. Darum sind wir die vielen, ein Leib; denn wir alle haben teil an dem einen Brot« (1 Kor 10,16f.). Kommunion des »Leibes Christi« bedeutet also – um eine Formulierung des Kirchenvaters AUGUSTINUS aufzugreifen – nicht nur Vereinigung mit »Christus allein«, sondern mit dem »ganzen Christus«, d.h. mit ihm, der das Haupt ist, und mit den Brüdern und Schwestern, die Glieder des einen Leibes sind. Dies wird bestätigt durch die erste, höchst kritische Erwähnung einer nachösterlichen Eucharistiefeier (1 Kor 11,20ff.).

Paulus erhebt gegen die Gemeinde in Korinth nachdrücklichen Einspruch: »Was ihr da bei euren Zusammenkünften tut, ist keine Feier des Herrenmahls mehr!« Warum nicht? Weil die Gemeinde bei ihren eucharistischen Versammlungen, statt Einheit zu finden und zu verwirklichen, sich in Reiche und Arme, Besitzende und Nichtshabende spaltete. Wer so Eucharistie feiert, macht sich nach Paulus »schuldig am Leib und am Blut des Herrn«. Deshalb fordert er zur »Unterscheidung des Brotes« auf, d.h. jeder soll sich bewusst werden, welche Herausforderung im Empfang des Herrenleibes steckt: Es gilt Einheit zu verwirklichen, nicht nur mit dem Herrn selbst, sondern mit den vielen Brüdern und Schwestern. Auf dieser Linie betont AUGUSTINUS: »Ihr selbst seid Christi Leib und Glieder. ... Darum empfangt ihr euer eigenes Geheimnis. Was ihr selbst seid, darauf antwortet ihr [wenn der Kommunionspender ›Der Leib Christi‹ sagt] mit Amen. ... Seid also ein Glied von Christi Leib, damit euer Amen wahrhaftig sei. ... Seid, was ihr empfangt, und empfangt, was ihr seid [Leib Christi].« So ist das eigentliche Ziel der Eucharistie nicht die Begegnung mit Christus, sondern »die Einheit des Leibes Christi« (THOMAS VON AQUIN).

Es ist deshalb beklagenswert, dass bei vielen Katholiken das Eucharistieverständnis immer noch individualistisch verkürzt und auf den »Empfang Christi« und seine Gegenwart reduziert wird. Als ob es nicht unzählige Weisen der Gegenwart Christi gäbe: im Wort, in der Gemeinschaft derer, die im Glauben an Christus versammelt sind, in der Begegnung mit Armen und Notleidenden! Es geht also in der Eucharistie nicht einfach um die Erfahrung der Gegenwart Christi und die Begegnung mit ihm, sondern um sein spezifisches Wirken. Und dies besteht darin, dass er uns in der eucharistischen Feier zur Einheit seines Leibes mit sich und untereinander zusammenführt. Gemeint ist zum einen die kirchliche Einheit, die weit über die zur Feier Versammelten hinausgeht: Jede Eucharistie wird »in Gemeinschaft mit unserem Papst und den Bischöfen«, d.h. im ganzen Netzwerk der weltweit lebenden Kirchen gefeiert. Deshalb kann es für katholisches Verständnis auch keine gemeinsame Eucharistiefeier (»Abendmahlsgemeinschaft«) geben, die nicht eo ipso auch konkrete kirchliche Einheit bedeutet. Zum anderen ist aber auch die Einheit gemeint, die ein jeder im konkreten Leben des Alltags und der Freizeit, des privaten und öffentlichen Umfelds zu verwirklichen hat.

»Verwirklichung der Einheit« – das führt zur Klärung jener letzten Bezeichnung der Eucharistie, die noch am meisten verbreitet ist: *Messe*. Der lateinische Entlassungsgruß (Ite, missa est – Gehet hin in Frieden) wurde zum Namen für das ganze Geschehen. Doch entdeckte man schon im frühen Mittelalter darin einen tieferen Sinn: Die Eucharistie erschöpft sich nicht in der liturgischen Feier – wer mit Christus und den vielen Brüdern und Schwestern eins geworden ist, wird dazu befähigt und »gesandt« (»missa« hängt mit »missio« – Sendung – zusammen), wo immer er ist und handelt, Einheit zu verwirklichen und ein Ferment der Einheit zu sein. Deswegen ist die Eucharistie auch das zentrale Sakrament der Kirche, die selbst ihr tiefstes Wesen darin hat,»Sakrament der Einheit« zu sein.

Gisbert Greshake

Theodor Schneider, Zeichen der Nähe Gottes, Mainz ⁶1992, 128-186; *Bernd Jochen Hilberath / Dorothea Sattler* (Hg.), Vorgeschmack. Ökumenische Bemühungen um die Eucharistie, Mainz 1995.

5.3 Ehe

Die gesellschaftlichen Leitbilder für Ehe und Familie haben sich im letzten Jahrhundert stark verändert. An die Stelle einer in der Regel patriarchalisch orientierten Arbeits- und Versorgungsgemeinschaft ist der Anspruch getreten, dass die partnerschaftliche Liebe zwischen einer Frau und einem Mann Grundlage für eine dauerhafte personale Beziehung sein soll und kann.

Das Zweite Vatikanische Konzil hat die kirchliche Lehre über die Ehe demgemäß erneuert, indem es von einem eher institutionellen zu einem eher personalen Eheverständnis übergegangen ist. Es versteht die Ehe als»innige Gemeinschaft des Lebens und der Liebe«, die durch das frei gesprochene, unwiderrufliche Ja-Wort der Partner begründet wird. Allerdings hat die Kirche die Normen des Verständnisses der Ehe als vor- und überpersonale Institution fast ohne Abstriche auf ihr Verständnis der personalen Beziehungswirklichkeit übertragen. Daraus haben sich Spannungen und Konflikte ergeben, die sich etwa in der Frage der Unauflöslichkeit der Ehe und einer selbst bestimmten Sexualität entladen haben. Der in der Beziehungswirklichkeit gründenden und von ihr her geltend gemachten partnerschaftlichen Selbstbestimmung in Fragen der Sexualität und der Nachkommenschaft, aber auch der immer häufiger erfahrenen Zerrüttung und dem Scheitern ehelicher Beziehungen, hat die kirchliche Lehre normativ bis heute wenig anderes als den Schutz der Institution Ehe entgegengesetzt, die sich bis zum Erweis der kirchenamtlich festgestellten Nichtigkeit der Rechtsgunst erfreut. Sie berücksichtigt dabei kaum, dass die personal gelebte Beziehung als Grundvoraussetzung des Ehebundes angesehen werden muss. Im theologischen Verständnis der Ehe als Sakrament hat sich diese personale Sichtweise freilich durchgesetzt. Nicht weil sie unauflöslich ist, ist die Ehe zwischen Getauften ein Sakrament. Vielmehr gilt: Da sie ein Sakrament ist, kann und soll sie als Ausdruck der unbedingt treuen Zuwendung Gottes zu den Menschen gelebt werden. In Nr. 48 der Pastoralkonstitution des Zweiten Vatikanischen Konzils GAUDIUM ET SPES findet das erneuerte Eheverständnis seinen prägnanten Ausdruck:»Die innige Gemeinschaft des Lebens und der Liebe in der Ehe, vom Schöpfer begründet und mit eigenen Gesetzen geschützt, wird durch den Ehebund, d.h. durch ein unwiderrufliches *personales Einverständnis*, gestiftet. So entsteht durch den personal freien Akt, in dem sich die Eheleute gegenseitig schenken und annehmen, eine nach göttlicher Ordnung feste Institution, und zwar auch gegenüber der Gesellschaft. Dieses heilige Band unterliegt im Hinblick auf das Wohl der Gatten und der Nachkommenschaft sowie auf das Wohl der Gesellschaft nicht mehr menschlicher Willkür. Gott selbst ist Urheber der Ehe ... Durch ihre natürliche Eigenart sind die Institutionen der Ehe und die eheliche Liebe auf die Zeugung und Erziehung von Nachkommenschaft hingeordnet und finden darin gleichsam ihre Krönung ... Diese innige Vereinigung als gegenseitiges Sich-Schenken zweier Personen wie auch das Wohl der Kinder verlangen die unbedingte Treue der Gatten und fordern ihre unauflösliche Einheit.«

Gemäß der Lehre der katholischen Kirche kann es eine nichtsakramentale Ehe zwischen Getauften nicht geben. In der kirchlichen Trauung spenden und empfangen die Eheleute den *Ehebund als Sakrament.* Sie vertrauen sich im Konsensaustausch wechselseitig der Verheißung der Treue und Zuwendung Gottes an. Ihre Hoffnung ist im Glauben an das Evangelium begründet, dass die Verheißung der Treue und Zuwendung Gottes zum Menschen in der Geschichte des ersterwählten Volkes Israel und – eschatologisch-endgültig – in Jesus Christus Wirklichkeit geworden ist.

Das Evangelium von Gottes Zuwendung, von seiner Freude am Menschen, findet seine menschliche Entsprechung in der Freude der Brautleute aneinander:»Wie der Bräutigam sich freut über die Braut, so freut sich dein Gott über dich« lautet der prophetische Zuspruch Jesajas an Israel (Jes 62,4; vgl. Joh 15,11). Die Ehe ist Sakrament, weil sie die Freude Gottes am Menschen zeichenhaft darstellt. Diese Freude ist die erste Frucht der göttlichen Liebe; als zweite kann die Treue genannt werden. Beide aber – Freude und Treue Gottes – bringen die Unbedingtheit der Liebe zum Ausdruck, die Gott ist (1 Joh 4,8.16).

Weil die Wirklichkeit der menschlichen Liebe anders als die der göttlichen nun aber eine bedingte ist, kann die Freude der Partner aneinander nachlassen und enden, ihre Treue zueinander kann den Anforderungen, die das Leben stellt, möglicherweise nicht standhalten und zerbrechen. Die Unbedingtheit der Liebe, die Gott ist, können die Ehepartner nur zeichenhaft darstellen. Und wer lang genug glücklich verheiratet gewesen ist, wird das Gelingen der Partnerschaft zunehmend als Gnade empfinden.

Weil aber die Liebe Gottes unbedingt ist, gilt ihre Verheißung auch denen, deren Ehe gefährdet oder gescheitert ist. Im Buch Hosea begegnet uns Jahwe selbst als»gescheiterter«, aber nicht von seiner Liebe lassender Liebhaber seines Volkes, der den Propheten mit einer Zeichenhandlung beauftragt, die seine unzerstörbare Treue zum Ausdruck bringen soll:»Der Herr sagte zu mir: Geh noch einmal hin und liebe die Frau, die einen Liebhaber hat und Ehebruch treibt. (Liebe sie) so, wie der Herr die Söhne Israels liebt, obwohl sie sich anderen Göttern zuwenden und Opferkuchen aus Rosinen lieben« (3,1). Der Gott, der die Untreue seiner Erwählten immer wieder mit seiner Treue»überbietet«, der sich in Jesu Leben und Geschick als treue Liebe geoffenbart hat, ist ein Gott, der neu anfängt, selbst in ausweglosen Situationen. Wo Ehepartner sich von dieser Treue getragen und herausgefordert wissen, auch in ausweglos erscheinenden Krisensituationen auf eine gemeinsame Zukunft zu setzen und an ihr zu arbeiten, da leben sie aus der sakramentalen Glaubenswirklichkeit ihrer Ehe.

Man muss sich aber davor hüten, die Unauflöslichkeit der Ehe als Glaubenswirklichkeit und als Rechtsgut isoliert zu sehen von der personalen Beziehungswirklichkeit, der darin Raum gegeben und die so in die Wirklichkeit der Treue Gottes einbezogen wird. Unauflöslichkeit ist eine personale Wirklichkeit, die um der personalen Würde des Menschen willen die Dauer einer Partnerschaft gebietet und auf sie abzielt. Sie ist kein – gegen das Wohl der Ehepartner – erzwingbar materielles Recht. Gleiches gilt für die Offenheit der Sexualität auf die Fortpflanzung hin. Es gibt kein Recht auf den Körper des anderen, auch kein Recht des Mannes auf die Schwangerschaft seiner Frau. Aber es ist ein Segen, wenn beide Partner sagen können:»Freut euch mit uns: ... unsere Liebe lebt.«

So zeigt sich hier noch einmal als das Grundmotiv einer Theologie des Ehesakraments: Die Ehe unter Getauften ist ein Sakrament, weil sie als von Gottes Wirklichkeit verbürgte Möglichkeit des Menschseins geglaubt und gelebt werden kann. Wenn die Kirche diese in Gottes treuer Erwählung verbürgte Möglichkeit des Menschseins als sakramentale Institution versteht, so schützt sie damit die Fähigkeit des Menschen zu einer verlässlichen, in allen Herausforderungen und Gefährdungen sich erneuernden Liebe, die Menschen im geistgewirkten Vertrauen auf die (neu-)schöpferische Kraft der Liebe Gottes zu leben versuchen.

Michael Böhnke

Ulrich Beck/Elisabeth Beck-Gernsheim, Das ganz normale Chaos der Liebe, Frankfurt a. M. 1990; *Otto Hermann Pesch/Franz-Xaver Kaufmann/Karl Herbert Mandel,* in: *Franz Böckle u. a.* (Hg.), Christlicher Glaube in moderner Gesellschaft, Bd. 7, Freiburg/Basel/Wien 1981.

5.4 Buße

Wenn Menschen heute das Wort »Buße« hören, so denken sie in erster Linie an das »Bußgeld«, das man für bestimmte Verkehrsdelikte zahlen muss, sowie an den entsprechenden »Bußgeldkatalog«. In Filmen hat man wohl auch schon gesehen, dass man früher in Klöstern bestimmte »Werke der Buße« auf sich nahm, um Gott gnädig zu stimmen, z. B. durch den Gebrauch von schmerzhaften »Bußgürteln«. Dabei ist vergessen worden, dass die Forderung nach Buße in der Mitte der Botschaft Jesu steht. Zwar macht die Verkündigung der Ankunft des Reiches Gottes ihr Zentrum aus. Aber von den Menschen ist gefordert, dass sie ihrem Leben von Gott eine neue Richtung geben lassen, dass sie umkehren: »Kehrt um und glaubt an das Evangelium!« (Mk 1,15). Diesen Sachverhalt interpretiert MARTIN LUTHER richtig, wenn er in der Kirche seiner Zeit – und dieser zur Mahnung – als erste seiner 95 Thesen formuliert: »Da unser Herr und Meister Jesus Christus spricht ›Tut Buße!‹, wollte er, dass das ganze Leben der Gläubigen eine Buße sein sollte«. Immer wieder müssen sich die Gläubigen auf den Weg zu Gott machen, den Gott selbst ihnen eröffnet. Dabei muss aber der Einzelne als Glied der Gemeinschaft gesehen werden: Das *Volk Israel* entfernt sich von Gott; so beklagt es das Alte Testament vielfach; die Kirche bzw. die Gemeinden verfehlen immer wieder die Wegrichtung hin zu Gott. Die Kirche ist eine Gemeinschaft von Menschen, denen Gott den Glauben ermöglicht. Aber diese »heilige« Gemeinschaft ist doch auch – durch die Sünden der vielen Einzelnen – eine »sündige« Gemeinschaft.

Die Buße, Umkehr und Heimkehr zu Gott, ist aber nicht in erster Linie Mühe und Last, sondern befreit den Menschen von allen widergöttlichen und das Menschsein schädigenden Abhängigkeiten und ist so ein Geschehen, das die Menschen mit tiefer Freude beschenken kann (vgl. etwa das Gleichnis Jesu vom barmherzigen Vater, Lk 15). In der Kirche war man sich früh bewusst, dass es für den Christen verschiedene Formen der Umkehr und Buße gibt. Das geduldige Ja zu den Lasten des Alltags kann das Leben insgesamt zu einem Geschehen der Buße machen. Die Taufe geschieht, wie das Glaubensbekenntnis sagt, zur »Vergebung der Sünden«. In jeder Eucharistiefeier bekennt der Mitfeiernde seine Bereitschaft zu Umkehr und Buße. Die Krankensalbung geschieht u.a., damit dem Menschen Sünden vergeben werden. Vor allem vor den großen Festen werden in vielen Gemeinden Wortgottesdienste gefeiert, die den Gläubigen helfen sollen, ihr Leben vor und mit Gott sowie mit den Mitmenschen gewissermaßen in Ordnung zu bringen. Etwa seit dem dritten Jahrhundert kennt man in der Kirche auch die Praxis, den Gläubigen in einem eigenen, geordneten Verfahren wiederholt die Vergebung Gottes zuzusprechen, auch wenn man noch prinzipiell an der Einmaligkeit der Sündenvergebung festhält. Aus diesen Wurzeln entwickelt sich als eines der sieben Sakramente das *Sakrament der Buße*. Das Konzil von Trient legt die theologischen Umrisse des Bußsakramentes fest. Das Bußsakrament ist von der Taufe zu unterscheiden, die Kirche hat von Gott die Vollmacht, durch den Bischof und die Priester die Sündenvergebung auszusprechen (vgl. Joh 20,22f.:»Er hauchte sie an und sprach: ›Empfangt den Heiligen Geist‹. Wem ihr die Sünden vergebt, dem sind sie vergeben, wem ihr die Vergebung verweigert, dem ist sie verweigert«). Das Konzil von Trient stellt zudem fest, dass der Beichtende »Reue, Bekenntnis und Genugtuung« einbringen müsse.

Die bereits angesprochene soziale Dimension der Buße bzw. des Bußsakramentes wird vom *Zweiten Vatikanischen Konzil* besonders betont und kommt in der heute gebräuchlichen Lossprechungsformel gut zum Ausdruck:»Gott, der barmherzige Vater, hat durch den Tod und die Auferstehung seines Sohnes die Welt mit sich versöhnt und den Heiligen Geist gesandt zur Vergebung der Sünden. *Durch den Dienst der Kirche schenke er dir Verzeihung und Frieden.* So spreche ich dich los von deinen Sünden im Namen des Vaters und des Sohnes und des Heiligen Geistes. Amen.«

Zweifellos ermöglicht Gott jedem Menschen die Umkehr und schenkt ihm die Vergebung der Sünden, wenn er – von Gottes Geist selbst dazu»inspiriert«– darum bittet. Deshalb sind z. B. auch die genannten Bußgottesdienste Orte wirklicher Buße und Umkehr.

Vor allem um die ganz persönliche Gestalt von Buße und Umkehr nicht aus dem Blick zu verlieren, wird vom römischen Lehramt betont, dass es nach einer gemeinsamen Bußfeier doch noch das Einzelbekenntnis (Einzelbeichte) geben müsse. Allerdings ist nicht nur bei Todesgefahr die allgemeine Lossprechung gestattet, sondern auch dort, wo – wie z. B. in Missionsgebieten – nicht genügend Beichtväter vorhanden sind. Freilich ist zu bedenken, dass die neuere kirchliche Lehre nur betont, es sei nötig, die »Todsünden« einzeln zu bekennen. Angesichts heutiger theologischer Diskussion, in der festgehalten wird, dass die eigentliche »Todsünde«, als radikale Abwendung von Gott, faktisch eher die Ausnahme sei, ist für die Praxis der Bußgottesdienste wohl ein größerer Spielraum gegeben, als die derzeitige Praxis erkennen lässt. Der drastische Rückgang im Empfang des Bußsakramentes hat sicher auch mit seiner sehr formalen, starren, manchmal nahezu rechtlichen Gestaltung zu tun.

Es wäre durchaus zeitgemäß, zu Formen der Gestaltung des Bußsakramentes hinzufinden, die verwoben sind mit allgemeiner Lebensberatung sowie seelsorgerlichem Gespräch. Der »Beichtvater« muss freilich stets darauf achten, dass es viele Bereiche menschlichen Lebens gibt, die zusätzlich zur Inanspruchnahme des Bußsakramentes oder sogar statt seiner fachliche Hilfe (ärztlicher, psychologischer, psychotherapeutischer Art) erfordert. Schon die Beurteilung solcher Situation im Konkreten erfordert allerdings Einfühlsamkeit und Sachkompetenz, auf deren Vermittlung bei der Ausbildung der Seelsorgerinnen und Seelsorger mehr Gewicht gelegt werden muss.

Harald Wagner

Harald Wagner, Dogmatik, Stuttgart 2003, 331-333; *Jürgen Werbick*, Schulderfahrung und Bußsakrament, Mainz 1985.

5.5 Priesterweihe

Ich bin es nicht«, bekennt Johannes der Täufer (Joh 1,21) und verweist von sich weg auf Jesus hin. Ebenso steht und lebt der Priester für den Anderen, für Jesus, in dem Gott sich uns mitteilt. So ist der Priester nicht aus sich selbst und für sich selbst da. Vielmehr ist er einbezogen und eingebunden in Gottes Zuwendung zu uns Menschen. In der Religionsgeschichte kommt es dem Priester zu, für das Heil der Menschen Opfer darzubringen. Doch diese Opfer sind ein für alle Mal überholt durch die einzigartige Lebenshingabe Jesu in seinem Kreuzestod (vgl. Hebr 10,5-18). Dieses Opfer ist unüberbietbar und letztgültig. Seither gilt: Priester ist allein Jesus Christus. Nur von ihm her und auf ihn zurückbezogen kann vom *gemeinsamen* Priestertum aller Christen wie vom *amtlichen* Priestertum die Rede sein. Das Priestertum in der Kirche ist nur noch Vergegenwärtigung des einmaligen Priestertums Jesu Christi zur Teilhabe an seinem Kreuzesopfer in Tod und Auferstehung.

Die Kirche als das Volk Gottes lebt nicht aus eigenem Vermögen, sondern ganz und gar aus der erbarmenden Zuwendung Gottes durch Christus, der das einzige Haupt, der einzige Herr der Kirche ist. Niemand sonst darf sich in der Kirche Herr, Meister, Vater, Lehrer nennen lassen (Mt 23,8-11). Alle Amtsträger in der Kirche sind darum berufen und gesendet, inmitten des Volkes Gottes Christus so zu repräsentieren, dass erfahrbar wird: Christus allein ist der Herr der Gemeinde. So gibt es innerhalb des gemeinsamen Priestertums des Gottesvolkes ein von diesem nicht ableitbares, im Priestertum Jesu Christi selbst gegründetes amtliches Priestertum, das Priestertum des Dienstes. Der geweihte Priester ist dazu bestellt, durch wirksame Zeichen und Worte in der gottesdienstlichen Gemeinde das darzustellen, was Christus selbst in ihr tut. So ist das Priestertum des Dienstes eine gültige Zusage an die Gemeinde, dass sie wirklich Kirche Jesu Christi ist und von ihm her leben darf. Zugleich wird ihr durch den Dienst des Priesters bewusst, dass sie in ihren vielfältigen Aktivitäten nicht aus sich selbst und nicht für sich selbst lebt.

Zutreffend ist das kirchliche Amt in der ökumenischen *Konvergenzerklärung von Lima* 1982 definiert worden (Nr. 8):»Um ihre Sendung zu erfüllen, braucht die Kirche Personen, die öffentlich und ständig dafür verantwortlich sind, auf ihre fundamentale Abhängigkeit von Jesus Christus hinzuweisen, und die dadurch innerhalb der vielfältigen Gaben einen Bezugspunkt ihrer Einheit darstellen. Das Amt solcher Personen, die seit sehr früher Zeit ordiniert wurden, ist konstitutiv für das Leben und Zeugnis der Kirche.«

Durch das Sakrament der Weihe – auch Ordination genannt – erfolgt die Einweisung in den bevollmächtigten priesterlichen Dienst. Weihe bedeutet Widmung. In der Weihefeier stellt der Weihekandidat zunächst durch die Erklärung seiner Bereitschaft sein Leben dem priesterlichen Dienst zur Verfügung. Die Ortskirche bestätigt durch den Bischof diese Berufung. Doch dann wird die Weihe sakramental vollzogen durch die Herabrufung des Heiligen Geistes (Epiklese), zeichenhaft dargestellt durch die Handauflegung des Bischofs und der anwesenden Priester, verbunden mit dem feierlichen Weihegebet. Die Handauflegung hat in tiefem Schweigen zu geschehen, wie schon HIPPOLYT VON ROM in seiner Apostolischen Überlieferung (ca. 220 n. Chr.) schreibt:»Alle sollen schweigen und in ihrem Herzen beten wegen der Herabkunft des Heiligen Geistes.« Also ist auch das ganze mitfeiernde Volk Gottes aktiv an dieser Weihe beteiligt.

Die durch Handauflegung und Weihegebet übertragenen kirchlichen Ämter sind wirksame Zeichen der fortdauernden Gegenwart Christi in seiner Kirche. Diese amtliche Repräsentation des Handelns Christi verwirklicht sich in den sich gegenseitig ergänzenden drei Aufgabenbereichen des Lehr-, Priester- und Hirtenamts. Es wäre eine Verkürzung, den Priester nur von den Vollmachten der eucharistischen Wandlung und der sakramentalen Lossprechung her zu definieren.

Die erste vorrangige Aufgabe des Priesters ist die *Verkündigung* des Wortes Gottes (Lehramt) in der Predigt, in der Katechese und in vielfältigen anderen Weisen, das Evangelium zur Sprache zu bringen, nicht zuletzt heute in den modernen Medien.

Das Priesteramt im engeren Sinn bedeutet wegen der Einmaligkeit und Endgültigkeit des Priestertums Christi, dass der geweihte Priester Christus in dessen Lebenshingabe und Todesgehorsam inmitten der Kirche und für die Menschen in der Welt vergegenwärtigt. So ist der Priester bestellt und gesendet, jenen *Gottesdienst* zu ermöglichen, in welchem die *Gemeinde* sich als die aktuell gegenwärtige Kirche Jesu Christi verwirklicht.

Im Hirtenamt ist dem Priester als dem zum *Leitungsdienst* Bevollmächtigten einerseits die Sorge für den Zusammenhalt und die Einheit der Gemeinde aufgetragen. Andererseits soll er sich in seiner *Seelsorge* den Sorgen und Ängsten, Zweifeln und Problemen, der Trauer und dem Leid der Menschen öffnen, vor allem den Armen, Kranken, Kindern und schuldig Gewordenen.

Menschlich gesehen ist der Auftrag des Priesters eine Überforderung; er übersteigt seine eigenen Kräfte. Aber im Vertrauen auf den in der Weihe zugesprochenen Heiligen Geist mag er sich und anderen sagen: »Ich bin es nicht« und bezeugen: »Es ist der Herr« (Joh 21,7), der in unserer Mitte lebt und wirkt.

Gerd Heinemann

Gisbert Greshake, Priestersein in dieser Zeit, Freiburg ²2000; *Donald B. Cozzens*, Das Priesteramt im Wandel. Chancen und Perspektiven, Mainz 2003.

5.6 Krankensalbung – Sterbesakramente

Es mag verwunderlich scheinen, dass es unter den sieben Sakramenten keines gibt, das direkt auf die Sterbesituation bzw. den Sterbeprozess des Menschen bezogen ist. Das öffnet unseren Blick für die tiefsinnige Einsicht, dass Sterben und Tod, wie auch die ernsthafte Krankheit als Vorbote des Todes, Themen des Lebens sind und die Auseinandersetzung damit zur menschlich-christlichen Bewältigung des Lebens gehört. Der Tod ist kein bloß punktuelles Ereignis am Ende des irdischen Lebens; er steht vielmehr in vielfacher Weise ins Leben hinein. Insbesondere ist jede ernste Erkrankung ein (wenn auch vielleicht nur ein noch ferner) Wink des Todes. Dann aber darf die Auseinandersetzung mit Sterben und Tod nicht aufs Ende hinausgeschoben werden. Wenn es wahr ist, dass der Mensch sich ständig mit dem Tod auseinandersetzt, sei es unbewusst oder bewusst, unausdrücklich oder ausdrücklich, »uneigentlich« in der Weise des Verdrängens und der Flucht oder »eigentlich« in personaler Entscheidung, dann dürfte gerade der Christ nicht ein »Mensch auf der Flucht« sein. Denn die christliche Glaubensexistenz ist ein Sein vom Tode Christi her. Die grundlegende Eingliederung in Christi Tod geschieht in der Taufe: »Wisst ihr nicht, dass wir alle, die wir auf Christus Jesus getauft wurden, auf seinen Tod getauft worden sind?« (Röm 6,3). Eingliederung in Christi Sterben und Tod ist aber zugleich Hindurchgang durch den Tod ins Leben: »Wenn wir nämlich ihm gleich geworden sind in seinem Tod, dann werden wir mit ihm auch in seiner Auferstehung vereinigt sein« (Röm 6,5). Jede Eucharistiefeier ist »Gedächtnis des Todes und der Auferstehung Jesu Christi«. Ja, alle Sakramente ohne Ausnahme haben ihren Ursprung in Tod und Auferstehung Jesu Christi, verbinden uns mit der zentralen Wirklichkeit unserer Erlösung und vermitteln uns deren Heilskraft. Personaler Glaubensvollzug aus dem Grund und der Mitte christlicher Existenz müsste deshalb immer auch eine persönliche Stellungnahme zum eigenen Sterben und Tod mit einschließen – und dies insbesondere in jeder Eucharistiefeier, »der Quelle und dem Höhepunkt des ganzen christlichen Lebens« (Zweites Vatikanisches Konzil), in der uns die Heilswirklichkeit von Tod und Auferstehung immer wieder real zugeeignet wird.

Von hier her lässt sich ein neuer, angstfreier Zugang zu dem Sakrament gewinnen, das lange Zeit ein Schattendasein führte, weil es aus Angst vor der drohenden Todesgefahr oft bis zum äußersten Ende hinausgeschoben wurde und z. T. auch heute noch wird (vielfach von den nächsten Angehörigen veranlasst, um den Kranken »nicht zu beunruhigen«). Schon der Name »Letzte Ölung« verband dieses Sakrament fast ausschließlich mit dem Gedanken des nahenden Todes. So wurde es immer mehr zum »Sterbesakrament«. Diese Vereinseitigung wurde im Gefolge des Zweiten Vatikanischen Konzils aufgebrochen, so dass jetzt dieses Sakrament wieder verstanden wird als das, was es ursprünglich war: Sakrament der Kranken. Als solches ist es in die Ganzheit des menschlichen Lebens und in die Heilssorge Christi und seiner Kirche für den ernsthaft erkrankten Menschen integriert.

Die biblische Grundlage für das Sakrament der Krankensalbung sieht die Kirche im Jakobusbrief (5,14-16): »Ist einer von euch krank? Dann rufe er die Ältesten (Presbyter, Priester) der Gemeinde zu sich, sie sollen Gebete über ihn sprechen und ihn im Namen des Herrn mit Öl salben. Das gläubige Gebet wird den Kranken retten, und der Herr wird ihn aufrichten; wenn er Sünden begangen hat, werden sie ihm vergeben.« Die medizinisch-therapeutische Verwendung von Öl war in der damaligen Kulturwelt gängige Praxis. In der Jakobusstelle wird sie zugleich in eine religiös-geistliche Ebene hinein überschritten. »Im Namen des Herrn« bedeutet nicht nur ein Handeln auf Anweisung oder im Auftrag des Herrn, sondern meint das Herbeirufen der wirkmächtigen Gegenwart Christi, der damit als der eigentlich Handelnde gekennzeichnet ist, sowie die Übereignung des Kranken an Christus.

Die Wirkung der Salbung und des gläubigen Gebetes, das »Retten« und »Aufrichten«, muss in einem umfassenden Sinne verstanden werden, der die leibliche Heilung nicht ausschließt, vor allem aber geistliche Aufrichtung und Stärkung bedeutet: Dem Kranken wird die Kraft mitgeteilt, aus der Verbundenheit mit Jesus Christus die Situation seiner ernsten Erkrankung, die immer auch eine existenzielle Krise ist, vertrauensvoll, d. h. im Vertrauen auf die Zusage ganzheitlicher, den ganzen Menschen nach Leib und Seele betreffender Rettung zu bestehen. Die neue Spendeformel der Krankensalbung knüpft an die genannte Jakobusstelle an und deutet sie weiter aus:

»Durch diese heilige Salbung helfe dir der Herr in seinem reichen Erbarmen, er stehe dir bei mit der Kraft des Heiligen Geistes. Der

Herr, der dich von Sünden befreit, rette dich, in seiner Gnade richte er dich auf.«

Wenn wir das Sakrament der Krankensalbung in den Gesamtzusammenhang von Leben, Leiden, Sterben und Auferstehung Jesu Christi einfügen, so lässt sich seine Wirkung so umschreiben: Der umfassende Sinn der Krankensalbung ist die sakramentale Einfügung des Kranken in die Lebensbewegung der Hingabe Jesu an den Vater, die in seinem Paschamysterium, d. h. in seinem Hindurchgang durch den Tod ins Leben der Auferstehung, gipfelt. Die Krankheitssitution wird so in eine Heilssituation hineingewandelt. Salbung und gläubiges Gebet werden dem Kranken zu wirksamen Zeichen der Leben rettenden, aufrichtenden, Leiden, Sterben und Tod überwindenden Gegenwart des Herrn.

Wer sich in gesunden Tagen schon mit den zum menschlichen Leben gehörenden Phänomenen von Krankheit, Sterben und Tod befasst hat, wird dann, wenn er die Bedrohtheit seines Lebens am eigenen Leibe erfährt, das Sakrament der Krankensalbung nicht als Belastung empfinden, sondern als das, was es in Wirklichkeit ist: die ihm von JesusChristus geschenkte Zusage seiner helfenden und rettenden Nähe. Er wird dann den Empfang dieses Sakramentes rechtzeitig erbitten, zumal es selbst in ein und derselben länger dauernden Krankheit mehrmals empfangen werden kann. Wer den befreienden Sinn dieses Sakramentes recht verstanden hat als das göttliche Angebot zur krankheits- oder altersbedingten Krisenbewältigung aus dem Eingefügtsein in die Lebensbewegung Jesu Christi, wird dieses Sakrament vor allem und gerade auch in der Situation der andrängenden Todesgefahr empfangen wollen, zusammen mit dem Sakrament der Buße und der heiligen Kommunion, die Jesus uns geschenkt hat als Wegzehrung auf dem Pilgerweg unseres Lebens, die aber jetzt, beim Hinübergang aus diesem Leben in die verheißene Vollendung, erst recht zur Wegzehrung auf dieser unserer letzten irdischen Wegstrecke und zum Unterpfand der Auferstehung, zum »Heilmittel der Unsterblichkeit« wird. Dass (entsprechend dem neuen Ritus) die Krankensalbung, vor allem aber die Wegzehrung nach Möglichkeit im Rahmen einer Eucharistiefeier gespendet werden kann (und darf), so dass der Kranke die Kommunion unter beiderlei Gestalten empfangen kann, ist nochmals eine Verdeutlichung des umfassenden Sinnes der Krankensakramente, die in der Situation des Hinübergangs aus diesem Leben dann doch zu »Sterbesakramenten« werden: nämlich die Gleichgestaltung mit dem leidenden und auferstandenen Herrn, der uns Anteil gibt an seinem Ostersieg. Wir müssen zwar unseren letzten Weg ganz persönlich und unvertretbar zurücklegen, aber wir müssen ihn nicht alleine und hoffnungslos gehen. Der, der unsere Wegzehrung ist, ist auch selbst der Weg, der zum Ziel führt, und der Begleiter auf diesem Weg.

Hans Jorissen

Reiner Kaczynski, Feier der Krankensalbung, in: Sakramentliche Feiern 1/2 (Gottesdienst der Kirche 7/2), Regensburg 1992, 241-343; *Eva-Maria Faber*, Krankensalbung, in: Einführung in die katholische Sakramentenlehre, Darmstadt 2002, 143-149.

5.7 Sakramentalien (Segnungen)

Der Begriff *Sakramentalien* ist dem der *Sakramente* nah verwandt. Die damit gemeinte Sache ist es auch. Seit sich im 12. Jahrhundert in der Kirche die Siebenzahl der Sakramente als allgemein verbindlich herausbildete, nannte man Sakramentalien solche gottesdienstlichen Handlungen, die nicht zu den sieben Sakramenten gehören, diesen aber in Gestalt und Wirkung ähnlich sind. Nach der Konstitution über die heilige Liturgie des Zweiten Vatikanischen Konzils sind Sakramentalien »heilige Zeichen, durch die in einer gewissen Nachahmung der Sakramente Wirkungen, besonders geistlicher Art, bezeichnet und kraft der Fürbitte der Kirche erlangt werden« (SACROSANCTUM CONCILIUM 60). Wie schon bei den Sakramenten und über sie hinaus wird hier den Glaubenden »nahezu jedes Ereignis ihres Lebens geheiligt durch die göttliche Gnade, die ausströmt vom Pascha-Mysterium des Leidens, des Todes und der Auferstehung Christi, aus dem alle Sakramente und Sakramentalien ihre Kraft ableiten. Auch bewirken sie, dass es kaum einen rechten Gebrauch der materiellen Dinge gibt, der nicht auf das Ziel ausgerichtet werden kann, den Menschen zu heiligen und Gott zu loben« (SACROSANCTUM CONCILIUM 61).

Wie in jeder liturgischen Feier steht also im Zentrum der Sakramentalien die Heiligung des Menschen (und seiner Lebenswelt sowie der Schöpfung im Ganzen) und das Lob Gottes. Das wird seit dem Konzil wieder deutlicher gesehen als zuvor. Denn zu den Sakramentalien zählen vor allem Segnungen und Weihen von Personen, aber auch von Dingen im Hinblick auf die Personen, die diese Dinge gebrauchen. Weiter gehören dazu das Gebet um die Befreiung vom Bösen, herkömmlich Exorzismus genannt, die Bestattung, Prozessionen und gottesdienstliche Feiern wie Fußwaschung oder Kreuzverehrung.

Sakramentalien sind Wortgottesdienste, zu denen in der Regel eine Lesung aus der Heiligen Schrift und ein Segensgebet gehören, in dem Gott Dank und Lob gesagt wird für sein Heilshandeln an uns. Zugleich wird die Bitte an ihn gerichtet, auch in dieser Situation hier und jetzt, für die wir seinen Segen erbitten, den Betroffenen sein Heil zu gewähren. Zu diesem Gebetswort gehört auch ein Segensgestus, z. B. eine Handauflegung oder ein Kreuzzeichen. Wie in jedem Gottesdienst können ein Gebet zur Eröffnung, ein Antwortgesang auf die Schriftlesung, eine Ansprache, Fürbitten im Anschluss an das Segens- oder Weihegebet sowie das Gebet des Herrn hinzutreten. Ein eigenes liturgisches Buch, das »Benediktionale«, enthält 99 Segensfeiern im Leben der Pfarrgemeinde, in der Familie und der Öffentlichkeit.

Fürbittende Weihegebete beziehen sich z. B. auf Lebensentscheidungen oder die Bestellung zu bestimmten Funktionen (Mönchs-, Jungfrauen-, Abtsweihe) oder auf Dinge, die exklusiv in den liturgischen Dienst gestellt werden (Kirchen, Altäre, Glocken, Weihwasser). Viele Sakramentalien sind nicht an einen Amtsträger der Kirche gebunden, denn auch Laien können segnen. Der Segen der Eltern für ihre Kinder ist nicht minderen Ranges als ein bischöflicher Segen. Zudem können Laien auch zum Vollzug bestimmter Sakramentalien beauftragt werden, so etwa zur Feier der Beerdigung.

Die Sakramentalien strahlen von den Sakramenten aus und verlängern diese gewissermaßen in den Alltag hinein. So ist die Eucharistie in jedem Mahl zu spüren, wenn dieses in den Lebenskreis der Kirche miteinbezogen wird durch Tischgebet und Speisensegnung (etwa zu Ostern). Die heiligende Kraft der Taufe wird sichtbar im gläubigen, die Taufe erinnernden Gebrauch des Weihwassers. Vielerlei Formen der Versöhnung (etwa Bußandachten) weisen hin auf das Bußsakrament. Diese Ausstrahlung der Sakramente in die Vielgestaltigkeit der Sakramentalien zeigt, dass Christusbezug und Heiligung der Christen nicht auf einzelne gottesdienstliche Akte beschränkt sind, sondern ihr ganzes Tun und Sein durchdringen, gestalten und so heiligen. Die Sakramentalien sind in diesem Sinne Zeichen der Gegenwart Gottes in unserer alltäglichen Welt. Sie zeigen, wie die ganze Schöpfung Raum des Handelns Gottes ist, in dem der Mensch Gott begegnet.

Dass auch die Segnung von Dingen auf die Benutzer, auf die Menschen ausgerichtet ist, zeigt z. B. die Segnung eines Rettungsfahrzeuges aus dem»Benediktionale«:»Himmlischer Vater, allmächtiger, ewiger Gott, du hast den Menschen für ein Leben in Gemeinschaft geschaffen und zu gegenseitiger Hilfeleistung berufen. Segne dieses Fahrzeug, das heute in Dienst gestellt wird. Gib, dass wir durch seinen Einsatz dem Unfrieden wehren, Gefahren abwenden und in Unglücksfällen helfen können. Bei allem Bemühen sei du unser Beschützer. Dich preisen wir durch Christus in alle Ewigkeit. Amen.«

Klemens Richter

Benediktionale. Studienausgabe für die katholischen Bistümer des deutschen Sprachgebietes, hg. von den Liturgischen Instituten Salzburg/Trier/Zürich, Einsiedeln u.a. [9]1994; *Reinhard Meßner*, Artikel »Sakramentalien«, in: *Gerhard Müller* (Hg.), Theologische Realenzyklopädie, Bd. 29, Berlin/New York 1998, 648-663.

6. Gebet

Jan van Eyck (um 1390-1441): *Madonna des Kanzlers Rolin*, um 1435; Öl auf Holz, 66 x 62 cm; Louvre, Paris.

Jan van Eycks Malerei ist zugleich Beginn und Höhepunkt der realistischen niederländischen Tafelmalerei. Während die Florentiner Maler mittels Linearperspektive und anatomischer Figurendarstellung das Streben nach Wirklichkeitsnähe gestalterisch umsetzten, arbeitete van Eyck mit einer bisher nicht gekannten Perfektion der Stofflichkeitswiedergabe und Schärfe der Naturbeobachtung, was zu völlig neuen plastischen Bildwirkungen führte. Die Intention, das Gemälde zum Spiegel der sichtbaren Welt zu machen, prägt unser Sehen und unsere Vorstellungen von Malerei bis heute.

Die meisterhafte Beherrschung der neuen Technik der Ölmalerei, mittels derer die Wirkung des Lichtes auf den Oberflächen der Dinge gestaltet werden konnte, und immer wieder neue Bild-Erfindungen sind Ausdruck der genialen Künstlerpersönlichkeit van Eycks.

Eine solche Bild-Erfindung ist auch die so genannte Rolin-Madonna, ein für den privaten Gebrauch bestimmtes Andachtsbild für den burgundischen Kanzler Nicolas Rolin. Der Dialog zwischen Stifter und Madonna ist kein neues Thema, doch war die Doppeltafel das übliche Bildschema – auch von van Eyck mehrfach so gearbeitet. Die getrennten Bildorte verdeutlichen die Trennung zweier Welten: Das Heilige, Himmlische steht auf der einen Seite, das Irdische, Wirkliche – verbildlicht in dem an die privaten Gebetslogen in Kirchen erinnernden Gebetsraum – auf der anderen. Der Blick des Stifters verbindet beide Welten.

Mit der Rolin-Madonna gestaltet van Eyck nun etwas auf den ersten Blick Unerhörtes, indem er die beiden Bildorte in der zwingenden Einheit des Gemäldes verbindet und zudem den betenden Kanzler gleich groß wie Maria und wie diese eine Bildhälfte einnehmend in einen Raum mit der Muttergottes und dem Jesuskind platziert.

In einem prachtvollen, an Palast- wie an Kirchenarchitektur erinnernden Innenraum, der durch eine offene Säulenstellung den Blick in eine weite Landschaft erlaubt, ist der Kanzler kniend mit gefalteten Händen dargestellt. Er trägt einen prächtigen, golddurchwirkten und pelzbesetzten Brokatmantel als Zeichen seiner neu erworbenen Ritterwürde. Durch die höchstmöglich differenzierte Darstellung der Lichtwirkung auf den unterschiedlichen Oberflächen und den Körpern der Dinge gewinnt die Figur

ihre beeindruckende räumliche Präsenz. Die harten Gesichtszüge, die durch außerordentliche Plastizitätswiedergabe und Detailgenauigkeit nahezu fotorealistisch wirken, charakterisieren den Kanzler als machtbewussten Mann. Auf einem Samtkissen vor ihm liegt ein Stundenbuch, aufgeschlagen ist das Marienoffizium. Dem Kanzler gegenüber auf einer Bank oder Truhe sitzt die mädchenhafte Madonna, ganz in einen prächtigen, mit Edelsteinen besetzten Mantel gehüllt, dessen linearer Faltenwurf bei aller Plastizitätsillusion ganz in der gotischen Tradition steht. Auf ihren Knien sitzt das nackte Jesuskind mit segnender Rechter, in der linken Hand die gläserne Weltkugel haltend. Während sein ganz unkindlicher Blick auf dem Kanzler ruht, senkt Maria demütig den Blick. Über ihrem Kopf hält wie schwerelos ein graziles kleines Engelwesen eine phantastische Krone.

Die Blickführung der dargestellten Figuren ist nun der Schlüssel zum Verständnis von van Eycks neuer künstlerischer Lösung des Dialogs Stifter – Madonna: Rolin schaut vom Stundenbuch auf, doch blickt er nicht die Madonna an, sondern sieht gleichsam an ihr vorbei ins Nichts. Denn mit seinen physischen Augen kann er die so wirklichkeitsnah abgebildete Muttergottes natürlich nicht sehen. Vielmehr zeigt der Maler die innere Vorstellung des Betenden, der sich vor seinem geistigen Auge vergegenwärtigt, was er gerade im Buch über Maria gelesen hat. Innere Bilder der Phantasie als Teil der Meditation kommen in jeder Andachtsübung der Zeit vor. Wenngleich eine zu starke Wirkung solcher "Einbildungen" und ihre Entfernung von der religiösen Wahrheit als Problem formuliert wurden, so galten doch andererseits Bilder der Imagination denen der sichtbaren Natur gleichberechtigt.

In diesem Sinne konnten beide Welten, die der Realität und die der Vorstellung, mit empirischem Wirklichkeitssinn dargestellt werden. Mit dem Realismus der Darstellung beglaubigt die Malerei sozusagen die Wirklichkeit des Dargestellten – d.h. hier des Geglaubten in den Figuren der Gottesmutter und des Jesuskindes wie auch der Gebetssituation, in welcher der Betende denen nahe ist, an die er sich im Gebet wendet.

Kerstin Clasen

238

6.0 Loben, danken, bitten

Sprachlosigkeit vertreibt das Leben aus dem Leben. Sie ist ein Vorgeschmack des Todes: Was mir begegnet oder in mein Leben einbricht, verschließt mir die Lippen. Es gibt nichts mehr zu sagen. Es ist, wie es ist – sinnlos, noch ein Wort darüber zu verlieren. Das Stummwerden überwältigt mich, es bricht meinen Widerstand. Wer verstummt, lässt den Dingen ihren Lauf. Juden und Christen haben im Beten Sprechmöglichkeiten entdeckt, die vor dem Sprachloswerden retten können. Nicht nur Christen und Juden allein; das Beten ist ein Grundvollzug vieler Religionen und Glaubensüberlieferungen. Ein göttliches Gegenüber anzusprechen, herbeizurufen, ihm zu klagen, es anzuklagen, im äußersten Fall es zu verfluchen, ihm aber auch zu danken, es zu loben, wenn Menschen überwältigt sind und überwältigt werden von dem, was ihr Leben durcheinander wirbelt – das ist oft die letzte Möglichkeit, *Subjekt* zu bleiben und die Dinge nicht nur geschehen zu lassen.

Die *Bitte* stand und steht oft im Vordergrund; die Bitte darum, Gott möge das Unerträgliche von uns nehmen, uns vor ihm bewahren; er, der doch die Macht haben müsste, es zu wenden. Christen wissen sich in der Gebetsgemeinschaft mit Jesus Christus, in der ihnen auch die Ölbergsituation nicht erspart bleibt. Ohne im Vorhinein wissen zu können, welchen »Kelch« sie zu leeren haben, rufen sie Gott in ihr Leben und ihre Not herein, bitten sie mit ihrem Bruder Jesus um Gott – darum, sich auf Gott, auf ihn hin, verlassen zu können und nicht von ihm verlassen zu werden. Sie machen die Erfahrung, dass das ihrer Not oft nicht im erbetenen Sinne abhilft. Und sie wissen nicht, warum das so ist. Dennoch versuchen sie sich an ihren Gott zu halten in der Hoffnung, er werde sie aus der Umklammerung durch das Unerträgliche hinausführen und die Tür in eine gute Lebenszukunft öffnen (vgl. Lk 11,10).

Überwältigt sprachlos, das kann auch eine beglückende Erfahrung sein: Mir ist widerfahren, was ich kaum zu hoffen wagte. Und mir ist aufgegangen, was mir da geschenkt ist, wovon und wofür ich – Gott und diesem Menschen, vielen Menschen vielleicht sei Dank – leben darf. Es ist gut, wenn solche Erfahrungen nicht einfach vorübergehen, kaum dass ich sie wirklich wahrgenommen habe. Wenn ich für sie eine Sprache habe, in der sie Resonanz finden, kann ich sie wirklich wahrnehmen, für mich wahr werden lassen. Es ist die Sprache des *Dankens*. Sie richtet sich an die, denen ich dieses Geschenk verdanke. Im Gebet richtet sie sich an Gott, dem ich mich selbst, dem ich Hoffnung und Zukunft verdanke, ohne die ich nicht leben könnte; dem ich den lebendig machenden Lebensatem verdanke. In der Sprache des *Lobens* bewundere ich den und die, die mir das Wunderbare bereitet haben, es mich haben erfahren lassen: Ich darf mich wundern darüber, dass nicht alle nur auf ihre Kosten kommen und ihre Interessen durchsetzen wollen; darüber, dass das Leben in dieser Welt so unendlich reich und kostbar sein kann. Ich wundere mich und staune nicht genug darüber, dass die sein dürfen, die ich liebe, dass ich selbst sein darf. Und ich glaube, dass mein Staunen einen »Adressaten« hat: Ich darf den loben, der mich und uns in ein Leben gerufen hat, das so viel mehr ist als Überleben und Bedürfnisbefriedigung. Wer Augen hat zu sehen, was das Gotteslob verdient, und wer eine Sprache dafür hat, »wer lobt, bleibt am Leben« (PAUL MICHAEL ZULEHNER/JOSEF BRANDNER).

Beten geschieht im »stillen Kämmerlein«, in den vorgeprägten Formen oder in selbst gefundener Anrede, in kaum artikuliertem Stammeln, oft an der Grenze zum Schweigen. Und es geschieht gemeinsam, im Gottesdienst oder am Mittagstisch. Oft ist es gut, dass ich einfach nur mitbeten darf, wenn ich von mir aus kaum den Mut fände, zu bitten, zu loben oder zu danken; wenn ich gerade noch um diesen Mut beten kann – und um die Hoffnung, dass mich der »hört«, zu dem ich hilflos rufe. Wie gut, wenn ich dann mitbeten kann: mit Beterinnen und Betern, die mir ihre Gebete über Jahrhunderte und Jahrtausende hinweg vorgesprochen haben; mit den Beterinnen und Betern, die hier und jetzt ihr Beten mit mir teilen, mir ihren Gebetsmut und Gebetsglauben mitteilen!

Jürgen Werbick

6.1 Psalmen

Das Buch der Psalmen – der Psalter – enthält 150 Psalmen, wobei der hebräische und der griechische Text und von letzterem abhängig auch der lateinische Text darin übereinkommen, dass es 150 einzelne Gebete sind. Wegen einer Zusammenlegung im Bereich der Psalmen 9/10 und 114/115 sowie einer entsprechenden Zerlegung im Bereich der Psalmen 116 und 147 werden die Psalmen jedoch unterschiedlich gezählt.

Die Psalmen sind Gebete sowohl in unmittelbarer Rede zu Gott wie in Rede über Gott. Es beten Einzelne oder verschiedene Gruppen ebenso wie das ganze Volk. Der Psalter wird durch vier formelhafte Preisungen am Ende der Psalmen 41; 72; 89 und 106 in fünf Bücher eingeteilt. Die Fünfteilung deutet die rabbinische Überlieferung als Verwandtschaft mit den fünf Büchern des Mose, dem Pentateuch. In Psalm 72,20 findet sich eine einmalige Unterschrift (»Ende der Gebete Davids, des Sohnes Isais«) – neben der Doppelüberlieferung der Psalmen 14 und 53, 40 und 70 sowie 57/60 und 108 ein wichtiges Indiz für das allmähliche Wachstums des Psalters. Die Psalmen besitzen teilweise Überschriften mit Angaben zum Autor, zur Trägergruppe und zur musikalischen Aufführung.

Der Psalter hat folgenden großen Aufriss: Das *erste Buch* wird eröffnet mit dem überschriftlosen »Portal« der Psalmen 1-2, dann folgt der erste Davidpsalter (Ps 3-41). Das *zweite* enthält die Korachpsalmen 42-49, den Asafpsalm 50 und den zweiten Davidpsalter (Ps 51-72). Das *dritte Buch* besteht aus den Asafpsalmen 73-83, den Korachpsalmen 84-89 und dem eingeschobenen Davidpsalm 86. Das vierte Buch enthält unter anderem die titellose Gruppe der Jahwe-König-Psalmen 93-100, ebenso die kleine Davidgruppe (Ps 101-103). Das *fünfte Buch* besteht unter anderem aus der Davidgruppe der Psalmen (Ps 108-110), dem sog. Pesach-Hallel (Ps 113-118), dem Wallfahrtspsalter (Ps 120-134), dem letzten Davidpsalter (Ps 138-145) und dem Schlusshallel der Psalmen (Ps 146-150).

Die vielfältigen Formen der poetisch gestalteten Gebete lassen sich auf einige Grundtypen des Gebetes zurückführen: Die Klage und Bitte des Beters prägt die ersten drei Bücher. Lob und Dank, vorgetragen vor allem in den Hymnen, beherrschen das vierte und fünfte Buch. Daneben leiten unterweisende Gebetsformen wie Zusammenfassungen der Heilsgeschichte, Gebete in alphabetischer Anordnung der Abschnitte oder thematisch orientierte Gebete zur Meditation an.

Der Psalter stellt eine Auswahl der Gebete Israels aus dem ersten Jahrtausend v. Chr. dar. Die neuere Psalmenexegese rechnet damit, dass der Psalter zeitlich in Schüben von vorne nach hinten gewachsen ist. Zugleich betont sie mit ihrem Programmwort »von der Psalmen- zur Psalterexegese« die Wahrnehmung des Psalters in der Leserichtung vom ersten bis zum letzten Psalm. Damit greift sie wissenschaftlich die große Tradition der so genannten *lectio continua* (fortlaufende Lesung) der Psalmen im Stundengebet auf.

Gerade im Nebeneinander der Einzelgebete durch Verbindung und Überlagerung seiner vielen Bilder und Motive entwirft der Psalter einen Gesamteindruck von Gott, Mensch und Welt, d.h. von Jahwe, Israel und den Völkern, so dass er wie eine Zusammenfassung der gesamten hebräischen Bibel, wie »eine Bibel im Kleinen« wirkt. Als roter Faden durch den Psalter bieten sich folgende Themen an:

Die prägende Gestalt Davids: Er begegnet als historischer König in einer Reihe von Gebeten (Pss 18; 78; 89; 122; 134; 144). In den Überschriften der beiden Davidpsalter tritt er häufiger als exemplarischer Beter in biographisch zugewiesenen Situationen auf (z. B. Ps 3 und 51). Der hebräische Psalter nennt ihn in insgesamt 79 Überschriften, was die griechische Übersetzung und die Psalmenbelege aus Qumran weiter ausdehnen, so dass er im NT als Verfasser aller Psalmen gilt. Als solcher übernimmt er dann die Rolle eines vorhersagenden Propheten und weisen Dichters. In den sog. Königspsalmen 2; 20; 18; 21; 45; 72; 89; 101; 110; 132; 144 wird die Frage irdischer Herrschaft zum Thema gemacht. Der gesalbte König, d.h. der Messias, verbindet sich mit der Figur Davids. Seine irdische Herrschaft bleibt abhängig von der Herrschaft Gottes. Dessen Herrschaft wird in den Jahwe-König-Psalmen 93-100 gepriesen. Der

Schluss des letzten Davidpsalter, die Pss 144 und 145, ordnet die Herrschaft Davids der Herrschaft Gottes unter. Eine charakteristische Struktur des Psalters ist die *Dynamik des Gebets von der Klage zum Lob*. Sie prägt Einzelpsalmen (vgl. z. B. Ps 22), Psalmengruppen (vgl. z. B. die Klagegebete Ps 3-14 mit dem Hymnus Ps 8 in der Mitte), ganze Bestandteile wie den zweiten Davidpsalter und schließlich den Gesamtpsalter, wo bis Psalm 89 einschließlich die Klage überwiegt, wohingegen ab Ps 90 das Lob die Führung übernimmt. Insofern gibt der Psalter dem Beten die Richtung an: von der mit Leid und Freude gemischten Befindlichkeit des Menschen zum uneingeschränkten Loben Gottes als Ziel.

Auffällig ist in vielen Psalmen des Einzelnen die Kennzeichnung der zugehörigen Gruppe als Arme, was als *Armenfrömmigkeit* bezeichnet wird. Diese Kennzeichnung tritt neben die Charakterisierungen der Gruppe als »Gerechte«, »Gottesfürchtige« und »Fromme«. Wir treffen sie z. B. an in den Psalmen 11-14; 22; 25 und 34; 69-70 und 86. Im fünften Psalmenbuch wird die Gruppe der Armen zunehmend mit dem Volk Israel identisch (vgl. Pss 107; 109; 145; 149). Im universalen Horizont der Völker baut und wartet diese Gruppe auf Gottes Hilfe.

Der Psalter stellt das *grundlegende Gebet- und Meditationsbuch* für *Judentum* und *Christentum* dar und ist dadurch eine entscheidende Brükke zwischen Israel und der Kirche. Mit ungefähr einem Drittel aller Schriftzitate ist er das meist zitierte Buch des Alten Testaments im Neuen Testament. Solche Hochschätzung findet auch darin ihren Ausdruck, dass die frühen Christen keinen neuen Psalter geschaffen, sondern den jüdischen Psalter selbstverständlich übernommen haben.

Die Gebete des Psalters sind *nicht nur Texte, sondern auch Klang.* Insofern steht er in der Bibel am Anfang der Verbindung von Musik und Gebet. Dafür spricht schon der aus dem Griechischen stammende Begriff *Psalm*, der einen Sprechgesang mit Saitenspielbegleitung bezeichnet. In vielfältiger Weise tritt die musikalische Gestaltung des Betens in den Vordergrund. Gelegentlich erwähnen Psalmen die Orchesterbesetzung (Pss 68; 81; 137; 150). 55 Mal verweisen die Überschriften auf die chorische Aufführung und geben Hinweise zu Melodien, wohl damalige »Hits«. Obwohl es bisher nicht gelungen ist, die biblische Musikkultur zu rekonstruieren, gehen die Christen mit dem Psalter nicht nur in die Schule des Betens, sondern auch in die Schule der affektgeladenen, gesungenen und orchestral begleiteten Verehrung Gottes.

Weil der Psalter als Sammlung von Gebeten den Vollzug und die Nachahmung aller Beter herausfordert, hat er auch ein einzigartiges *Nachleben in der Literatur* bis in die Moderne gefunden. Durch die Jahrtausende sind Psalmen übersetzt, als poetische Vorgabe angesehen und in wechselnden Stilen nachgedichtet worden. Deswegen zehrt die Liturgie von seinen Inspirationen, haben viele Poeten sich von ihm herausfordern lassen und besitzen viele Christen ihren »Lieblingspsalm« (vgl. nur die beherrschende Stellung von Ps 23 und 46 im Gottesdienst von Protestanten und Katholiken).

Frank-Lothar Hossfeld

Erich Zenger, Die Psalmen, in: *ders.* (Hg.), Stuttgarter Altes Testament. Einheitsübersetzung mit Kommentar und Lexikon, Stuttgart, ²2004, 1036-1219; *Konrad Baumgartner*, »Psalter und Harfe wacht auf!« Die Psalmen heute in Liturgie, Verkündigung und Meditation, in: *Johannes Frühwald-König/ Ferdinand R. Prostmeier/ Reinhold Zwick* (Hg.), Steht nicht geschrieben? Studien zur Bibel und ihrer Wirkungsgeschichte (FS Georg Schmuttermayr), Regensburg 2001, 305-316.

6.2 Vaterunser

Das Vaterunser gilt als Schlüssel zur christlichen Existenz. Immer wieder hat es Glauben geweckt, ist es Halt und Magnet für Suchende gewesen. Es weist ein in das Gebet: die aus dem Vertrauen auf den unsichtbaren Gott erwachsende Rede zu Gott. Zugleich erschließt es Jesu Verkündigung von Gott, die auf dem

Fundament des Gebetes steht. Indem es zu Gott spricht, spricht es von Gott.

Im Neuen Testament begegnet das Vaterunser in zwei Fassungen (Mt 6,9b-13; Lk 11,2b-4). Der in der Christenheit vertraute Gebetstext ist eine Kombination aus beiden Fassungen. Eine weitere alte Überlieferung findet sich in einer Kirchenordnung der Apostolischen Väter, der Didache (8,2f.). Der größere Textzusammenhang ist im Matthäusevangelium die Bergpredigt (Mt 5,1-7,29). Ihre Mitte ist die Entfaltung der durch die jüdische Überlieferung vertrauten Hauptformen der Frömmigkeit: Almosen, Gebet, Fasten. Hier geht es um die Konkretisierung des Gottesverhältnisses unter den Bedingungen alltäglicher Existenz. Das Gebet ist für Matthäus die Sinnmitte: Jesus verkündigt sein Gebet dementsprechend auf dem »Gipfel des Berges« seiner Bergpredigt. Im Bild des Berges wird der Bezug zum Sinai (Ex 19-34) eingespielt, wo die grundlegende Gottesoffenbarung für das Gottesvolk des Alten Bundes geschehen ist: Was dort gesagt ist, soll hier und jetzt Geltung und Bedeutung bekommen.

Bei Lukas findet sich das kürzere Vaterunser als Mittelteil der Jüngerunterweisung (Lk 9,51–13,21) auf dem Weg nach Jerusalem. Die Praxis des Betens Jesu ermutigt die Jünger, die Jesus nachfolgen, zur Bitte: »Herr, lehre uns beten!« (Lk 11,1) Am Beten Jesu sehen sie nicht nur, wie über alles wichtig Jesus die Heiligung des Namens Gottes ist; sie nehmen daran auch seine Gottessohnschaft wahr, die zuinnerst mit seiner Sendung verbunden ist. Indem sie mit Jesu Worten beten, gewinnen sie Anteil am Gottesverhältnis Jesu und damit auch an jener Gottesbeziehung, die das verheißene Heil schon jetzt einschließt. Betend nach der Art Jesu sind sie für den Glaubensweg gerüstet.

Das Vaterunser bekommt seinen vollen Ton auf dem Hintergrund des Alten Testamentes. Schon formal lehnt es sich an die Psalmen an, indem es eine typische Technik der hebräischen Versdichtung aufnimmt, die man »Parallelismus der Glieder« nennt. Die Du-Bitten und die Wir-Bitten sind im Vaterunser nach diesem Schema gestaltet. Die Du-Bitten beziehen sich auf Gott und seine Anliegen, die Wir-Bitten auf die Not des Menschen. Im Gebrauch des Parallelismus werden Verszeilen nach einem bestimmten Schema aneinandergereiht, das sowohl die jeweilige Sinneinheit als auch den eigenen Gebetsweg erkennen hilft.

Doch auch motivlich und inhaltlich lebt das Vaterunser vom Alten Testament. Schon die Gebetsanrede erinnert, dass Jahwe im AT »Vater« genannt wird (so z. B. Dtn 32,6; Tob 13,4; Ps 89,27f.; Ps 103,13; Sir 23,1.4; Jes 63,19; Jer 3,19; 31,9). Immer schwingt dabei mit, dass Gott der Vater auch der Schöpfer des Menschen ist, der Löser der Menschen, der Anwalt der Armen, der Freund des Lebens, der mütterlich liebende Erzieher. Er ist »Vater« nicht im luftleeren Raum, sondern inmitten des Volkes, unter Brüdern und Schwestern, im wieder errichteten Gottesvolk. Unter seinen Wirkweisen ragen »gnädig und barmherzig, langsam im Zorn und reich an Liebe« heraus. Die Abba-Anrede Jesu im Neuen Testament mit der litaneiartigen Anrede gehört zur Sprache der vertrauensvollen Liebe, die radikaler, ungetrösteter und auch überschwänglicher sein kann als reflektierte Sprache.

Nun zu den einzelnen Bitten: Die Formel »Vater *im Himmel*« markiert den Unterschied zum irdischen Vater. Die Bitte um die *Heiligung des Namens* umfasst zwei Dimensionen: Einmal soll Gott selbst sein Gottsein in der Zuwendung zu den Menschen erweisen. Zum anderen sollen wir Menschen durch unser Leben uns als Symbole seines Gegenwärtigseins in einem ihm entsprechenden Handeln erweisen (vgl. Lev 10,3; Jes 5,16; Ez 36,23-26; 38,23; Ex 20,7; Lev 22,33; Ps 103,1; Jes 29,23). Das zentrale Anliegen ist das *Kommen des Gottesreiches* für hier und heute. Dadurch kommt eine Wende in das Leben: Gottes Herrlichkeit soll nun alles bestimmen. Das Gottesreich wird nicht ausgemalt und nicht zeitlich fixiert, vielmehr wird sein Kommen dynamisch und machtvoll sein (vgl. Ex 15,18; Ps 103,19; Dan 7,27; Sach 14,8-9). Das Gottesreich ist die unbedingte Zukunft, ist eschatologisch, endgültig. *Gottes Wille* soll geschehen: wiederum geht es um ein Zusammen von Gottes Handeln und dem Handeln von Menschen, die sich dem Willen Gottes aktiv zuordnen (vgl. Dtn 30,11-16; Ps 40,9; Ps 103,2.22).

Das Vaterunser (Mt 6,9-13)

Vater unser im Himmel,
Geheiligt werde dein Name.
Dein Reich komme.
Dein Wille geschehe,
wie im Himmel so auf Erden.
Unser tägliches Brot gib uns heute.
Und vergib uns unsere Schuld,
wie auch wir vergeben unsern Schuldigern.
Und führe uns nicht in Versuchung,
sondern erlöse uns von dem Bösen.

Der Hintergrund der *Brotbitte* als Auftakt der Wir-Bitten ist die Bedrängnis in jeder Gestalt. »Gib uns heute unser Brot für morgen« ist die am besten begründete Übersetzung. Es geht um das Überlebenkönnen, damit die Betenden ihren Weg vertrauensvoll weitergehen zu können (vgl. Ex 16,4.16.18.21; Ps 103,5; Ps 145,16). Die *Vergebungsbitte* rührt an die Lebensgrenze »Schuld« und öffnet sie. Die göttliche Vergebung wird an die menschliche Vergebung gebunden. Nur hier wird im Vaterunser ausdrücklich von menschlichem Handeln gesprochen (»da auch wir vergeben«), so dass menschliches Vergeben zum Ausweis der Ernsthaftigkeit der Bitte um Vergebung und um das Kommen des Gottesreiches wird. Gebet und dem Gebet entsprechendes menschliches Handeln sind nicht zu trennen (vgl. Ps 25,11; Ps 51; Ps 103,3; Sir 28,2). Die *Versuchungsbitte* zielt auf Versuchungen, die im alltäglichen Leben begegnen. Hinter ihnen wird die Macht des Bösen gesehen. Die Bitte weiß um die Gewalt der Versuchung. Versuchung ist immer und einzig die Versuchung von Gott abzufallen, ihm seinen Platz im Leben zu nehmen. Auslöser kann alles sein, was das Herz erreicht. Der Mensch bittet also um etwas, was er selbst durch sein Verhalten bestimmt (vgl. Ps 103,

14; Ps 119,8; Jer 14,9). Die Bitte »*sondern bewahre uns vor dem Bösen*« betont die Realität des Bösen in den Alltagserfahrungen wie Krankheit, Elend, böse Menschen, ins Böse ragende Triebe des Menschen. Sie richtet sich an den »Vater«, dem allein die Erfüllung der Bitte zugetraut wird, indem er die Menschen stärkt, der vielfältig angreifenden Versuchung zu widerstehen (vgl. Ex 3,7-8; 6,6-8; Ps 103,4; Jes 49,15ff.; Ez 37,1-15).

Das Vaterunser mit seinen durch die Du- und Wir-Bitten gestalteten zwei Strophen ist ganz vom Gottesboten Jesus von Nazaret geprägt. Parallelen aus dem außerbiblischen alten Judentum (z. B. Heiliggebet, Achtzehngebet) zeigen seine Besonderheit: Während die jüdischen Gebete die Anliegen des alltäglichen Lebens vor die Bitte um das Kommen der Königsherrschaft Jahwes stellen und somit ein zeitliches Nacheinander andeuten, kehrt Jesus diese Ordnung um. An erster Stelle steht allein Gott, der Vater: sein Name, sein Reich, sein Wille. Jesus geht es darum, dass die Betenden die liebende Nähe des Vaters entdecken und aus ihr zu leben lernen. Demnach sind nicht nur wir es, die Gott und seine Gaben suchen, vielmehr ist es Gott selber, der uns sucht und bittet. Die Vorrangstellung der Du-Bitten lässt den Vater als den entdecken, der selber bittet. Wer seine Bitten aufnimmt, macht sich Gottes eigene Not mit dieser Welt zu eigen. Jesus offenbart den Vater als den, der die Menschen als Mitliebende sucht. Das Vaterunser führt in einen Bund auf Gegenseitigkeit, in dem Gott freilich immer der »Vater im Himmel« bleibt. Es geht um sein Reich und seine Gerechtigkeit. Dann wird alles andere dazugegeben (Mt 6,33).

Paul Deselaers

Heinz Schürmann, Das Gebet des Herrn als Schlüssel zum Verstehen Jesu, Freiburg [4]1981; *Ernst Dassmann*, Herr, lehre uns beten. Predigten zum Vaterunser, Bonn [3]2000.

6.3 Marien-Gebete

Wer an *Gott* glaubt, wird auch mit ihm in Verbindung treten wollen – weil er seine Herrlichkeit preisen, seiner Güte danken oder seine Hilfe für die eigenen Nöte erbitten will. Aber kann man auch zu *Menschen* beten? Darf man es überhaupt? Was es an ihnen Gutes und Rühmenswertes gibt, ist für die Frommen Gabe Gottes. Gottes Vorsehung fügt es allenfalls, dass sie uns helfen; und dann dürfen wir auch Danke sagen – dem Herrgott natürlich. Nicht alle christlichen Konfessionen kennen Gebete an eine menschliche Adresse. Nur die orthodoxe und die römisch-katholische Kirche lassen das Beten zu den *Heiligen* zu, d.h. zu Personen, die sie wegen ihrer vorbildlichen Verwirklichung des Christ-Seins in der Gemeinschaft mit Gott wissen.

Unter ihnen nimmt die erste Stelle *Maria* ein, *die Mutter Jesu Christi.* Seit der Wende vom zweiten zum dritten Jahrhundert gibt es Gebetsformeln, die sich unmittelbar an sie wenden, sie ehren, ihre Fürsprache beim Sohn und ihren Beistand für die Beter erflehen.

Damit wird grundsätzlich der Ausrichtung aller religiösen Vollzüge auf Gott nicht Abbruch getan. *Grundsätzlich* heißt: Natürlich kann es Übertreibungen, Entgleisungen, Schieflagen geben – und in der Geschichte des Christentums war das auch der Fall. Durch Missbrauch einer Sache freilich wird nie das Berechtigte an ihr aufgehoben. Nach christlichem Verständnis bilden die Menschen als Kinder Gottes und als von Christus Erlöste eine Gemeinschaft, *die Kirche*, die bereits in der Heiligen Schrift mit Bildern wie *Familie Gottes* oder *Leib Christi* umschrieben wird. So wie in einer Familie die Angehörigen einander beistehen, wie in einem Organismus die einzelnen Organe zum Wohl des Ganzen wirken, so können und sollen es auch die Christenmenschen tun. Eine konkrete Weise ist das Gebet. Weil das Haupt der Familie und des Leibes Christi *Gott* bzw. *Christus* ist, wendet man sich immer auf eine Gott gemäße Weise an Menschen, zu denen man betet – und mittelbar an Gott, dem alles, auch diese Heiligen, zu verdanken sind. Seine Gnade preist, wer die Heiligen ehrt. Diese Bezüge sollen am Beispiel der *Marien-Gebete* gezeigt werden. Das Wort ist mehrdeutig. Es kann heißen: *das eigene Gebet* der Frau Maria, die *Gebetshaltung*, die sie hatte, und endlich das *Gebet zu ihr*. Jede dieser Formen verdient Beachtung.

Am wichtigsten ist es, *zu beten wie Maria*. Die Evangelien sind die einzigen alten Zeugnisse, die über die Mutter Jesu berichten. Es ist ziemlich wenig. Um so mehr verdient Beachtung, dass von den gerade einmal 142 Versen zehn ein Gebet wiedergeben, das Lukas ihr in den Mund legt. In den meisten Ausgaben des Neuen Testaments sind die Bezugsstellen der Texte angegeben. Wer das nach dem lateinischen Anfang *Magnificat* genannte Gebet überprüft, stellt fest: Es ist ein dichtes Gewebe aus Stellen des Alten Testamentes. Maria lebt, so legt der Evangelist nahe, ganz aus dem Geist der Bibel, also aus dem Wort Gottes. Dieses Wort ist – so hat sie es erfahren – in ihrer Zeit und an ihrer Person zur Tat geworden. Damit ist eine Wende – der Sieg über das Böse – eingeleitet. Es ist zwar noch nicht beseitigt (sie wird es früh genug erfahren), aber an den Wurzeln überwunden. So ist die Grundhaltung ihres Betens das Rühmen des Handelns Gottes, das eine Umwertung der bisher geltenden Werte (Macht, Hochmut, Geld) zur Folge hat. *Beten wie Maria* ist in erster Linie konkretes, zeitbezogenes Gotteslob.

Wer so betet, der *betet* zugleich auch *mit Maria*. Er schwingt ein in die Haltung, die sie nach den Evangelien ausgezeichnet hat. Sie ist ein Mensch, der in einzigartiger Weise fähig und bereit ist zu hören. Zum ersten Mal begegnet sie uns bei der Verkündigung der Menschwerdung Gottes. Ruhig vernimmt sie die Botschaft, gelassen erkundigt sie sich nach Sinn und Möglichkeit, mutig gibt sie die Antwort: »Ich bin die Magd des Herrn; mir geschehe, wie du gesagt hast« (Lk 1,38). Diese Einstellung zeigt sie ein Leben lang: Sie ergreift die Initiative, wenn es darauf ankommt, wie bei der Hochzeit in Kana (Joh 2,1-12). Aber immer ist sie ausgerichtet auf das, was Gott sagt und will. Damit wird sie zum Urbild der christlichen Glaubens- und Gebetshaltung. Sie hat sich in einer Gebetsform niedergeschlagen, die sich in allen Religionen findet, im Christentum über die Mönche Eingang fand und sich seit dem 15. Jahrhundert als Gebet mit Maria ausgebildet hat.

Das Magnificat (Lk 1,46-55)

Meine Seele preist die Größe des Herrn,
und mein Geist jubelt über Gott, meinen Retter.
Denn auf die Niedrigkeit seiner Magd hat er geschaut.
Siehe, von nun an preisen mich selig alle Geschlechter.
Denn der Mächtige hat Großes an mir getan,
und sein Name ist heilig.
Er erbarmt sich von Geschlecht zu Geschlecht über alle,
die ihn fürchten.
Er vollbringt mit seinem Arm machtvolle Taten:
Er zerstreut, die im Herzen voll Hochmut sind;
er stürzt die Mächtigen vom Thron und erhöht die Niedrigen.
Die Hungernden beschenkt er mit seinen Gaben
und lässt die Reichen leer ausgehen.
Er nimmt sich seines Knechtes Israel an
und denkt an sein Erbarmen,
das er unsern Vätern verheißen hat,
Abraham und seinen Nachkommen auf ewig.

Der *Rosenkranz* ist ein meditatives Gebet *zu Maria*, das sich aber mit Hilfe des *Ave Maria* und in Ausrichtung an die biblische Darstellung des Christusheiles hineinzudenken sucht in Gottes Willen in einer Geschichte, in der der Beter steht, die er auf seine Art mitgestaltet und die er durch sein Tun und Lassen auch beeinflusst. Das *Ave Maria* ist gleichsam das Boot, in dem er sich über das Meer der Liebe Gottes treiben lässt, die sich ihm veranschaulicht in den so genannten »Geheimnissen«, die in das Grundgebet eingefügt werden. Es haben sich seit langem drei Gruppen solcher »Geheimnisse« herausgebildet; 2002 hat sie Papst JOHANNES PAUL II. um eine vierte, den »lichtreichen Rosenkranz«, erweitert.

Der Rosenkranz

Nach der Einleitung, vor allem aus dem Glaubensbekenntnis be-stehend, werden je fünf "Geheimnisse" zu je zehn "Ave Maria" betrachtet – eingefügt am Ende des ersten Gebetsteiles (s.u.), so die im deutschen Sprachraum übliche Form. Man unterscheidet:

- *die freudenreichen Geheimnisse:* Jesus, den du, o Jungfrau vom Heili-gen Geist, empfangen – zu Elisabeth getragen – (in Betlehem) ge-boren – im Tempel aufgeopfert – im Tempel wiedergefunden hast;
- *die lichtreichen Geheimnisse:* Jesus, der von Johannes getauft wor-den ist – sich bei der Hochzeit in Kana offenbart hat – uns das Reich Gottes verkündet hat – auf dem Berg verklärt worden ist – uns die Eucharistie geschenkt hat;
- *die schmerzhaften Geheimnisse:* Jesus, der für uns Blut geschwitzt hat – gegeißelt worden ist – mit Dornen gekrönt worden ist – das schwere Kreuz getragen hat – gekreuzigt worden ist;
- *die glorreichen Geheimnisse:* Jesus, der von den Toten auferstanden ist – in den Himmel aufgefahren ist – uns den Heiligen Geist ge-sandt hat – dich, o Jungfrau, in den Himmel aufgenommen hat – dich, o Jungfrau, im Himmel gekrönt hat.

Wer wie und mit Maria betet, kann auch *zu ihr beten* als zu einer besonders ausgezeichneten Schwester im Glauben, als zu einem her-ausragenden Glied am Leib der Kirche. Im Lauf der Zeit haben sich unzählbar viele, darunter auch literarisch hochstehende und be-rühmte, aber auch ganz schlichte Formeln herausgebildet. Am be-kanntesten und wohl auch am häufigsten verwendet ist das nach dem lateinischen Beginn *Ave Maria* geheißene Lob- und Bittgebet. In der heutigen Form hat es sich im 7. Jahrhundert herausgebildet. Der erste Teil besteht aus neutestamentlichen Texten. Im zweiten wenden sich die Beter (-innen) direkt an die Mutter Gottes um

Schutz und Hilfe, und zwar nicht nur für den Augenblick, sondern auch für die wichtigste Lebensstunde, den Zeitpunkt des Sterbens.

Das Ave Maria

Gegrüßet seist du, Maria, voll der Gnade, der Herr ist mit dir.
Du bist gebenedeit unter den Frauen,
und gebenedeit ist die Frucht deines Leibes, Jesus.
Heilige Maria, Mutter Gottes, bitte für uns Sünder
jetzt und in der Stunde unseres Todes. Amen.

Abschließend sei noch darauf hingewiesen, dass alle diese Gebetsformeln zu allen Epochen die Künstler, vor allem natürlich die Komponisten, angeregt haben, mit ihren Mitteln zu Auge und Ohr zu bringen, was sie enthalten.

Wolfgang Beinert

Wolfgang Beinert, Maria – Spiegel der Erwartungen Gottes und der Menschen, Regensburg 2001; *Reinhard Abeln/Anton Kner*, Patronin voller Güte. Mariengebete, Kevelaer 2002.

6.4 Gebet im Alltag – Heiligung der Zeit

Die Evangelien schildern an zahlreichen Stellen, wie Jesus betet und wie er andere zum Gebet ermutigt, ja aufruft. Dies geschieht quer durch Raum, Zeit und Begebenheit: als Rabbi und Gefährte auf dem Weg (Mt 6,5ff.; Joh 4,19ff.; Lk 11,1; Lk 24,13ff.), in der Synagoge, im Tempel, in Einsamkeit oder auf den Straßen (Lk 5,16; Lk 6,12; Lk 4,16; Lk 2,41ff.; Joh 2,13; Mk 11,11), voll Zuversicht oder in tiefer Traurigkeit und Angst (Mt 7,7ff.; Mt 21,22; Mk

11,24; Mt 26,37f.; Lk 22,44), den Menschen zugewandt, inmitten der Kinder oder die Nähe Gottes suchend (Mt 5,44; Mt 19,13; Lk 18,1; Lk 22,32; Joh 17,9ff.; Lk 3,21; Lk 6,12; Joh 17,1ff.). Alle wichtigen Augenblicke und Abschnitte in Jesu Leben sind umrahmt vom Gebet; augenscheinlich ist die Beständigkeit, mit der er Gottes Nähe sucht und sich einübt in das Horchen auf Sein Wort. In eindrücklichen Bildern wird im Neuen Testament von der Bedeutsamkeit dieser Momente erzählt, in denen »sich der Himmel öffnet« (Lk 3,21) oder Jesu »Gesicht leuchtet wie die Sonne« (Mt 17,2). Im Gebet, wo Gottes Schönheit und Sein Licht ihn treffen, scheint Jesu göttliche Würde auf: erfahrbar ihm selbst und sichtbar für seine Jünger und die Menschen, die ihm begegnen. Hier lebt Jesu Gottes-Beziehung, gewinnt seine Verbundenheit zu Gott die Lebens-Kraft, mit der er der Welt und den Menschen den Himmel öffnen wird. Alles, vor allem die nicht zu verdienende Liebe Gottes, empfängt und erfährt Jesus zuerst im Gebet; alles kann er daher weiterschenken.

Es ist die Alltäglichkeit seines Betens, in der sich die Spur öffnet, in der Jesus seinen Weg findet. In dieser Spur spricht Jesus sein Lob und seinen Dank, drückt er seine Angst und sein Ringen um Wahrheit und Leben aus, bringt er seine (Für-)Bitten – schließlich sich selbst. Sein Gebet ist gebetetes Leben, ist Leben Gott dargebracht: Im Vertrauen auf den ihn sendenden Gott, den er zärtlich *Abba* (lieber Vater) nennt, wird Jesus zur Hingabe fähig. Im *Vaterunser* gibt Jesus ausdrücklich Anteil an seinem Beten, seiner Gotteskindschaft und legt darin den Grund, auf dem die junge Kirche beten lernt: getroffen von Gottes Wort und der lebendig gewordenen Erfahrung Seiner Zugeneigtheit, im Glauben an Gottes Treue und im Vertrauen darauf, dass jedes Gebet immer schon gehört ist – ob sich die äußere Wirklichkeit des Lebens verändert oder nicht. In diesem Vertrauen in den Grund allen Lebens und im Ringen um dieses Vertrauen entstehen in der Geschichte der Kirche vielfältige Frömmigkeitsformen, die neben der Eucharistiefeier den Glauben im Alltag Gestalt gewinnen lassen. Aber wie kann das »neue« Leben, das Christus zu seiner Mitte hat, auch »mitten zwischen den Kochtöpfen« (TERESA VON ÁVILA) gelebt werden?

Vom Judentum übernehmen die Christen der Frühzeit die Tradition der »Heiligung der Zeit«, das regelmäßige Gebet am Morgen, am Mittag und am Abend. Daraus wächst im 6. Jahrhundert die Tagzeitenliturgie, wie wir sie bis heute vor allem aus den Klöstern kennen. Zu bestimmten Stunden des Tages ruft dieses Gebet die Glaubenden, ihre Zeit – und das, was sie jetzt tun – in Gottes Hand zu legen und aus ihr neu zu empfangen. *Stundengebet:* Unterbrechung des Alltags unter dem geöffneten Himmel; Dasein für Gott, für die Menschen, die mit mir beten und die in mein Beten hineingenommen sind, Zeit für mich selbst; Bekenntnis eines Lebens, das sich nicht in sich selbst begründet und gerechtfertigt weiß, sondern zu jeder Stunde von Gott her seine Würde erhält. Die wichtigsten *Horen* (Stunden) der Tagzeitenliturgie, *Laudes* und *Vesper* (Morgen- und Abendgebet), setzen sich auch in der »privaten« Frömmigkeit als die bevorzugten Zeiten für das Gebet durch. Hier ergeben sich über die Jahrhunderte hinweg eigene Akzente: etwa die (Segens-)Bitte für den Tag am Morgen oder der Tagesrückblick, die »Gewissenserforschung« am Abend. An den Wendepunkten des Tages wird so wachgehalten, was die Klöster in ihrer feierlich entfalteten Liturgie begehen: die Heiligung der Zeit und die Durchlässigkeit des Lebens für Gott.

Andere laikale Formen, Gott in das alltägliche Leben einzulassen, sind traditionell das *Angelus-Gebet*, der *Rosenkranz* und weitere Formen des Herzensgebets: die Hinwendung des Menschen zu Gott im inneren Gebet, das in seiner äußeren Form nur wenige elementare Worte kennt. Daneben stehen das *Kreuzzeichen, Bitt- und Segensgebete* – z. B. der Reisesegen –, die auch mit bestimmten Gesten verbunden sein können, etwa der Bezeichnung mit Weihwasser. Besondere Bedeutung als Gemeinschaftsgebet konnte bis heute das *Tischgebet* gewinnen: als Dank für das Lebensnotwendige und als Heiligung der Gemeinschaft, die sich jetzt versammelt hat. Zu all diesen Gelegenheiten wird in der Regel auf geprägte Gebetstexte zurückgegriffen. Im *Gebet mit Kindern* etwa, zu dem auch Menschen, denen das Beten sonst fremd geworden sein mag, noch einen Zugang haben, ist neben dem geprägten Gebet auch das spontan formulierte Gebet üblich geworden. Die Direktheit und Spontaneität kindlicher bzw. kindgemäßer Sprache mag vor der »erwachsenen« Neigung zum abgezirkelten Wortlaut schützen und die Alltäglichkeit der Gottesbeziehung unverstellt ausdrücken.

Exemplarisch für das spontane, freie Beten im Alltag ist auch das *Stoßgebet*: oft nur ein Seufzer aus tiefster Seele, ein Hilferuf in der Last des Alltags mit wenigen Worten, ehrlicher Ausdruck der Grenzen, an die das Leben unversehens stoßen kann, Ausdruck auch der Hilflosigkeit – oder des überschwänglichen Glücks –, mit dem ich Gott in mein Leben hineinrufe. So oder so strecke ich mich nach dem aus, von dem ich vielleicht nur dies ahne: Er hat ein Ohr für mich – und es ist nicht vergeblich, in es hineinzubeten. Die in unseren Kirchen vielfach entzündeten Kerzen mögen Geste gewordenes Stoßgebet sein. Aufgestellt und entzündet, damit meine Sehnsucht, meine Not und meine Liebe, der Mensch, um den ich mich sorge, mein Dank Gott nahe gebracht sind. Wie die Kerze vor Ihm brennt, so steht meine (Für-)Bitte, mein Lebensmoment vor Ihm – was auch immer daraus wird.

So geht das private Gebet im Alltag vielleicht oft von seiner Last aus. Aber es bleibt nicht dabei. Es will Gott nicht verfügbar machen in zudringlicher Bitte. Wo es wirklich auf Gott hin gebetet ist, da spricht es den Alltag in Gott hinein und gibt ihm den weiten Raum, in dem das Leben – so, wie es jetzt ist – sein darf und von Gott gewürdigt ist; es bringt zum Ausdruck, dass es aus Ihm und auf Ihn hin gelebt werden darf. In seinen oft einfachen Formen kann das Alltagsgebet helfen, den Glauben an die achtsame Liebe Gottes einzuüben, »himmelsfähig« zu werden in allem, was wir tun, »gottinnig« (JOHANNES VOM KREUZ) mitten im Leben. Es ist gefundenes Wort, gefundene Geste der Sehnsucht nach Gott: dass Seine Schönheit und Sein Licht mich treffen.

Vera Krause

Karl Rahner, Von der Not und dem Segen des Gebetes , Jubiläumsausgabe Freiburg i. Br. 2004; *Andrea Schwarz*, Wie ein Gebet sei mein Leben, Freiburg i. Br. 2002.

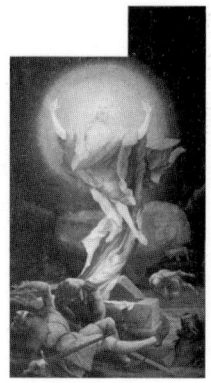

7. Kirchenjahr und Festzeiten

Matthias Grünewald (um 1470/80-1528): *Die Auferstehung Christi*, um 1512-1516; Öl auf Holz, 269 x 143 cm; Musée d'Unterlinden, Colmar.

Je nach Liturgie und anstehendem Kirchenfest zeigte der in der Spätgotik zu einem kunstvollen und veränderbaren Gebilde entwickelte Flügelaltar andere Tafeln. Der "Isenheimer Altar" ist mit der Möglichkeit drei verschiedene Kombinationen von Bildern zu zeigen, sehr aufwendig gestaltet. Er gilt als Hauptwerk Grünewalds, dessen Arbeiten als Vollendung spätgotischer Malerei bezeichnet werden. Gerade aber in diesen Bildern zeigt sich zugleich die Individualität der gestalterischen Lösungen, die Grünewald für traditionelle Themen findet.

An die Stelle vieler Einzelbilder auf einer Tafel setzt Grünewald große Schauwände mit monumental wirkenden Figuren. Die riesige Mitteltafel zählt zu den bis heute wohl eindrucksvollsten Darstellungen des Mysteriums der Auferstehung, gelingt es dem Künstler doch, ein Paradoxon zu gestalten: mit den Mitteln der Malerei etwas als Geschehen nicht Erklärbares bildlich darzustellen. Hierzu arbeitet Grünewald mit einer faszinierenden Verknüpfung von abbildhaft-illusionistischen Mitteln, "unwirklichem" Darstellungsinhalt und expressiver Farbwirkung.

In der Mittelsenkrechten ist der Auferstandene als allem Irdischen entrückte ätherische Lichtgestalt gemalt, losgelöst von der Schwerkraft, umrahmt von einer leuchtenden Gloriole, deren Gelb-Orange-Töne die Figur und deren Gewandtuch eintauchen in ihren unwirklichen Schein. Der von keinerlei Kreuzigungsqualen mehr gezeichnete Leib des Auferstandenen weist nur noch die Wundmale auf, die als leuchtende Zeichen des überwundenen Todes erscheinen. Die Intensität der Rot-, Orange- und Gelbtöne wird noch gesteigert durch das Blauschwarz des Hintergrundes – der Nachthimmel schließt die Szene ab; das Geschehen ereignet sich unwirklich ausgeleuchtet bühnenartig im Bildvordergrund.

Die mit höchster Plastizitätsillusion gearbeiteten Tuchdraperien umschweben gleichsam die Christusfigur. Je weiter entfernt sie sich von der aus sich selbst heraus leuchtenden Gestalt befinden, desto dunkler bzw. kühler wird das Blau des Stoffes, welches als Gegensatz zu den warmen Orangetönen das Irdische zu symbolisieren scheint.

Grünewald gestaltet aber nicht nur die Christusfigur als dem Menschlichen entrückt, sondern lässt das Geschehen als solches nicht erklärbar,

eben übernatürlich-unwirklich erscheinen: Wie von einer unsichtbaren Kraft davongeschleudert sind die betont körperhaften Figuren der Soldaten gemalt, die sich sichtlich nicht auf den Beinen halten können angesichts der hier wirksamen Energien.

Wenngleich das Bildnisverbot zu Grünewalds Zeit nicht mehr thematisiert wurde, wagte ein Maler doch Problematisches, wenn er mit den Mitteln abbildhaften Gestaltens das Göttliche der dargestellten Person bzw. des Geschehens verbildlichte, widerspricht doch eine illusionistische, den Betrachter an ihm bekannte räumlich-körperhafte Aspekte erinnernde Darstellung eben der vom Glauben betonten neuen, göttlichen, d.h. nicht mehr irdischen Zeit- und Raumverhältnissen entsprechenden Wirklichkeit des Auferstandenen.

Grünewald versucht nicht nur das Geschehen der Auferstehung zu verbildlichen, sondern macht gerade die Göttlichkeit des Auferstandenen zum Thema seines Bildes. Ihm gelingt eine faszinierende und für seine Zeit geradezu spektakuläre gestalterische Lösung in der Verbindung traditioneller Malweise mit bewusst unwirklich erscheinenden Bildinhalten und dem Einsatz von Farbigkeit als expessivem Ausdrucksmittel. Auferstehung und Verklärung werden so dem zeitgenössischen wie dem heutigen Betrachter ihrem Mysteriencharakter entsprechend vorgestellt.

Kerstin Clasen

7.0 Sonntag und Feiertage

Wir sind es gewohnt, Sonntag und Feiertage in einem Atemzug zu nennen (»an Sonn- und Feiertagen« freier Eintritt). Beide werden heute vor allem als freie Tage wahrgenommen – im Gegensatz zu den »Werktagen«. Und doch ist zwischen ihnen ein klarer *Unterschied.* Sonntage sind zwar auch Feiertage, aber nicht jeder Feiertag fällt auf einen Sonntag. Sie sind in gewisser Weise das gleiche und doch nicht dasselbe. Offenbar bilden sie eine Spannungseinheit. Feste und Feiern sind unveräußerliche *Wesenselemente menschlicher Kultur.* In ihren Symbolen und Ritualen, in ihren Mythen und Traditionen realisieren und manifestieren sich Herkunft und Zukunft einer Gruppe, einer Gemeinschaft, eines Volkes. Als gelebte Antwort auf die dem menschlichen Dasein innewohnende Frage nach Sinn und Ziel von Leben und Sterben sind Feste *ursprünglich religiös* bestimmt. Sie veranschaulichen und verkörpern, woran die betreffenden Menschen glauben, worauf sie hoffen, was sie letztlich lieben, was sie – im tiefsten Sinn des Wortes – »hoch-leben« lassen, was sie von Herzen *feiern* wollen.

Auch wenn das Feiern von Festen heute, im Zeitalter der großen gesellschaftlichen »Events« und der Massen an individualistisch-pluralistischen »Fêten«, tiefreichender Kommerzialisierung und Verweltlichung unterliegt, so ist der religiöse Charakter menschlicher Feier-Kultur (oder auch Feier-Unkultur) nach wie vor eine nicht zu unterschätzende *Leben gestaltende Kraft.* Umso mehr gilt es für die Christen – nicht zuletzt im allgemein-menschlichen Interesse – die traditionelle religiöse Sonn- und Feiertagskultur so zu hegen und zu pflegen, dass sie ihrer bereits eingetretenen freizeitgesellschaftlichen Verformung und der im Gang befindlichen pseudo-religiösen Paralysierung Widerstand zu leisten vermag.

Religiöse Feste und Feiern weisen eine Vielzahl von *Funktionen und Dimensionen* auf: »Als religiöses Geschehen sind sie eine Form der Kommunikation oder Begegnung mit dem Göttlichen. Sie sorgen für Bestätigung, Stärkung und Erneuerung der feiernden Gemeinschaft sowie für die Eingliederung des Individuums in diese Gemeinschaft und vermitteln so Geborgenheit und Orientierung« (ANDREAS RENZ). Religiöse Feste und Feiern geben darüber hinaus aber auch dem Raum und der Zeit menschlichen Lebens Struktur und Rhythmus. Sie setzen notwendige »Kontrapunkte« zum Alltag und »unterbrechen« den gewöhnlichen Gang der Dinge. Dies wurde herkömmlich durch allgemeine Arbeitsruhe, »sonntägliche« Kleidung und gemeinsames Essen, durch Gewohnheiten, Gebräuche und Riten zum Ausdruck gebracht.

Das Besondere an den Fest- und Feiertagen in der *Tradition der beiden biblischen Religionen* liegt nun aber darin, dass sie sowohl Gedenktage als auch »Verheißungstage« sind. Sie dienen der Erinnerung und Vergegenwärtigung geschichtlich erfahrenen Heils, aber auch der darin liegenden Zukunftsaussicht, und sie sind – von einem linearen Zeitverständnis bestimmt – Tage des vorweggenommenen endzeitlichen Heils. Exemplarisch lässt sich dies am jüdischen Passahfest zeigen, das zum Gedenken an den Auszug (Exodus) Israels aus Ägypten gefeiert und zugleich der Erwartung des kommenden Messias gewidmet ist. Sie bilden so etwas wie ein Gedächtnis oder lebendiges Denkmal (hebr. *le zikkaron*; frz. *mémorial*), das die Geschichte Gottes mit dem Menschen prägt. Die Feier wird in der Gewissheit begangen: So wie Gott damals rettend und befreiend gehandelt hat, so tut er es heute und in Zukunft bis zur Erfüllung der Zeit. Die stetige Regelmäßigkeit religiöser Feste, ihre Einbindung in den Tag-Nacht-Wechsel, den Rhythmus der Sieben-Tage-Woche, in das Mond- und das Sonnenjahr (den Jahreskreis) gibt gleichzeitig auch den jüdischen und christlichem Feiertagen eine *zyklische* Struktur. Sie stellen meist bewusst eine Verbindung von Geschichte und Natur, von Erlösungs- und Schöpfungsordnung her und bilden damit auch eine wichtige Brücke zwischen *heilsgeschichtlichem Glauben* und *natürlicher Religiosität*. Am augenfälligsten wird dies an der Beziehung des Osterfestes (als dem Fest der Auferstehung) zum Erwachen der Natur zu neuem Leben im Frühjahr. In einem

Osterlied heißt es: »Dies ist die rechte Frühlingszeit, der Frühling der Unsterblichkeit.« Die oft beargwöhnte *Verbindung* von allgemein-religiöser und glaubensgeschichtlicher Festbedeutung (etwa an »Heilig Abend« und »Weihnachten«) ist, wenigstens aus katholischer Sicht, durchaus *ein* Merkmal christlicher Festfeiern in ihrer *ganzheitlichen* Lebensbedeutung.

Den Woche für Woche wiederkehrenden Mittelpunkt des christlichen Lebens bildet der *Sonntag.* Die wöchentliche christliche Sonntags-Feier hat ihren Ursprung nicht, wie (in späterer Zeit) der jüdische »Sabbat«, im biblischen Schöpfungsbericht (»am *siebten* Tage ruhte Gott«, Gen 2,2), sondern in der Auferstehung Jesu »am *ersten* Tag der Woche« (Mk 16,2). Die jüdische Sieben-Tage-Woche wurde also von den Christen (vermutlich zunächst in unterschiedlicher Weise) beibehalten, aber ihre Zusammenkünfte fanden nicht am Sabbat statt, sondern am ersten Wochentag, dem Tag der Auferstehung, der (zuweilen als *achter* Tag bezeichnet) bald auch *Herrentag* hieß, weil im Zentrum der Versammlung der christlichen Gemeinden das »Herrenmahl« stand, die christliche Passahfeier oder Eucharistie. Seit dem 2. Jahrhundert kam es allmählich zu einer theologischen Identifikation des Herrentags mit dem alttestamentlichen Sabbat (Drittes Gebot: »Gedenke des Sabbats: Heilige ihn!« Ex 20,8). Da nach der biblischen Schöpfungsgeschichte (Gen 1,3) »am ersten Tag« das Licht geschaffen wurde, war es den Christen nun aber möglich, auch dem heidnisch-religiösen Namen des Tages (Sonntag = zweiter Tag der Planetenwoche) einen christlich-religiösen Sinn abzugewinnen. Kaiser KONSTANTIN DER GROSSE hat im Jahr 321 aus religionspolitischen Gründen den *Sonntag* zum *öffentlichen* Ruhetag erklärt. Die ursprünglich heidnische Bezeichnung lebt in den germanischen Sprachen fort (*engl.* sunday), in den romanischen aber wurde er abgelöst durch die eigentliche christliche Bezeichnung *Herrentag* (*lat.* dies dominica; *ital.* domenica; *frz.* dimanche).

Die Liturgiekonstitution des Zweiten Vatikanischen Konzils SACROSANCTUM CONCILIUM erklärt: »Aus apostolischer Überlieferung, die ihren Ursprung auf den Auferstehungstag Christi zurückführt, feiert die Kirche das *Pascha-Mysterium* jeweils am achten Tag, der deshalb mit Recht Tag des Herrn oder Herrentag genannt wird. An diesem Tag müssen die Christen zusammenkommen, um das Wort Gottes zu hören, an der Eucharistiefeier teilzunehmen und so des Leidens, der Auferstehung und der Herrlichkeit des Herrn Jesus Christus zu gedenken und Gott dankzusagen, der sie wiedergeboren hat zu lebendiger Hoffnung durch die Auferstehung Jesu Christi von den Toten (1 Petr 1,3). Deshalb ist der Herrentag der Ur-Feiertag, den man der Frömmigkeit der Gläubigen eindringlich vor Augen stellen soll, auf dass er auch ein Tag der Freude und der Muße werde. Andere Feiern sollen ihm nicht vorgezogen werden, wenn sie nicht wirklich von höchster Bedeutung sind; denn *der Sonntag ist Fundament und Kern des ganzen liturgischen Jahres.*« (SC 106). Der Sonntag als »wöchentliche Osterfeier« bildet das tragende Element, sozusagen den cantus firmus aller christlichen Feiertage im *Kirchenjahr* und dessen hauptsächlichen Festkreisen: Ostern (mit vorgängiger Fastenzeit und den sieben Wochen zwischen Ostern und Pfingsten) und Weihnachten (mit vorgängiger Adventszeit). Zugleich eignet ihm der vom jüdischen Sabbat beeinflusste Charakter des »Ruhetags für den Herrn«, der in christlicher Sicht aber dem Wohl und Heil des Menschen dient (Jesus entgegnete den Pharisäern: »Der Sabbat ist um des Menschen geschaffen, und nicht der Mensch um des Sabbat willen«, Mk 22,27). Insofern ist der Sonntag, wie wir ihn kennen, sowohl eine Frucht der biblisch-christlichen Glaubensbotschaft wie deren Inkulturation in die hebräisch-hellenistisch-römisch geprägte Kultur des Morgen- und Abendlandes. Sonn- und Feiertage stehen nicht unverbunden nebeneinander; sie spielen ineinander. Aus sozio-kultureller Sicht ist die Bewahrung einer bestimmten religiösen *Feiertagskultur* in der gegenwärtigen Gesellschaft die Voraussetzung für den Erhalt des Sonntags in seiner bisherigen Form. Umgekehrt steht und fällt mit dem christlichen *Sonntag* eine bestimmte Auffassung öffentlicher Feiertage als letztlich religiös begründeter Einrichtungen, ein tieferes Verständnis, das diese vor totaler ökonomischer Verzweckung und Aushöhlung schützt.

Walter Fürst

7.1 Advent – Weihnachten – Epiphanie

Das Wort *Weihnachten* stammt vom mittelhochdeutschen *wihe naht*. Es bedeutet geweihte Nacht und ist wohl eine Verdeutschung des lateinischen, aus dem Tagesgebet der Christmette bekannten Ausdrucks *nox sanctissima*. Spätestens seit dem 4. Jahrhundert wird Weihnachten, zunächst in Rom, dann auch in Nordafrika, am 25. Dezember gefeiert. Älter als das Weihnachtsfest ist das vor allem im Osten beheimatete *Fest der Erscheinung des Herrn*, das am 6. Januar begangen wird. Es war und ist in den verschiedenen Kirchen mit unterschiedlichen Festinhalten verbunden: in Jerusalem, Antiochien und Konstantinopel mit der Geburt Christi (Lk 2,1-20), teilweise zusammen mit der Anbetung der Weisen (Mt 2,1-12), mit dem Wunder von Kanaan (Joh 2,1-11); in Ägypten vor allem mit der Taufe Jesu im Jordan (Mk 1,9-11). Bei allen Festinhalten ging und geht es um eines: Um das Offenbarwerden (die Epiphanie) der Herrlichkeit Gottes durch Jesus Christus, und zwar so, wie es von den vier Evangelien je in ihrer Art unterschiedlich bezeugt ist.

Der historisch exakte Termin der Geburt Christi ist unbekannt und dürfte auch damals schon unbekannt gewesen sein. Nachdem sich die Kirchen auf dem Konzil von Konstantinopel (381) auf den 25. Dezember als einheitlichen *Festtermin* geeinigt hatten, wurden im Laufe der Zeit die verschiedenen *Festinhalte* voneinander abgehoben und zu unterschiedlichen Terminen zelebriert: *Weihnachten,* das Fest der Geburt des Herrn, am 25. Dezember, *Epiphanie,* das Fest der Anbetung der Weisen und der Taufe des Herrn, am 6. Januar.

Die Feste haben ihre *Bedeutung* erlangt in Verbindung mit der christologischen Fragestellung, die die Kirche im 3. und 4. Jahrhundert bewegte: die Frage nach Jesu wahrem Gottsein und seinem wahren Menschsein. Wenn in Jesus Christus Gottes Herrschaft endgültig menschliche Wirklichkeit für die Menschen geworden ist, dann musste der Mittler ganz auf Seiten Gottes *und* ganz auf Seiten des Menschen stehen. Das Glaubensbekenntnis von Nizäa (325) hat dies, der Sprache und dem Denken der damaligen Zeit gemäß, mit den folgenden Worten ausgedrückt:»Jesus Christus, Gottes eingeborene[r] Sohn, ... eines Wesens mit dem Vater, ... für uns Menschen und zu unserem Heil ... ist [er] Mensch geworden.«

Seitdem feiern Christen die *Geburt* Jesu unter dem leitenden Gedanken der *Menschwerdung Gottes* und das Fest der *Erscheinung* des Herrn, bei dem das *Offenbarwerden der Göttlichkeit des Menschen Jesus* vor den Völkern der Welt im Mittelpunkt steht: Diese findet in der »Huldigung der Weisen«, die dem »neugeborenen König« gilt und ihn als Gottessohn kennzeichnet, wie auch in der »Taufe Jesu im Jordan« und in seinem ersten öffentlichen Auftreten bei der »Hochzeit zu Kanaan« – nach dem Johannesevangelium das *erste* »Zeichen« Jesu – ihren symbolischen Ausdruck.

Das Weihnachtsfest selbst wurde, ausgehend von Spanien, im 6. und 7. Jahrhundert durch eine Vorbereitungszeit erweitert, die der österlichen Fastenzeit nachgebildet ist: unsere heutige Adventszeit. *Advent* bedeutet übersetzt Ankunft. Die Erwartung der Wiederkunft des Herrn gehört ebenso wie die Vorbereitung auf die Geburt Jesu zum liturgisch erinnerten Gehalt des Advents. Mit dem Warten auf den Messias, den Erlöser, beginnt für die Katholiken das neue Kirchenjahr, welches durch Weihnachts- und Osterfestkreis strukturiert ist. Die Dauer der Adventszeit war und ist nicht einheitlich. Auf dem Konzil von Trient (1545-1563) wurde sie auf vier Wochen festgelegt. In Mailand hält man bis heute an einer sechswöchigen Adventszeit fest. Ursprünglich dauerte die Adventszeit wohl – wie die österliche Fastenzeit – vierzig Tage. Der 11.11. war sozusagen der letzte Tag vor Beginn der weihnachtlichen bzw. adventlichen Fastenzeit. Daran erinnern heute noch das Essen der Martinsgans sowie die verschiedenen Rituale zum Auftakt der Karnevalssession.

Für den christlichen Glauben hat sich mit der Geburt Jesu die reale Geschichte geändert. Was Menschen gemäß der Verheißung der Treue und Menschenfreundlichkeit Gottes erhoffen, nämlich dass Sünde und Tod nicht das letzte Wort haben, ist in Jesus Christus Realität und Grund christlicher Hoffnung geworden: Die Nähe und Liebe Gottes zu den Menschen und die Erlösung von Sünde und Tod als Heilsangebot an die gesamte Menschheit. Christi Geburt ist der Beginn einer neuen Zeit und einer neuen Zeitrechnung.

Am 24. Dezember endet daher der Advent mit dem liturgischen Gedächtnis an Adam und Eva; die Liturgie stellt dem »alten Adam« typologisch Christus als den »neuen Adam« gegenüber. Seit dem 4. Jahrhundert gilt die »Geburt des Erlösers« somit als *Zeitenwende*. Die europäisch geprägte Welt orientiert sich seitdem in der Zählung der Jahre und Jahrhunderte an ihr. Man unterscheidet zwischen der Zeit »vor Christus« und der »nach Christus«. In diesem Zusammenhang ist es erwähnenswert, dass mancherorts bis ins 16. und 17. Jahrhundert hinein der 25. Dezember tatsächlich als Jahresbeginn galt.

Um die Feier von Advent, Weihnachten und Erscheinungsfest herum entwickelte sich im Laufe der Jahrhunderte ein je eigenes, von verschiedenen Motiven geprägtes reichhaltiges *Brauchtum*, das bis in die Gegenwart hinein wirksam geblieben ist: *Weihnachten* wird gefeiert als Lichterfest (Joh 8,12), als Krippenfest (Lk 2,12), als Fest der Geschenke, die das »Christkind« bringt, und als Fest des Lebens (Weihnachtsbaum) sowie als romantisch geprägtes Familienfest (Weihnachtslieder, Bescherung). Dabei ist für viele Zeitgenossen der christologische Gehalt des Festes gegenüber der konsumorientierten Weihnachtsfolklore ins Hintertreffen geraten. Auch die Bedeutung des Festes der *Erscheinung des Herrn* wird durch Brauchtum bestimmt und teilweise überlagert. Das hier zu Lande übliche Stern-/Dreikönigssingen, das seit dem 16. Jahrhundert bezeugt ist, wirkt sich auf das Glaubensbewusstsein in doppelter Hinsicht aus. Die jährliche Sammelaktion des Kindermissionswerkes prägt und verstärkt einerseits die Vorstellungen von Epiphanie als dem Fest der »Heiligen Drei Könige«, in die sich die im Matthäusevangelium »Magier« oder auch »Sterndeuter« genannten »Weisen aus dem Morgenland« im Laufe der Zeit verwandelt haben. Andererseits öffnet sie den Blick für die Menschheit, ihre Notlage und ihr Unterwegssein zu Gott.

Das Brauchtum im Advent schließlich wird dominiert von der Lichtsymbolik. Die Erwartung von Christus, dem Licht der Völker, findet ihren Ausdruck in den Kerzen des Adventskranzes, die, nacheinander entzündet, mit ihrem zunehmenden Lichterglanz die – angesichts des Lichtermeeres der Innenstädte freilich nur noch schwer direkt erfahrbare – Finsternis der Welt symbolisch durchdringen

(Joh 1,5). Durch die Adventskalender, von denen manche sogar von beachtlicher pastoraler und pädagogischer Qualität sind, wird die vorweihnachtliche Erwartungshaltung der Kinder geweckt und unterstützt. Liturgisch hat die Lichtsymbolik in den Rorate-Messen (vgl. Jes 45,8) ihren wohl schönsten Ausdruck gefunden.

Michael Böhnke

Hansjörg Auf der Maur, Feiern im Rhythmus der Zeit I. Herrenfeste in Woche und Jahr, in: Handbuch der Liturgiewissenschaft, hg. von Hans Bernhard Meyer u.a., V, Regensburg 1983, 154-185; *Manfred Becker-Huberti*, Feiern, Feste, Jahreszeiten. Lebendige Bräuche im ganzen Jahr. Geschichte und Geschichten, Bilder und Legenden, Freiburg i. Br. 2001.

7.2 Fasten- und Passionszeit – Palmsonntag

Die nur im Deutschen übliche Bezeichnung *Fastenzeit* ist nicht ganz glücklich, da sie nur einen Teilaspekt besonders hervorhebt. Besser ist die im Messbuch auch gebrauchte Bezeichnung *Österliche Bußzeit*, die darauf hinweist, dass diese Zeit der *vierzig Tage* (lat. Quadragesima) als eine Zeit der Umkehr und Vorbereitung auf Ostern ausgerichtet ist. Noch im 2. Jahrhundert bereiten sich die Christen durch ein zweitägiges Trauerfasten auf die Feier der Osternacht vor, das sich bald schon auf die ganze Karwoche erstreckt. Im 4. Jahrhundert sind es schon 40 Tage der Vorbereitung, denn 40 Tage fastet Jesus zu Beginn seines öffentlichen Wirkens, 40 Jahre verbringt Israel in der Wüste auf dem Weg ins Gelobte Land, 40 Tage weilt Mose auf dem Berg Sinai und der Prophet Elia ist 40 Tage unterwegs zum Berg Horeb, ebenso lang predigt Jona den Niniviten Buße. Da sich die frühe Kirche den Sonntag als Gedächtnis der Osterfeier nur als einen Festtag vorstellen kann, ihn weder durch Knien noch durch Bußakte geschmälert sehen will, muss diese Bußzeit schon vier Tage vor dem ersten Fastensonntag, am Aschermittwoch beginnen, um in weiteren sechs Wochen bis Ostern die Zahl 40 zu erreichen. Dazu müssen aber Gründonnerstag, Karfreitag und Karsamstag mitgezählt werden, die seit der liturgischen Erneuerung zu den drei österlichen Tagen gehören.

Die Gemeinde soll sich in dieser Zeit ganz auf ihren Herrn konzentrieren, »die heiligen vierzig Tage als eine Zeit der Umkehr und der Buße« begehen und »in der Erkenntnis Jesu Christi voranschreiten« (Tagesgebet des 1. Fastensonntags). Diese Zeit hat also »die doppelte Aufgabe, vor allem einerseits durch Tauferinnerung oder Taufvorbereitung, andererseits durch Buße die Gläubigen, die in dieser Zeit mit größerem Eifer das Wort Gottes hören und dem Gebet obliegen sollen, auf die Feier des Pascha-Mysteriums vorzubereiten« (Konzilskonstitution über die heilige Liturgie, SACROSANCTUM CONCILIUM 109). Um die ursprüngliche Geschlossenheit und Bedeutung dieser Vorbereitung auf Ostern wieder deutlich zur Geltung zu bringen, gibt es nun keine Vorfastenzeit mehr.

Die beiden ersten Sonntage bilden eine Einheit, in allen Lesejahren bestimmt durch die Evangelien von der Versuchung und Verklärung, die Jesus schon als den österlichen Sieger über Sünde und Tod kennzeichnen.

Die folgenden drei Sonntage sind im Lesejahr A geprägt durch die Taufabschnitte des Johannesevangeliums, in den Lesejahren B und C durch Aspekte des Glaubens und der Bekehrung. Die Gemeinde soll sich darin ihrer Existenz als Gemeinde der Getauften bewusst werden und sich darauf besinnen, dass sie in der Taufe mit Christus in den Tod hinein begraben wurde und mit ihm auferstanden ist. Diese drei *Taufsonntage* bauen aufeinander auf und führen mehr und mehr in das Geheimnis der Taufe ein, auf Ostern zu. Sie sind daher auch als unmittelbare Vorbereitung auf Taufe, Firmung und erste Eucharistie, auf die Eingliederung von Erwachsenen in die Kirche in der Osternacht gedacht.

Mittelalterliches Bedürfnis nach heiligem Spiel hat mit dem 5. Sonntag den Leidensgedanken in das Zentrum gestellt und zum Zeichen der Trauer allen Schmuck verhüllt. Auch heute dürfen Kreuz und Bilder bis zur Osternacht verhüllt werden. Doch entspricht der einseitige Gedanke der Trauer nicht mehr der Ausrichtung dieses Sonntags, der bewusst nicht mehr Passionssonntag genannt wird, da der Ostergedanke eher noch deutlicher die Mitte der Verkündigung bestimmt. Sind Waschung und Salbung die Stichworte des 3. und 4. Sonntags, so heute die Vollendung des Ostergeschehens in der Teilnahme an der Eucharistie, denn Jesus »hat Erbarmen mit uns Menschen und führt uns zum neuen Leben durch die österlichen Sakramente« (Eigenpräfation).

Auch in Gemeinden, die keine Taufbewerber für die Osternacht haben, sollte der Zusammenhang von Ostern und Eingliederung in die Gemeinde bedacht werden. Das kann das Bewusstsein stärken, dass die Ostersakramente von Taufe, Firmung und Eucharistie im Mittelpunkt des christlichen Glaubensbekenntnisses stehen.

Der letzte und sechste Sonntag der österlichen Bußzeit trägt im Römischen Messbuch den Namen *Palmsonntag vom Leiden des Herrn.* Darin ist das Leitmotiv zu Beginn der Karwoche genannt, die beiden Aspekte, die das eine österliche Mysterium bilden: Sieg und Erhöhung des Herrn (Siegespalme) sowie Leiden und Tod (Passion). Wie im ganzen Ostergeschehen sind beide Themen auch am Palmsonntag miteinander verknüpft im besonderen Kennzeichen dieses Tages: dem Gedächtnis des Einzugs Jesu in Jerusalem und der Eucharistiefeier. Hier kommt zum Ausdruck, was Grundlage christlichen Lebens und Liturgiefeierns ist: Der Herr ist nie der nur Leidende oder der nur Verklärte; er ist der Gekreuzigte, der auferstanden ist.

Die folgende *Heilige Woche* bedarf einer Eröffnung, in der zeichenhaft deutlich wird, dass wir »dem Herrn auf seinem Leidensweg folgen und an seinem Kreuz teilnehmen, damit wir auch Anteil erhalten an seiner Auferstehung und seinem Leben« – wie es in der Begrüßung der Gemeinde heißt. Vor der Prozession in die Kirche werden die Zweige gesegnet, »die Zeichen des Lebens und des Sieges, mit denen wir Christus, unserem König, huldigen« (Segensgebet). Nach dem Evangelium vom Einzug Jesu in Jerusalem singt die Gemeinde »Gepriesen sei der, der kommt im Namen des Herrn –

Hosanna in der Höhe«. Mit dem Wortgottesdienst beginnt der zweite Teil der Liturgie, der von der Leidensgeschichte nach den Synoptikern geprägt ist und so überleitet zur Karwoche.

Klemens Richter

Hansjörg Auf der Maur, Feiern im Rhythmus der Zeit I (Gottesdienst der Kirche 5), Regensburg 1983.

7.3 Karwoche, Osternacht und Ostersonntag

Die österliche Bußzeit kommt in der *Karwoche* (Woche der Trauer), auch *Heilige Woche* genannt, auf ihren Höhepunkt. Am Palmsonntag feiert die Kirche den Einzug Jesu in Jerusalem mit Palmprozession und bringt die Passionsgeschichte abwechselnd nach den drei synoptischen Evangelien zu Gehör. Noch heute gibt es in Jerusalem am Palmsonntag Nachmittag eine große Prozession vom Ölberg in die Altstadt, von der bereits die Pilgerin Egeria (um 380) berichtet. Mittelpunkt der Karwoche sind aber *die drei österlichen Tage* vom Gründonnerstag bis zum Ostersonntag. Die Liturgie versteht Leiden, Tod und Auferstehung Jesu als eine Einheit. Dies bedeutet, dass das Leiden nicht ohne Auferstehung und die Auferstehung nicht ohne Leiden verstanden werden kann. Die Konsequenzen für die liturgische Inszenierung sind gravierend.

Schon im Introitus des Abendgottesdienstes am *Gründonnerstag* wird nach Gal 6,14 das Kreuz Jesu besungen, von welchem Heil, Auferstehung und Leben ausgeht. Im Mittelpunkt der Liturgie steht das *Gedächtnis des Letzten Abendmahles,* das in der erneuerten Liturgie mit der Fußwaschung verbunden wird. Da nach synoptischer Überlieferung das Abendmahl mit dem jüdischen Paschamahl in Verbindung gebracht wird, liest die Kirche in der erneuerten Liturgie als erste Lesung aus dem Buch Exodus (Ex 12,1-8.11-14). Damit erinnert die Kirche – wie die jüdischen Familien im Sedermahl – an die Befreiung aus Ägypten. Seit der Zerstörung des Tempels wird im Sedermahl kein Lamm mehr gegessen. In der christlichen Version der jüdischen Mahltradition, die wohl in Lk 22,15-20 noch am deutlichsten aufscheint, tritt Jesus selbst an die Stelle des Lammes; er schenkt den Seinen sein Sterben, nimmt sie so hinein in den Sinaibund (wie in Mk 14,24 und Mt 26,28) oder gibt ihnen Anteil am Neuen Bund, von dem der Prophet Jeremia gesprochen hat (Jer 31,31ff.; vgl. 1 Kor 11,25). Wenn in der Wandlung eigens ergänzt wird:»das ist heute«, ragt die Vergangenheit in die Gegenwart herein. Zugleich weiß die christliche Gemeinde, dass die Erfüllung noch aussteht (vgl. 1 Kor 11,26 und Mk 14,25). Der Feier der Eucharistie folgt die Entblößung des Altares und das Ölbergwachen, in dem die Gemeinde möglichst bis Mitternacht im Gebet verharrt.

Am *Karfreitag* steht in der Liturgie zur Zeit der Todesstunde Jesu die Erinnerung an das Geschehen auf Golgatha im Mittelpunkt. Seit alters wird keine Eucharistie gefeiert, sondern ein Wortgottesdienst mit Kreuzverehrung und (seit der Liturgieerneuerung) mit Kommunionfeier für die ganze Gemeinde. Aus dem Schweigen heraus wird zunächst einer der eindrücklichsten Texte des Ersten Testamentes vorgetragen (Jes 52,13-53,12). Hier, im vierten Gottesknechtslied, in dem das Leiden des »Gottesknechtes als einer bestimmten Gestalt des frühen Judentums oder Israels selbst umschrieben wird, hört die christliche Gemeinde auch das Leiden Jesu mit und setzt den Text mit dem vielfältigen Leiden der Judenheit bis heute und mit den vielen Leidensgeschichten der Menschheit in Beziehung. Jesus hat sich dem Leiden nicht entzogen, vielmehr durch Leiden »Gehorsam« oder Glauben gelernt, wie Hebr 4,8 (zweite Lesung) zu Gehör bringt. Wenn die Gemeinde am Karfreitag die Johannespassion hört, ist – mehr als bei den synoptischen Evangelien – zu beachten, dass»die Juden«, von denen die Rede ist, nicht die Juden aller Zeiten bis zum heutigen Tag sind. Zur Zeit der Abfassung der Johannespassion war das Verhältnis der Jesusgemeinde zur Synagoge zwar gespannt, doch schreibt Johannes die Schuld an Jesu Tod nicht einfach den damaligen Juden zu, sondern begründet ihn mit Gottes Willen, der sich in der Thora offenbart hat (Joh 19,7). In der Auferstehung, die nach Johannes in der Erhöhung am Kreuz geschieht, erfolgt Gottes Antwort auf die Frage, ob sich Jesus selbst zum Sohn Gottes gemacht habe. Jesus wird durch Gott bestätigt. Die Karfreitagsbitten tragen die großen Anliegen der Kirche und der Menschheit vor Gott. Die Kirche betet dabei auch für die Juden, »zu denen Gott ... zuerst gesprochen hat«, dass sie »in der Treue zu seinem Bund und in der Liebe zu seinen Namen« bewahrt werden. Mit dieser (erneuerten) Bitte wird sich die betende Kirche jedes Jahr neu der Schuld einer langen Verfolgungs- und Konfliktgeschichte bewusst, die das Verhältnis von Judentum und Christentum so sehr belastet hat. Deshalb ist sehr darauf zu achten, dass die »Improperien«, falls sie gesungen werden, nicht in das alte Klischee zurückfallen, als gelte das Versagen in der vorchristlichen Heilsgeschichte nur von den Juden vor Christus und nicht auch und zuerst von der Kirche bis zur Gegenwart. Wenn sich die Gemeinde schließlich vor dem Kreuz verneigt oder das Knie beugt, tut sie es vor dem, von dem die Kirche »das Heil der Welt« erwartet.

Der Höhepunkt der drei Tage ist das *Osterfest*, das mit einer »vigilia«, d.h. einer Nachtwache, beginnt, die erst nach Einbruch der Dunkelheit anfangen (»*Osternacht*«) oder bei Anbruch des Tages beendet sein soll. Das *Exultet* ist die große theologische Ouvertüre nach dem feierlichen Einzug mit der neu gesegneten Osterkerze in den dunklen Raum der Kirche. In großer theologischer Kühnheit preist der Text aus dem 4./5. Jahrhundert die »uneinschätzbare Wahl der Liebe« Gottes, die an der Sünde der Menschheit nicht scheitert, sondern sich umso größer erweist. Was mit der Befreiung Israels aus der Knechtschaft Ägyptens ansetzt – auch diese feiert die christliche Gemeinde mit (»dies ist die Nacht ...«) – wird dem *Exultet* zufolge zur grundsätzlichen Befreiung der Menschheit, die Gottes unbeschreibliche Liebe bewirkt. So wird Himmlisches mit Irdischem, Göttliches mit Menschlichem verbunden. Der Jubel auf Erden folgt dem im Himmel, das Licht der Osterkerze vereint sich mit dem Morgenstern und wird schließlich von Jesus Christus, dem Auferstandenen, überstrahlt. Unter dieser heilsgeschichtlichen Gesamtsicht setzt die Gemeinde die Osternacht mit einem ausgedehnten Lese- und Gebetsteil fort, in dem die Schöpfung der Welt und die Befreiung Israels aus Ägypten mit der kraft des Todes und der Auferstehung begonnenen Erlösung der Menschheit aus der Knechtschaft der Sünde zusammengeschaut werden. Die Komposition der Lesungen und Gesänge bis hin zum feierlichen Alleluja ist deshalb ein einziges Plädoyer für die Ganzheit und Zusammengehörigkeit der Heilszeiten vor und nach Christus. In Taufe oder Tauferinnerung und in der Feier der österlichen Eucharistie verdichtet sich das Gehörte zur sakramentalen Gabe, die in der »Herrlichkeit der Auferstehung« (Schlussgebet) ihre Erfüllung finden wird.

Im Introitus der Festmesse am *Ostertag* spricht der Auferstandene die Gemeinde und jede(n) in ihr nach Versen aus Psalm 139 an: »Auferstanden bin ich und allezeit bei dir.« Erneut wird das österliche Mahl der Eucharistie gefeiert. Die Vesper führt das mehrmalige »Dies ist die Nacht« des Exultet-Gesangs mit dem »Dies ist der Tag, den der Herr gemacht hat« aus Ps 118,24 weiter. So beherrscht Jubel und Freude die österliche Liturgie, die der Neugeburt der Kirche aus dem Wort und dem Sakrament dient. Das Osterfest dauert nach altem Brauch eine ganze Woche und endet mit dem *Weißen Sonntag*.

Josef Wohlmuth

Georg Braulik/Norbert Lohfink, Osternacht und Altes Testament, Frankfurt u.a. 2003; *Josef Wohlmuth*, Jesu Weg – Unser Weg, Würzburg 1992.

7.4 Christi Himmelfahrt und Pfingsten

Will man den christlichen Gehalt der beiden Feste Christi Himmelfahrt und Pfingsten verstehen, tut man gut daran, sie von Ostern her zu erschließen.

Das Fest der Auferstehung Christi, das *Osterfest* also, ist das höchste und wichtigste der christlichen Feste. Daher kann man gut nach-

274

vollziehen, dass die Christen früherer Zeiten viel darüber nachgedacht haben, wie die Osterfeier zu gestalten sei, damit sie sich prägend in die Abläufe der Zeit einschreibt. Drei Weisen, Ostern zu feiern, haben sich entwickelt und stehen sinnvoll nebeneinander. Die erste Weise: Der *Sonntag* ist der Ostertag, der in jeder Woche begangen wird. Er macht – schon seit den Zeiten der Urgemeinde – den »ersten Tag« der Woche aus. So kommt zum Ausdruck, dass Ostern weniger ein Abschluss als ein Anfang ist: der mit der Auferweckung und Erhöhung Christi gegebene Neuanfang nämlich, der das neue Leben der Schöpfung und der Kirche begründet.

Die zweite Weise: Das Osterfest wird am *Ostersonntag* begangen, dem Sonntag also, der die »österliche Bußzeit« und die »Heilige Woche« (mit dem »Triduum sacrum«: Gründonnerstag – Karfreitag – Karsamstag) abschließt. Der Ostersonntag beginnt mit der großen Osternachtsfeier, in der die frohe Botschaft von der Auferstehung des Herrn verkündet und besungen wird. Sie mündet in die Feier der Taufe ein, durch die wir als Menschen am österlichen Leben Jesu Christi grundlegend Anteil erhalten. Der Ostersonntag eröffnet zugleich die Osterwoche, die *Osteroktav*, in welcher der Osterjubel in Gebet und Gesang – vor allem im österlichen Halleluja – fortwährend festlich erklingt. Die Oktav endet am »achten Tag danach«, also am *Weißen Sonntag*, an dem die neu Getauften der Osternacht zum ersten Mal am eucharistischen Tisch des Herrn Platz nehmen. So geht es in der Osteroktav zum einen um den österlichen Lobpreis des auferweckten Jesus Christus, zum anderen um die Grundformen der Teilhabe am österlichen Leben: um Taufe und Eucharistie.

Die dritte Weise, Ostern zu begehen, ist die Feier der fünfzig österlichen Tage, die mit dem *Pfingstfest* enden. Pfingsten leitet sich vom griechischen Wort *pentekoste* her, das einen *fünfzigsten Tag* bezeichnet. Doch markiert dieses große christliche Fest nicht nur im äußerlichen Sinne den Abschluss der Osterzeit; es ist auch durch eigene Akzente bestimmt. Im Pfingstfest lebt, freilich verwandelt, ein im Alten Testament mehrfach bezeugtes, jüdisches Fest weiter: Im Buch Exodus wurde das »Fest der Erstlingsfrüchte von der Weinernte« als *Fest am fünfzigsten Tag*, d.h. als *Pfingsten*, bezeichnet (Ex 34, 22). Dem Buch Deuteronomium zufolge war es eines der Wallfahrtsfeste des Jahres (Dtn 16,9-12).

Aufgrund der Ostererfahrung erhielt dann aber das jüdische Pfingstfest (auch »Wochenfest« genannt) für die Anhänger Jesu eine ganz neue Bedeutung: Als sie am Pfingstfest beieinander waren, wurden sie, wie in der Apostelgeschichte erzählt wird, vom Heiligen Geist erfüllt (Apg 2). Es ereignete sich, was schon der Prophet Joel für die »letzten Tage« vorausgesagt hatte: »Ich (Jahwe) werde von meinem Geiste ausgießen über alles Fleisch …«. Die erste Frucht der Begabung mit dem Heiligen Geist war der Glaube an Jesus, denn, so schreibt der Apostel Paulus an die Christen in Korinth, »niemand kann sagen: Herr ist Jesus, außer im Heiligen Geist« (1 Kor 12,3). Aber auch andere Früchte zeigten sich bei den an Pfingsten Versammelten: »Liebe, Freude, Friede, Langmut, Freundlichkeit, Güte, Treue, Sanftmut und Selbstbeherrschung« (Gal 5,22f.).

Am ersten Pfingsttag ereignete sich nicht zuletzt aber auch das *Sprachenwunder*. Die Vielen, die zu den vom Heiligen Geiste erfüllten Christen strömten, hörten sie in ihren eigenen Sprachen reden und verstanden sie. Petrus hielt für die Zusammengekommenen eine Predigt, in welcher er sie zum Glauben einlud. Alle konnten ihn verstehen, so dass sich viele, indem sie die Taufe empfingen, in die Jüngergemeinde aufnehmen ließen. Im Sprachenwunder trat ein Zug der Kirche hervor, der in Jesu Leben und Wirken begründet worden war: Durch den Glauben und die Taufe können auch »die Heiden« in die Kindschaft Abrahams eintreten. Die Kirche, das neue Volk Gottes, ist ein Volk *in und aus allen Völkern*.

Dass Pfingsten *am fünfzigsten Tag nach Ostern* gefeiert wird, hat seinen Grund zum einen in seiner alttestamentlichen Herkunft und zum anderen darin, dass die lukanischen Berichte in der Apostelgeschichte von einem *zeitlichen Abstand zwischen Ostern und Pfingsten* ausgehen. Liturgiegeschichtlich hat dies zur heutigen Festpraxis geführt. Sachlich wäre es auch denkbar gewesen, die innere *Zusammengehörigkeit des Oster- und des Pfingstgeheimnisses* stärker zu betonen – im Sinne der Texte des Johannesevangeliums. Denn dort schenkt der auferstandene Christus seinen Jüngern den Heiligen Geist bereits bei seiner Begegnung mit ihnen am Abend des »ersten Tages der Woche«, also am Ostertag selbst (Joh 20,19-23).

Nach dem Bericht des Lukas in der Apostelgeschichte gingen dem Pfingstfest einige Tage voraus, an denen die Jünger Jesu zusammen mit Maria, der Mutter Jesu, und einigen anderen aus der christlichen Urgemeinde zum Gebet versammelt waren (Apg 1,12-14). An dieses Beten erinnert die bis heute lebendige Praxis der *Pfingstnovene*. Vor Pfingsten beten die Christen neun Tage hindurch um die Gaben des Heiligen Geistes für sich selbst und für die Kirche und die Welt. Seit einiger Zeit kommt in den Gebeten der Pfingstnovene ein ergänzender Akzent zum Tragen: Christen aus den verschiedenen Kirchen und Konfessionen beten um die Einheit der Christenheit.

Vierzig Tage nach Ostern, also zehn Tage vor Pfingsten, feiert die Kirche das *Fest der Himmelfahrt Christi*. Die Zeitvorgabe »vierzig Tage« stammt wiederum aus der lukanischen Darstellung der Osterereignisse: In der Apostelgeschichte wird berichtet: »Vierzig Tage hindurch ist er (der auferstandene Christus) ihnen (den Jüngern) erschienen und hat vom Reich Gottes gesprochen.« (vgl. Apg 1, 3ff.) Die Himmelfahrt ist für alle Evangelisten eine innere Dimension der Auferweckung Jesu: Sie meint seine Inthronisation zum Herrn (zum »Kyrios«), der seiner Kirche nahe bleibt »alle Tage bis zum Ende der Welt« (Mt 28,20). Er sitzt nun »zur Rechten Gottes« (Mk 16,19) und tritt fürbittend für uns ein. Der Weggang Jesu zum Vater ist zugleich der Beginn seiner neuen Gegenwart – dort, »wo zwei oder drei in seinem Namen versammelt sind« (Mt 18,20).

Dem Fest »Christi Himmelfahrt« gehen drei *Bitttage* voraus. In Gebet und Gesang vertrauen die Christen ihre Bitten dem zum Himmel fahrenden Christus an, damit er sie vor den Vater trage.

Werner Löser SJ

Michael Kunzler, Leben in Christus. Eine Laienliturgik zur Einführung in die Mysterien des Gottesdienstes, Paderborn 1999, 602-605.

7.5 Fronleichnam

Das Stichwort *Fronleichnam* weckt vielfach, vor allem im alpen-
ländischen, süddeutschen und rheinischen Raum, die Erinnerung an farbenfrohe Prozessionen durch Dörfer und Städte,
prächtige Blumenteppiche auf den Straßen, reich geschmückte Altäre und brennende Kerzen am Weg, Blasmusikanten, die fromme
Sakramentslieder schmettern, Trachtengruppen und Fahnenträger,
weiß gekleidete Kommunionkinder, die Blütenblätter streuen. Fronleichnam scheint zunächst also viel mit lokalem Brauchtum zu tun
zu haben, das sich – wie die Jahresringe eines Baumes – über die
Jahrhunderte hinweg um das Eigentliche des jährlich zehn Tage
nach Pfingsten gefeierten kirchlichen Festes gelegt hat. In Wirklichkeit wird es seit jeher als genuiner Ausdruck katholischen Glaubens
und Bekennens verstanden.

Auch wenn das Fronleichnamsfest heute kaum mehr, wie ehe-
dem, als anti-protestantische Demonstration missdeutet werden
kann, so ist es doch nicht zufällig, dass es oft gleichgesetzt wurde
und wird mit *dem* römisch-katholischen Fest schlechthin: In der Mitte des festlichen Zuges der *Fronleichnamsprozession*, begleitet von Mi-
nistranten mit brennenden Leuchtern und duftendem Weihrauch,
schreitet unter dem Baldachin, der auch »Himmel« genannt wird,
der Priester mit der goldenen »Monstranz« (= Zeige-Gefäß). Die
konsekrierte Hostie des eucharistischen Brotes wird den Augen der
Menschen zur frommen Verehrung dargeboten. Wenn der Priester,
umringt von singenden und betenden Gemeindegliedern, an jedem
der vier Stationsaltäre mit dem in der Monstranz gezeigten (= »ausge-
setzten«) *Allerheiligsten* den Eucharistischen oder *Sakramentalen Segen*
erteilt, knien die Gläubigen nieder und bekreuzigen sich. Heute freilich hat sich der traditionelle, stark volksliturgische Stil des Festes
vielerorts gewandelt.

Um zu verstehen, worin der ursprüngliche Sinn und die bleibende Bedeutung von Fronleichnam liegt, ist es wichtig zu wissen, woher dieses Fest kommt, wie es entstanden ist: Die *Einführung des
Fronleichnamsfestes* geht auf die Vision der JULIANA VON LÜTTICH

(† 1258), einer Ordensfrau, zurück. Im Traum sah sie den Mond, der einen sichtbaren dunklen Fleck aufwies. Dies deutete sie als Zeichen dafür, dass der Kirche (symbolisiert durch den Mond) ein Fest zu Ehren des Altarsakramentes bzw. der Eucharistie fehlt. Bereits im Jahr 1246 wurde Fronleichnam vom damaligen Bischof ROBERT VON LÜTTICH für sein Bistum eingeführt: Der *Festtermin*, der Donnerstag nach dem Dreifaltigkeitssonntag, ist der erste Donnerstag außerhalb der Osterzeit, wenn man einrechnet, dass auch Pfingsten zur damaligen Zeit noch eine so genannte »Oktav« (Acht-Tage-Feier) besaß. Der Donnerstags-Termin erinnert dabei bewusst an den Gründonnerstag, an dem der *Einsetzung der Eucharistie* beim Letzten Abendmahl Jesu mit seinen Jüngern gedacht wird.

Der Name »Fronleichnam«, von mittelhochdeutsch: »Herrenleib«, entspricht dem lateinischen Titel, unter dem das Fest im Jahr 1264 von Papst URBAN IV. für die gesamte Kirche eingeführt wurde: »Festum Sanctissimi Corporis Christi«. Dabei begründet der Papst die Einführung für die gesamte Kirche mit der Absicht, Irrlehren im Eucharistieverständnis abzuwehren sowie mit der übergroßen Dankbarkeit für die Einsetzung der Eucharistie durch Christus. Interessanterweise war es gerade die ursprünglich gar nicht zum Grundbestand des Festes gehörende Fronleichnamsprozession, die sich seit der zweiten Hälfte des 13. Jahrhunderts durchsetzte (so etwa in Köln, St. Gereon, schon um 1270) und dem Fest letztlich zum Durchbruch verhalf. Eine solche Sakramentsprozession erinnerte etwa an den Versehgang oder an die feierliche Übertragung des Allerheiligsten am Ende der Liturgie des Gründonnerstag, wobei sich die Prozession am Fronleichnamstag, der Schaufrömmigkeit der Zeit entsprechend, immer mehr ausweitete und mit bereits vorhandenen Flurprozessionen vermischte. Sicherlich ist es kein frömmigkeitsgeschichtlicher Zufall, dass die besondere Blüte des Fronleichnamsfestes in die Zeit der Gegenreformation fällt.

Die vorgesehenen Begleitgesänge und die gerade auch im deutschen Sprachgebiet sich entwickelnden Sakramentslieder sind stark geprägt vom Dogma der »Realpräsenz« (der wirklichen Gegenwart Christi im Sakrament). Unter den liturgischen Texten des Festes, die im Kern wohl auf THOMAS VON AQUIN zurückgehen, ragt das »Lauda Sion« hervor: »Deinem Heiland, deinem Lehrer, deinem Hirten und Ernährer, Sion stimm' ein Loblied an.«

Wenn das Fronleichnamsfest seit dem Zweiten Vatikanischen Konzil im Messbuch den Titel trägt: »Hochfest des Leibes *und Blutes* Christi«, so ist dies nicht nur eine sprachkosmetische Korrektur, sondern es verbirgt sich dahinter ein durchaus neu akzentuierter liturgietheologischer Ansatz. Das Konzil (vgl. Liturgiekonstitution SACROSANCTUM CONCILIUM 14) betont wieder die aktive und tätige Mitfeier der Eucharistie und den Empfang des Leibes *und* des Blutes des Herrn als Vollform der eucharistischen Frömmigkeit und als eigentlichen Ort der eucharistischen Verehrung; und es konzentriert das Gedächtnis der *Einsetzung* der Eucharistie auf die Feier des Österlichen Triduums, näherhin des Gründonnerstags als des Tages, an dem in den Gemeinden Jesu Abendmahl mit seinen Jüngern gedacht wird. Dementsprechend haben Sakramentsprozessionen und Sakramentsandachten mit abschließendem Sakramentalen Segen seither stark an Bedeutung verloren.

Heißt dies, dass es sich bei Fronleichnam um ein überflüssiges Fest handelt? Ein mittelalterliches Relikt einer vergangenen Frömmigkeitsform, die sich überlebt hat? Mit Sicherheit nicht, denn das Zweite Vatikanische Konzil hat das Fronleichnamsfest keineswegs abgeschafft, wohl aber *liturgietheologisch eingeordnet.* So feiern wir am Gründonnerstag die *Einsetzung* der Eucharistie im Kontext des österlichen Triduums, also stärker unter dem Aspekt des Leidens des Herrn, seiner Selbsthingabe aus Liebe, bis hin zum Tod am Kreuz, während wir am Fronleichnamsfest in den österlichen *Dank für die kostbare Gabe* der eucharistischen Feier einstimmen dürfen: als »Vorgeschmack der kommenden Herrlichkeit«, wie es im Schlussgebet des Fronleichnamsfestes heißt.

Und die Prozession? Es bleibt ein spannendes Phänomen, dass die Fronleichnamsprozession an vielen Orten gerade zu der Zeit wegbricht, als die Gesellschaft in den sechziger und siebziger Jahren die Straße als Ort der Demonstration von (politischen, religiösen etc.) Überzeugungen entdeckt. Sicher kann man mit Recht fragen, ob eine solche Prozession unbedingt eine theophorische Prozession sein muss, also eine Prozession, bei der die konsekrierte Brotsgestalt in der Monstranz mitgeführt wird. Andererseits erinnere ich mich noch gut an den Satz eines Studentenpfarrers zu einer Gruppe von Studierenden: Denken Sie daran, dass man Ihnen ruhig ansehen darf, dass Sie bei der Fronleichnamsprozession hinter Ihrem Gott herlaufen – einem Gott, der sich in der unscheinbaren Gestalt des Brotes uns schenkt, damit wir es genauso tun, uns verschenken, um so zum »Brot« für andere zu werden. Motive wie: die Kirche als pilgerndes Gottesvolk, das gemeinsame Unterwegssein, dem kommenden Christus entgegen, sind sicher gewichtige und weiterhin gültige biblische Bilder, die heute bei der Gestaltung der Prozession aufgegriffen werden können.

Martin Stuflesser

Hans Bernhard Meyer, Eucharistie. (Gottesdienst der Kirche. Handbuch der Liturgiewissenschaft, Bd. 4), Regensburg 1989, 580-602; *Klemens Richter*, Die Kommunion. Gottesdienstliche Erneuerung zwischen Wirklichkeit und Anspruch, Münster 2002, 86-91ff.

7.6 Marienfeste

Das Christentum vermittelt die *gute Nachricht* (griech.: *euangelion = Evangelium*) von der erlösenden Befreiung der Menschheit aus Schuld, Not und Tod. Seit jeher war die Botschaft der Rettung aus den unausweichlichen, letztbestimmenden Mächten für die Anhänger des christlichen Glaubens Grund zu froher Feier und frommem Fest. Im Mittelpunkt stand dabei selbstverständlich *die Heilstat Christi* selber, wie sie sich an Ostern endgültig gezeigt hat. Das Osterfest ist der Kristallisationspunkt des liturgischen Jahres. Davon war in den vorausgehenden Kapiteln dieser Glaubensfibel die Rede.

Man kann bei der Feier der Heilstat Christi aber nicht von *den Menschen* absehen, die aktiv in dieses Geschehen einbezogen waren.

Unter ihnen steht Jesus am nächsten *Maria,* seine Mutter. Kein Wunder also, dass sie schon sehr früh ihren Platz im Festkreis fand. Anfangs wurde Maria in engster Verbindung mit den Ereignissen gesehen, die *den Sohn* betrafen. Das war vor allem Weihnachten; spielt sie doch bei der Menschwerdung Gottes in Jesus von Nazaret die entscheidende Rolle von Menschenseite her. Wie eng diese Zuordnung ist, zeigt sich daran, dass einige Feiertage im weihnachtlichen Festkreis bald als *Herrenfeste,* bald als *Marienfeste* angesehen wurden. Noch heute heißt bei vielen Katholiken der 2. Februar *Mariä Lichtmess,* obschon die Liturgiereform des Zweiten Vatikanischen Konzils den Lichtmesstag zum *Fest der Darstellung des Herrn* erklärt, den Tag also von einem Marientag zu einem Christustag umgewidmet hat. Gleiches ist vom 25. März zu sagen: einst *Fest Mariä Verkündigung* heißt es heute *Fest der Verkündigung des Herrn.* Vom Neuen Testament her sind beide Ereignisse mit der *Mutterschaft Marias* verbunden. Sie sichert, dass er, den der Glaube als wahren Gott verehrt, zugleich echter Mensch ist. Im Jahr 431 bekannte das Ökumenische Konzil von Ephesus feierlich: Maria ist *Gottesgebärerin* (griech.: *theotokos*). Dies ist die Grundaussage jeder Zuwendung zur Mutter des Herrn.

Die Kirchenversammlung gab gleichsam das Startsignal für eine Verehrung der *Person* Marias selber, für die *Marienverehrung,* die dann im zweiten Jahrtausend der Kirchengeschichte voll entwickelt worden ist. Mehrere Gedenktage ihr zu Ehren entstehen, darunter als erster unabhängig vom Weihnachtsereignis das Fest ihrer »Entschlafung«, also ihres Todes. Weil im ersten Jahrtausend der christliche Osten das Zentrum des kirchlichen Geschehens war, bildeten sich diese Feste dort aus. Erst ab dem 7. Jahrhundert werden sie im Abendland übernommen. Dieses trug im Mittelalter und in der beginnenden Neuzeit eigene Maria geweihte Feste bei. So entstand allmählich ein üppiger Kranz von *Marienhochfesten, Marienfesten* und *marianischen Gedenktagen* (dies sind die Rangstufen in der katholischen Fest-Liturgie).

Neben den biblisch-dogmatisch veranlassten Tagen – alle Hochfeste und Feste – weist das *Marienjahr* einige Gedenktage auf, die aus

Liturgische Marientage

1. Januar	Hochfest der Gottesmutter Maria
11. Februar	Gedenktag Unserer Lieben Frau in Lourdes
	(Festinhalt: Unbefleckte Empfängnis Marias)
31. Mai	Fest der Heimsuchung Marias
	(in Deutschland am 2. Juli)
Samstag	Gedenktag des Unbefleckten Herzens Mariens
nach dem	
Herz-Jesu-Fest	
16. Juli	Gedenktag Unserer Lieben Frau
	vom Berge Karmel
5. August	Weihetag der Basilika
	Santa Maria Maggiore in Rom
15. August	Hochfest der Aufnahme Mariens in den Himmel
22. August	Fest Mariä Königin
8. September	Fest der Geburt Mariä
12. September	Gedenktag Mariä Namen
	(Einführung anlässlich des Sieges
	über die Türken bei Wien 1683)
15. September	Gedächtnis der Schmerzen Mariens
7. Oktober	Gedenktag Unserer Lieben Frau vom Rosenkranz
21. November	Gedenktag Unserer Lieben Frau von Jerusalem
	(Weihetag einer Marienkirche in Jerusalem;
	früher: Darstellung Marias im Tempel)
8. Dezember	Hochfest der ohne Erbsünde
	empfangenen Jungfrau und Gottesmutter Maria

einer bestimmten Frömmigkeit (z. B. von Orden), aus der Erinnerung an regionale Ereignisse (z. B. an für die christlichen Völker wichtige Schlachten) oder durch Hervorhebung einzelner Perspektiven ihrer betrachtenden Verehrung entstanden sind (z. B. der Gedenktag *Mariä Königin*). Die Marienverehrung der Kirche hat sich aber nicht nur an streng liturgischen Feiern festgemacht. Sie kennt auch Zeitabschnitte im Jahreskreis, in denen sie den Mittelpunkt der Volksfrömmigkeit bildet. An erster Stelle ist der Monat *Oktober* zu erwähnen, in dem besonders das Rosenkranzgebet gepflegt wurde (vgl. Kap. 6.3, Marien-Gebete) und noch immer wird – wenn auch meist nicht mehr so intensiv. Dass es gerade dieser Monat ist, hängt mit dem Rosenkranzfest (am 7.10.) zusammen, das an die siegreiche Seeschlacht von Lepanto gegen die Türken (1571) erinnert. An zweiter Stelle steht der Frühlingsmonat *Mai*, seit dem 18. Jahrhundert ebenfalls Marienzeit. Die manchenorts Tag um Tag abgehaltenen *Maiandachten* erfreuen sich bis in unsere Zeit hinein großer Beliebtheit.

Die Übersicht auf der Vorseite führt alle liturgischen Marientage an, die im Generalkalender und im Kalender für Deutschland stehen. Nicht berücksichtigt sind Gedenktage, die nur von einzelnen Bistümern (z. B. in den bayerischen Bistümern am *1. Mai*: das Fest der »Patrona Bavariae«, der Schutzfrau Bayerns) oder von geistlichen Gemeinschaften (vgl. z. B. bei den Mercedariern das Fest Maria vom Loskauf der Gefangenen, am *24. September*) begangen werden.

Wolfgang Beinert

Richard Schulte Staate, Mit Maria durch das Jahr, Freiburg 1998; *Dietmar Thönnes*, Marienfeiern im Kirchenjahr, Kevelaer ²1999.

7.7 Heiligenfeste

Die gängige Definition von *heilig* will sagen: Gott/Göttern vorbehalten oder auch ausgegrenzt für die Überirdischen. Alles auf diese Weise Ausgesonderte ist heilig. Das Neue Testament kennt weder heilige Gegenstände noch Orte oder Zeiten; es kennt nur heilige Menschen, nämlich solche, die von Gott in der Taufe als die Seinen angenommen worden sind und die dieser Inanspruchnahme auch selber zustimmen: die Getauften als die *Gemeinde der Heiligen*. Anfangs lebten sie in dem Enthusiasmus, aller Sünde entrückt zu sein. Wer immer sein Leben in der Nachfolge Jesu gestaltete, dem gebührte Dank. Das war die erste Form der Heiligen-Verehrung: *der Dank an Gott für das ermutigende Beispiel der guten Brüder und Schwestern in Christus.*

Mit der Erfahrung indes, dass auch einzelne dieser Heiligen in Sünde fallen konnten, verlagerte sich die Bezeichnung »heilig« auf diejenigen, die sich in besonderer Weise hervorgetan hatten. Als solche galten zuerst die *Märtyrer*, die ihr Blut vergossen hatten und Jesus Christus bis in den Tod gefolgt waren. Sie hatten ihr Leben auf dem himmlischen Altar dargebracht und ihre Seelen weilten am Fuße des himmlischen Altars (Offb 6,9). Sie waren nun als die vorzüglichen Zeugen die eigentlichen Heiligen.

Die ›Normalgläubigen‹ begannen alsbald, die Märtyrer als Fürsprecher bei Gott anzusprechen. Zugrunde lag die Vorstellung, dass die nach der Taufe begangenen Sünden nicht durch Jesu Sühnetod getilgt seien, sondern durch eigene Bußleistungen wiedergutgemacht werden müssten. Die Märtyrer schienen dank ihres vorbildlichen Lebens und mehr noch dank ihres Martyriums einen Sühneüberschuss zu besitzen, den sie in christlicher Barmherzigkeit auszuteilen bereit seien. So begannen Büßer, die Sünden zu tilgen hatten, die Märtyrer um Hilfe anzurufen. Das im Lateinischen für Fürsprecher verwendete Wort »intercessor« macht, wenn man es wörtlich übersetzt, auf anschauliche Weise deutlich, was hier intendiert wurde: Zwischen Gott und Sünder stellt sich vermittelnd der Märtyrer und lässt seine »Verdienste« dem von ihm in Schutz genommenen Sünder zugute kommen. Mit dieser Fürsprache war das zweite Moment der Heiligen-Verehrung grundgelegt: *die fürbittende Interzession.*

Mit dem Ende der Verfolgungen und der blutigen Hinrichtungen erweiterte sich die Idee des Märtyrers zu der des *Asketen*. Nicht nur, wer real sein Leben im Martyrium hingegeben hatte, sondern auch alle, die sich abgetötet hatten, galten als herausgehobene und anrufbare Zeugen. Um das Böse auszumerzen und das Gute zu bestärken, kannte schon die antike Philosophie Askese, nämlich sich ständig zu üben. Wir würden von Selbsttraining sprechen. Die neutestamentliche Abtötung sollte der Entschlossenheit in der Nachfolge Christi zugute kommen, nämlich mit ihm sein Leben einzusetzen zur Bezeugung des Gotteswortes und zum Dienst am Nächsten. Das Bild des in Askese sich ertötenden Glaubenszeugen ging ein in das allgemeinreligiöse Bild vom *Gottesmenschen*, der sowohl ein Mann wie eine Frau sein konnte. Ein wahrer Gottesmensch stand dank seiner rigorosen Askese Gott besonders nahe, verfügte über seherische und wundertätige Kräfte, galt überhaupt als Mittler zu Gott. Das Wort aus dem Jakobus-Brief, das Gebet des Gerechten vermöge viel (Jak 5,15b), diente zur christlichen Rechtfertigung. Oft ist es nur der Ausruf: Du vermagst bei Gott alles. Das Ergebnis war: Das Bild des Märtyrers, des Asketen und Gottesmenschen verband sich zum allgemeinen Bild vom *Heiligen,* der sich anrufen ließ und den Menschen in Not und Tod beistand.

Mit der *Heiligen-Verehrung* erhielten auch Ort und Zeit in der christlichen Liturgie einen neuen Stellenwert. Eigentlich geschah christlicher Gottesdienst überall dort, wo zwei oder drei in Jesu Namen versammelt waren (Mt 18,20). Es bedurfte dafür nicht eines besonders ausgegrenzten heiligen Ortes; entscheidend war vielmehr das Zusammenkommen in Liebe. Mit der Heiligen-Verehrung gewann nun das Grab als *Ort des Heiligen* eine besondere Bedeutung. Denn die Seelen der Märtyrer wie auch der Heiligen wusste man im Himmel, sah sie aber weiterhin mit ihrem Leib auf Erden in Verbindung, sollte sich doch derselbe am Jüngsten Tag wieder mit der Seele vereinen. Wer also zum Grab des Heiligen ging, trat dort nicht nur mit dem toten Leichnam in Kontakt, vielmehr mit der Seele des Heiligen im Himmel. So erklären sich Wallfahrten zu den Heiligengräbern.

Mit dem Grab als Ort des Heiligen aktivierte sich weiter auch der jeweilige *Tag des Heiligen*, nämlich sein Sterbetag, der als der Geburtstag für den Himmel galt. Wie das Jahr als Jahr des Herrn auf Jesus Christus bezogen war, so auf die Heiligen deren himmlischer Geburtstag. An diesem Tag stand den Heiligen sozusagen der Himmel offen und gab Gelegenheit zu besonderer Fürsprache. Wer also die Heiligen wirklich erfolgreich anrufen wollte, musste am jeweiligen Tag an ihrem Grab sein. Die Folge war, dass sich das Herren-Jahr aufzuteilen begann: die Feier der Heilsereignisse Jesu Christi im Herren-Jahr, die einzelnen Tage aber als Tage seiner Heiligen. Für den Kult ergab sich daraus, dass sich die Gemeinde jeweils am Geburtstag eines aus ihrer Gemeinde stammenden Heiligen an dessen Grab versammelte. Der Verehrung war getragen von der Ortsgemeinde, welcher der Verehrte angehört hatte. Doch die Gräber der Apostel strahlten bald übergemeindlich aus, ebenso die Gräber besonders wundertätiger Heiliger. So gab es nunmehr einen *Heiligen-Kalender* nicht nur für die Einzelgemeinde, sondern ebenso für größere Regionen und die ganze Kirche. Mit den Jahrhunderten füllte sich dieser Kalender, dass kaum ein Tag frei blieb und zuweilen sogar mehrere Heilige gleichzeitig gefeiert wurden. Da überdies die Heiligen-Tage ob ihrer Vielzahl und mehr noch durch ihre Popularität die Herrenfeste und Sonntage zu überdecken drohten, musste reduziert werden, wie es etwa zum letzten Mal in der Folge des Zweiten Vatikanischen Konzils geschehen ist.

Die überregionale Ausbreitung ließ darüber hinaus bestimmte *Orts- und Länderpatrone* entstehen. Jede Stadt und jedes Land hatten jeweils ihre Heiligen, unter deren Fahne sie ihre Identität entfalteten. Der oder die Heilige hütete die Stadt in ihrer Religiosität und ordnete ihre Politik. Ebenso erkoren sich Regionen oder Länder ihren Nationalpatron: die Engländer Thomas von Canterbury (den »Tommy«), die Norweger den heiligen Olaf, die deutschen Katholiken des 19. Jahrhunderts den Bonifatius als »Apostel der Deutschen« sowie die Niederlande den heiligen Willibrord und die Belgier den heiligen Amandus als je eigenen Landesapostel.

Religionsphänomenologisch betrachtet artikulierte sich in der Heiligenverehrung so etwas wie ein *gestufter* Religions-*Himmel*: Gott, bzw. Jesus Christus als Allherrscher, entsprechend universal wie aber auch entrückt, dann die Heiligen für den Alltag und das Konkrete. Insbesondere Maria wurde dabei zur meistverehrten und universalen Fürsprecherin.

Der reformatorische Protest gegen die Heiligenverehrung hielt an den Heiligen als den Glaubenszeugen und Glaubensvorbildern fest, negierte indes jede Fürsprache und Mittlerschaft: Nur einer als Mittler, Jesus Christus.

Grundlegend bleibt: Alle Getauften sind Glieder des Leibes Jesu Christi, sind darum im Geist miteinander verbunden und untereinander kommunizierend. Menschen, die ihr Christsein in ermutigender Weise verwirklicht haben, gewinnen Wirkung auf die anderen, sind jeweils eine Verlebendigung des Evangeliums. Insofern leben Christgläubige in einer »Wolke der Zeugen« (Hebr 12,1).

Arnold Angenendt

Arnold Angenendt, Heilige und Reliquien. Die Geschichte ihres Kultes vom frühen Christentum bis zur Gegenwart, München [2]1997; *Hansjörg Auf der Maur*, Feste und Gedenktage der Heiligen, in: Feiern im Rhythmus der Zeit II/1 (= Gottesdienst der Kirche. Handbuch der Liturgiewissenschaft, 6/1), Regensburg 1994, 65-357.

7.8 Allerheiligen – Allerseelen

Das Fest *Allerheiligen* (1. Nov.) geht auf verschiedene, bereits im christlichen Altertum nachweisbare Sammelfeste für die in den christlichen Gemeinden verehrten »heiligen Seelen« zurück – neben Maria, der Mutter des Herrn, waren dies zunächst vor allem die frühchristlichen »Märtyrer«. Das älteste Beispiel ist der bei JOHANNES CHRYSOSTOMUS für *Antiochien im 4. Jahrhundert be*zeugte »Herrentag aller Heiligen« am Oktavtag von Pfingsten (der Ausgießung des *heiligen Geistes*). Im Nachgang zur Paschafeier feiert man – in der Ostkirche übrigens bis heute – den Nachvollzug und die Auswirkung der österlich-pfingstlichen Festgeheimnisses im Zeugnis (»Martyrium«) *der Heiligen*.

Ein römisches Allerheiligenfest entsteht im *Rom des 7. Jahrhunderts* durch den jährlichen Gedenktag der Weihe des ehemaligen Pantheons als Kirche (13. Mai 610) »zu Ehren der Jungfrau Maria *und aller Märtyrer*«. Viele Reliquien der Christen aus der Zeit der Christenverfolgung, die man aus der Rückschau – vielleicht etwas zu optimistisch – allesamt für Märtyrer hielt, waren damals aus den Gräbern der Katakomben in den repräsentativen Kuppelbau der heidnisch-römischen Staatsreligion umgebettet worden. Die *öffentliche Anerkennung von Heiligen* geschah in der Alten Kirche meist unter Erhebung ihrer Gebeine im Beisein des Ortsbischofs. Später kam der Sprachgebrauch auf: Sie wurden »zur Ehre der Altäre erhoben«. Die erste *päpstlich* durchgeführte »Heiligsprechung« erfolgte allerdings erst im Jahr 993.

Bereits um die *Wende vom 8. zum 9. Jahrhundert* hat man den »allen Heiligen« gewidmeten Gedenktag – teilweise unter Preisgabe des bis dahin stark österlich-pfingstlichen Akzentes – auf den Anfang des keltischen Jahreslaufs (1. Nov.) gelegt. Dabei wurde das Fest mehr zu einem Ausdruck für den Glauben an die *Unvergänglichkeit* der Heiligenwelt im Kontrast zur *Vergänglichkeit* der Naturwelt.

Aus seinem Entstehungskontext heraus ist ersichtlich, dass der Allerheiligentag und mit ihm überhaupt die kirchliche »Heiligenverehrung« eine genuin *österliche Bedeutung* hat. Ihre Geschichte nahm Ausgang von der Praxis der Verehrung und Heilighaltung der »Blutzeugen«, die als Männer oder Frauen für ihren Glauben an die Auferstehung Christi den Märtyrertod gestorben sind. Die Christenheit der Frühzeit, die sich noch als »Kirche aus Juden und Heiden« verstanden hatte, lebte allerdings nicht nur aus dem Glaubenszeugnis der Märtyrer (z. B. »Sankt Stefanus«, »Sankt Laurentius«) und der großen christlichen Apostel (z. B: »Sankt Petrus«; »Sankt Paulus«, »Sankt Jakobus«), vielmehr sah sie sich von einer noch größeren »Wolke von Zeugen« (Hebr 12,1) umgeben, zu denen auch die alttestamentlichen Urväter und Urmütter im Glauben, vor allem die Patriarchen, Propheten und Weisheitslehrer zählten: Abraham, Isaak und Jakob, Sara und Rebekka, Moses, Aaron und Mirjam, David und Salomon. Diese wurden jedoch nur selten *ausdrücklich* als Heilige bezeichnet. Nach dem Ende der Verfolgungszeit der jungen Kirche hat sich der engere Begriff der Heiligen über den Kreis der Märtyrer hinaus erweitert. Nun wurden auch ausgezeichnete Persönlichkeiten, die kein Martyrium erlitten, aber »im Ruf der Heiligkeit« standen, weil sie eine zeugniskräftige Glaubensbiographie vorzuweisen hatten (sog. »Bekenner«), nach ihrem Tod in »die Schar der Heiligen und Seligen der himmlischen Kirche« aufgenommen; etwa herausragende Bischöfe, die als exemplarische Christen galten (z. B. Martin von Tours) oder als theologische Lehrer berühmt und geschätzt waren (z. B. Augustinus, Ambrosius), nicht zuletzt viele »heilige Jungfrauen« (wie die heilige Cäcilia oder die heilige Agatha).

Ihren Höhepunkt erreichte die Heiligenverehrung zweifellos im Mittelalter. Die Mehrzahl der Heiligen wurde als »Patrone« von Kirchen und Kapellen, als »Namenspatrone«, als »Berufs- und Standespatrone« sowie als »Nothelfer« angerufen.

Nach den Bilderstürmen der Reformation erlebte der christliche Heiligenkult in der Barockzeit eine unerwartete neue Blüte. Kirchenräume und Altarwände wurden geradezu zum katechetischen Panoptikum der christlichen Glaubenswelt. Der Blick auf die Bilder regte die Glaubenssinne an, gab Vorahnung der himmlischen Herrlichkeit, führte wie über eine Brücke in die Heilsgeschichte und war eine Art Veranschaulichung der Osterhoffnung, aber auch eine sinnenhafte Konkretisierung des Mysteriums der Menschwerdung.

Bei genauerem Hinsehen wird sichtbar, dass das ursprünglich österlich-pfingstlich geprägte Festgeheimnis von Allerheiligen zugleich eine ausgesprochen *ekklesiologische, d.h. kirchen-theologische Dimension* hat, die künftig wieder stärker hervortreten dürfte: Die schon im 9. Jahrhundert ins Credo des Apostolischen Glaubensbekenntnisses aufgenommene »Gemeinschaft der Heiligen« (»Communio sanctorum«) bezog sich ursprünglich auf die durch *Teilhabe am Heiligen* (der Eucharistie) konstituierte Gemeinschaft *der Heiligen*, folglich auf die Kirche als ganze. Hier sei an die Gepflogenheit des Apostels Paulus erinnert, *alle Christen* als »Heilige« (als von Gott Erwählte und in ihm Gegründete) anzusprechen (vgl. die Anrede im Brief an die römische Gemeinde: »An alle in Rom, die von Gott geliebt sind, die berufenen Heiligen«, Röm 1,7). Erst später gewann die lateinische Formel *Communio sanctorum* die Bedeutung von »Gemeinschaft der Heiligen *im Himmel*«, damit zugleich von »Gemeinschaft der irdischen Kirche mit der himmlischen Kirche«.

Die durch Friedhofs- und Gräberbesuch am Nachmittag von Allerheiligen hergestellte enge liturgische Verknüpfung von Allerheiligen mit dem Gedächtnis aller Verstorbenen an *Allerseelen* (2. Nov.) bringt die Gefahr mit sich, dass »Allerheiligen« auf Totengedenken reduziert wird, eröffnet aber auch die Möglichkeit, die Communio der Kirche in eschatologischer Hoffnung wieder als zur Auferstehung in Herrlichkeit berufene Gemeinschaft der Lebenden und der Verstorbenen zu begreifen.

Eine Bemerkung sei hinzugefügt: Die erwähnte Verlegung des Allerheiligengedenkens auf den 1. Nov. (durch die Irische und Iro-Schottische Kirche im 8. und 9. Jahrhundert), die im lateinischen Westen bald Alleingeltung bekam, hat das Fest schon früh in Kontakt gebracht mit altem heidnischem Brauchtum zum Winterbeginn. Das gegenwärtig fast überall wieder in Mode gekommene Halloween am 31. Oktober, dessen Name sich leicht erkennbar von »allhallows-evening« (Aller-Heiligen-Abend) ableitet, erinnert leider kaum mehr an die Feier des Vorabends von Allerheiligen, schon eher an skurrile neu-heidnische Rituale oder eine daraus entwickelte neue Masche der Werbung.

Das Fest Allerheiligen und die ganze Geschichte der Heiligenverehrung fordern heute, so viel wird an dieser scheinbaren Nebensächlichkeit deutlich, unweigerlich zu einer Antwort auf die Frage heraus: Was bedeutet Zugehörigkeit zur »Gemeinschaft der Heiligen«? Wer oder was ist den Christen, ist den Menschen von heute (noch) »heilig«?

Walter Fürst

Communio Sanctorum. Die Kirche als Gemeinschaft der Heiligen. Erarbeitet von der Bilateralen Arbeitsgruppe der Deutschen Bischofskonferenz und der Vereinigten Evangelisch-Lutherischen Kirche Deutschlands, Paderborn/Frankfurt a. M. 2000.

C. Lieben

8. Das Gebot der Liebe

Vincent Willem van Gogh (1853-1890): *Der gute Samariter* (nach Delacroix), 1890; Öl auf Leinwand, 73 x 60 cm; Rijksmuseum Kröller-Müller, Otterlo.

Während seines Aufenthaltes in der Heilanstalt von St. Remy kopierte van Gogh u.a. Werke von Delacroix und Millet nach Radierungen, die ihm sein Bruder Theo schickte. Die entstandenen Bilder stellen aber keine Kopien im eigentlichen Sinne dar, sondern sind ganz eigenständige Fassungen der Vorbilder von großer farblicher Ausdruckskraft. Van Gogh selbst sprach von Improvisationen in Farbe zum vorgegebenen Motiv – mittels Farbe interpretierte er das Werk auf seine Weise.

Das Bild vom barmherzigen Samariter teilt der Maler farblich annähernd mit einer von links oben nach rechts unten verlaufenden Diagonale in ein Gelb dominiertes unteres und ein Blau dominiertes oberes Dreiecksfeld. Während der Gelbbereich der erzählten Handlung vorbehalten ist, d.h. der im direkten Bildvordergrund dargestellten guten Tat des Samariters und der Vorgeschichte mit den beiden vorbeigegangenen Männern, bildet das obere Dreieck Platz für eine dramatische Felslandschaft.

Durch die Aufnahme der jeweils anderen Farbe werden die Bildbereiche spannungsvoll miteinander in Beziehung gesetzt.

Im Zentrum des Bildes steht die kompakte Figurengruppe aus Samariter, Opfer und Reittier: Mit sichtlicher körperlicher Anstrengung versucht der Samariter den Überfallenen auf sein geduldig wartendes Maultier zu heben, das Gewicht drückt seinen Oberkörper weit nach hinten, mit dem rechten Bein stützt er den auf ihm Lastenden zusätzlich. So entsteht kompositorisch innerhalb des Rechtecks der Figurengruppe eine dynamisch wirkende Bogenform, die durch die leicht nach rechts verlaufende Senkrechte des Tieres spannungsvoll ausgeglichen wird.

Neben Farbgestaltung und Linearkomposition nutzt der Maler auch den Pinselduktus, um Lebendigkeit bzw. spannungsvollen Ausgleich zu erzeugen: Der Pinselstrich ist kleinteilig geschwungen im Bereich der Figuren, eher kurz und parallel bei der Weg-Landschaft, leicht geschwungen mit senkrechter Grundtendenz bei den Felswänden.

Die Gestaltungsmerkmale, die van Goghs individuellen Stil ausmachen, sind damit auch hier wirksam eingesetzt: eine Farbigkeit, die durchaus noch am Naturvorbild orientiert ist, zugleich aber tendenziell expressiv gestei-

gert ist, ein Pinselstrich, der Naturformen und Volumina nachempfindet, aber zugleich als eigenständiges gestalterisches Mittel eingesetzt wird.

Für van Gogh besaßen die Farben zudem Symbolwirkung: Das hier in vielen Abstufungen verwendete Gelb stand für Freundschaft, war für ihn Farbe der Schöpfung und Herrlichkeit der Sonne. Die oben angesprochene Intention des Malers, mittels Farbe ein Motiv zu interpretieren, wird im Bild vom barmherzigen Samariter damit konsequent umgesetzt: Thema der farbigen Deutung ist der Freundschaftsdienst, den der Samariter dem in Not geratenen Fremden erweist.

Das bei Lukas (10,30ff.) erzählte Gleichnis vom Mann, der unter die Räuber fällt und dem weder ein vorbeikommender Priester noch ein Levit helfen, sondern den erst der fremdstämmige Samariter rettet – also der, dem man diesen Dienst am wenigsten zutrauen würde –, ist Jesu Antwort auf die Frage eines Gesetzeslehrers nach einem wahrhaft gottgefälligen Tun im Sinne der Hauptgebote der Gottes- und Nächstenliebe.

Barmherzigkeit meint, ein Herz für die Armen, d.h. die der Hilfe Bedürftigen zu haben – eine Haltung des Mitfühlens, die von dem Bewußtsein der eigenen Armut und des Angewiesenseins auf die Zuwendung Gottes geprägt ist. Als Wesensart des christlichen Gottes ist Barmherzigkeit selbstverständlich und folgerichtig Vorbild und Verpflichtung für den Menschen. Das Handeln des Samariters zeigt barmherziges Tun als Wesenszug eines Menschen, weshalb das Gleichnis in der christlichen Kunst immer wieder bildlich dargestellt worden ist.

Kerstin Clasen

8.0 Das eine Gebot und die Gebote
(Thora, Zehn Gebote, Hauptgebot Jesu)

Gott ist die Liebe« heißt es im ersten Johannesbrief (4,8). Die Liebe ist nicht nur eine der Eigenschaft Gottes, sie ist sein Wesen. Welche Vorstellungen aber verbinden wir konkret mit einer solchen »Liebe«? Theologen flüchten sich schnell in eher abstrakte Vorstellungen, wie der Liebe als »absoluter Zusage« Gottes an den Menschen, die ihren höchsten Ausdruck in der Selbsthingabe Gottes findet.

Problematisch ist es jedoch, wenn viele Menschen einen liebenden Gott des Neuen Testaments von einem eifersüchtig-strengen und auf Gebote fixierten Gott des Alten Testaments absetzen.

Da irritiert es, wenn Jesus in der Bergpredigt sagt: »Denkt nicht, ich sei gekommen, um das Gesetz und die Propheten aufzuheben. Ich bin nicht gekommen, um aufzuheben, sondern um zu erfüllen ... Wer auch nur eines von den kleinsten Geboten aufhebt und die Menschen entsprechend lehrt, der wird im Himmelreich der Kleinste sein. Wer sie aber hält und halten lehrt, der wird groß sein im Himmelreich« (Mt 5,17.19). Diese Worte sind scharf und fordernd. Vor allem jedoch zeigen sie, dass Jesus keinen Trennungsstrich zwischen sich und dem Gott des Alten Testaments zieht. Er beharrt darauf, dass bis zum Untergang von Himmel und Erde »kein Iota« des Gesetzes vergehen werde und stellt eher strengere Forderungen, als dass er einer belanglosen Beliebigkeit das Wort redet, die niemandem wehtut. Die »Erfüllung« des Gesetzes geschieht jedoch nicht, indem Jesus den schon bekannten Geboten der Thora weitere hinzufügt, um auf diese Weise das Gesetz zu ›vervollständigen‹. Er verfolgt einen anderen Weg, indem er zusammenfasst und nach den Prinzipien der Einzelgebote fragt, die ihnen Leben einhauchen. Indem er reduziert, steigert er den Anspruch. Deutlich wird dies in der Frage des Schriftgelehrten, welches das »erste Gebot von allen« sei. Jesus antwortet ihm darauf:

»Das erste ist: Höre Israel, der Herr, unser Gott, ist der eine Herr. Und du sollst den Herrn, deinen Gott, lieben mit deinem ganzem Herzen, deiner ganzen Seele, all deinen Gedanken und all deiner Kraft. Das zweite ist: Du sollst deinen Nächsten lieben wie dich selbst. Kein anderes Gebot ist größer als diese beiden.« (Mk 12,29-31; vgl. Mt 22,37-40; Lk 10,25-28)

Die Tiefe dieser Antwort wird deutlich, wenn man sieht, welche Texte hier von Jesus zitiert werden. Die beiden Gebote finden sich an verschiedenen Stellen innerhalb des Pentateuch: Jesus zitiert zunächst das »Schᵉma-Israel«, das »Höre-Israel« (Dtn 6,4f.), dessen Rezitation heute noch im Judentum den Höhepunkt eines Synagogengottesdienstes darstellt. (»Höre, Israel! Jahwe, unser Gott, Jahwe, ist einzig. Darum sollst du den Herrn, deinen Gott, lieben mit ganzem Herzen, mit ganzer Seele und mit ganzer Kraft.«) Er zitiert jedoch nicht einfach einen isolierten Bibelvers. Die Hörer der damaligen Zeit kannten den Zusammenhang, innerhalb dessen der Vers im Pentateuch steht und vor dessen Hintergrund er seine Kraft entfaltet. Er entstammt dem letzten der so genannten fünf Bücher Mose, dem Deuteronomium. Dieses Buch besteht fast vollständig aus der letzten Rede, die Mose kurz vor seinem Tod unmittelbar vor dem Einzug in das Land hält. Dabei ruft er zunächst noch einmal die zu diesem Zeitpunkt vierzig Jahre zurückliegenden Ereignisse des Bundesschlusses am Horeb mit der Verkündigung des Dekalogs, der »Zehn Gebote«, in Erinnerung. Die weitere Abschiedsrede des Mose ist dann eine Auslegung des Dekalogs, die Israel den Leitfaden für das zukünftige Leben im Land vorgibt.

Den Beginn dieser Auslegung stellt das »Höre Israel« dar. Es entfaltet das erste Gebot, das *Hauptgebot*, unter dem Stichwort *Liebe*. Die Auslegung des Hauptgebotes durch Mose umfasst jedoch nicht nur das »Höre Israel«. Dieses bildet nur die Einleitung, die Überschrift. Die gesamten daran anschließenden sechs Kapitel des Deuteronomiums kreisen um das erste Gebot des Dekalogs. Sie wollen mitbedacht sein, wenn es darum geht, die Bedeutung des »Höre Israel« zu erfassen. Die Rede des Mose ist aber keine systematische theologische Abhandlung, sondern ein flammender Appell an die

Liebe Israels zu seinem Gott. Die von Israel eingeforderte Liebe ist dabei mehr als die geschuldete Loyalität des Bundespartners. Sie gründet in der Liebe, die Jahwe Israel schenkt (vgl. Dtn 4,37; 7,13; 10,15). In den vierzig Jahren der Wüstenwanderung hat sich Israel dieser Liebe immer wieder verweigert. Mose erinnert daher nicht nur an den Bundesschluss am Horeb, sondern auch an den gleich daran anschließenden Bundesbruch in der Verehrung des goldenen Kalbs (Dtn 9f.). Damals fasste Jahwe den Beschluss, Israel zu vernichten, nahm aber dank der Fürbitte des Mose davon Abstand und erneuerte den Bund. Diese ganze dramatische Geschichte, die Mose in seiner Auslegung des Hauptgebots als ›Liebesgeschichte‹ zwischen Jahwe und Israel rekapituliert, ist im »Höre Israel« präsent.

Der zweite Text, den Jesus zitiert, ist das Gebot der Nächstenliebe aus Leviticus 19,18. Das Buch Leviticus begründet die Konstitution Israels als eines heiligen Volkes, in dessen Mitte der heilige Jahwe gegenwärtig werden und wirken will. Das 19. Kapitel des Buches ist Teil des sog. »Heiligkeitsgesetzes« (Lev 17-26). Das Besondere dieses Kapitels besteht darin, dass es ebenso wie das Deuteronomium eine Auslegung des Dekalogs und eine Bündelung der wichtigsten Gebote der Tora darstellt. Diese wird zu Beginn des Kapitels unter die Überschrift gestellt: »Heilig sollt ihr sein, denn heilig bin ich, Jahwe, euer Gott!« (19,2).

Das Grundprinzip dieser ›Heiligkeitsethik‹ besteht also in der Nachahmung. Die dann genannten Gebote konkretisieren, wie Israel die Heiligkeit Jahwes abbilden kann. Dabei steht das Gebot der Nächstenliebe nicht einfach neben den anderen Geboten. Es bildet als positives Gebot den Höhepunkt der in den Versen 11-17 genannten Verbote, die soziales Fehlverhalten brandmarken. Dazu gehören auch das Verbot des Hasses und der Rache. Vor diesem Hintergrund ist das Gebot der Nächstenliebe auch ein Gebot der Feindesliebe. Gegen Ende des Kapitels findet sich nochmals eine Steigerung, indem das Gebot der Nächstenliebe auch auf den Fremden bezogen wird und damit jeden Menschen einbezieht. In dieser umfassenden Nächstenliebe findet die Heiligkeit Israels ihren ethischen Ausdruck.

Jesus greift in seiner Formulierung des Doppelgebotes von Gottes- und Nächstenliebe somit nicht nur auf zwei Spitzentexte des Pentateuch zurück, er bezieht sich vor allem auf zwei Texte, die Auslegungen des Dekalogs sind. Der Dekalog wird dabei nicht durch die beiden Gebote in Deuteronomium 6,4f. und Leviticus 19,18 ersetzt und außer Kraft gesetzt. Er wird vielmehr auf der Liebe als seinem Grundprinzip fundiert. Dass Jesus damit auch in den Augen des Schriftgelehrten, d.h. eines Repräsentanten der theologischen Elite des damaligen Judentums, das Richtige trifft, zeigt dessen Zustimmung (Mk 12,32f.).

Vor diesem Hintergrund bekommt der oben zitierte Satz aus dem ersten Johannesbrief eine neue Dynamik. Vollständig zitiert heißt es nämlich: »Wer nicht liebt, hat Gott nicht erkannt; denn Gott ist die Liebe« (1 Joh 4,8). Dies liest sich fast wie eine Übersetzung der Ethik des Heiligkeitsgesetzes unter der Perspektive der im »Höre Israel« präsenten Geschichte der Liebe zwischen Jahwe und Israel. Die Liebe als das Wesen Gottes ist kein abstraktes Prinzip. Gott ist kein »unbewegter Beweger«. In der Liebe als dem Wesen Gottes ist die ganze Geschichte Gottes mit der Welt präsent als eine leidenschaftliche Geschichte der Liebe zwischen Gott und seiner Schöpfung. Der Gott der Bibel – des Alten wie des Neuen Testaments – ist nicht leidenschaftslos: Er kennt Freude, Erbarmen und Geduld, aber auch Zorn und Leiden.

Michael Konkel

8.1 Israels Gesetz und die vielen Gebote

Das Judentum unterscheidet 613 Gebote (*mitzwot*), die Mose von Jahwe empfangen hat und die zu halten Israel verpflichtet ist. Der babylonische Talmud merkt dazu an: »365 davon sind Verbote wie die Anzahl der Tage des Sonnenjahrs, und 248 davon sind Gebote entsprechend der Teile des menschlichen Körpers.« Damit soll zum Ausdruck gebracht werden, dass das gesamte menschliche Leben – alle Tage des Jahres und der gesamte Körper – von der Liebe zu den Geboten erfüllt sein soll. Das Halten der Gebote wird nicht als mühselige Pflicht verstanden, sondern gibt dem Leben seinen Atem, seine gleichmäßige Struktur, die jede Handlung an Gott bindet. Für einen Christen ist diese emotionale Haltung den Geboten gegenüber oft nur schwer nachvollziehbar. Kann die Liebe zu Gott in der minutiösen Einhaltung einer Unzahl von Geboten und Verboten zum Ausdruck kommen? Zudem lassen sich Sätze wie »Auge um Auge, Zahn um Zahn«, teilweise drastische Sanktionen wie die Todesstrafe im Fall von Ehebruch oder praktizierter Homosexualität, für uns heute kaum noch nachvollziehbare Reinheitsvorschriften und detaillierte Anweisungen für die Schlachtung von Tieren im Opferkult mit unserem aufgeklärten Bewusstsein – zumindest auf den ersten Blick – nur schwer vereinbaren.

Doch gerade heute sollte es möglich sein, diese Texte nicht als zeitlos gültige Aussagen, sondern in ihrem historischen Kontext wahrzunehmen. Wir kennen aus dem Alten Orient zahlreiche Rechtssammlungen, die denen des Alten Testaments in vielen Punkten ähnlich sind. Bei allen Ähnlichkeiten gibt es jedoch einen bemerkenswerten Unterschied: Israel erhält seine Gesetze nicht von einem irdischen König, sondern von Gott selbst. Im Alten Orient handelt der König zwar als Beauftragter seines Gottes, es ist jedoch der König selbst, der das Recht setzt und nicht die Gottheit. Der König repräsentiert in seiner Person die staatliche Ordnung und damit den Kosmos, die Ordnung schlechthin. Es gibt kein Recht jenseits von König und Staat. Im Alten Testament ist dies anders: Zwar empfängt Israel – mit Ausnahme des Dekalogs – sein Recht nicht direkt von Gott, sondern durch die Vermittlung des Mose. Aber Mose tritt weder als König noch selbst als Gesetzgeber auf. Jahwe ist es, der Israel seine Gesetze gibt. In Israel ist das Recht Gottesrecht und nicht Königsrecht; auch der König steht nicht über dem Recht, sondern ist ihm selbst unterworfen und wird vom ihm wie jeder andere in die Verantwortung genommen. Der Staat wird kritisierbar. In Israel wurde so zum ersten Mal in der Geschichte totalitären Staatsmechanismen eine konsequente Absage erteilt. Heute mag man eher

die Probleme sehen, welche sich ergeben, wenn das Recht den Anspruch erhebt, unmittelbar von Gott hergeleitet zu sein. Für das Israel des 7. und 6. Jahrhunderts v. Chr. jedoch war dies der Weg, der
es ihm ermöglichte, auch nach der Katastrophe des babylonischen
Exils weiter zu existieren. Es gibt für Israel noch etwas jenseits von
Staat und irdischem König. Nicht nur das Christentum, sondern
auch unsere abendländische demokratische Rechtsordnung steht auf
diesem Fundament. Die Wiege der Menschenrechte steht nicht nur
in Athen, sondern auch in Jerusalem.

Ein zweites will bedacht sein: Der Pentateuch selbst kennt einen
Deutungsschlüssel, der es erlaubt, seine Gesetze nicht als überzeitlich formulierte Prinzipien, sondern als Konkretisierungen des Gotteswillens für bestimmte Situationen zu verstehen. Die zahlreichen
Einzelvorschriften, die über mehrere Jahrhunderte gewachsen sind
und einander teilweise sogar widersprechen, werden vom Erzähler
des Pentateuch zwar alle am Berg Sinai und während der Zeit der
vierzigjährigen Wüstenwanderung verortet, aber sie stehen nicht
einfach lose nebeneinander. Es lässt sich eine Systematik erkennen,
innerhalb derer dem Dekalog eine Schlüsselstellung zukommt: Die
zehn Gebote bilden den Kopf sämtlicher von Jahwe am Sinai ver-
kündeten Gesetze. Anders als die übrigen Gesetze ergeht der Dekalog jedoch nicht in einer ›Privataudienz‹ an Mose, es handelt sich
vielmehr um die einzige Gottesrede, welche direkt an das gesamte
Volk gerichtet ist (Ex 20,22; Dtn 5,4). Als einziger Text wird der
Dekalog von Gott selbst auf zwei Steintafeln verschriftet. Er gilt als
Inbegriff des Bundes, den Jahwe mit Israel geschlossen hat (Dtn
4,13).

Die übrigen durch Mose vermittelten Vorschriften und Gebote
werden so zu Konkretisierungen und Auslegungen des Dekalogs für
bestimmte Situationen im Leben Israels. Der Dekalog bildet das
»Grundgesetz«, das »Fundament«, auf dem die weiteren von Jahwe
offenbarten Gebote ruhen. Bildlich kommt dies darin zum Ausdruck, dass der Dekalog von Mose in der Lade deponiert wird, und
diese Lade unter den Thron Jahwes im Allerheiligsten des Tempels
gestellt wird.

Die Zehn Gebote (Ex 20,1-17)

1 Dann sprach Gott alle diese Worte:
2 [1. Gebot] Ich bin Jahwe, dein Gott, der dich aus Ägypten geführt hat, aus dem Sklavenhaus.
3 Du sollst neben mir keine anderen Götter haben.
4 Du sollst dir kein Gottesbild machen und keine Darstellung von irgendetwas am Himmel droben, auf der Erde unten oder im Wasser unter der Erde.
5 Du sollst dich nicht vor anderen Göttern niederwerfen und dich nicht verpflichten, ihnen zu dienen. Denn ich, der Herr, dein Gott, bin ein eifersüchtiger Gott: Bei denen, die mir Feind sind, verfolge ich die Schuld der Väter an den Söhnen, an der dritten und vierten Generation;
6 bei denen, die mich lieben und auf meine Gebote achten, erweise ich Tausenden meine Huld.
7 [2. Gebot] Du sollst den Namen des Herrn, deines Gottes, nicht missbrauchen; denn der Herr lässt den nicht ungestraft, der seinen Namen missbraucht.
8 [3. Gebot] Gedenke des Sabbats: Halte ihn heilig!
9 Sechs Tage darfst du schaffen und jede Arbeit tun.
10 Der siebte Tag ist ein Ruhetag, dem Herrn, deinem Gott, geweiht. An ihm darfst du keine Arbeit tun: du, dein Sohn und deine Tochter, dein Sklave und deine Sklavin, dein Vieh und der Fremde, der in deinen Stadtbereichen Wohnrecht hat.
11 Denn in sechs Tagen hat der Herr Himmel, Erde und Meer gemacht und alles, was dazugehört; am siebten Tag ruhte er. Darum hat der Herr den Sabbattag gesegnet und ihn für heilig erklärt.
12 [4. Gebot] Ehre deinen Vater und deine Mutter, damit du lange lebst in dem Land, das der Herr, dein Gott, dir gibt.
13 [5. Gebot] Du sollst nicht morden.

14 [6. Gebot] Du sollst nicht die Ehe brechen.
15 [7. Gebot] Du sollst nicht stehlen.
16 [8. Gebot] Du sollst nicht falsch gegen deinen Nächsten aussagen.
17 [10. Gebot] Du sollst nicht nach dem Haus deines Nächsten verlangen. [9. Gebot] Du sollst nicht nach der Frau deines Nächsten
verlangen, nach seinem Sklaven oder seiner Sklavin, seinem Rind
oder seinem Esel oder nach irgendetwas, das deinem Nächsten gehört.

Diese Sonderstellung des Dekalogs wäre allerdings falsch verstanden, schlösse man daraus, dass der Dekalog höherrangig sei und
die anderen Geboten lediglich als schmückendes Beiwerk verstanden werden könnten. In der»Dekalogstruktur« kommt vielmehr
etwas anderes zum Ausdruck: Die Zehn Gebote dürfen nicht von
den übrigen Gesetzen gelöst werden, sondern können nur im Zusammenhang mit ihnen verstanden werden. Der Dekalog ist selbst
viel zu unbestimmt, zu viele Bereiche des Lebens werden nicht berücksichtigt, als dass er sich selbst genügen könnte. Er bedarf jeweils
der Aktualisierung und Konkretisierung. Aber auch die zahlreichen
Einzelvorschriften des Pentateuch können den Dekalog nicht er-
schöpfend auslegen. Das Deuteronomium kennt daher das Amt
eines»Propheten wie Mose«, den Jahwe aus der Mitte Israels erste-
hen lässt und der immer aufs Neue den Dekalog auslegt (18,15-18).
Für das Judentum gründet hierin das gleichberechtigte Nebeneinander von schriftlicher (dem Pentateuch) und mündlicher Thora
(der Tradition der Rabbinen, kodifiziert in Mischna und Talmud).
Für den Christen ist es die Person Jesu Christi als des Mensch gewordenen Wortes, die den Dekalog als Inbegriff des Bundes auslegt.
So sehr Jesus auch in den Schriften des Neuen Testaments wie ein
»neuer Mose« gezeichnet wird, erhebt er doch den Anspruch, mehr
zu sein als ein weiterer Verwalter des mosaischen Amtes. Anders als
Mose tritt er nicht bloß als Gesetzesmittler auf, der lediglich die
Worte Jahwes weitergibt. Er tritt nicht hinter die Worte eines ande-

ren zurück, sondern spricht mit seiner eigenen Autorität. Am Schluss der Bergpredigt heißt es entsprechend:»Jeder nun, der diese *meine* Worte hört und sie tut, den werde ich mit einem klugen Mann vergleichen, der sein Haus auf den Felsen baute; und der Platzregen fiel herab, und die Ströme kamen, und die Winde wehten und stürmten gegen jenes Haus; und es fiel nicht, denn es war auf den Felsen gegründet« (Mt 7,24f.). Damit jedoch werden die Relationen umgekehrt: Fortan ist nicht mehr der Dekalog die Instanz, die von den verschiedenen Einzelgesetzen ausgelegt wird, sondern das Mensch gewordene Gotteswort selbst ist es, das die Auslegung des Dekalogs als des Inbegriffs von Gottes Bund mit Israel vorgibt. Der neue *Katechismus der katholischen Kirche* berücksichtigt genau dies, wenn die christliche Ethik unter dem Titel »Das Leben in Christus« inhaltlich entlang der Dekaloggebote entfaltet wird.

Michael Konkel

Frank Crüsemann, Die Tora. Theologie und Sozialgeschichte des alttestamentlichen Gesetzes, Gütersloh ²1997; *Frank-Lothar Hossfeld* (Hg.), Die Zehn Gebote: Weisungen zum Menschsein, Welt und Umwelt der Bibel, Heft 17, Stuttgart 2000.

8.2 Gottes- und Nächstenliebe

Auf die Frage eines jüdischen Schriftgelehrten nach dem größten Gebot antwortet Jesus, indem er zwei Gebote des Alten Testaments (Dtn 6,4f. und Lev 19,18) zusammenstellt: »Du sollst Gott lieben ... und Deinen Nächsten wie dich selbst« (Mk 12,28-34). Mit dieser Antwort will Jesus nicht, wie früher häufig gesagt worden ist, die vielen Vorschriften des alttestamentlichen Gesetzes außer Kraft setzen, sondern die Mitte der Thora markieren, wie sie sich in der Glaubensgeschichte Israels abzeichnet, durch die Reich-Gottes-Verkündigung Jesu neue Dimensionen gewinnt und im Leben seiner Jünger die Praxis der Nachfolge bleibend kennzeichnen

soll. Gleichzeitig zeigt Jesus die Nähe, ja die Einheit von Gottes-
und Nächstenliebe auf. Parallelen zum Doppelgebot gibt es im frühen Judentum, die Programmatik der Aussage ist für Jesus typisch.
Sie prägt die christliche Ethik bis heute.

Das Hauptgebot Jesu

"Das erste ist: Höre Israel, der Herr, unser Gott, ist der eine Herr.
Und du sollst den Herrn, deinen Gott, lieben mit deinem ganzem
Herzen, deiner ganzen Seele, all deinen Gedanken und all deiner
Kraft. Das zweite ist: Du sollst deinen Nächsten lieben wie dich
selbst. Kein anderes Gebot ist größer als diese beiden."

(Mk 12,29-31; vgl. Mt 22,37-40; Lk 10,25-28)

Das *Gebot der Gottesliebe* ist das erste. Denn Gott ist der Schöpfer
und Erlöser. Israel ist auf langen Wegen zu der Einsicht gelangt,
dass Gott *der Eine* ist. Das Hauptgebot »Höre, Israel« (Dtn 6,4f.),
zeigt grundlegend, wie die Liebe zu Gott alttestamentlich verstanden
wird: als Bejahung seines Gottseins, als dankbare Erinnerung an
seine Heilstaten, als Vertrauen in seine Verheißungstreue, als Absage
an das Böse, als Erfüllung seiner Gebote, als Hören auf sein Wort,
als Annahme seiner Erwählung – dies »mit ganzem Herzen, mit ganzer Seele und mit ganzer Kraft«. Die erste Tafel des Dekalogs (Dtn
5; Ex 20) ist eine signifikante Konkretisierung, das Psalmengebet
intensivster Ausdruck der Liebe zu Gott in allen Höhen und Tiefen
des Lebens. Neutestamentlich ist die Gottesliebe auf dieser Basis
durch die Zustimmung zur Botschaft Jesu geprägt: durch das Vertrauen, dass Gottes Herrschaft nahe gekommen ist, durch die Hoffnung auf die Vollendung des Reiches und die Erfüllung der Verheißungen Israels. Das Beten des Vaterunsers ist ein intensiver Ausdruck der Gottesliebe im Sinne Jesu. Nachösterlich wird die Liebe

zu Gott durch die Dankbarkeit für die Sendung, die Lebenshingabe und die Auferstehung Jesu neu geprägt, durch die Wahrnehmung liebe gehen zusammen. Die Feier der Eucharistie ist der dichteste Ausdruck der Liebe zu Gott.

Der Liebe zu Gott geht die *Liebe Gottes* voraus. Israel versteht seine Gottesliebe als Antwort auf Gottes Liebe zu seinem Volk, zu den Gerechten und zu den unschuldig Verfolgten. Es begreift, dass seine Erwählung nicht auf Verdiensten beruht, sondern reine Gnadenwahl ist; es versteht auch, dass seine Schuld nicht die Liebe Gottes einschränkt, sondern auf neue Weise herausfordert, durch das Gericht hindurch sein Volk den Weg des Lebens zu leiten (Hos 11). Nach dem Neuen Testament zeigt sich diese Liebe Gottes in der Liebe Jesu, des Irdischen, des Gekreuzigten und des Auferstandenen. »So sehr hat Gott die Welt geliebt, dass er seinen eigenen Sohn gegeben hat«, heißt es an zentraler Stellen als Herrenwort im Johannesevangelium (3,16); und dass Gott in einer letztgültigen Weise aus reiner Liebe »für uns ist«, erweist sich nach Paulus darin, dass er seinen eigenen Sohn »für alle hingegeben« hat (Röm 8,32). Auf diese Liebe kann nur Liebe Antwort geben.

Die *Nächstenliebe* ist der Grundsatz biblischer Ethik. Die Selbstliebe ist Voraussetzung und Maßstab. Nach Leviticus 19 zielt die Nächstenliebe zuerst auf die Mit-Israeliten. Daran knüpft die jesuanische und urchristliche Ethik an, wenn sie von der »Bruderliebe« spricht. Die Pointe ist nicht die Ausgrenzung der anderen, sondern die Konzentration auf diejenigen, mit denen man vor allem zu tun hat. Leviticus 19,34 fordert Israel aber auch dazu auf, die »Fremden« zu lieben, »denn ihr seid selbst Fremde in Ägypten gewesen«. Dem entspricht die jesuanische Auslegung im »Gleichnis vom barmherzigen Samariter« (Lk 10,25-37). »Liebe« ist – der Sache nach gleichfalls mit Herz und Seele, Verstand und Tatkraft – die Bejahung des Nächsten als Mit-Mensch und Geschöpf Gottes, das Eintreten für sein Lebensrecht, das Mitleid mit seinem Leiden, die Hilfe in der Not aus echter Anteilnahme. Wenn Paulus diese »Liebe« als Erfüllung des Gesetzes lehrt (Röm 13,8ff.), hebt er das Gesetz nicht auf, sondern richtet es auf (Röm 3,31): Das Liebesgebot bedarf der Konkretionen, auf welchen Feldern und in welchen Situationen Liebe sich zu erweisen und zu bewähren hat. Dass aber Gottes Wille nur in der Liebe erfüllt werden kann, zeigt, wie sehr es auf die innere Einstellung und die Verbindung mit der Gottesliebe ankommt. *Nächstenliebe umfasst Feindesliebe.* Schon das alttestamentliche Gebot Leviticus 19,18 zeigt, dass die Liebe gerade dort herausgefordert ist und sich bewähren muss, wo Unrecht erlitten und Feindschaft erfahren wird. Der Verzicht auf Rache und die Bereitschaft zur Vergebung sind die wichtigsten Konkretionen der Nächstenliebe. Daran knüpft Jesus in der Bergpredigt an, wenn er explizit zur Feindesliebe aufruft, selbst wenn man religiöse Verfolgung, persönliche Beleidigung oder politische und wirtschaftliche Unterdrückung erlitten hat. Sein Argument ist theologisch. Während in der Gemeinschaft von Qumran zum – absolut gewaltfreien – Feindeshass aufgerufen wird, weil Gott die Feinde des Guten verabscheut, verkündet Jesus – in der Linie von Gesetz und Propheten – die schöpferische Liebe Gottes auch zu den Sündern, die von den Nachfolgern Jesu nachgeahmt werden soll (Mt 5,38-48, Lk 6,27-36). Paulus spricht ausdrücklich von der Feindesliebe Gottes, die sich Jesu Tod und Auferweckung zum Heil aller geoffenbart hat (Röm 5,1-11).

Gottes- und Nächstenliebe bilden eine Einheit. Gott kann nicht geliebt werden, wenn er nicht als der Schöpfer und Erlöser geliebt wird, der rückhaltlos die Menschen liebt. Die Nächsten sind dann ganz und gar als sie selbst geliebt, wenn sie als diejenigen geliebt werden, die von Gott geliebt sind.

Thomas Söding

Hermann Spieckermann, Gottes Liebe zu Israel, Tübingen 2001; *Wolfgang Schrage*, Ethik des Neuen Testaments, Göttingen 1989.

8.3 Gnade und Rechtfertigung

Wir erleben heute eine Ära der »Instant-Reue«. In einem Zeitalter inflationärer Entschuldigungen geschieht zwar den Opfern höchst selten Gerechtigkeit, aber sie dürfen mit dem Kult der Reue rechnen. Die »Generation Sorry« (TONY JUDT) entschuldigt *sich* (man bittet nicht etwa *andere* um Entschuldigung!) und kann so Schuld einräumen, ohne einen Schuldigen benennen oder wirklich Verantwortung übernehmen zu müssen. Hier stößt die christliche Rede von Gnade und Rechtfertigung auf wenig Verständnis; es fehlt ihr der Resonanzboden in (mit-)menschlicher Erfahrung. Das Wort *Gnade* ist zudem zur theologischen Kanzel-Leerformel verkommen. Im profanen Gewand tritt Gnade allenfalls noch als Zumutung auf, Gnade vor Recht ergehen zu lassen. Darauf will man als leistungsbewusster Mensch lieber nicht angewiesen sein. Diese Abwendung von der Gnade hat mit dem Abschied von einem Allmachts- und Willkürgott zu tun, bei dem man – in spätmittelalterlicher Frömmigkeit – nur darauf hoffen konnte, dass er sich den Menschen aus »freier Willkür« gnädig zuwenden und sie nicht »ungnädig-gerecht« zur Rechenschaft ziehen wird. Von einem solchen Gott trennte man sich, weil man sich nur noch gegen ihn definieren, nicht aber wirklich mit ihm leben konnte. Die neuzeitliche Abwendung von diesem unberechenbar gnädig-ungnädigen Gott geschah im Zeichen der Selbstverantwortung und der Sicherung von Verlässlichkeit durch eigene Leistung. Wo sich der Mensch aber für immer mehr und schließlich für praktisch alles selbst verantwortlich erklärt, wo er von der Gnade unabhängig sein will, da droht Gnadenlosigkeit, ein gnadenloser Rechtfertigungsdruck. Die Verantwortung für geglücktes und erfülltes Lebens liegt allein beim Menschen; alles wird zu einer Sache menschlicher Leistung oder menschlichen Versagens. Immer und für alles sind Menschen zur Rechenschaft gefordert: ob sie sich nicht wenigstens bemühen, ihrer ins Unermessliche wachsenden Verantwortung zu genügen; ob sie sich nicht wenigstens bemühen, ein »erfülltes Leben« zu gewinnen. Das

311

große Wort »Wer immer strebend sich bemüht, den können wir er-
lösen« (JOHANN WOLFGANG VON GOETHE) aber wird zur Falle
menschlicher Existenz. Zugleich sind Gnade und Rechtfertigung als
theologische Begriffe in die mittelalterlichen Kellergewölbe der
Konfessionsgeschichte verbannt, weil sie an ungeliebte konfessio-
nelle Unterscheidungslehren erinnern, die allenfalls bei einem theologischen Fachpublikum antiquarisches Interesse wecken. Die theologische Rede von Gnade und Rechtfertigung klingt heute von gestern.

Freilich: in einer Zeit, in der Selbstverwirklichung zum Fetisch
geworden ist und menschliches Miteinander sich an marktgerechten
Rentabilitäten orientiert, wirkt MARTIN LUTHERS Erkenntnis des
»ganz anderen« im vierfachen *allein* (*allein* durch Christus, *allein* durch
Gnade, *allein* durch Glaube, *allein* durch das Wort) immer noch oder
erst recht grundlegend befreiend. Die Sehnsucht der Menschen nach
Anerkennung, Sinn und erfülltem Leben, ihre Suche nach Gerechtigkeit und Freiheit, ihre Schuld-Empfindlichkeit und ihr Fragen
nach den Grenzen der Machbarkeit sprechen für die bleibende Bedeutung des Themas *Gnade und Rechtfertigung* (KARL LEHMANN). Religiöse Antworten auf diese Fragen – »Was macht die Identität, den
Sinn meines Lebens aus, das sich nicht in der Zerbrechlichkeit des
irdischen Daseins oder in der Summe meiner (Lebens-)Leistungen
erschöpft?« – müssen nicht als Entmündigung oder als Selbstent-
fremdung des Menschen verstanden werden. Gnade muss und darf
nicht als Willkür verstanden werden, sondern als das unverdiente,
weil freie Gottesgeschenk, dem die Menschen sich verdanken, ehe
sie selbst gefordert sein können.

Gnade und Rechtfertigung sind theologische Reflexionsbegriffe,
sie dürfen als denkerische Zusammenfassung der ganzen Frohbot-
schaft vom Heilshandeln Gottes gelten (OTTO HERRMANN PESCH).
Gnade ist Gottes verlässliche Leidenschaft für die Menschen, eine
Leidenschaft zur Anerkennung, eine Leidenschaft der Solidarität, die
die Menschen zur Annahme des Lebens als Geschenk, die sie zur
Freiheit »überreden« will. Gottes Zuwendung und die Freiheit des
Menschen wachsen hier im gleichen Sinn und nehmen einander ge-

rade nichts weg (KARL RAHNER). Gottes Gnadengeschenk macht der menschlichen Freiheit keine Konkurrenz; es ist vielmehr ihr letzter tragender Grund. Freilich ist es auch ein kritischer Grund. Es macht auf jene heimliche Neigung menschlicher Freiheit zur Perversion ihrer selbst aufmerksam. Die Bibel nennt diese Perversion *Sünde* und versteht darunter die Maßlosigkeit der Menschen, sich selbst mit dem Leben beschenken zu wollen, und ihre »fixe Idee«, ihres eigenen Glückes Schmied sein zu müssen. Die Leidenschaft Gottes für die Menschen bedeutet daher auch: Er will die Menschen dafür gewinnen, sich selbst und Gott gerecht zu werden, sich selbst nicht aufzuladen, was sie nur von Gott erwarten können: den Sinn ihres Daseins. Gottes Gnadenangebot will die falsche Selbsteinschätzung der Menschen »richten« (im Sinne von zurechtbringen) und sich so in den Menschen als »Befreiung zur Freiheit« (vgl. Gal 5,1) auswirken.

Christinnen und Christen bekennen die Lebensgeschichte eines Menschen – Jesus von Nazaret – als den geschichtlichen Ort dieser gnadenhaften Zurechtrückung des Menschen. Dieses von Paulus und der an ihn anknüpfenden Tradition als *Rechtfertigung des Sünders* bezeichnete Christus-Geschehen macht den offeneren Gedanken der Gnade konkret: Konkret zum einen, indem es die Zuwendung Gottes als unbedingte Anerkennung des Anderen in einem menschlichen Dasein – dem Dasein des Menschensohns Jesus Christus – selbst erfahrbar macht. Es ist ein Akt göttlicher Solidarität, der sich gerade dort vollzieht, wo die Menschen in ihrem Menschsein und ihrer Würde bedroht sind. Zum anderen besteht diese Konkretheit darin, dass das Geschehen der Solidarisierung Gottes mit den Menschen Befreiung von der Sünde bedeutet: endgültige Überwindung der »Verkehrtheit« des Menschen.

Daher wird das befreiende Potenzial dieser Botschaft nur dort wirklich erfahrbar, wo offenen Auges auch die Fähigkeit der menschlichen Freiheit zur Sünde erkannt und anerkannt wird. Erst wenn Gottes Lebenszusage an die Menschen die Scheinfreiheit menschlicher Selbstbehauptung aufdeckt, wird den Menschen ein Leben geschenkt, in dem sie sich nicht mehr dem eigenen Erfolgreichsein verdanken und nicht mehr darum konkurrieren müssen, mehr zu sein und mehr zu haben. So ist die Zuwendung Gottes keine »billige Gnade« (DIETRICH BONHOEFFER). Sie nimmt in Anspruch und hat Konsequenzen; sie ist eine auf- und herausfordernde Zusage, die sich im Tun derer bewahrheitet, denen sie geschieht. Als solche durchbricht diese Zusage, da sie die neue Gerechtigkeit des Gerecht*werdens* in Kraft setzt, nicht nur die pseudo-gerechte Marktlogik, sondern alle Lebensverhältnisse, die in Wahrheit Todes-Verhältnisse sind: Am Geschenk der unverlierbaren Würde und Solidarität– der Gottesebenbildlichkeit – findet schließlich auch der Tod seine Grenze. Wer sich beschenken lässt, weiß sich deshalb herausgefordert, der Logik des Todes, die mitten in unserem Leben zur Herrschaft kommen und das Leben ums Leben bringen will, Widerstand zu leisten (ELSA TAMEZ).

Johanna Rahner

Otto Hermann Pesch/Albrecht Peters, Einführung in die Lehre von Gnade und Rechtfertigung, Darmstadt 1981; *Elsa Tamez*, Gegen die Verurteilung zum Tod. Paulus oder die Rechtfertigung durch den Glauben aus der Perspektive der Unterdrückten und Ausgeschlossenen, Luzern 1998.

8.4 Tugenden

Der Begriff *Tugend* stammt aus der griechischen Philosophie. Er bezeichnet dort die Charakterstärke eines Menschen oder seine sittliche Vortrefflichkeit. Für SOKRATES ist das moralische Gutsein des Menschen eine Folge seines Wissens um das Gute; entsprechend werden auch die moralischen Tugenden durch Bildung erlernt. Dagegen betont ARISTOTELES den unverzichtbaren Beitrag der Leidenschaften und der seelischen Antriebskräfte beim Zustandekommen des Guten. Für ihn spielt deshalb der Gedanke der Einübung durch fortgesetztes, gleichgerichtetes Handeln eine entscheidende Rolle beim Tugenderwerb. Gerecht wird man, indem man gerecht handelt, klug, indem man kluge Urteile fällt, besonnen und tapfer, indem man sich immer wieder so verhält. So meint Tugend hier eine zur verlässlichen Gewohnheit gewordene Haltung des Menschen, die ihn befähigt, die Leidenschaften seiner Seele am Maßstab der Vernunft auszurichten und sie dauerhaft, spontan und leicht in den Dienst eines guten und glücklichen Lebens zu stellen. ARISTOTELES unterscheidet von den Verstandestugenden die im eigentlichen Sinne »ethischen« Tugenden, die jeweils das Kriterium der rechten Mitte erfüllen: die Großzügigkeit in der Mitte von Geiz und Verschwendung, die Tapferkeit, die die rechte Balance zwischen Feigheit und Tollkühnheit sucht. Nicht um Mittelmäßigkeit geht es, sondern um einen vernünftigen Ausgleich zwischen einander entgegengesetzten Extremhaltungen und in diesem Sinne um Höchstformen gelungener menschlicher Praxis.

In der spätantiken Philosophie gewinnt die Tugendkonzeption der *Stoa* stärkeren Einfluss. Die Stoa spricht nicht mehr von *den* Tugenden im Plural, sondern von *der* Tugend im Singular. Sie sieht darin die eine und einzige Lebensform der Freiheit von jeglicher Leidenschaft, die – da die Tugend nicht um äußerer Güter, sondern um ihrer selbst willen erstrebt wird – allein wahres Glück verbürgt. Ein dreigliedriges Stufenschema findet sich später in der *neuplatonischen* Rede von dem bürgerlich-politischen, den reinigenden und den exemplarisch-kontemplativen Tugenden. Es findet durch die Vermittlung der Kirchenväter Eingang in die mittelalterliche Theologie und hat die Spiritualität des frühen Mönchtums nachhaltig geprägt.

Die Aufnahme des griechischen Tugenddenkens durch die frühchristlichen Schriftsteller wird dadurch erleichtert, dass die gemeinte Sache auch in der Bibel begegnet. Die hebräische Bibel kennt viele Tugenden (vgl. Jes 11,2: Weisheit, Einsicht, Rat, Stärke, Erkenntnis und Gottesfurcht), aber keinen zusammenfassenden Oberbegriff. Die griechische Bibel (die Septuaginta) verwendet den einschlägigen griechischen Begriff *arete*, um die Macht Gottes (Jes 42,8; Sach 6,13) wie auch die sittliche Haltung des Frommen (Weish 4,1; 5,13) auszudrücken. Im Neuen Testament nimmt der Tugendgedanke eher eine Randstellung ein. Möglicherweise ist diese Zurückhaltung darin begründet, dass die neutestamentlichen Schriftsteller mit diesem Begriff zu sehr die Herausstellung menschlicher Leistungsfähigkeit verknüpfen, während sie das Gut-Sein des Menschen wie auch das rechte Handeln in erster Linie als Gabe Gottes verstehen. Auch für PAULUS, dessen Rechtfertigungslehre den Geschenkcharakter des Gerecht-gemacht-Werdens nachdrücklich herausstellt, gilt freilich, dass der Glaube sich im praktischen Leben der Christen bewähren muss. Nicht religiöse Privilegien oder die Zugehörigkeit zum erwählten Volk als solche entscheiden über das Heil eines Menschen, sondern der Glaube an Gottes Gerechtigkeit, der »in der Liebe wirksam ist« (Gal 5,6). Um das Wirksamwerden des Glaubens in der Liebe zu beschreiben, zitiert Paulus unbefangen Tugendkataloge der zeitgenössischen Profanethik: Liebe, Freude, Friede, Langmut, Freundlichkeit, Güte, Treue, Sanftmut und Selbstbeherrschung sind »Früchte des Geistes« (Gal 5,22).

Ähnlich verfahren die späteren Schriften des Neuen Testamentes (vgl. Eph 4,32-5,5; Kol 3,5-8,14). Sie betonen jedoch Grundhaltungen, die die eschatologische Erwartung der Christen prägen: Hoffnung, Wachsamkeit, Nüchternheit und Geduld kennzeichnen das Unterwegs-Sein bis zur Wiederkunft des Herrn. Daneben stehen Haltungen wie Demut, Mitleid und gegenseitige Unterordnung, die unmittelbar am Lebensmodell Jesu abgelesen werden. Häufig werden die übernommenen Tugendkataloge auch von den christlichen Grundtugenden des Glaubens und der Liebe »umfasst« (vgl. 1 Tim 4,12; 6,11; 2 Tim 3,10; 2 Petr 1,5-7). Die bedeutsamste Anregung für die theologische Reflexion ging jedoch vom Hohen Lied der Liebe aus, in dem Paulus den »höchsten Weg« (1 Kor 12,31) menschlicher Vollendung besingt. Im Rückgriff auf die paulinische Trias von Glaube, Hoffnung und Liebe stellt die christliche Theologie später den so genannten Kardinaltugenden der philosophischen Ethik (Klugheit, Gerechtigkeit, Besonnenheit und Tapferkeit) jene Grundhaltungen des Christseins zur Seite, die den Weg der Nachfolge Jesu bestimmen sollen.

Die Rezeption des Tugendbegriffs durch die *Kirchenväter* ermöglicht die Ausbildung einer umfassenden Moraltheorie, die den Anspruch der biblischen Heilsbotschaft auf das Leben ihrer Adressaten reflektiert. Christsein und Menschsein sollen nicht unverbunden nebeneinander stehen, sondern zu Lebensformen des Glaubens werden, in denen die Antwort des Menschen auf den Ruf des Evangeliums Gestalt annimmt und alle Dimensionen seines Daseins in der Welt prägt. Die Vorstellung einer selbst erworbenen Vortrefflichkeit oder einer moralischen Eigenleistung des Menschen erfährt von der biblischen Heilsbotschaft her freilich – wie sich dann besonders deutlich bei THOMAS VON AQUINS Ausbildung einer Tugendlehre zeigt – eine tief greifende Korrektur, in deren Mittelpunkt das Handeln Gottes am Menschen steht. Nicht was der Mensch aus eigener Kraft tun kann, sondern was Gott für ihn tut, steht im Vordergrund. Im Licht des Evangeliums erscheinen Tugenden nicht primär als das Ergebnis menschlicher Anstrengung, sondern als Früchte des Geistes und als Erscheinungsformen der Gnade Gottes. Da die Offenbarung das Handeln Gottes in Schöpfung, Menschwerdung und Erlösung erzählt, kann vom Handeln des Menschen immer nur einschlussweise gesprochen werden: als Antwort auf Gottes Initiative zum Heil des Menschen in der universalen Heilsgeschichte wie in der persönlichen Lebensgeschichte. Doch gerade so, als vom Handeln Gottes ermöglicht und getragen, muss dann auch vom menschlichen Handeln die Rede sein: als von Gottes Wort beansprucht und um des Nächsten willen notwendig.

Die Transformation des Tugendbegriffs seit der Zeit der Patristik ist deshalb als bedeutende theologiegeschichtliche Leistung anzusehen, die zu den grundlegenden Weichenstellungen in der Geschichte des christlichen Denkens zählt. Sie ermöglichte es, die moralischen Aspekte der biblischen Heilsbotschaft in Korrelation zu den fundamentalen Fragen des Menschseins (Was gibt dem Leben Halt? Wie kann das Leben gelingen? Wo finde ich verlässliches Glück? Was bleibt über den Tod hinaus?) dazulegen. Darauf greift auch die gegenwärtige theologische Ethik zurück, wenn sie die Suche nach dem guten Leben und die Frage eines tragfähigen Selbstkonzeptes (Wer will ich sein?) im Stil einer erneuerten Tugendlehre erörtert. So kann sie dem lähmenden Eindruck entgegenwirken, dass es die Moral nur mit dem tristen Thema der Pflicht und den abstrakten Vorschriften einer lebensfremden Gesetzlichkeit zu tun hat. Indem sie von den Tugenden erzählt, die in der Nachfolge Jesu die Fülle des Lebens verheißen, beschreibt eine theologische Moraltheorie das individuelle Leben als einen Weg, in dem die Freude an dem, was in den Augen Gottes sein soll, zur Grundmelodie des Lebens wird.

Eberhard Schockenhoff

Josef Schuster, Moralisches Können. Studien zur Tugendethik, Würzburg 1997; *Dietmar Mieth*, Die neuen Tugenden. Ein ethischer Entwurf, Düsseldorf 1984.

8.5 Werke der Barmherzigkeit

Barmherzigkeit kennzeichnet das Handeln des lebendigen Gottes wesentlich und vor allem anderen (vgl. Ex 34,6f.). Es ist Beziehungshandeln. Die äußersten Möglichkeiten und Gefährdungen der Beziehung zwischen Gott und Israel sind im Alten Testament von diesem Tun Gottes umfangen, so dass vom »Drama der Barmherzigkeit Gottes« gesprochen werden kann. Unterschiedliche Elemente bestimmen nach der Erfahrung der Bibel das Handeln des nicht eindimensional festlegbaren Gottes; z. B. auch seine Gerechtigkeit. Wie ein roter Faden zieht sich die Erfahrung von Gottes Barmherzigkeit im Angesicht anderer erwartbarer Wirkweisen durch die Geschichte des alt- und neutestamentlichen Gottesvolkes. Abraham (vgl. Gen 24,12), Isaak (vgl. Gen 24,14), Jakob (vgl. Gen 32,11), Mose und das ganze Gottesvolk (vgl. Ex 34,6f.; Dtn 4,31; Ps 86,15; Ps 103,8; Joel 2,13; Jona 4,2; Neh 9,17.31; 2 Chr 30,9 u.a.) erfahren dieses Handeln Gottes. Gerade wenn die Barmherzigkeit Gottes den Schwächsten der Gesellschaft gilt (z. B. Ps 68,6f.; Ps

146,6-9; Jes 49,10f.; 54,10; Jer 31,20ff.), zeigt sich, was Barmherzigkeit tut: Sie entbindet von Not, Verlassensein, Schuld und Tod und
lässt neu atmen und leben. Dass Gott als »Herr des Erbarmens«
(Weish 9,1) bekannt wird, wird in Jesus von Nazaret, dem Christus,
dem konkreten Menschen, endgültig glaubhaft.

Auf den Vorwurf, er lasse sich mit Zöllnern und Sündern ein
und gefährde so die Ordnung des Gottesvolkes, antwortet Jesus mit
dem Gleichnis vom barmherzigen Vater (Lk 15,11-32). Sein Dasein
und Wirken fasst die nachösterliche Gemeinde mit der Selbstaus-
sage Jesu zusammen: »Mich erbarmt des Volkes« (Mk 6,34). Jesus
Christus ist Gottes Erbarmen in Person. Das ist unaufgebbarer Be-
kenntnisbestand der nachösterlichen Gemeinde. Seine Barmherzigkeit sieht gerade das, was ist. Sie übertüncht, verschleiert oder verharmlost nicht die Not und die Brüche im Leben der leidenden
Menschen, sondern setzt in diese Situation hinein einen neuen, Leben schaffenden Impuls. Das erfahren die Hungernden und Dür-
stenden, die Kranken, die Isolierten und an den Rand gedrängten, ja
die Toten. Solche Barmherzigkeit ist an keine menschliche Vorleis-
tung gebunden. Sie gipfelt darin, dass der lebendige Gott in Jesu
Leben und Sterben seine Liebe bis aufs Blut erweist, damit wir nicht
im Tod bleiben (vgl. 2 Kor 5,15.21). Er lässt sich durch die Gewalt
der Sünde nicht von seiner unverbrüchlichen Treue, allen die Gabe
des Lebens zu öffnen und zu schenken, abbringen. Jesu Tod ist der
Ort der erschütterndsten Erfahrung der menschlichen Möglichkeit,
Gottes Zuwendung selbstherrlich zurückzuweisen. Jesu Auferweckung ist der Ort der unfasslichen Entdeckung, dass Gott das Leben
über den Tod siegen lässt. In Jesu Geschick erweist er sich in seiner
Liebe und Barmherzigkeit, die das Leben der Geschöpfe auf ewig
erhalten wollen, als unbesieglich. Deswegen wird er als »Vater des
Erbarmens« (2 Kor 1,3) gepriesen. Insofern sind die Glaubenden,
die sich aus Heiden und Juden rufen lassen, »Gefäße des Erbarmens« (Röm 9,23). Dieses Erbarmen ist der Höhepunkt von
Gottes Handeln.

Die entsprechende menschliche Antwort lautet: »Werdet barmherzig, wie euer Vater barmherzig ist« (Lk 6,36). Aus der Hoffnung

8. Das Gebot der Liebe

auf das Erbarmen Gottes sollen wir Menschen in konkreter Realisierung des Liebesgebotes selber Erbarmen praktizieren. Dazu gibt der Evangelist Lukas einen diskreten Hinweis: Erbarmen beginnt mit dem Sehen. Dreimal verwendet er die Wortverbindung »sehen und sich erbarmen« (Lk 7,13; 10,32; 15,20). Jesus selber, der barmherzige Samariter und der barmherzige Vater handeln so: Sie sehen die Not ungeschönt. Darin wird geradezu eine Schule des Sehens entwickelt: Im Sehen nach Jesu Art befinden wir uns auf der Spur Gottes, beginnt die Sichtbarkeit Gottes unter uns – wenn das Erbarmen folgt. Die Barmherzigkeit konkret auszugestalten, dazu war man in der christlichen Tradition in aller Ernsthaftigkeit bereit. Dazu erinnerte man sich an die Erzählung vom Kommen des Menschensohnes zum Weltgericht (Mt 25,31-46), die zu Werken der Barmherzigkeit herausfordert. Für jüdische Ohren sind diese Werke vertraut: *Hungrigen zu essen geben* (vgl. Tob 1,17; 4,16; Ijob 31,17; Jes 58,7; Ez 18,7.16); *Durstigen zu trinken geben* (vgl. Ijob 22,7; Jes 55,1); *Fremde gastlich aufnehmen* (vgl. Ijob 31,32; Jes 58,7); *Nackte bekleiden* (vgl. Tob 1,7; 4,16; Ijob 22,6; Jes 58,7; Ez 18,7.16); *Kranke betreuen* (vgl. Sir 7,35); *Gefangene aufsuchen* (vgl. Jes 58,6; 61,1). Später kam hinzu, die *Toten bestatten*, um ihre Würde auch noch im Tod zu betonen (s. Tob 1,17). So erreichte man die klassische Siebenzahl, die sich aus dem Netz der alt- und neutestamentlichen Bezüge herauslösen ließ.

In der Erinnerung an die Heilige Schrift wurden die Werke der Barmherzigkeit als beglückende Wegweisung verstanden. Sie regte zur Weiterentwicklung an. Neben der ursprünglich diakonischen und sozialkritischen Akzentuierung entwickelte sich seit dem 4. Jahrhundert ein stärker spiritualisierendes Verständnis, das durch AUGUSTINUS zu den sieben geistigen Werken der Barmherzigkeit führte: »*Unwissende lehren, Zweifelnden recht raten, Trauernde trösten, Sünder zurechtweisen, Beleidigern verzeihen, Lästige ertragen, für Lebende und Verstorbene beten.*«

Gerade diese Weiterentwicklung in Verbindung mit der Siebenzahl deutet an, dass solche Listen der Werke der Barmherzigkeit exemplarisch zu verstehen sind. Es gibt immer Neues zu »sehen« und entsprechend gibt es neue Werke der Barmherzigkeit. Das lässt

320

sich durch die Geschichte der Christenheit hin nachvollziehen. Denn die Not und die Barmherzigkeit sind unausschöpfbar. In jeder Zeit suchte man in der Erkenntnis der Wahrheit des Lebens den gläubigen Umgang mit den zwei großen »Schmerzzonen« des Lebens: mit Sünde und Tod, mit der Erfahrung von Zerbrochenem und Unversöhntem im Leben, mit der gnadenlosen Todesbedrohung. In ihnen legen sich die Werke der Barmherzigkeit nahe und zwar in zwischenmenschlichen Hilfeleistungen, in ehrenamtlicher gemeindlicher Diakonie, als organisierte Diakonie und als öffentliches sozialpolitisches Engagement der Kirchen. Die Achtsamkeit auf neue individuelle, kollektive und auch globale Kontexte (z. B. Misereor, Adveniat u.a.) erweist den lebendigen Glauben.

Wenn die nachösterliche Gemeinde bis heute das »Kyrie eleison / Herr, erbarme dich« ruft, dann ist das wie eine Kurzfassung der Erfahrung mit Jesus damals und des Glaubens an Jesus Christus bis heute: Sie bekennt ihre Verwiesenheit auf Erbarmen und die Not der Welt, sie beruft sich auf Gottes heilsames Erbarmen in Christus Jesus, sie will sein Erbarmen hier und heute neu Wirklichkeit werden lassen und lebt in der Erwartung, dass der Erbarmer selbst alles neu macht (Offb 21,5).

Paul Deselaers

Stefan Dybowski, Barmherzigkeit im Neuen Testament – ein Grundmotiv caritativen Handelns, Freiburg 1992; *Ralf van Büren*, Die Werke der Barmherzigkeit in der Kunst des 12.-18. Jahrhunderts, Hildesheim/Zürich/New York 1998.

8.6 Seelsorgliche Beratung

Gehen die Katholiken heute nicht mehr zum Beichten, sondern zur Beratung? Die Diözesen bieten Ehe- und Erziehungsberatung und Telefonseelsorge an, dazu Sprechzimmer in den großen Kirchen; die Beichtstühle sind eher zurückgezogen worden.

Aber Beichte war nie alles. Ratsuchende hat es immer gegeben, auch immer Menschen, die helfen, zuhören und raten konnten, ob das ein Mönch war oder eine kluge Frau oder (in der Ostkirche) ein Staretz. Das Raten gehört zu den sieben Gaben des Heiligen Geistes, die bei jeder Firmung erbeten werden. Zu den »geistlichen Werken der Barmherzigkeit« gehört »den Schwankenden recht raten«.

Nachweislich hat es seit uralten Zeiten die individuellen Hinweise für den Weg eines Menschen gebraucht: für anstehende Entscheidungen, für Unsicherheiten oder Schuld und Gewissensnöte, für das mühsame Korrigieren von behindernden Einstellungen und Haltungen, zum Finden des eigenen Lebenszieles. Die Not ist gleich geblieben, die Formen der Beratung haben sich geändert: Wissen und Erfahrung der Psychologie sind dazu gekommen; Seelsorger(-innen) lernen z. B. professionell Klinikseelsorge oder Telefonseelsorge für Menschen, die sehr allein sind und das offene Gespräch scheuen. Kirchen wie Gemeinden und Verbände bieten Beratung an, Institutionen also, nicht nur besonders begabte Einzelne. Wir leben nicht mehr in einer geschlossenen Gesellschaft, die moderne Zeit verlangt individualisierte Lebenswege, bietet also mehr Freiheit, hat dafür aber neue Verunsicherungen und Belastungen. Ehe und Miteinanderleben zeigen es, die vielen Geschiedenen und Sich-Trennenden brauchen auch seelsorgliche Hilfe. Oder die jungen Menschen, die um Festigung ihrer Identität ringen, aber in verwirrenden Familienbeziehungen stecken. Seelsorge im engeren Sinn überlappt sich längst mit öffentlichen, scheinbar ganz profanen Problemen; Psychologie, Sozialarbeit und seelsorgliche Beratung sind deshalb schwer zu trennen. Dazu die Menschen, die psychische Probleme haben, wie Depression, Zwänge, Süchte, oder allein sein müssen, aber sich nach Partnerschaft sehnen, oder erschöpft sind, »ausgebrannt«: Wer wollte sie allein lassen? Auch die Leben verlängernden Methoden der Medizin, etwa bei Krebs oder multipler Sklerose, stellen neue Fragen, nicht nur medizinische, sondern seelische, für die es zu sorgen gilt.

Aber was heißt überhaupt Beraten? Es geht weder um Rätselraten noch um sachliche Beratung, wie ein Apparat funktioniert, auch nicht um Anweisungen, wie man sich zu verhalten habe (wozu die Kirche lange neigte), sondern schlicht um das helfende Gespräch in Krisen des Lebens wie Trennungen, Abschiede, Zerbrechen von Lebensentwürfen, Altwerden und Sterben. Es handelt sich um einen Dienst an denen, die ihn brauchen: Gespräch als notwendige Lebensfunktion, »kommunikatives Handeln«, relativ ungesichert. Die Sprache sagt es: »Raten« steckt in »Gerät«, mit dem ich mir helfen kann und in »Vorrat«, der mich sichert; es ist verwandt mit dem englischen »to read«, bedeutet also etwas wie »Spuren oder Runen lesen« in einem verworrenen Leben. Es geht nicht um einen schnellen »Rat-Schlag«, der auch weh tut, sondern um das Gegenüber von Mensch zu Mensch, um das Gespräch, den Dialog. Sein Ziel ist, spürbar zu machen, dass es ein Licht gibt für diesen bestimmten Menschen. Es geht um den alten Gottesnamen der Bibel (Ex 3,14): »*Ich bin da*«.

Konkret heißt das: Ein Mensch ruft einen anderen an, appelliert an ihn, an sie mit Klagen, Gefühlen, Wünschen oder Bedürfnissen, kurz: mit dem Erzählen irgendeiner Not oder einer überwältigenden Freude. Der oder die Angerufene antwortet mit Zuhören, Aufnehmen der Klage oder Anklage oder einer Unsicherheit. Er oder sie kann meistens nicht wissen, was zu geschehen hat, aber teilnehmen, damit auch etwas geben. Das ist schon der wichtigste Trost, der Wink für den nächsten Schritt. So dass die oder der Anrufende wieder weiter weiß, trotz aller Angst und Unsicherheit. Nicht Belehrung ist gefragt, auch nicht Verkündigung, die *eine* Ur-Aufgabe der Kirche, sondern das geschwisterliche Hören und Raten, weil wir in der modernen Gesellschaft leben, nicht mehr im Dorf.

Das lange gebräuchliche Modell »Eltern raten dem (unwissenden, hilflosen) Kind« muss fortgeschrieben werden auf die Begegnung zwischen Erwachsenen hin. Seelsorgliche Beratung ist Dienen und nicht Herrschen, Dialog, der auch streng und fordernd sein kann, aber zwischen prinzipiell Gleichrangigen geführt wird; Gespräch, das auch mit Widerständen und Manövern umzugehen versteht. In diesem Zeithaben und der Zuwendung der Beratung ereignet es sich, dass eine Frau, ein Mann für einen anderen Menschen zu einem Anker der Hoffnung, zum Zeugen und Bürgen für den Sinn und das mögliche Gelingen des Lebens wird.

Grundfrage der Beratung ist, ob wir mit Schwierigkeiten aller Art allein sind oder ob es Gemeinschaft, Hilfe, ob es »Kirche« gibt, in der nicht als krank oder arm oder einfach »anders« abgestempelt wird; sondern wo eine Not als Signal aufgenommen wird, auch als Protest, als Chance zum Selbst-Werden. Ist diese »Kirche« für möglichst viele, nicht nur Kirchgänger, präsent und erreichbar, ist sie bereit und fähig, alle die Hilfe des Gesprächs Suchenden vorbehaltlos und uneigennützig anzunehmen? Ein Mensch kann durch diese Hilfe bereiter und fähiger werden, die Wirklichkeit seines Lebens anzunehmen, d.h. die Bindungen und Ablösungen der Lebensgeschichte zu ertragen, die Wechselfälle des Geschicks zu bestehen, in dem vielfachen Aufeinander-Angewiesen- und Bezogensein sich zu bewegen; er bzw. sie kann ermutigt werden, sich gegen Angst und Depression, gegen Sinnlehre und Langeweile, gegen Hemmungen und Verzerrungen des Lebens sich zu wehren.

Letzten Endes geht es um die Heilung, Ganz-Werdung einer individuellen Lebensgeschichte. Der Versuch des Redens und Hörens und Ratens hat sich zu bewähren in den vielfachen Abbrüchen und Sprüngen des Lebens. Eine Beraterin oder einen Berater aufzusuchen ist ein Anfang, ein erstes Sich-Öffnen gegen die schlimme Neigung, sich zu versperren in sich, ins Dunkel.

Ist das zu leisten? Bei aller eigenen Gebrochenheit der Beratenden, trotz aller Störungen einer Begegnung zwischen zwei Menschen kann der Funke springen: das An-Reden kommt an und berührt. Kann man es lernen oder machen? Die Begegnung ist *das* Sakrament; der *Begegnende* heilt: *Gott* kommt auf den Menschen zu. In dem Versuch da zu sein und dabeizubleiben, statt kindisch davonzulaufen, lernen wir das Gegenüberstehen von Mensch zu Mensch, kommen wir zu Gott.

Lorenz Wachinger

Isidor Baumgartner, Heilende Seelsorge in Lebenskrisen, Düsseldorf 1992; *Rolf Zerfaß*, Menschliche Seelsorge, Freiburg ⁴1988.

8.7 Kirchliche Caritas

Es waren nicht prunkvolle Gottesdienste und große theologische Gedankengebäude, die die junge Kirche in der antiken Welt bekannt machten, sondern ihr soziales Engagement und ihre Sorge um die Armen. Suppenküchen und Spitäler, wo mit denen geteilt wurde, die Mangel hatten, Kranke und Sterbende gepflegt wurden, brachten der jungen Kirche Ansehen und Attraktivität. Sie wirkte auf die Menschen damals wie eine Kontrastgesellschaft, noch dazu, wo auch Sklaven und einfache Leute in ihr etwas galten. Was für den Anfang des Christentums charakteristisch war, bestätigt sich auch heute. Die kirchlich organisierte Caritas genießt höchstes Ansehen und Vertrauen in der Gesellschaft – im Gegensatz zur Kirche insgesamt. Man sieht in der Caritas eine Organisation, die nicht in die eigene Tasche wirtschaftet und der es nicht um eigene Vorteile geht, sondern bei der der Andere groß geschrieben wird, Respekt und Würde erfährt, auch und gerade dann, wenn er obdachlos und behindert ist oder in der Schuldenfalle sitzt.

Woher bezieht die Caritas das Leitbild ihres Handelns? Ihr Ursprung ist im Gottesbild und in der Praxis Jesu selbst zu suchen. Jesus leistete sich keine Rede vom jenseitigen Heil ohne die heilend-befreiende Tat hier und jetzt. Er nahm die individuelle Not der Menschen, denen er begegnete, wahr, spürte ihre Verzweiflung und intervenierte ohne Berührungsängste mit den Heilmethoden seiner Zeit. Die Evangelien charakterisieren dieses spontane, auf Linderung der persönlichen Not zielende Helfen als *Barmherzigkeit*. Zugleich riskierte Jesus »Kopf und Kragen«, um jene Verhältnisse zu überwinden, die Menschen ihrer Würde beraubten, sie ausgrenzten, krank oder arm machten. Die Evangelien bezeichnen dieses »politische« Partei-Ergreifen als *Gerechtigkeit*.

Barmherzigkeit und Gerechtigkeit bilden folglich die beiden Pfeiler kirchlicher Caritas. Die Brücke darüber wird in Jesu Handeln und Verkünden ebenfalls sichtbar. Wer sich wie er auf Arme und Notleidende einlässt, findet sich in der Nähe jenes Gottes wieder, der nach Jesu Erfahrung selbst unendlich barmherzig und gerecht ist. Kirchliche Caritas will deshalb immer auch überzeugendes Zeichen für die Praxis Gottes, für seine Nähe zu den Menschen sein. Die Überzeugung, dass Gott im Spiel ist, zeitigt Konsequenzen für das konkrete caritative Handeln. Man wird versuchen, mit Blick auf die von Gott geschenkte Würde jeder Person beispielsweise in einer Beratung den bestmöglichen fachlichen Standard zu realisieren. Man kann sich aber auch mutig und gelassen auf die therapeutisch nicht aufhebbare Fragmenthaftigkeit des Lebens einlassen, in der Hoffnung, dass letzte Vollendung und Erfüllung aller Sehnsüchte nach dem Heil- und Ganzsein von Gott geschenkt werden.

Weil Christen in der Caritas glauben, dass Gott bei allen Menschen und in vielen Institutionen verborgen und untergründig wirksam ist, entdecken sie auch viele verborgene Caritasereignisse außerhalb der Kirchenmauern, bei Nichtchristen, beim Roten Kreuz, in der Hospizbewegung oder bei vielen anderen sozial ausgerichteten Organisationen.

In der Geschichte der Kirche ist die Idee der jesuanischen Caritas in je neuen zeitgenössischen Formen verwirklicht worden. Im fünften Jahrhundert etwa bestimmte eine syrische Kirchenordnung, dass der zur Caritas beauftragte Diakon der wichtigste Ratgeber des Bischofs sein sollte. Zugleich hatte neben dem Kirchengebäude immer auch ein Hospiz zu stehen, wo Fremde beherbergt und Arme versorgt wurden. Gottesdienst und Caritas gehörten hier konzeptionell untrennbar zusammen. JOHANNES VON GOTT gründete im 16. Jahrhundert in Granada den Pflegeorden der »Barmherzigen Brüder«, die in ihren Einrichtungen moderne Qualitätsgrundsätze wie »Jeder wird aufgenommen, ob Christ, Muslim oder Jude!« umsetzten. Der Augsburger Kaplan DOMINIKUS RINGEISEN (1834-1904) errichtete in Ursberg eine »Versorgungs- und Heilanstalt« für Menschen mit Behinderungen, weil er die unerträglichen Zustände, in denen diese oft dahinvegetierten, nicht mehr mit ansehen konnte. LORENZ WERTHMANN schließlich führte 1897 die bis dahin weitgehend unverbunden katholischen Caritasvereine in Deutschland zusammen und gründete so den Deutschen Caritasverband, um Kräfte zu bündeln und noch wirkungsvoller vor allem den in den großen Städten der Verelendung preisgegebenen Menschen zu helfen.

Heute fungiert der Deutsche Caritasverband (DCV) als Dachorganisation aller caritativen Organisationen der katholischen Kirche in Deutschland. Zugleich bildet der DCV auf sozialstaatlicher Ebene einen Spitzenverband der Freien Wohlfahrtspflege. Dass die kirchliche Caritas in das staatliche soziale Versorgungssystem einbezogen ist, ist im europäischen Vergleich einmalig. Es geht zurück auf das in Deutschland in der Sozialgesetzgebung zugrunde gelegte Subsidiaritätsprinzip, nach dem jene der konkreten Lebenswelt und der bedürftigen Person näheren Organisationen in der sozialen Versorgung Vorrang haben sollten vor staatlichen oder kommunalen Institutionen. Die ca. 30.000 Einrichtungen des DCV werden zum überwiegenden Teil vom Staat bezuschusst, sind aber nach dem Subsidiaritätsprinzip nicht Bittsteller, sondern Partner des Staates in der Erfüllung gesamtgesellschaftlicher Aufgaben. Das deutsche Modell der Freien Wohlfahrtspflege ist ein Erfolgsmodell. In ihm übernimmt auch die Kirche gesellschaftliche Mitverantwortung und beteiligt sich an der sozialen Sicherung des Gemeinwesens. Allerdings erwächst für die kirchliche Caritas aus der hohen Finanzierungsquote durch staatliche Zuschüsse die Gefahr der Abhängigkeit, die das anwaltschaftliche politische Eintreten für gerechte soziale Strukturen beeinträchtigen kann.

Wenn die kirchlich organisierte Caritas in letzter Zeit etwa im Pflegebereich mit gewerblichen Dienstleistungsanbietern konkurrieren muss, so schärft dies einerseits ihr Kosten- und Qualitätsbewusstsein, andererseits erwachsen daraus neue Probleme. Das Prinzip Markt, das dem Wettbewerb zugrunde liegt, funktioniert hier nur bedingt. Alte, pflegebedürftige und behinderte Menschen handeln vielfach nicht als Marktteilnehmer und möchten auch nicht nur als »Kunden« behandelt werden.

Die verbandliche Caritas beschäftigt als Dienstgeber in Deutschland ca. 500.000 hauptamtliche Mitarbeiter, mehr als bei Siemens und Daimler-Chrysler tätig sind. Hinzu kommen bis zu einer Million Ehrenamtliche, die in Caritasvereinen und anderen kirchlichen Initiativen mitwirken. Aus diesem Biotop der ehrenamtlich Tätigen schöpft die im DCV organisierte professionelle Caritas, erfährt sie Rückhalt in der Bevölkerung und hält sich sensibel für die Notlagen der Zeit.

Isidor Baumgartner

Herbert Haslinger, Diakonie zwischen Mensch, Kirche und Gesellschaft. Eine praktisch-theologische Untersuchung der diakonischen Praxis unter dem Kriterium des Subjektseins des Menschen, Würzburg 1996; *Sekretariat der Deutschen Bischofskonferenz* (Hg.), Caritas als Lebensvollzug der Kirche und als verbandliches Engagement in Kirche und Gesellschaft (Die Deutschen Bischöfe – Kommission für caritative Fragen 22), Bonn 1999.

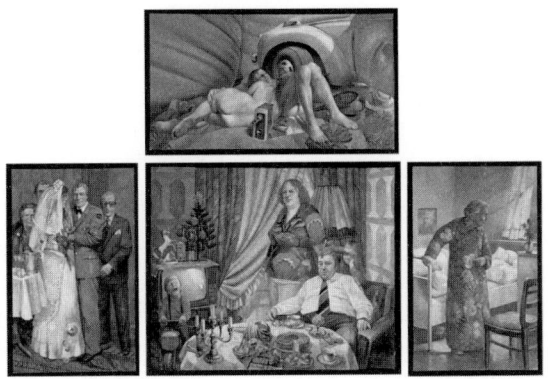

9. Alltag

Harald Duwe (1926-1984): *Liebe – Eine ganz alltägliche Geschichte*, 1980; Öl auf Leinwand, 250 x 380 cm; Galerie Eva Poll, Berlin.

Der Hamburger Maler Harald Duwe bekannte sich ausdrücklich zu den Zielsetzungen einer realistischen Malerei, wobei er den Begriff des Realismus für seine Arbeiten sowohl inhaltsbezogen als auch gestalterisch verstanden wissen wollte. Die Inhalte seiner Bilder reichen von eher sachlicher Darstellung bis hin zu politischem Engagement.

Das großformatige Polyptichon zeigt den Menschen in exemplarischen, alltäglichen Lebensstationen. Die Gefühle des Betrachters sind eher zwiespältig, vermitteln die Bilder doch bereits auf den ersten Blick eine negative, unserer Vorstellung von der Liebe entgegenstehende Sicht. Die Bedeutung, die die vom Maler gemachte Bildaussage durch den an mittelalterliche Altartafeln erinnernden Werkaufbau zusätzlich unterschwellig erhält, verstärkt dieses Unbehagen noch.

Positiv wirkt einzig die obere, die frühe Liebe des Paares zeigende Tafel. Ungezwungene Zärtlichkeit und Nähe, Zeit außerhalb alltäglicher Verpflichtungen vermittelt diese Darstellung. Seine Nacktheit lässt das Paar keineswegs ungeschützt erscheinen, vielmehr ist es geborgen durch einen umgrenzenden Raum. Für die positive Bildwirkung wesentlich ist auch die warme Gesamtfarbigkeit der Tafel, die vor allem durch das in vielen Tonwerten eingesetzte Orange-Braun erzielt wird. Aus der Sicht des gesamten Bildzyklus ist die "Hochzeit" folgerichtiger nächster Schritt im Lebensverlauf. Sowohl die Pose des Paares als auch die dicht gedrängt wirkende Figurengruppe dieser Tafel lassen dieses Ereignis aber wie ein nicht weiter hinterfragtes Ritual erscheinen.

Schockierend wirkt dann die Haupttafel: Duwe hat das Paar und seine Kinder in einem bürgerlichen Wohnzimmer ohne individuelle Kennzeichnung platziert. Aus dem jungen, gut aussehenden Ehepaar sind zwei fettleibige, durch Haltung und Blick selbstgefällig wirkende Menschen in ihrer Lebensmitte geworden, die den Betrachter gerade auch durch den direkten Blickkontakt, dem er sich nicht entziehen kann, abstoßen. Die überladene,

in Aufsicht gemalte Kaffeetafel – ein gelungenes Stillleben innerhalb des Gesamtbildes – versinnbildlicht völlige Übersättigung. Wie wenig diese "Familien-Weihnacht" vom Tröstlichen der christlichen Weihnachtsbotschaft hat, zeigen nicht zuletzt die unzufriedenen Kinder.

So abstoßend diese sarkastisch wirkende Schilderung bürgerlichen Lebensalltags ist, so ergreifend wirkt die auf ganz andere Weise schonungslose Darstellung des Lebensabends: Die Ehefrau als "Überlebende" steht am Ende zerbrechlich und allein vor dem Betrachter, als Pflegefall der Unpersönlichkeit einer Altersheimumgebung ausgeliefert. Der glänzende, spiegelnde Fußboden, der metallische Charakter von Bett und Nachttisch stehen im Kontrast zum Fenster, durch das Licht und Luft einfallen und in dessen Richtung sich die alte Frau wendet. Geschickt setzt der Maler hier farbgestalterische Mittel ein: Innerhalb der Blau-Grau-Töne des Bildes wirkt der komplementäre orange-braune Farbklang des Holzstuhles als harter Kontrast und ist zugleich einzige farbliche Verbindung zu den übrigen Tafeln. Erinnert der Stuhl an das vorangegangene Leben, so erscheinen der lange Morgenmantel und das Bett als den Raumausschnitt dominierendes Möbelstück wie Symbole für die Hilflosigkeit und das Ausgeschlossensein der Alten aus dem öffentlichen Leben.

Diesem letzten Bild kommt aufgrund der "Leserichtung" und der von der Gesamtkonzeption des Polyptichons abweichenden Farbigkeit besondere Bedeutung zu. Es stellt das Fazit der vorgestellten Lebenskonzeption dar – ein ernüchterndes.

Harald Duwes pessimistische, in ihrer schonungslosen Offenheit auch anklagende Darstellung gewinnt angesichts der gegenwärtigen Diskussion um das Altern bzw. die Lebensphase des Alters besondere Aktualität. Die Sinnleere, die Harald Duwe als Kennzeichen des vorgestellten Lebenslaufes aufzeigt, steht im Gegensatz zu den menschlichen Lebenshoffnungen im Allgemeinen und den christlichen Lebensvorstellungen im Besonderen. Gerade durch seine klare Bildaussage ist Duwes Bild als ein stummer Appell zur Veränderung der Wahrnehmung und als Aufforderung zu sehen, neue Wege zu gehen.

Kerstin Clasen

9.0 Ethik und Ethos

Die naturale Ausstattung des Menschen reicht zum Überleben nicht hin; der Mensch bedarf zusätzlicher Regeln.« (HER-MANN KRINGS). Als das nicht einfachhin auf seine genetischen Codes festgelegte Lebewesen (das »nicht festgestellte Tier«), das sich nur teilweise auf angeborene Instinkte verlassen kann (»Mängelwesen«), dafür aber »von Natur aus vernunftbegabt« ist und dieser seiner Vernunft auch zu folgen vermag (»animal *rationale*«), muss und kann der Mensch personal und sozial sein Leben selbst gestalten und ordnen. Er muss und kann, bis zu einem gewissen Grad, sich seinen *Lebensraum*, seine ihm gleichsam als *Wohnung* dienenden »Ge-*wohn*heit(en)« (griechisch: *ethos*), seine ihm Schutz und Heimat gebende *Welt* schaffen und kultivieren sowie verändernd auf sie reagieren (»Weltoffenheit«). Daher bilden Menschen, wo immer sie aufeinander verwiesen sind und miteinander leben, (im Rahmen der jeweiligen ökologischen, ökonomischen und sozialen Bedingungen) ein Gefüge von »sittlichen« Verhaltensformen, von Bräuchen (»Sitten«), »moralischen« Ordnungen und Einrichtungen (»Institutionen«) aus, »die den konkreten Lebensvollzug in der Weise des faktisch Geübten verbindlich regeln« (WILHELM KORFF). Die Gesamtheit solcher sozial vorgegebenen, den Menschen prägenden Verbindlichkeiten, in denen der Einzelne/die Einzelne tatsächlich lebt und sich bewegt, wird *Sitte* oder *Moral* genannt. Anerkennt ein Mensch oder eine Gruppe von Menschen bestimmte Sitten als maßgeblich für sein/ihr Handeln und orientiert er/sie das Handeln tatsächlich an ihnen, so spricht man von *Ethos*.

Eines bewussten »Nach-Denkens« (Reflexion) über die Moral bzw. das Ethos und einer gezielten »Nach-Prüfung« ihrer/seiner Angemessenheit, Vernünftigkeit und Einsehbarkeit (Evidenz) bedurfte es – geschichtlich gesehen – in dem Augenblick, als die Regeln des Zusammenlebens und des Gemeinwesens in die Krise geraten waren, d.h. nicht mehr selbstverständlich akzeptiert wurden. Die überlieferten moralischen und politischen Verhaltensregeln (die bis dahin durch die Autorität verbürgten Gesetze der *Sittlichkeit*) mussten nunmehr durch argumentative Begründung gestärkt oder aber modifiziert werden. Genau dies war – im antiken Griechenland – die Geburtsstunde der *Ethik* (näherhin der »Nikomachischen Ethik« des ARISTOTELES). Seither gilt in der Philosophie: »Unter Ethik versteht man die methodische Reflexion der Vernunft auf das menschliche Handeln, sofern es unter der Differenz von gut und böse bzw. von geboten und verboten oder erlaubt steht.« (LUDGER HONNEFELDER)

Die Vorgängigkeit des gelebten Ethos vor der ethischen Theorie berechtigt dazu, von einer »elementaren Bezogenheit ethischer Reflexion auf ein bestimmtes, zumeist umstrittenes Ethos« (FRIEDRICH WILHELM GRAF) zu sprechen: Das dem jeweiligen Ethos immanente *Gesetz* wird durch die jeweilige »philosophische Ethik« je unterschiedlich zum Bewusstsein gebracht und in Form eines je eigenen umfassenden »Moralprinzips« zum Maßstab der Beurteilbarkeit der einzelnen Handlungssituationen gemacht (»Handle gemäß der Vernunft« oder »Handle gemäß der Natur«; oder auch »Handle gemäß der Pflicht« usw.). In allen Kulturen steht der Mensch vor der »Uralternative von Gut und Böse« (JOSEF SCHUSTER). Die Verfehlung des sittlich guten Handlungsziels oder der bewusste Verstoß dagegen wird als *Schuld* erlebt und entsprechend geahndet.

In der neuzeitlichen Philosophie hat sich die Einsicht durchgesetzt, »dass für den Menschen als vernünftiges sich zu sich selbst verhaltendes Wesen Ansprüche auf Wahrheit und sittliche Verbindlichkeit nur dann als wahr und sittlich verbindlich gelten können, wenn sie von ihm auch als solche frei erkannt und anerkannt werden« (HONNEFELDER), sittliche Bindung also den Charakter von *Autonomie* (Selbstbindung; *nicht* Autarkie!) annimmt.

Ursprünglicher als die ethische Prüfung des *Ethos* bzw. des *ethischen Handelns* auf seine Naturgemäßheit oder Vernünftigkeit war das traditionelle Bemühen um dessen innere *Übereinstimmung mit der Religion.* Der Religion galten die überlieferten grundlegenden Verhaltensregeln seit jeher, und zwar in allen Bereichen des Daseins (Zeugung und Geburt, Sexualität und Liebe, Leben und Tod, Wahrheit und Zeugnis, Besitz und Handel, Geben und Nehmen, Recht und Bestrafung usw.), als göttliche Setzungen (»Handle gemäß dem Willen Gottes« oder »Handle gemäß den göttlichen Geboten«). *Religiöses Ethos* bildet dann keinen Widerspruch zur ethischen Autonomie, wenn man annimmt, dass die Vernunft stets ihrer Grenzen bewusst bleiben muss und der religiöse Glaube, der die Freiheit des Menschen bejaht, sie aber zugleich auf einen letzten Sinnhorizont (Transzendenz) bezieht, in einem kritischen, integrativen und stimulierenden Verhältnis zum faktischen ethischen Wissen und Handeln steht. Dass die religiöse Motivation ethischen Verhaltens unter Umständen nicht nur der Bewahrung des Althergebrachten dient, sondern auch Befreiung vom alten Ethos zu bewirken vermag oder zu dessen schöpferischer Erneuerung führen kann, zeigen die Schriften des Alten und Neuen Testaments: *Ethos und Ethik der Bibel,* insbesondere das Evangelium von Jesus, dem Christus, tragen eine schöpferische, erneuernde Kraft in sich.

Das *alttestamentliche* »Gesetz« (Thora) verstand die Gesamtheit der an Israel gerichteten sittlichen Forderungen als Auslegung und Konsequenz der Befreiungserfahrung, die ihm beim Auszug aus der Gefangenschaft Ägyptens zuteil wurde. Ähnliches gilt für das *Neue Testament.* Jesus veränderte durch die befreiende Art, wie er in Wort und Tat die Nähe und Menschenfreundlichkeit JAHWES (das »Reich Gottes«) verkündigt hat, das faktisch geübte (religiöse) Ethos (»Ihr habt gehört, dass zu den Alten gesagt worden ist ..., ich aber sage euch ...«; Mt 5,25 parr.), indem er Gottes ursprünglichen guten Willen zum Menschen (»Ich bin gekommen, damit sie das Leben haben und es in Fülle haben«, Joh 10,10) neu zur Geltung bringt: »Der Sabbat ist für den Menschen da, nicht der Mensch für den Sabbat« (Mk 2,27). Mit seinem Ethos der Liebe (Doppelgebot der Gottes- und Nächstenliebe, Mk 12,28-34 einschließlich der Feindesliebe, Mt 5,44) hebt Jesus freilich die alttestamentlichen »Zehn Gebote« (Dekalog) als göttliche Lebensweisungen nicht auf, vielmehr will er, indem er ihnen eine innere Auslegungsregel gibt, ihren eigentlichen Sinn zur Geltung und zur Erfüllung bringen. Für die nachösterliche

Jüngergemeinde ist die Auferstehungserfahrung (als Erfahrung der liebenden Treue Gottes und der Befreiung von Sünde, Krankheit und Tod) die entscheidende Triebfeder ihres Ethos, das als (gemeindliches) *Leben der Liebe* (»Einer trage des andern Last«; »einer achte den andern höher als sich selbst«; »tröstet einander mit dem Trost, mit dem ihr selbst getröstet seid«; »vergebt einander ...« usw.) im *Glauben* wurzelt und, soweit es noch vorläufig und unvollkommen ist, in *Hoffnung* auf eine von Gott her kommende Vollendung unterwegs ist.

»Christliche Ethik gewinnt ihr Spezifikum aus den Vorgaben des in der neutestamentlichen Botschaft vom Reich Gottes kulminierenden biblischen Schöpfungs- und Heilsglaubens.« (WILHELM KORFF) Aus christlicher Sicht ist das von Menschen geforderte Handeln, so sagt KORFF weiter, *Antwort* auf das in Jesus geschehene und im Heiligen Geist gegenwärtig geschehende Handeln Gottes: »Von daher ist der eigentliche Gegenstand theologischer Ethik das *Handeln des in Christus zur Liebe befreiten Menschen*.« Die Freiheit des Menschen schließt ein, dass er das Liebesangebot Gottes auch ablehnen und »Böses tun« kann. Was in der philosophischen Ethik »Schuld« genannt wird, heißt hier, in der theologisch-christlichen Ethik, *Sünde* (von »Sonderung«). Das je größere Liebesangebot Gottes zeigt sich nicht zuletzt in der all unserm Tun vorauseilenden Bereitschaft zu *Vergebung und Versöhnung*.

Die *Glaubensethik* des Christentums als ursprünglicher Ausdruck des gemeindlich bzw. kirchlich gelebten Ethos (Koinonie, Communio, Gemeinschaft) kennt zwar Tugendkataloge; sie ist aber keine eigentliche Tugendethik, sofern nämlich die Trias der drei »Kräfte« oder »Stärken« des gemeindlich-christlichen Lebens (Liebe aus Glaube in Hoffnung, 1 Kor 13,13) nicht Leistungen der Menschen, sondern *Gaben des Geistes* sind (sie werden deswegen später »*theologische* Tugenden« genannt im Sinn von »eingegossenen« Geistesstärken). So gesehen geht im Christentum die sich dem Menschen in allen Situationen (Freud und Leid, Sünde und Schuld, Krankheit und Sterben) zuwendende Seelsorge aller vernunft-ethischen Forderung voraus. (»Denn ich bin nicht gekommen, um die Welt zu richten, sondern um sie zu retten«, Joh 12,47; »um selig zu machen, was verloren war«, Mt 18,11 nach Allioli). Im recht verstandenen Sinn hat in der Kirche also die *Pastoral* Vorrang vor der *Moral*, die »Paraklese« (Ermutigung) Vorrang vor der »Paränese« (Ermahnung). Christliches Ethos ist in seinem Grundvollzug von der Ermutigung zu jener *Freiheit der Kinder Gottes* getragen, die sich nicht mehr auf das nur Übliche oder als selbstverständlich Geltende festlegen lässt, sondern im Mitvollzug des guten Willens Gottes dem *Gewissen* folgt. Nichts darf gegen das Gewissen getan werden (vgl. 1 Kor 8,9-13). Das Gewissen aber ist der »Ort« des Mitfühlens mit Gottes Schöpferwillen, der für seine Geschöpfe das Bestmögliche will. Bei der Ausbildung der Gewissenhaftigkeit spielt die glaubende Vertiefung in die Güte dieses Willens ebenso eine entscheidende Rolle wie die vernünftige Unterscheidung des mit guten (rationalen) Gründen als *gut* Anzusehenden und Geforderten von dem als *böse* (verwerflich) Abzulehnenden.

Walter Fürst

9.1 Glück

Was haben menschliches Glück und christlicher Glaube miteinander zu tun? Das Verhältnis der beiden ist nicht immer positiv gesehen worden. Oft erschien der christlichen Glaubenslehre und Frömmigkeit das Streben nach *irdischem Glück* als gefährliche Ablenkung vom *himmlischen Heil*, auf das allein der Glaube ausgerichtet sei. Mit einer spiegelbildlichen Entgegensetzung reagierte die neuzeitliche Religionskritik: Glaube sei doch nur Ablenkung vom wahrhaft menschlichen Glück, indem er zu Lasten *leibhaftiger* Erfüllung auf ein rein *geistiges* Heil vertröste. Der Vorwurf, dass die Christen das Heil als ein bloß jenseitiges verständen, war gewiss oft berechtigt. Allerdings ist auch zu sagen, dass im Zuge des modern-säkularen Denkens das Glück zunehmend eindimensional verstanden wurde – tendenziell als ausschließlich subjektives Lust-

erlebnis, ohne Transzendenz. Was aber ist denn dann das »wahre«
Glück?

Glück ist ein schillernder Begriff, der sehr Verschiedenes berühren kann: den günstigen Zufall (»Glück haben«), den erfüllten Augenblick, das eigene Erstreben wichtiger Lebensziele oder auch die
Vorstellung einer ewigen Glückseligkeit (»höchstes Gut«). Bei allem
Streit aber, wie es denn angemessen zu verstehen sei: Glück ist eine
ebenso elementare wie erfreuliche Erfahrung menschlicher Existenz, die unseren Alltag immer wieder wohltuend aufhellt. Und auf
die eine oder andere Weise hat diese Erfahrung dann mit der Suche
des Menschen nach einem *glückenden Leben* insgesamt zu tun. Deshalb ist Glück ein *ethischer* Begriff, der das Nachdenken über Grundhaltungen, Wertorientierungen, Sinnhorizonte eines guten Lebens
betrifft – und damit unser individuelles und kulturelles Selbstverständnis. Es stellt sich etwa die Frage, wie man sein eigenes *Leben in
der Spannung von Glück und Unglück* selbst annehmen und bejahen
kann. Spätestens da aber kommt auch eine *religiös-theologische* Dimension ins Spiel. Wie also kann man das menschliche Glück positiv mit
dem *christlichen Glauben* in Verbindung bringen?

Vielleicht hilft es sich bewusst zu machen, dass Glück eine *Grenzerfahrung* in zwei Hinsichten sein kann. Zunächst: Glück ist *fragil*.
Glücks-Erfahrung ist Sinn-Erfahrung – aber sie steht im Schatten
des Scheiterns und der Enttäuschung bzw. drohender Sinnlosigkeit.
Und ohnehin können wir Glück kaum »herstellen« und bekanntlich
auch nicht »festhalten«. Gerade wer Glück erfährt, kann jedenfalls
deutlich merken, wie sehr unser Leben der Endlichkeit unterworfen
ist. Besonders Liebende werden solche bedrängenden Gedanken
nachvollziehen können: Ist das nicht absurd – diese Diskrepanz zwischen meinem *Verlangen nach Dauer* des (Liebes-) Glücks und einer
oft tödlichen Wirklichkeit, die auf dieses Verlangen doch keine
Rücksicht nimmt? So aber provoziert das (Liebes-) Glück die *Sehnsucht, dass es nicht verloren geht* und dass wirklich alles »gut wird«.

Im Blick auf diese Sehnsucht nun kann der christliche Glaube
das *Glück in einer zweiten Weise als Grenzerfahrung* sehen lehren: Er
hofft in einem »durchaus vernünftigen Vertrauen« (HANS KÜNG),

dass dem, was im Glück *»gut anfängt«*, letztlich trotz aller Vergänglichkeit doch die Zukunft gehört. Dabei deutet das unstillbare Verlangen nach Glück an, dass der Mensch über sich selbst und seine Möglichkeiten *hinausweist*. Wenn ich in meinem Glücks-Verlangen an die Grenze dessen stoße, worüber ich verfügen kann, zeigt das, dass ich mir ein erfülltes, sinnvolles Leben letztlich nur *schenken* lassen kann. Damit ist das Glück geradezu beispielhaft für das, was die christliche Theologie *Gnade* nennt. Und Glück im Leben erfahren zu dürfen ist dann ein im wahrsten Wortsinn verheißungsvoller Vorgeschmack endgültigen Gelingens und Gutwerdens.

Heute ist es wohl für viele Menschen, denen diese Hoffnung fremd geworden ist, eher plausibel, sich pragmatisch auf das selbst zu gestaltende private »kleine« Glück zu konzentrieren: »Wo die große Freude für alle unrealistisch wird, wird es naheliegend, sich im relativ Erfreulichen einzurichten.« (DIETER EMEIS) Christen sollten dieses kleine Glück und relativ Erfreuliche nicht gering schätzen; sich darauf zu *beschränken* wäre für sie allerdings das Gegenteil dessen, was im Zentrum ihres Glaubens steht: Dieser Glaube wird angetrieben von der wirklich *maßlosen* Hoffnung auf das ganz große, schlechthin vollendete Glücken menschlicher Existenz durch und bei Gott. Christen haben, so hat es der bedeutende katholische Theologe KARL RAHNER einmal ausgedrückt, »nicht das Recht, zu bescheiden zu sein«.

Vor diesem Hintergrund überrascht es nicht, dass *biblisch* das leibhaftig erfahrbare *Glück* und das verheißene endgültige *Heil* gerade nicht getrennt, sondern in einer spannungsvollen Wechselbeziehung zusammengehalten werden: Menschliches Glück ist für die Bibel *auf den rettenden Gott bezogen*. Es besteht in der Gemeinschaft mit dem Gott, der sich Israel als der *Ich-werde-da-sein-für-euch* offenbart (Ex 3,14). »Glücklich« ist folglich der Mensch, der von der Freude an der guten, lebensfreundlichen »Weisung« dieses Gottes erfüllt ist (Ps 1,1f.). Glück als Heil von Gott her sprengt dabei alle menschlichen Erwartungen – aber es beginnt hier und jetzt, denn das Reich Gottes ist *nahe* (Mk 1,15). Für das Neue Testament ist diese Erfahrung personifiziert in Jesus von Nazaret. Und angesichts seines Kreuzes ermutigt der Oster-Glaube zu der radikalsten Glücks-Hoffnung, die es geben kann: Gott tut das Menschenunmögliche und rettet endgültig aus Unglück und Tod – er wird alle Tränen trocknen (Offb 21,4; vgl. Jes 25,8). Der biblische Gott ist gewiss nicht einfach die Erfüllung menschlicher Glücksbedürfnisse. Glaube fordert dazu heraus, die allzu oft nur auf mein eigenes momentanes Wohlbefinden konzentrierten Glückserwartungen auf den *unbegreiflichen* Gott hin zu öffnen, der größer ist als unser Herz (1 Joh 3,20). Gott will und verspricht Frieden und umfassendes Glück (hebr. *shalom*) für die ganze Schöpfung. Diese Möglichkeit übersteigt all unsere Vorstellungskraft. So wird eine christliche Antwort auf die Frage nach dem Glück nie *die Unglücklichen* aus dem Blick verlieren – die Opfer von Leid, Sünde und Ungerechtigkeit. Schwingt nicht schon in der Vorstellung des Glücks, mit dem jüdischen Denker WALTER BENJAMIN gesprochen,»unveräußerlich« die Vorstellung der *Erlösung* mit? Wenn Christen das nicht vergessen, können sie sich in ihrem Glauben ebenso dankbar wie hoffnungsmutig hier und jetzt vom Glück berühren lassen – mit all den Facetten von Lust und Freude, Genuss und Gelingen, Selbstverwirklichung und Unverfügbarkeit: Sie dürfen sich Glück schenken lassen – und sollen von diesem Geschenk an andere weitergeben!

Martin Rohner

Gisbert Greshake, Glück oder Heil?, in: *ders.*, Gottes Heil – Glück des Menschen, Freiburg 1983, 159-206; *Jörg Lauster*, Gott und das Glück. Das Schicksal des guten Lebens im Christentum, Gütersloh 2004.

9.2 Freiheit

Niemals hatten die Menschen einen so wachen Sinn für Freiheit wie heute« – das ist eines der Merkmale, durch die das Zweite Vatikanische Konzil die Situation des Menschen in der heutigen Welt wesentlich bestimmt sieht. Diese Charakterisierung verweist einerseits auf eine lange geschichtliche Entwicklung, die in der *Einforderung der Freiheit gegenüber (als naturwüchsig ausgegebenen) sozialen und kulturellen Strukturen, Institutionen und (durch Alter und Autorität gerechtfertigten) Normen* ihr zentrales Anliegen erkannte. Andererseits weiß sie, dass auch in der Gegenwart das Verlangen nach Freiheit noch vielfach uneingelöster Wunsch ist: Politische, wirtschaftliche und kulturelle Gegebenheiten engen den Spielraum des Handelns auch heute ein, genauso wie fehlende Bildung, psychische Befindlichkeiten und belastende Persönlichkeitsstrukturen von innen. Die Abwehr typischer und im Lauf der Geschichte immer wieder gemachter Zwänge sowie die Sicherung eines Mindestmaßes an soziokulturellen Voraussetzungen haben im Laufe der Neuzeit, besonders und mit Nachdruck aber seit Ende des Zweiten Weltkriegs ihre sozial tragende Form (nämlich als gleiche Freiheit aller) und ihren ethisch wie rechtlich verbindlichen Ausdruck in den Menschenrechten gefunden.

Freiheit im eben dargelegten Sinn der zentralen Orientierung politischer und rechtlicher Kultur erzeugt nicht schon, sondern gibt nur den Rahmen ab für *Freiheit im Sinne der prinzipiellen Möglichkeit des Menschen, sein Wollen und Wählen aus Gründen zu bestimmen,* die aus vernünftiger Einsicht kommen, also nicht durch Bedürfnisse, durch Lust bzw. Unlust, durch Neigungen oder andere Einflüsse bedingt sind, die davon herrühren, dass der Mensch auch ein Naturwesen ist. Dieses zweite Verständnis von Freiheit als Fähigkeit, sich und sein Wollen aus Einsicht positiv zu bestimmen (»Autonomie«), ist *Grundvoraussetzung sittlichen Handelns* und jeder ethischen Theoriebildung. Nur wenn und insofern wir davon ausgehen dürfen, dass die Handlungen von anderen wie auch die von uns selbst gewählt bzw. gewollt und wissentlich erfolgt sind, kann es überhaupt sinnvoll und berechtigt sein, sie zu loben oder zu tadeln bzw. sich über ihre als negativ empfundenen oder gar als zerstörerisch wahrgenommenen Folgen zu empören. Das lässt sich empirisch zwar nicht streng beweisen, ist aber eine Annahme, von der wir ausgehen müssen, wann immer wir mit anderen Personen in Verbindung treten. Bestritten wird diese Möglichkeit durch deterministische Positionen, die davon ausgehen, dass alles, was Menschen tun, vollständig durch Bedingungen verursacht ist, die ihrem Handeln vorausliegen (etwa die Naturgesetze, die unbewussten Triebe, das gesellschaftliche Umfeld, die genetische Disposition, neuerdings auch die neuronalen Verschaltungen des Gehirns).

Die *Zeugnisse des christlichen Glaubens* verstehen die anthropologische Grundbestimmung der Wahl- und Willensfreiheit selber noch einmal als Folge des Handelns Gottes am Menschen. In vielen ihrer Erzählungen beschreibt die Bibel das Drama des menschlichen Daseins und der Menschheit in ihrem geschichtlichen Zusammenhang als konfliktreiches Wählen-Können zwischen einem Handeln aus innerer Einsicht in das Gute und Gesollte und einem Sich-Überlassen an naturhafte Gesetzmäßigkeiten und Einflüssen, die besserer Einsicht entgegenlaufen. Beides – die *Einsicht in das Gute* wie auch die *Sogwirkung, die mit dem Einsichtswidrigen* verbunden ist – wurde im Kontext der jeweiligen kulturellen Vorstellungen und Verstehensmöglichkeiten im Lauf der Glaubensgeschichte zu ausdrucksstarken Bildern verdichtet, denen gemeinsam ist, dass sie alle eine eigenständige, sozusagen subjekthafte Intentionalität voraussetzen: Auf der einen Seite ist es *das Bild eines göttlichen Gesetzes*, das *vom Schöpfer vorgegeben* und nochmals in einem eigenen Akt öffentlich *proklamiert* wurde, auf der anderen sind es *die Bilder vom Bösen* als einem personalen *Verführer*, von *der Sünde* (in der Einzahl!), die durch die zwischenmenschlichen und Generationen übergreifenden Zusammenhänge hindurch verhängnisvoll weiterwirkt, und von der Möglichkeit eines *kollektiven Abfalls* zu Natur-Gottheiten.

In Aufnahme und Weiterführung der Deutung der Geschichte Israels als einer Geschichte der Befreiung durch Jahwe hat Paulus das Eingreifen Gottes in Jesus Christus als eine *endgültige Befreiung* von allen versklavenden Mächten und als Wiedereinsetzung des erlösten Menschen in den Status der Freiheit unter Verwendung des antiken Vorgangs der Befreiung aus der Abhängigkeit väterlicher Verfügung und der Einsetzung des Erben in sein Recht beschrieben (Röm 5-7 und Gal 4-5). Auf dieser Deutungsgrundlage wird »das Glauben« des Einzelnen und mit ihm das verantwortliche Handeln, das dieses Glauben verleiblicht und im täglichen Leben zum Ausdruck bringt, selbst zum Ort der Realisation und zum Ausdruck der existenziellen Antwort auf die Zusage und Erfahrung von Freiheit als Beziehungswirklichkeit inmitten einer Welt, die noch unter vielerlei Unfreiheit leidet.

Freiheit ist so gesehen nicht nur *politisch-normative Bedingung* und *anthropologisch-theologische Grundbestimmung*, sondern steht auch für die *Aufgabe*, die der Mensch gegenüber sich selbst darstellt: nämlich sich selbst in seinem bloßen Gegebensein zu überschreiten, um seine eigentliche Identität als Subjekt von Freiheit und Verantwortlichkeit zu finden.

In der Frage, wie stark *Verfehlung und Missbrauch der Freiheit* durch die Menschheitsgeschichte die Wahl- und Willensfreiheit jedes Menschen korrumpiert und in welchem Maß es des göttlichen Engagements bedarf, damit Freiheit, Glauben und Umkehr überhaupt möglich werden, ebenso wie in der anderen Frage, *wie Freiheit Gottes und Freiheit des Menschen zusammenspielen*, haben die theologischen Schulen und die christlichen Konfessionen allerdings recht unterschiedliche Akzente gesetzt.

Institutionelle Freiheit und *tatsächliche Freiheit des einzelnen Subjekts* bedingen sich zwar nicht einfach wechselseitig, doch setzt die erste die zweite als anthropologischen Grund bzw. diese jene als Ermöglichungsrahmen voraus. Infolgedessen drängt auch das Verständnis der Freiheit des erlösten Christen hinsichtlich seiner Zugehörigkeit zur Institution Kirche, verstanden nicht nur als eigenständige geistliche Wirklichkeit, sondern auch als sichtbar verfasste, als Teil der menschlichen Gesellschaft existierende Gemeinschaft, auf ekklesiologische Konsequenzen. Solche sind im Zusammenhang des Zweiten Vatikanischen Konzils vor allem in Gestalt der feierlichen Anerkennung der *Religionsfreiheit als Ausfluss der Würde der Person*, der Bestätigung der Verbindlichkeit des Gewissens, selbst wenn es irrt, der Betonung des allgemeinen Priestertums und nicht zuletzt der Einladung zur Mitverantwortung an der Sendung der Kirche gezogen worden. Sie bedürfen freilich auf vielen Ebenen weiterer Umsetzung von der theologischen Programmatik in die kirchliche Praxis hinein.

Konrad Hilpert

Andreas Greis, Freiheit. Die Grundlage konkreter Sittlichkeit, in: Gerfried W. Hunold/Thomas Laubach/Andreas Greis (Hg.), Theologische Ethik. Ein Werkbuch, Tübingen/Basel 2000, 130-148; *Gerd Haeffner*, Philosophische Anthropologie. Grundkurs Philosophie 1, Stuttgart/Berlin/Köln [2]1989, 129-153.

9.3 Liebe und Sexualität

Wir alle sehnen uns nach *Liebe*, wobei wir oft ganz Unterschiedliches darunter verstehen. Liebe zu erfahren, wahrhaft von einem anderen Menschen geliebt zu werden, ist das schönste Geschenk, das uns gemacht werden kann. Die Erfahrung, geliebt zu werden, ist durch nichts zu ersetzen. Liebe zu erfahren, fähig zu sein, zu lieben und Liebe anzunehmen, ist, was uns als Menschen auszeichnet. Dafür lohnt es sich zu leben. Alles andere, was wir sonst erleben und erfahren dürfen, wird nie an die Erfahrung von Liebe heranreichen können.»Heute scheint es mir, dass Liebe und Freundschaft die wichtigste Rolle im Leben spielen und dass ohne sie selbst die höchsten Errungenschaften blass, leer und gefährlich bleiben«, resümiert der Philosoph PAUL FEYERABEND am Ende seines Lebens.

Liebe ist Ausdruck des Innersten; sie ist *Ausdruck unserer Seele*. Sie ist, wie es SIMONE WEIL einmal sagte, der Blick der Seele. Liebe muss daher beseelt sein, will sie wirklich Liebe sein. In der Liebe kann die Seele sich ausdehnen. In ihr kann sie ausschwingen. In ihr fühlt sie sich wohl. Das Hohelied der Liebe im Brief an die Korinther ist daher zugleich auch das Hohelied auf die Seele. Denn die Liebe ist das Zentrum der Seele. Liebe und Seele bereichern und beeinflussen sich gegenseitig. Die Liebe öffnet die Seele und wird zugleich durch die Seele geöffnet. Die Liebe findet zur Seele und lässt sich von der Seele in die Herzen anderer Menschen tragen. Es ist die Seele, die unsere Liebe vertieft, sie erweitert und transzendiert.

Liebe zeigt sich im Dasein füreinander, in der Treue zueinander, in der Verantwortung und im Respekt füreinander. Liebe kennt aber auch die Leidenschaft, das Brennen und Begehren. Liebe zeigt sich auch in sexuellen Begegnungen und Erfahrungen. Sie können etwas Wunderbares, Gott-Gewolltes und da auch Gott-Volles, ein kostbares und einzigartiges Geschenk sein. Diese Erfahrungen gehören mit zum Schönsten und Tiefsten, was Menschen als Gabe besitzen. Das Sinnenhafte und Leidenschaftliche, das wir im sexuellen Zusammensein erfahren dürfen, lässt uns innerlich erzittern, lässt uns ergriffen sein. Es vermittelt eine Ahnung von dem, was es heißt, vom Heiligen berührt zu werden, das ganz Andere zu erfahren.

Was über das Zusammenspiel von Seele und Liebe gesagt wurde, gilt auch für die *Sexualität*. So liebt die Seele die Erfahrungen, die mit den sexuellen Erfahrungen einhergehen. Sie freut sich an den orgasmischen Erfahrungen, verlangt aber nach mehr. Die Seele bedarf einer bestimmten Atmosphäre, will der anderen Person in die Augen schauen können, will spüren, wie der Boden unter den Füßen ins Wanken gerät, will erleben, wie der Himmel sich öffnet. Die Seele will das Herz schlagen hören.

Vieles, was das Christentum über Sexualität sagt, ist ein einzigartiges Plädoyer für eine *beseelte Sexualität*.»Von erotischen Impulsen durchdrungen, wenn auch oft verdeckt, allegorisch um- und überbedeutet, ist ... das Hohelied« im Alten Testament, stellt WILHELM GÖSSMANN fest. Durch Reglementierungen und Moralisierungen wurde aber vielfach einer natürlichen, selbstverständlichen Bejahung und positiven Einstellung zur Sexualität der Boden unter den Füßen weggezogen. Viele dieser Vorschriften wollen Menschen zu einer beseelten Sexualität verhelfen, doch sie verfehlen, so scheint es, oft ihr Ziel, da sie keinen Bezug haben zur Seele. Moral ohne Seele aber ist Moralismus. Dahinter steckt vielfach eine kleine Seele oder, wie es THOMAS VON AQUIN sagt, Kleinmut. Wichtig ist, dass wir das sexuelle Verhalten immer wieder in das Band der Liebe einbetten. In einem seiner letzten Interviews sagte PETER USTINOV, er würde statt von Liebe lieber von Respekt sprechen, da Liebe eine Emotion sei, Respekt aber eine Haltung, die auch unabhängig von der Zuneigung ihr Recht habe. Im Wort Respekt steckt das lateinische Wort *respicere,* das man übersetzen kann mit *noch einmal hinschauen.* Darum geht es auch bei einer beseelten Sexualität, die in die Liebe eingebettet ist, nämlich, dass ich nicht nur bei meinem Verlangen und Begehren bleibe, sondern immer wieder auch die andere Person sehe. Mein Verhalten wird dann mitgestaltet von dem noch einmal Hinschauen, bei dem ich mich als ganzen Menschen mit Herz, Seele, Leib und die andere Person als ganzen Menschen sehe und mein Verhalten *davon* mitbestimmen lasse.

Die eigene Sexualität zu würdigen, sie als Geschenk Gottes zu begreifen, heißt auch, sich allen Entwicklungsschritten zu stellen, die es zu bestehen gilt, um immer mehr zu einer reifen, auch sexuell reifen und verantwortungsvoll handelnden Person zu werden. Das gilt für den, der in einer Beziehung mit einem Lebenspartner leben will, ebenso für Personen, die ehelos leben wollen. Auf der psychologischen Ebene meint das ein durchgängiges, stabiles Gefühl des eigenen Selbst einschließlich der eigenen Identität zu finden. Das schließt die sexuelle Identität mit ein, die es zu bejahen gilt, ob jemand nun heterosexuell oder homosexuell ist. Auf der sozialen Ebene ist das Ziel der psychosexuellen Entwicklung fähig zu werden zu innigen, reifen zwischenmenschlichen Beziehungen. Spirituell gesehen geht es um die Entwicklung der Fähigkeit, in eine tiefe, unser Selbst übersteigende Beziehung zu einem Partner, dann auch zu anderen Menschen und schließlich zu Gott treten zu können, also liebesfähig und hingabefähig zu werden. Dann wird die Sexualität zu jener Kraft, die uns zur Liebe, zur Hingabe und zum Leben antreibt.

Kommt im sexuellen Zusammensein Liebe zum Ausdruck, spürt die Partnerin, der Partner unsere Seele in der sexuellen Begegnung, wohnt unserem Beisammensein ganz viel von uns selbst, dem Innersten bei, das wir uns in diesem Augenblick gegenseitig schenken. Geöffnet füreinander können sich die Seelen begegnen und berühren, können sie für einen Moment im Herzen des jeweils anderen Platz nehmen. Der Theologe MATTHEW FOX meint:»Wir sollten uns erheben und lobpreisen, wenn wir uns darüber unterhalten, was Freundschaft und was Liebe ist und was Liebende tun – ein Einander-Durchdringen der Seelen mit Hilfe des Körpers. Das ist doch großartig! Ich glaube, die Engel beneiden uns Menschen, weil wir Körper haben. Sie haben keine, und wenn sich zwei Menschen lieben, flattern die Engel vor Neid mit den Flügeln. Davon handelt das Hohelied der Bibel. Die menschliche Sexualität ist ein mystischer Ausdruck in der Geschichte des Universums. Alle Engel und alle anderen Wesen kommen hervor und staunen darüber. Es gibt eine Tradition, wonach der Sabbat im Liebesakt gefeiert wird.«

Wunibald Müller

Wunibald Müller, Küssen ist Beten. Die Sexualität als Quelle der Spiritualität, Mainz 2003; *ders.*, Auf der Suche nach der verlorenen Seele, Mainz 1999.

9.4 Angst und Vertrauen

Jahrhundert der Angst« nannte der Dichter W. H. AUDEN die vergangenen hundert Jahre: Zwei Weltkriege, Auschwitz, Gulag, Hiroshima, Umwelt- und Wirtschaftskrisen, Kalter Krieg und Genozide sprechen für diese Kennzeichnung. Freilich: Mit Ängsten hatten Menschen in der Geschichte immer zu kämpfen; angesichts des mörderischen Anschlags auf New York und der weltweiten Terrorwellen ist auch im 21. Jahrhundert ein Ende der Angst nicht zu erwarten.

Angst hängt sprachlich mit »Enge« zusammen. Was uns den Hals zuschnürt, aufs Herz drückt oder auf den Magen schlägt, lässt sich oft nicht klar (be)greifen. Das macht das Beklemmende an der Angst aus: Wir ängstigen uns vor etwas, das wir nicht kennen. Sobald wir uns gegen eine deutlich drohende Gefahr wappnen können, wird die Angst nicht so riesig. Wenn man weiß, wovor man sich ängstigt, sprechen Philosophen und Psychologen von *Furcht*. Gegen sie kann man aktiv vorgehen. Die vage Furcht dagegen, die wir Angst nennen, macht hilflos und ohnmächtig. Wo wir ihr nichts entgegensetzen können, werden wir regelrecht krank, seelisch wie körperlich.

Entdeckungen SIGMUND FREUDS ausbauend, hat FRITZ RIEMANN vier »*Grundformen der Angst*« beschrieben, unterschieden nach Persönlichkeitstypen, nach seelisch gesunden bzw. kranken Erlebnis- und Verhaltensweisen. Mit diesen Begriffen (schizoid, depressiv, zwanghaft oder hysterisch gefärbte Angst) muss sorgsam umgegangen werden. Wir dürfen Menschen mit solchen »Diagnosen« nicht abwerten: »hysterische« Ängste sind keine unechte Theatralik, »depressive« Verarmungs- oder »zwanghafte« Versündigungs-Ängste nichts Abartiges, sondern schwere seelische Leiden. Unterschiedlich stark ausgeprägt, gehören diese Ängste zum Menschsein; wir können sie weder durch Willensakte noch durch Medikamente oder Psychotherapie abschaffen. Ja, wir brauchen die Angst lebensnotwendig: als Gefahrsignal, das uns affektiv warnt und geeignete Maßnahmen ergreifen lässt (Kampf, Flucht, andere Bewältigungsformen wie Denken, Verändern). Ohne »Signalangst« (FREUD) könnten wir unser Leben nicht bestehen.

Was Menschen unnötig leiden macht, sind jene Ängste, die in einer oft langen Lerngeschichte erworben wurden und eigentlich »nicht sein müssten«. Ohne dass ihre unbewussten Quellen in der frühen Kindheit sichtbar werden, verfolgen sie uns, nisten sich in unserem emotionalen Haushalt ein und beherrschen die gesamte seelische Bühne. Gegen ihre lähmende Wirkung, die vitale Entfaltungsmöglichkeiten hemmt und Lebensfreude raubt, sollen und dürfen wir uns mit aller Kraft stemmen.

Das stärkste Bollwerk gegen lebenseinschnürende Ängste ist ein solide verankertes *Urvertrauen* (ERIK H. ERIKSON), das wir von unseren ersten Lebenstagen an in der tragend-haltenden Beziehung zu einer mütterlichen Gestalt aufbauen. Ob wir dem Leben, seinen Anforderungen und Chancen offen und vertrauensvoll begegnen, ob wir fähig werden, uns auf liebevolle Beziehungen einzulassen, hängt zutiefst davon ab, ob uns schon am Lebensanfang maßlose Vernichtungsängste überwältigen und sich ein abgründiges Misstrauen gegenüber der Welt um uns und in uns aufbaut: Grundstock dafür, ob wir Ängstigendes als Warnsignal erleben, das unsere Bewältigungskräfte herausfordert und fördert, oder ob wir in ohnmächtige Angst versinken, die unsere Erfahrungs- und Lerngeschichte immer weiter einengt!

Psychologen, die für das Religiöse offen sind, haben längst bemerkt, dass das basale Vertrauen am Lebensanfang sich entwickeln muss, damit es auch in späteren Situationen – im übertragenen Sinn – trägt und hält. Sie sehen eine wechselseitige Angewiesenheit von »normalem« *Grundvertrauen* und jenem *religiös-existenziellen Vertrauen*, das der Mensch Naturmächten, Ahnen und Göttern entgegenbringt. In vielen Religionen heißt dieses Vertrauen auf eine tragende Wirklichkeit, die uns übersteigt, *Glaube*. Für Juden wie Christen ist der Glaube das totale Sich-Anvertrauen des Gottesvolks und jedes einzelnen an den unverbrüchlich treuen Bundesgott. Er begleitet die Geschichte der Gemeinschaft wie die Lebensgeschichte jeder Glaubenden und »verlangt« auf dem gemeinsamen Weg immer neu »nur« restloses Vertrauen auf ihn.

Doch kann man Vertrauen einfordern? Was daran – von außen besehen – paradox erscheint, zielt ins Geheimnis des Glaubens: So wie zwischen uns Menschen jedes Vertrauen auf Vorschuss, ohne Garantieschein gewagt werden muss und sich auf nichts Anderes als anfanghafte Erfahrung stützen kann, so ist es im Gottesbezug. Damit ist auch die religiöse Angst im Spiel: Wie soll das riskante Vertrauen auf einen Gott greifen, der ein Angstmacher ist, der von vornherein Misstrauen weckt? *Gottesbilder, die Angst einflößen, passen nicht zum jüdisch-christlichen Gottvertrauen.* Doch auch hier kann es, wie im zwischenmenschlichen Raum, frühe negative Erlebnisse geben, die Menschen – im Gewand der Religion! – ihr Grundvertrauen in Gott »vergiften«, es mit Strafängsten, Misstrauen und Schuldgefühlen aufladen. Auch hier wird jeder Versuch einer »Heilung« nirgendwo anders ansetzen können als beim verlorenen Urvertrauen in das, was unser Leben – diesseits unserer Kraft – geschenkhaft trägt und hält. Erst dann wird Jesu Zusage wahr: »In der Welt habt ihr Bedrängnis, aber habt Mut: Ich habe die Welt besiegt« (Joh 16,33).

Heribert Wahl

Erik H. Erikson, Der vollständige Lebenszyklus, Frankfurt/Main 1988; *Fritz Riemann*, Grundformen der Angst, München [13]1978.

9.5 Trauer und Freude

Wer die Untröstlichkeit eines Kindes beim Tod eines geliebten Menschen kennt, wer seine ausgelassenen Freudensprünge bei einem schönen Geschenk sieht, der weiß, wie Trauer und Freude den Menschen bewegen. Das gilt nicht nur für Kinder; sondern auch für Jugendliche und Erwachsene; jeder Mensch macht im Lauf seines Lebens diese elementaren Grunderfahrungen, ob in Europa oder in anderen Kulturen der Welt.

Das Zweite Vatikanische Konzil stellt beide Grunderfahrungen programmatisch an den Anfang seines zentralen Dokuments GAUDIUM ET SPES über *Die Kirche in der Welt von heute*: »Freude und Hoffnung, Trauer und Angst der Menschen von heute, besonders der Armen und Bedrängten aller Art, sind auch Freue und Hoffnung, Trauer und Angst der Jünger Christi. Und es gibt nichts wahrhaft Menschliches, das nicht in ihren Herzen seinen Widerhall fände.« (GS 1).

Trauer ist eine natürliche Reaktion, wenn Menschen auf Dauer Abschied nehmen müssen, vor allem von einem persönlich nahe stehenden Menschen, den der Tod aus dem Leben gerissen hat. Aber auch die Erfahrung des eigenen oder fremden Leides kann traurig stimmen, selbst der Abschied von vertrauten Dingen, von körperlichen und geistigen Fähigkeiten oder von Lebensumständen wie Wohnung und Heimat. Trauernde erleben im Todesfall ein Wechselbad der Gefühle: tiefen Schmerz und Verzweiflung, Ohnmacht und Leere, Wut und Zorn, Hilflosigkeit und Sprachlosigkeit. Ein starker Ausdruck dieser Gefühle ist das Weinen. *Trauern* heißt aber nicht nur, den Gefühlen ihren Lauf lassen, sondern auch Mut zu einem neuen Lebensentwurf zu gewinnen, der die Erinnerung an die verstorbene Person bewahrt, ohne den erlittenen Verlust zu verdrängen oder beherrschend werden zu lassen.

Die Bibel erzählt im alttestamentlichen Buch Hiob die Geschichte eines rechtschaffenen Mannes, der in seinem Leben einen leidvollen Verlust erfährt. Alles, was ihm im Leben wichtig war, wird ihm genommen: sein Reichtum, seine Familie und schließlich auch noch seine Gesundheit. Seine Freunde versuchen, ihm den Verlust damit zu»erklären«, dass es ihm so schlecht ergehe, weil Gott ihn für seine Sünden strafe. Denn den guten Menschen gehe es auch im Leben gut. Doch Hiob akzeptiert diese Deutung nicht, die seine leidigen Tröster für das ungerechtfertigte Leid geben. Er ist sich keiner Vergehen bewusst und vertraut auf einen gerechten Gott. Unglück, Leid und Verlust sind keine Strafe Gottes, wie auch Glück und gutes Leben keine Belohnung darstellen. Gottes Pläne mit den Menschen sind nicht berechenbar. Durch seine Klage vor Gott gestärkt, gewinnt Hiob trotz aller Verlusterfahrungen das Leben neu.

Die Verlusterfahrung kann bis dahin führen, dass man sich nicht nur von den Menschen, sondern sogar von Gott verlassen fühlt. »Mein Gott, warum hast du mich verlassen?«, fragt der Beter im Psalm 22. Selbst Jesus hat dieses Wort in der Stunde seines Todes am Kreuz ausgesprochen. Der christliche Glaube lenkt in der Trauer den Blick auf den gekreuzigten und auferstandenen Jesus und vermittelt damit den Trauernden einen *Trost*, der nicht vertröstet, und eine *Hoffnung*, die auch im Ernstfall des Todes standhält. In der Bergpredigt Jesu heißt es deshalb: »Selig die Trauernden, denn sie werden getröstet werden.« (Mt 5,4) Der Trost in der Trauer ist kein leeres Gefühl oder eine Illusion, weil er von einer Hoffnung gespeist wird, die darauf setzt, dass Gott selbst einmal, wie es im letzten Buch der Bibel heißt, alle Tränen abwischen wird: »Der Tod wird nicht mehr sein, keine Trauer, keine Klage, keine Mühsal.« (Offb 21,4)

Selbst in der Trauer gibt es daher Grund zur *Freude*. FRIEDRICH SCHILLERS Ode »Freude schöner Götterfunken« besingt nur eine äußere Stimmung für feierliche Augenblicke. Tiefer reichen die Freuden, die das Leben bereithalten kann. Die sinnlichen Freuden eines guten Essens mit Freunden, das Farbenspiel eines Herbstwaldes, die Freude von Mann und Frau aneinander, die Freude an einem Kind, oder wenn einem danach ist, aus Freude die ganze Welt zu umarmen. Das Wort *Freude* ist sprachlich verwandt mit den Wörtern »*froh*« und »*Frosch*«. Wenn Kinder sich freuen, hüpfen sie – wie Frösche. Und bei den Erwachsenen, die sich beherrschen müssen, hüpft wenigstens noch das Herz vor Freude.

Im Psalm heißt es: »Du senkst mir größere Freude ins Herz, als andere haben bei Korn und Wein in Fülle« (Ps 4,8). Es gibt also eine große und eine größere Freude, die *sinnliche Freude* des Weintrinkens und die Herzensfreude an Gott, die einander nicht ausschließen. Die *geistliche Freude* freilich ist die größere, weil sie tiefer reicht. Darauf zielt das ganze Evangelium, das ja eine »frohe Botschaft« bringt. »Fürchtet euch nicht«, singen die Engel schon bei Ankunft des Messias Jesus, »denn ich verkünde euch eine große Freude« (Lk 2, 10). Wer die Motette »Jesu, meine Freude« von JOHANN SEBASTIAN BACH (BWV 227) hört, kann innerlich erfahren, wie sich die Freude am ästhetischen Genuss mit der spirituellen Freude des Herzens verbindet. Auch im persönlichen Gebet oder im heiligen Spiel der Liturgie kann man etwas von der Freude über die Gegenwart dessen spüren, von dem das Evangelium kündet.

Die geistliche Freude ist zugleich ein Kriterium für die Unterscheidung der Geister, wie der geistliche Meister IGNATIUS VON

LOYOLA lehrt. Die Geistlichen Übungen leiten dazu an, die geistliche Lust, Freude und Heiterkeit ins Gedächtnis zu rufen und innerlich zu verspüren, dass nur Gott diesen Trost der geistlichen Freude schenken kann (Exerzitienbuch Nr. 329).

Die innerliche Freude ist nicht machbar und nicht käuflich, sondern eine Frucht des Geistes und verbunden mit anderen Gaben wie Freundlichkeit, Treue, Güte, Selbstbeherrschung und Liebe. Geistliche Freude kommt nur auf, wenn sie eng mit der Liebe verbunden ist, der Liebe zu Gott, zu den anderen und zu sich selbst. Die Gebote sollen das Leben nicht schwerer machen, als es ohnehin ist, sondern Leitplanken im Leben sein, damit, wie Christus uns sagt, »meine Freude in euch ist und damit eure Freude vollkommen wird« (Joh 15,11). Daher sind auch alle Mitglieder der Kirche befähigt und aufgerufen, der Freude in ihrem Herzen Widerhall zu geben und zu »Mitarbeitern der Freude« zu werden (2 Kor 1,24).

Trauer und Freude sind Grunderfahrungen, die alle Menschen teilen, auch wenn sie ihnen je nach Kultur und Epoche einen unterschiedlichen Ausdruck verleihen. Der christliche Glauben lädt dazu ein, die Trauer und Freude, die wie die beiden Seiten einer Münze zusammengehören, im Licht des Evangeliums zu deuten. Er schenkt den Trost in der Trauer und in der Freude und fordert zur Verantwortung heraus, andere zu trösten, wenn sie trauern, und sich mit ihnen zu freuen. Geteilte Trauer wird dann zur halben Trauer und geteilte Freude zur doppelten Freude.

Michael Sievernich SJ

Karl-Ernst Apfelbacher, Selig die Trauernden. Kulturgeschichtliche Aspekte des Christentums, Regensburg 2002; *Jörg Splett*, Wagnis der Freude. Meditationen zu Worten der Schrift und Zeichen der Kunst, Frankfurt a. M. [3]1984.

9.6 Macht und Ohnmacht

Erfahrungen von Macht und Ohnmacht sind alltäglich, begleiten unser Leben von Anfang an und bleiben doch eine Zumutung und Herausforderung, die die ganze Person, ihre Lebensführung und ihren Lebensstil und auch den Glauben betreffen. Dabei steht keineswegs von vornherein fest, wie Macht und Ohnmacht ethisch zu bewerten sind. Ohne Ausübung von Macht kann menschliches Leben und erst recht das Zusammenleben in Gemeinschaft, in Familie, Beruf, Gesellschaft und Welt nicht gelingen. Einige Beispiele mögen verdeutlichen, *wie bedeutsam und unerlässlich*, aber auch *wie ambivalent und gefährlich* die *Ausübung von Macht* ist – und damit oft verbunden das *Erleben von Ohnmacht* bei anderen.

Die Erfahrung von Macht und Ohnmacht trifft schon die früheste *Beziehung zwischen Mutter und Kind*: Das Neugeborene ist darauf angewiesen, dass sein Schreien nach Nahrung, Wärme und Zuwendung gehört und beantwortet wird. Die Mutter wird als mächtig, sogar »allmächtig« erlebt: Sie kann ihr Kind hochnehmen, ihm Sicherheit und Liebe zu spüren geben, es nähren und sauber machen. Sie könnte es auch schreien lassen ... Die ersten Erfahrungen des absoluten Angewiesenseins, der Ohnmacht, und die Erfahrung erwünscht und geliebt zu werden von der mächtigen Mutter und dem mächtigen Vater, bleiben lebenslang entscheidend für die Möglichkeiten eines Menschen, ein grundlegendes Vertrauen in den Sinn seines Daseins in der Welt und seines Soseins als einmaliges und unverwechselbares Ich zu entwickeln, ein Vertrauen, das als »Urvertrauen« bezeichnet wird. Die gegenteilige Erfahrung, die Entwicklung von »Ur-Misstrauen«, führt oft lebenslang zu Zweifeln daran, in dieser Welt »am richtigen Platz« zu sein.

Die beschriebenen Erst-Erfahrungen mit Macht und Ohnmacht sind zugleich hochbedeutsam für die *Glaubensentwicklung*: Erste Bilder von Macht, noch ohne Sprache, erlebt in der Mutter-Kind-Beziehung, prägen auch erste Vorstellungen von Gott als absoluter Macht. Schon Kleinkinder erleben, wenn sie in einem religiösen Elternhaus aufwachsen, dass auch ihre Eltern, die als so stark und mächtig erlebt werden, einem vertrauen, der mächtiger ist als sie und – wenn es gut geht – der seine Macht als »Macht *für*« erfahren lässt.

Kinder im *Vorschulalter* und auch noch in den ersten Grundschuljahren sehen in Gott ein allmächtiges Wesen, mit menschlicher – meist männlicher, bei Mädchen manchmal auch weiblicher – Gestalt, das im Himmel wohnt und konkret ins Weltgeschehen eingreift: Gott ist so mächtig, dass er alles machen kann, die Dinge, die Pflanzen, die Tiere und die Menschen. Kindlicher Glaube bleibt auch in unserer Zeit magisch geprägt: Kinder sind fasziniert von Symbolgestalten, die Schutz verheißen und die dafür sorgen, dass die Guten belohnt und die Bösen bestraft werden.

Kinder im *Grundschulalter* erleben zunehmend eigene Macht und Stärke, ringen um Anerkennung, erleben Gefühle der Ohnmacht als Schwächere oder leistungsmäßig Unterlegene. Der Wettkampf, wer ist der oder die Stärkste, Sportlichste, Beliebteste, bestimmen den Alltag vieler älterer Kinder und auch noch junger Jugendlicher. Sport wird für viele Kinder zu einem selbst gewählten Ort, an dem diese Themen ausgelebt werden; auch die Schule wird leider oft noch als Ort von Sieg und Niederlage, Lehrerinnen und Lehrer werden als mächtige Erwachsene erfahren, auf deren Gunst man angewiesen ist. Glücklicherweise hat sich im Erziehungsverhalten von Eltern und in der schulischen Pädagogik weithin die Erkenntnis durchgesetzt, dass Gleichheit und Wechselseitigkeit in den Beziehungen zwischen mächtigen Erwachsenen und ihnen unterlegenen schwächeren Kindern und Jugendlichen die Voraussetzung dafür sind, dass junge Menschen sich zu selbstbewussten, verantwortungs- und liebevollen Erwachsenen entwickeln können. Erziehen bedeutet deshalb, wo immer möglich, als Eltern, Erzieher/innen und Lehrer/innen auf Macht zu verzichten, damit Kinder und Jugendliche entscheiden und verantworten lernen und damit sie erfahren, dass ihre Ansichten, Gefühle und Meinungen zählen, auch in ethischen und religiösen Fragen.

Die *Gottesbeziehung älterer Kinder und Jugendlicher* wird mitbestimmt von diesem Wunsch, »auf gleicher Augenhöhe« mit anderen, jetzt auch mit Gott, zu stehen und Wechselseitigkeit im Geben und Nehmen zu erleben. Kinder und Jugendliche leben oft einen »Wie-du-mir-so-ich-dir-Glauben«, der sie mit Gott handeln lässt: Durch Beten und gute Taten hoffen sie, Gott beeinflussen zu können, dass er ihnen hilft, eine schwierige Situation zu bestehen oder dass es ihnen gelingt, eine Freundin zu gewinnen.

Mit der *Ablehnung von Autorität* und jeglicher Macht anderer über sie verabschieden viele Jugendliche auch die Vorstellung eines Gottes mit machtförmigen Zügen. Es ist vor allem die *Frage nach dem Leid,* die für viele Jugendliche das oft unlösbar scheinende Problem aufwirft, wie ein mächtiger Gott Ungerechtigkeit, Leiden, Sterben und Tod dulden kann; ist er aber nicht mächtig oder willens, am Leid in der Welt etwas zu ändern, so kann er nicht Gott sein. Die Vorstellung von einem Gott, der selbst leidet, ist Jugendlichen eher fremd; sie bleibt auch für erwachsenen Glauben eine Zumutung.

Wenngleich die Beziehung zu *Jesus* für die meisten Jugendlichen abgekoppelt ist von der Frage nach Gott, so anerkennen viele Jugendliche Jesus doch als herausragenden Menschen und Lehrer. Von Jesus zu lernen bedeutet auch, seinen Umgang mit Macht als Modell für das eigene Leben kennen zu lernen. Bei Jesus von Nazaret ist Macht gekennzeichnet als »Vollmacht«, als »*Macht in Beziehung*«, die er für andere einsetzt, heilend, tröstend, stärkend, »mächtig in Wort und Tat« (Lk 24,19) – und darin die Botschaft vom nahen Reich Gottes verkündigend. Die bekannten Modelle von Macht und Ohnmacht unter Menschen werden auf den Kopf gestellt; eine neue Welt rückt in den Blick, in der nicht mehr Menschen über Menschen herrschen, in der Gleichheit, Wechselseitigkeit und Gerechtigkeit die Beziehungen bestimmen. Der Ruf in die Nachfolge ist für die Jünger an die Weisung Jesu gebunden: »Ihr wisst, dass die, die als Herrscher gelten, ihre Völker unterdrücken und die Mächtigen ihre Macht über die Menschen missbrauchen. Bei euch aber soll es nicht so sein, sondern wer bei euch groß sein will, der soll euer Diener sein, und wer bei euch der Erste sein will, soll der Sklave aller sein. Denn auch der Menschensohn ist nicht gekommen, um sich dienen zu lassen, sondern um zu dienen und sein Leben hinzugeben als Lösegeld für viele.« (Mk 10,42-45 parr.) Unter Menschen können punktuell in Lebenssituationen solche Erfahrungen gemacht werden; in partnerschaftlicher Liebe, in uneigennütziger Zuwendung, im Verzicht zu Gunsten anderer. Sie sind ein Vorgeschmack, eine Ahnung der Gottesherrschaft, die mit Jesus von Nazaret, dem Christus, angebrochen ist.

Die *ersten Gemeinden* sind fasziniert vom Verzicht auf Macht und Herrschaft: *Geschwisterlichkeit* soll die Beziehungen der an Jesus Christus Glaubenden bestimmen; es gibt nur einen Vater, den im Himmel, »ihr alle aber seid Brüder und Schwestern« (vgl. Mt 23,8f.). So eröffnet der Glaube an den Gott Jesu Christi die Freiheit zum Machtverzicht unter Menschen. Paulus sieht die Macht- und Ohnmachtverhältnisse der Gesellschaft seiner Zeit aufgehoben zu Gunsten der *neuen Ordnung* in Christus: »Es gibt nicht mehr Juden und Griechen, nicht Sklaven und Freie, nicht Mann und Frau; denn ihr alle seid ›einer‹ in Christus Jesus.« (Gal 3,28). Die *Christentumsgeschichte* zeigt allerdings, wie immer wieder dieser Zuspruch und Anspruch des Evangeliums verfehlt wird. So muss beispielsweise die Geschichte der *Frauen in der Kirche* weithin auch als Geschichte ihrer Ohnmacht gelesen werden, aus der sie sich mühsam in Frauengruppen, -orden und -bewegungen und mit Hilfe der Feministischen Theologie zu befreien suchen.

Zu Leben und Glauben erwachsener Frauen und Männer gehört die Fähigkeit, trotz gegenteiliger Erfahrungen immer neu *Gerechtigkeit und Wechselseitigkeit* zu wagen. Gerade auch *unter den Verantwortlichen der Kirche*, in der Pastoral, unter Priestern, hauptamtlichen Laien als Gemeinde- oder Pastoralreferent(inn)en und anderen pastoralen Mitarbeiter(inne)n stellt sich angesichts der hierarchischen Struktur der Kirche, die die Leitungsfunktionen in der Regel an das Amt und die geweihten (männlichen) Amtsträger bindet, die Frage nach dem *Umgang mit Macht.* Nicht selten wird mit Formulierungen wie: »Wir sitzen alle in einem Boot!« oder mit vermeintlich theologischen Aussagen wie: »In der Kirche gibt es keine Macht, sondern nur Vollmacht« verschleiert, dass sich auch und gerade in Kirche und Gemeinden die Aufgabe stellt, *reflektiert und verantwortungsvoll* mit Macht, die sich mit der Übernahme von *Leitung* stets verbindet, umzugehen.

An der Team- und Beziehungsfähigkeit der hauptamtlichen Männer und Frauen, Priester und Laien im pastoralen Dienst entscheidet sich wesentlich die *Glaubwürdigkeit* der Kirche, der aufgetragen ist, das Reich Gottes zu verkünden, die neue Welt Gottes, in der menschliche Verhältnisse von Macht und Ohnmacht überwunden sind.

Martina Blasberg-Kuhnke

Paul Hoffmann, Das Erbe Jesu und die Macht in der Kirche, Mainz 1991; *Manfred Josuttis*, Petrus, die Kirche und die verdammte Macht, Stuttgart 1993.

9.7 Gespräch und Begegnung

Was den Menschen auszeichnet, ist unter anderem das *Gespräch*. Es ist – in verbaler und nonverbaler Form – eine zentrale Form menschlicher Kommunikation. Als Unterredung dient es zur Mitteilung, zum Gedankenaustausch oder zur Besprechung einer Sache oder Angelegenheit, sei es in der Konversation als unterhaltendes Gespräch, in der Debatte als Streitgespräch, in der Diskussion als Meinungsaustausch und oder im Diskurs als methodisch aufgebaute Erörterung. Auf SOKRATES geht es zurück, dass wir das Gespräch als Methode zur Findung von Wahrheit und Norm betrachten und als grundlegende Form des Lehrens und Lernens verstehen.

Im Gespräch geschieht aber noch mehr als Austausch von Information: Wir teilen nicht nur etwas mit, wir teilen uns selbst mit, wir »offenbaren« uns. Im Gespräch treten Menschen miteinander in Beziehung und suchen nicht nur Verständigung, sondern Verständnis. Im Gespräch schenken wir einander Anerkennung und Wertschätzung. Dabei zeigen wir uns selbst als Person und anerkennen den anderen als Person. Ein echtes Gespräch, das diesen Namen verdient, ist also immer *personzentriert*: Es stellt die Person in ihrem

Wert, ihrer Würde und ihren Fähigkeiten in den Mittelpunkt. Der französische Schriftsteller ALBERT CAMUS bringt es auf den Punkt: »Das echte Gespräch bedeutet: aus dem Ich heraustreten und an die Türe des Du klopfen.« So treten wir in Dialog.

Im *Dialog* kommen die Beteiligten als sie selbst zu Wort. Das Wesen des Dialogs besteht darin, dass keiner den anderen als Mittel zu irgendeinem Zweck missbraucht, sondern der Mensch sich einem anderen Menschen unmittelbar und um seiner selbst willen zuwendet. Gesprochen wird dabei nicht, um Recht zu haben, zur Selbsterhaltung, Selbstbehauptung und Selbstdurchsetzung, sondern um den anderen (oder die andere) wirklich als einen »anderen«, von mir verschiedenen, in seinem eigenen Wert und Selbstverstehen ernst zu nehmen und anzuerkennen.

Die Gesprächspartner verzichten auf Machtausübung über einander und verwenden ihre Macht statt dessen zur *wechselseitigen Ermächtigung* (empowerment).

In einem solchen Gespräch findet *Begegnung* statt. Personale Begegnung bedeutet, sich vom Wesen der gegenüberstehenden Person betreffen zu lassen. Das »Gegenüber« ist dabei für die Be-*geg(e)n*-ung entscheidend: Begegnung geschieht, wo einen Unerwartetes trifft und »entgegen« steht. Das heißt, es ist davon auszugehen, dass wir den Anderen nicht von vornherein bloß als ein anderes Ich und damit als etwas prinzipiell Bekanntes ansehen. Er ist vielmehr jemand, der uns staunen macht und uns unbedingten Respekt abverlangt, der uns etwas zu sagen hat und von dem wir zu einer Antwort aufgerufen sind – wie es der litauische Philosoph EMMANUEL LEVINAS treffend formuliert: »Einem Menschen begegnen, bedeutet, von einem Rätsel wach gehalten zu werden.« Erst aus der vollen Anerkennung der Differenz ist echte Kommunikation und Kommunion (Gemeinschaft) möglich.

Nach dem Zeugnis der Bibel hat Gott von Anfang an das Gespräch mit den Menschen gesucht, unüberbietbar »zuletzt« in Jesus, dem »Wort« (Joh 1). Im Gespräch teilt sich Gott dem Menschen mit. Aber mehr noch: In christlicher Sicht ist der dreieinige Gott selbst Gemeinschaft, Dialog. *Gott selbst ist Gespräch und er sucht das*

Gespräch. Seine Zuwendung zu den Menschen, seine Offenbarung, geschieht dialogisch. Als Ebenbild des dialogischen Gottes ist *der Mensch zu einer dialogischen Existenz berufen* – zur Begegnung und zum Gespräch mit Gott und mit seinen Mitmenschen. Das heißt, jeder Mensch ist zur Antwort auf das Wort aufgerufen, das Gott zu ihm durch seine Mitmenschen spricht. Dialog ist daher aus christlicher Sicht die einzig angemessene Weise, sich zu Gott und zueinander zu verhalten und miteinander zu kommunizieren. Den Dialog mit dem Schöpfer sieht das Zweite Vatikanische Konzil als »innigste und lebenskräftigste Verbindung mit Gott«, wenn es heißt: »Ein besonderer Grund für die Würde des Menschen liegt in der Berufung zur Gemeinschaft mit Gott. Zum Dialog mit Gott wird der Mensch schon von seinem Ursprung her eingeladen: er existiert nämlich nur, weil er, von Gott aus Liebe geschaffen, immer aus Liebe erhalten wird.« Dabei ist der Mensch nicht als ein Einziger, Einzelner erschaffen, sondern auf Gemeinschaft hin. Als Mann und Frau geschaffen (Gen 1,27), ist der Mensch fundamental auf Pluralität und damit auf den Dialog und die Begegnung mit dem Anderen verwiesen. Auch so besehen gilt der Satz des jüdischen Religionsphilosophen MARTIN BUBER: »Alles wirkliche Leben ist Begegnung.« Dialog gehört daher auch zum Wesen der Kirche und muss das fundamentale Grundmuster kirchlicher Kommunikation nach innen wie nach außen sein. Was die Kirche mitzuteilen hat, ist nur im Sinne des Dialogs mitteilbar. In diesem Sinne ist *die Kirche das Sakrament des Dialogs.*

Die Humanwissenschaften haben viel dazu beigetragen, das Gespräch und die zwischenmenschliche Kommunikation besser zu verstehen. Das gilt im Besonderen für *das hilfreiche Gespräch und die Beratung.* Dies kann gelingen, wenn die helfende Person dem Gesprächspartner authentisch begegnet, ihn ohne Bedingungen wertschätzt und ihn einfühlsam zu verstehen sucht. Dann ist es allein die personale Begegnung selbst, die hilfreich ist, weil sie die Autonomie und das eigene Potenzial zur Entwicklung der Persönlichkeit des Gesprächspartners ernst nimmt und ihn im Sinne des *empowerment* dabei unterstützt.

Dasselbe gilt für das Seelsorgegespräch in seinen vielfältigen Formen: Seelsorge, verstanden als wechselseitige Unterstützung und Förderung von Christinnen und Christen bei ihrem Christsein, findet daher im Dialog und als Dialog statt. Jeder Christ ist dazu aufgerufen, mit anderen ins Gespräch zu treten und solcherart Seelsorger zu sein. Gespräch und Begegnung können daher nie bloß Methode der Seelsorge sein, sie sind vielmehr Lebensprinzip, im Sinne des Handelns Jesu, der gekommen ist, »damit sie das Leben haben und es in Fülle haben« (Joh 10,10). In der Sicht des Christentums, einst als »der neue Weg« bezeichnet (Apg 24,14), ist es *der* »way of life«, im Gespräch zu sein.

Peter F. Schmid

Martin Buber, Ich und Du, Heidelberg [8]1974; *Peter F. Schmid,* Personale Begegnung, Würzburg, [3]2004; Literatur unter *www.pfs-online.at.*

9.8 Krankheit und Leiden

Die Frage nach Krankheit und Leiden, nach menschenwürdigem Umgang mit diesen dunklen Seiten unseres Dasein, stellt eine eminente Herausforderung für jede Religion dar. Dies gilt ganz besonders für den christlichen Glauben, trägt doch der Stifter unserer Religion den Titel *Heiland:* Die meisten seiner uns überlieferten zeichenhaften Taten sind *Heilungswunder.* Doch vor der Suche nach einer Antwort müssen wir uns erst des Blickwinkels versichern, unter dem Religion, falls überhaupt, eine sinnvolle Antwort geben kann.

Trotz vielfältiger Versuche, die Frage nach Krankheit und Leid *allgemein* zu beantworten, stellt sich die Frage den betroffenen Einzelnen in existenziellen Krankheits- und Notsituationen immer ganz *konkret* und je neu: »Warum gerade ich?« Eine persönliche Antwort auf diese Frage wird, wenn sie tragen soll und trägt, naturgemäß weniger intellektuell begründet ausfallen als vielmehr von Erfahrungen und Lernprozessen gespeist sein. Es geht letztlich nicht darum, Krankheit und Leid zu erklären im Sinne der Ursachenforschung; auch nicht nur darum, vor Kranksein und Leiden zu bewahren im Sinne der Vorbeugung. Auch geht es nicht primär um Therapie im Sinne der Wiederherstellung von Gesundheit und Glück. Vielmehr besteht die Herausforderung vor allem darin, *Krankheit und Leid ins eigene Leben einordnen zu lernen.* Das soll und darf nicht heißen, dass Forschung, Vorbeugung und Wiederherstellung nicht wichtig wären, im Gegenteil; sie verdienen unseren ganzen Einsatz, decken aber nicht das ganze Feld menschlicher Verhaltensmöglichkeit gegenüber Krankheit und Leid ab. Es gibt ein »Mehr« an Sichtweisen und Handlungsformen. Um dieses »Mehr« zu erfassen, ist zunächst die Beobachtung wichtig, dass sich unser Begriff von Krankheit (und Gesundheit) fortwährend verändert. Eine entscheidende Prägung hat er im letzten Jahrhundert erhalten. Bis dahin trat die Krankheit im Allgemeinen als ein Akutereignis auf in Form von Verletzung oder Infektion. Seuchen, Pest und Cholera bedrohten die Menschen und löschten einzelne Bevölkerungsgruppen, ja ganze Völker aus. Frauen und Kinder waren durch die Schwierigkeiten und Umstände der Geburt besonders gefährdet. Krankheit wurde hingenommen als unbegreiflicher Wille Gottes oder als grausamer Schicksalsschlag.

Um die Wende zum 20. Jahrhundert lag die durchschnittliche Lebenserwartung in unseren Breiten bei 34 Jahren und das Auftreten einer akuten Infektionskrankheit war Ursache für die Hälfte aller Todesfälle. Im ausgehenden 20. Jahrhundert hat sich die durchschnittliche Lebenserwartung mehr als verdoppelt: auf 72 Jahre bei Männern und 78 Jahre bei Frauen. Akute Infektionserkrankungen sind heute Ursache nurmehr für 1% der Todesfälle – bei einer rapiden Zunahme von chronischen Erkrankungen (Herz-Kreislauf-Erkrankungen, Stoffwechselstörungen und Krebsneubildungen etc.) sowie Alterserkrankungen. Mit den Segnungen von Wissenschaft, Technik und globaler Kommunikation ist das allgemeine Bedrohungspotenzial für den Menschen und sein leib-seelisches Wohlbefinden nicht geringer geworden, eher gestiegen. Die neuen Möglichkeiten und die Auflösung hergebrachter Ordnungen führt in unserm Erleben zweifellos zu vermehrter *Angst und Unsicherheit* und damit zu schmerzlicher Beeinträchtigung der »Lebensqualität«. Nicht zuletzt zeigt sich am Beispiel der HIV-Infektion, die Menschen vielleicht mehr als ein Jahrzehnt in sich tragen, bevor die AIDS-Erkrankung manifest spürbar und sichtbar wird, welche Veränderung im Begriffsfeld Gesundheit – Krankheit eingetreten ist. *Krankheit* ist schon lange nicht mehr der Gegensatz zur *Gesundheit* oder deren bloße Abwesenheit, als welche sie weitgehend noch angesehen wird. Krankheit bildet sozusagen den einen Extrempunkt, Gesundheit den anderen in einem Kontinuum, das man *»Kontinuum der Leidlichkeit«* nennen kann. Die Einstufung auf diesem Leidlichkeits-Kontinuum wird nicht allein durch die objektive, medizinische Diagnose bestimmt. Vielmehr spielen für die individuelle Befindlichkeit auch subjektive und soziale Faktoren eine große und ausschlaggebende Rolle. Sie dürfen bei der Behandlung der Fragen um Krankheit und Leid nicht außen vor bleiben.

Wie es einen sorgfältigen medizinischen Diagnostiker auszeichnet, dass er bei jeder Untersuchung Anhaltspunkte für Krankheit finden kann, so zeichnet es einen guten Begleiter in Krankheit aus, in jeder Lebenssituation mögliche Anhaltspunkte für Gesundheit und Heil zu sehen. Wie der Arzt seine Krankheitsdiagnosen, so braucht auch der seelsorgliche Begleiter seine vermuteten Anhaltspunkte für Gesundheit und Heil dem Betroffenen nicht gleich »um die Ohren zu schlagen«. Aber es ist wichtig, sie im Blick zu behalten, um handlungsfähig zu bleiben bei plötzlichen Verwerfungen auf dem Kontinuum der Leidlichkeit.

Eine traditionelle Aufgabe der Religion ist es, das wechselnde Zusammenspiel von Krankheit und Gesundheit zu deuten. Ansätze reichen von der Unterordnung unter geheimnisvolle, vermeintlich göttliche oder satanische (Zauber-)Kräfte über die Einordnung in einen Tun-Ergehen-Zusammenhang (Krankheit als Strafe) bis zur erwähnten Einsicht in das »Kontinuum der Leidlichkeit«. In diesem Rahmen gilt es Räume für Denken, Fühlen und Handeln zu eröffnen, die es dem Einzelnen ermöglichen, sich probeweise anders zu verhalten, wenn er sich der Krankheit und dem Leid, bestehend aus objektiven Beeinträchtigungen und individuellen Deutungen, ausgesetzt sieht. In diesem Sinn stellte nun – nach einem Jahrhundert medizinischen Fortschritts und großer medizinischer Erfolge in den achtziger Jahren des 20. Jahrhunderts – der amerikanisch-israelische Gesundheitsökonom und Stressforscher AARON ANTONOVSKI (1923-1994) die unerhörte (»salutogenetische«) Frage: *Was macht Menschen gesund?* Im Rahmen seiner Studien an Frauen, die in Konzentrationslagern überlebt hatten, kam er auf diese für die Zeit ungewöhnliche Fragestellung, während die medizinische Forschung krankheitsorientiert blieb und nach wie vor der Frage folgte: Was macht Menschen krank?

Was Menschen *gesund* macht – im Sinn von »Salutogenese« –, ist *nicht* das Gegenteil von dem, was Menschen krank macht (meint nicht einfach Abwehr der Krankheit durch Therapie oder Prophylaxe). Vielmehr geht es um eine Haltung, die ANTONOVSKI als *Sense of Coherence* bezeichnete, was meist mit Kohärenzgefühl (Gefühl für Zusammengehörigkeit) übersetzt wird. Für die Ausprägung dieses Kohärenzgefühls machte er drei Faktoren aus: Die *Vorhersehbarkeit* eines Ereignisses, seine *Handhabbarkeit* (ich kann etwas tun) und, vor allem, die *Bedeutsamkeit eines Ereignisses für das eigene Leben* (und Erleben) *in seinem umgreifenden Sinnzusammenhang.* Dieses Gefühl für Zusammengehörigkeit (Kohärenz) eröffnet der Phantasie, dem Denken und Handeln *Räume* oder hält sie offen. Sie machen »das Mehr« aus, das seelsorgliche Begleitung von Menschen in Krankheit und Leid bereit hält.

Solchen neue Möglichkeiten eröffnenden Räumen begegnen wir aber auch in den *Heilungstaten Jesu.* Er leitet seine Heilungswunder oft mit der Frage ein:»Was willst du, dass ich dir tun soll?« und fragt damit nach eigenen Vorstellungen. Er schließt sie häufig ab mit dem Wort:»Dein Glaube hat dich gesund gemacht« und bezieht sich dabei auf Glauben als Ausdruck umgreifender Zugehörigkeit. Jesu Handlungsweise zeigt: Heilung und Heil können wir weder vom Welt-Jenseitigen erwarten noch vom trotzigen Rückzug auf eigenes Können und Vermögen, sondern von jener *leidtragenden Menschlichkeit,* die dem anderen *zugewandt* ist. Das ist der Weg der Menschwerdung Gottes, der hindurchführt durch Leiden, Sterben und Auferstehen. Daran gilt es sich zu erinnern. Der Bezug auf Gott im Gespräch, die im Gebet und im Empfang der Sakramente genährte Hoffnung auf den Gekreuzigt-Auferstandenen, den Bruder und Weggenossen im Leiden, macht dem Gläubigen sinnfällig erfahrbar, woraus und in welchem Sinn er Heilung und Heil erwarten darf.

Victor Gisbertz OP

Victor Gisbertz, Ist einer von euch krank – Perspektiven für die Seelsorge, Bd. 4, Würzburg 1991; *Bundeszentrale für gesundheitliche Aufklärung (BzgA)*, Was erhält Menschen gesund? (Forschung und Praxis der Gesundheitsförderung, 6), Köln 2001.

9.9 Leben und Sterben – Tod und Begräbnis

Alles hat seine Stunde. Für jedes Geschehen unter dem Himmel gibt es eine bestimmte Zeit: eine Zeit zum Gebären und eine Zeit zum Sterben ...«. (Koh 3,1-2). Diese in ihrer Schlichtheit eindringlichen Sätze des biblischen Predigers (um 250 v. Chr.) scheinen Erfahrungen zu beschreiben, die jedem Menschen selbstverständlich sind. Und doch ist es für viele heute schwer, diese Erfahrungen nachzuerleben, weil sich in unserer Gesellschaft die *Begegnung mit Geburt und Tod radikal verändert* hat. Diese Veränderungen haben Ursachen, von denen einige hier schlaglichtartig benannt werden:

• Dank der Erfolge von Medizin und Gesundheitswesen hat sich die *mittlere Lebenserwartung deutlich erhöht*. Epidemien und Infektionskrankheiten haben in unseren Breiten kaum noch tödlichen Ausgang. Das hat dazu geführt, sich mit dem eigenen Sterben nur sehr selten zu beschäftigen.

• Das *Sterben* wurde aus den privaten Wohnungen *in die isolierten Grenzzonen der Gesellschaft* – in Krankenhäuser und Kliniken, in

Senioren- und Pflegeheime – *verlegt.* Ein früher Tod gilt entweder als Unglücksfall oder als Kunstfehler der Ärzte.

* Der Ausfall unmittelbarer Erfahrung mit Sterben und Tod in unseren Familien und die damit einhergehende fehlende Fähigkeit, dieses unausweichliche Schicksal annehmen zu können, bringt sowohl für die Sterbenden als auch für die Angehörigen oft große seelische Belastungen. Zwar wissen die meisten auf den Tod Erkrankten, dass sie sterben müssen. Doch sie sprechen nicht darüber, weil sie spüren: Das *Todesthema ist tabu.* Sie ahnen, dass die Angehörigen solche Gespräche aus Angst vor dem eigenen Sterben nicht ertragen.

Umso dringlicher ist der *liebevolle Umgang mit Sterbenden.* Sterbende empfinden empathische Nähe und kleine Handreichungen viel sensibler als gesunde Menschen. Bisweilen braucht kein Wort gesprochen zu werden. Das Halten der Hand kann beredter sein als Worte. Nicht geringer Trost geht vom gemeinsamen Beten aus, vom Lesen biblischer Texte, von Psalmen, von Passionsliedern ... Wenn diese religiösen Impulse mit Takt und Zustimmung des Sterbenden gewählt werden, dann geleiten sie diesen geistlich vorwärts. Ausdrücklich hat *Jesus* seine Jünger beauftragt, die Kranken zu begleiten. Die sakramentalen Heilszeichen (Bußsakrament, Kommunion, Krankensalbung) wurden eigens gestiftet, um Gottes bergende Obhut sinnenhaft erfahrbar zu machen. Tritt der *Tod* des geliebten Menschen ein, dann stürzt das die Angehörigen in tiefe Trauer, die sie vorher so nicht kannten. Zwar durchlebt jede und jeder den *Trauerprozess* unterschiedlich; denn Trauer ist wie alles im Leben individuell, sie hängt von der Persönlichkeit des Hinterbliebenen ab, von dessen Beziehung zum Verstorbenen, von der Art des Todes und des möglichen Abschiednehmens. Gleichwohl gibt es Gemeinsamkeiten und überindividuelle Erfahrungen in der Welt der Gefühle. So kann man von *vier aufeinander folgenden Trauerphasen* sprechen:

* Die *Schockphase* setzt ein mit der Nachricht vom Eintritt des Todes. Die Reaktion der Angehörigen reicht von Ablehnung im

Sinne von Nicht-wahr-haben-Wollen über laute Klage bis hin zu stiller, beherrschter Annahme.

- Die *kontrollierte Phase* beginnt, sobald der erste Schmerz nachlässt und die gesellschaftlichen Notwendigkeiten (Organisation der Bestattung, Information weiterer Angehöriger und Freunde) in den Vordergrund treten. Die von außen her geforderte Aktivität bedeutet eine wichtige psychische Entlastung, da sie den Schock auffängt und gebieterisch nach Selbstkontrolle verlangt.
- Die *regressive Phase* stellt sich nach den Beisetzungsfeierlichkeiten ein, wenn die Anteilnahme der Öffentlichkeit abrupt endet und die Trauergäste abreisen. Damit erlischt auch die Notwendigkeit der Selbstkontrolle. Weinen, Klagen, Aggressivität, Apathie, Schuldzuweisungen, Zweifel an der Güte Gottes wechseln einander ab und können bis zu einem Jahr währen.
- Die *adaptive Phase* ist jene Zeitspanne, in der sich die oder der Trauernde langsam wieder an die Normalverhältnisse anpasst. Schrittweise kehrt der Realitätssinn zurück und damit das Bewusstsein eines eigenen Lebens mit verändertem, neu gewonnenem Selbst- und Weltbezug.

Wie steht nun die *Seelsorge der Kirche*, konkret die christliche Gemeinde, denen bei, die sterben, und denen, die über die Toten trauern? Dreigefächert ist ihr Dienst: Sterbende begleiten, Tote bestatten, Trauernde trösten. Der biblische Auftrag zur Hinterbliebenenpastoral gründet in der Aufforderung des hl. Paulus: »Freut euch mit den Fröhlichen und weint mit den Weinenden« (Röm 12,5)! Damit ruft der Apostel seine Briefadressaten auf – damals die Römer, heute uns – zu umfassender Anteilnahme am Schicksal der Gemeinde und ihrer Glieder. Indem die Gemeinde die Bestattung ihrer Glieder vornimmt, tut sie nicht irgendetwas. Vielmehr vertritt sie damit ihr Ureigenstes, was von den Christen von Anfang an als das »Einfallstor Gottes in die Welt« begriffen wurde. Nicht von ungefähr erklärte seinerzeit der Römische Kaiser JULIAN APOSTATA († 363) in einem Brief an ARSACIUS die Anziehungskraft des Christentums mit dessen vorbildlichem Bestattungswesen.

Im zeitlich gestreckten und planmäßig verlaufenden Prozess der Trauerbewältigung gehört die *christliche Bestattung* zu den sog. Übergangsritualen (»rites de passage«). Rituale helfen den Betroffenen, den Übergang in das geforderte neue Lebensstadium zu bewältigen. Im Fall des Todes bedarf es der geistigen Trennung vom geliebten Menschen und das Finden jener Synthese zum »Leben danach« bzw. zum »Leben ohne ihn / ohne sie«. Insgesamt erweist sich der Statusübergang der Hinterbliebenen (Witwesein/Waisesein) als ein mühevoll langwieriger Prozess. Hierbei will das Bestattungsritual den Trauernden durch intensive Zuwendung Hilfestellung leisten und Trost spenden. Dabei kommen im Einzelnen folgende *Orte des Trostes und Gesten der Tröstung* zum Tragen:

- Beim *Hinterbliebenengespräch*, das vor den Beisetzungsfeierlichkeiten stattfindet, geht es um teilnehmendes Zuhören. Der Seelsorger erkundigt sich nach den biographischen Wegstationen des Verstorbenen, fragt nach den näheren Umständen des Todes, nach biblischen Text- und Liedvorstellungen der Angehörigen und vor allem nach deren Befindlichkeit in der Trauer. Gerade letzteres wird als heilsame Wohltat empfunden.
- Das *Requiem* drückt die bleibende Verbundenheit des Verstorbenen mit dem in Tod und Auferweckung vorausgegangenen Herrn aus. Es hat seine Bezeichnung vom lateinischen Eingangswort der Eucharistiefeier für die Toten. In diesem Wort ist wie in einem Brennglas all das zusammengefasst, was dem Verstorbenen gewünscht werden kann: das »*Ausruhen* von aller Mühsal des Lebens.«
- Die *Beisetzungsfeier* mit der *Ansprache am Grab* ist inhaltlich – wie bei einer Ellipse – durch zwei Brennpunkte charakterisiert: Zum einen steht eindeutig der Tote im Mittelpunkt des *ehrenden Gedenkens*; zum anderen geht es um die österliche Dimension des Trostes, um das Erinnern an das *Eingegangensein des Verstorbenen in Tod und Auferstehung Christi*. Da sich die Trauergemeinde in der Regel aus zwei Gruppierungen zusammensetzt (neben den des Trostes besonders bedürftigen Angehörigen folgen – oft mehr aus Pie-

tätsgründen – Arbeitskollegen und Nachbarn dem Sarge nach), bedeutet dies für die Begräbnisansprache: Je deutlicher die frohe Botschaft vom aufrichtend-rettenden Gott ins Wort kommt, desto mehr werden die Hörer und Hörerinnen aus der kirchlichen Randzone aufhorchen.

• Die *Hinterbliebenenbegleitung* erweist sich, zumal in der Stadt, als dringlich, da nach der Abreise der Trauergäste die Angehörigen oftmals in ein »Loch« der Einsamkeit zu fallen drohen. Trauerbeistand während der »regressiven Phase« ist ein drängendes diakonisches Postulat. Da es hier entscheidend um Mit-Fühlen, Mit-Teilen und Mit-Tragen geht, kann vom hauptamtlichen Seelsorger lediglich die Initiative zur Organisation von *Selbsthilfegruppen* ausgehen. Da jedoch in jeder Gemeinde Menschen leben, die den Verlust nahe stehender Angehörigen durchgemacht haben, dürfte es nicht allzu schwer fallen, Gemeindeglieder zu finden, die bereit sind, für eine bestimmte Zeit den jetzt Leid Tragenden mit zur Seite zu stehen.

Das Bestattungsritual in seinen verschiedenen Elementen verfügt über eine spirituell-therapeutische Kraft. Dort, wo jedoch den Hinterbliebenen die Erfahrung des Eingebundenseins und Mitgetragenwerdens von Seiten des Seelsorgers und der Gemeinde vermittelt wird, dort wird ihnen nicht nur jener wichtige Trost zuteil, der sie nach Bewältigung der Trauerphasen wieder schrittweise zum »Glauben an den guten Gott im Leben« neu finden lässt, sondern dort wird auch jene Bereitschaft grundgelegt, selbst eines Tages anderen Hinterbliebenen den existenziell erforderlichen Trauerbeistand zu leisten.

Ehrenfried Schulz

Manfred Probst/Klemens Richter, Zeichen der Hoffnung in Tod und Trauer. Ein Werkbuch zur Sterbe- und Totenliturgie, Freiburg 1996; *Ehrenfried Schulz*, Trauernde trösten. Die therapeutische Dimension des Bestattungsrituals, in: *ders.* (Hg.), Sterben, Tod und Trauer – Predigten mit Hintergrund, Donauwörth 1998, 165-173.

10. Gesellschaft

Titus Lerner (Jg. 1954): *Wohin mit den Göttern? I*; Acryl auf Leinwand, 120 x 150 cm, 1998; Privatbesitz.

Die Wirkmächtigkeit religiöser Bilder und die untrennbare Einheit von Kunst, Religion und Gesellschaft sind für uns heute nur schwer vorstellbar. Heute entsteht nur noch ein verschwindend kleiner Teil der Kunst innerhalb der institutionalisierten Religion bzw. als religiöse Kunst, und ihre Verbreitung bleibt im Zeitalter modernster Kommunikationsmittel sehr eingeschränkt. Zudem haben sich die Funktionen dieser Bilder verändert, sie sind nicht mehr primär Lehrbild oder Gegenstand der Anbetung, sondern Andachtsbild im Sinne der Anregung zur (individuellen) Meditation, zum persönlichen Gebet, zum Nachdenken.

Andererseits gibt es Kunst, die aufgrund ihrer ethischen, anthropologischen oder sozial- und gesellschaftsbezogenen Themen durchaus auch religiöse Fragestellungen zulässt.

Titus Lerner hat als Maler und Bildhauer das "Bild des Menschen" zum Thema seiner Kunst gemacht. Seine Arbeiten haben aber keinen erzählerischen Grundcharakter oder stellen Alltagsgeschehen vor, sondern beschäftigen sich immer mit "dem Menschen" in seiner existenziellen Situation, greifen menschliche Grundfragen auf – und thematisieren in diesem Sinne alte Fragen, die aber eben zugleich aktuelle Problemstellungen sind.

Das Bild "Wohin mit den Göttern? I" zeigt einen Halbfigurenakt in Dreiviertelansicht, dessen erhobene große Hände mit den Fingerspitzen vorsichtig einen gläsernen Kasten mit einer kleinen stehenden Figur halten. Mit großen Augen schaut der Träger freundlich auf die Figurine – und mit ihr aus dem Bild heraus.

Entsprechend der Leserichtung eines Bildes von links nach rechts laufen so Bildfiguren- und Betrachterblick einander entgegen – der Betrachter wird durch die Blickrichtung der dargestellten Figur zurückverwiesen auf die Figurine im Glaskasten. Diese hebt sich in leuchtend intensiven Orange-Gelb-Tönen vom tiefen Schwarz des Hintergrundes ab. Während die rechte Seite und der Kopf der Halbfigur in abgedunkelten Rot-Orange-Tönen gemalt sind, strahlt die linke Körperseite in reinem Rot, Orange und Gelb, das im Bereich der Hände und insbesondere der Schulter noch einmal durch Weiß in der Helligkeit gesteigert wird. Der Grund, vor dem sich die Figur befindet, ist noch stärker als diese selbst vom Hell-Dunkel-Kontrast

geprägt: Während zwei Drittel der Gesamtfläche mit Violett und Blau-schwarz gefüllt sind, leuchtet der rechte untere Bildbereich in den intensiven Farbtönen der Figur.

Diese expressive Farbigkeit wird in ihrer Wirkung für den Gesamteindruck noch gesteigert durch den pastosen Farbauftrag und den deutlich sichtbaren, sehr bewegten Pinselduktus, der zwar partiell Körperhaftigkeit und Kontur der Figur unterstreicht, z.T. aber auch sehr frei eingesetzt wird, so etwa im Bereich der Wangen, des rechten Armes und des Brustbereiches.

Das Bild ist auf diese Weise gestalterisch bestimmt von Gegensätzen und Bewegtheit, strahlt aber zugleich eine durch die warme Farbigkeit und direkte Nähe der Figur erzielte positive Gestimmtheit aus.

Die im Titel formulierte Frage verbalisiert einerseits, was den dargestellten Menschen beschäftigt, und ist andererseits zugleich an den Betrachter gerichtet. Im Bild ist das Göttliche in Gestalt der Figurine gegenwärtig; es wird hier ehrfürchtig betrachtet, vielleicht stumm angebetet – und hat doch keinen rechten Platz. Wo dieser Raum für das Göttliche vielleicht sein könnte, darauf gibt auch das Bild keine Antwort. Vielmehr wird der Betrachter aufgefordert, selbst über diese Frage nachzudenken.

Kerstin Clasen

10.0 Kirche im Dialog mit der Welt von heute

Freude und Hoffnung, Trauer und Angst der Menschen von heute, besonders der Armen und Bedrängten aller Art, sind auch Freude und Hoffnung, Trauer und Angst der Jünger Christi. Und es gibt nichts wahrhaft Menschliches, das nicht in ihrem Herzen seinen Widerhall fände.« Mit dieser bewegenden, bis dahin kirchlich ganz ungewohnten, ja geradezu unerhörten Bekundung einer *existenziellen Solidarität* der Christen und der Kirche mit den Menschen der modernen Zeit dokumentierte das Zweite Vatikanische Konzil (1962-1965) in der Pastoralkonstitution GAUDIUM ET SPES (GS) seinen Willen zum *Dialog mit der Welt von heute.*

Das Konzil nahm damals, entgegen manchen Vorurteilen, die gesellschaftliche und geistige Situation durchaus in ihrer Doppelgesichtigkeit (Ambivalenz) wahr: Die Menschheit unserer Tage, so heißt es dort, »ist voller Bewunderung für die eigenen Erfindungen und die eigene Macht«, trotzdem wird sie »oft ängstlich bedrückt durch die Fragen nach der heutigen Entwicklung der Welt, nach Stellung und Aufgabe des Menschen im Universum, nach dem Sinn seines individuellen und kollektiven Schaffens, schließlich nach dem letzten Ziel der Dinge und Menschen.« (GS 2)

Angesichts der großen, mit der zwiespältigen Lage der modernen Welt verbundenen Fragen und Schwierigkeiten war das Konzil, das sich selbst als »Zeuge und Künder des Glaubens des in Christus geeinten Volkes Gottes« begriffen hat, jedoch zu der Überzeugung gekommen, dass es seine »Verbundenheit, Achtung und Liebe gegenüber der ganzen Menschheitsfamilie«, der die Kirche ja selbst eingefügt ist, »nicht beredter bekunden kann, als dadurch, dass es mit ihr in einen Dialog eintritt über all diese verschiedenen Probleme.« (GS 34)

Kirchliche Skeptiker fragen nicht selten: Ein Konzil, das seine erste Aufgabe in der Verkündigung der in Christus *geoffenbarten* Wahrheit sieht, und ein Papst, der sich vor allem als *autoritativer* Leh-

rer der Völker und Hirte der Kirche weiß, wählen und propagieren
den Dialog mit den Menschen – wie verträgt sich das mit der Treue
zur kirchlichen Tradition? In der Tat ist hier ein Umbruch geschehen: In seiner Ansprache zur Eröffnung des Konzils hatte Papst
JOHANNES XXIII. erstmals nicht primär die lehrmäßige Stimmigkeit
der Glaubensverkündigung (Orthodoxie) angemahnt, sondern deren
pastoral-praktische *Wirksamkeit heute* (Orthopraxie) zum leitenden
Maßstab des kirchlichen Handelns erklärt. *Aggiornamento* (»Heutigwerden«) hieß für ihn freilich nicht billige Anpassung des Glaubens an
den Zeitgeist, vielmehr das Bemühen, die Pastoral der Kirche »auf
die Höhe der Zeit« zu bringen, Zeitgenossenschaft herzustellen,
statt angesichts der Herausforderungen der Gegenwart als Kirche in
die Vergangenheit zu flüchten.

Wie kam es zu dieser überraschenden, epochal neuen Positions-
bestimmung der Kirche? Dafür gibt es zunächst einmal *historische
Ursachen*: Die Berechtigung (»Legitimität«) der Neuzeit war zum Teil
über Jahrhunderte hinweg gegen heftigen Widerstand der Kirche
erkämpft worden: Seit dem späten Mittelalter gab es seitens des
kirchlichen Lehramtes ein tief wurzelndes Misstrauen gegen alle so
genannten Neuerungen, gegen naturwissenschaftlichen *Erkenntnis-
fortschritt* (siehe GALILEO GALILEI), gegen innerkirchliche *Reformver-
langen* (siehe MARTIN LUTHER), gegen geistige *Aufklärung* (Verlangen
von Denk-, Gewissens- und Forschungsfreiheit), ebenso gegen politische Emanzipationsbestrebungen (Ruf nach Menschenrechten,
sozialer Gerechtigkeit, Gleichberechtigung der Frauen). Die Französische Revolution schien der Beweis für die Gottlosigkeit und Reli-
gionsfeindlichkeit der neuen Zeit zu sein. Auf diese Weise war es zu
jenem kirchlichen »*Anti-Modernismus*« gekommen, der den fatalen
Verdacht des modernen Menschen fast permanent zu bestätigen
schien, Religion als solche sei eben doch gleichzusetzen mit Hinter-
wäldlertum (»Obskurantismus«), klerikalen Herrschaftsansprüchen
und einer Tendenz, die Menschen in Unmündigkeit zu halten. Das
Konzil wollte diesem »Religionsverdacht« ein Ende setzen. An die
Stelle des alten Misstrauens sollten Dialog und Solidarität im Geist
des Evangeliums treten.

Das Dialog-Angebot des Konzils bedeutete faktisch das Ende des mittelalterlichen Anspruch auf Vorherrschaft (»Dominanz«) der Kirche über die Welt; eine mutige Anerkennung der »Autonomie der irdischen Wirklichkeiten«, die Einsicht in den geschichtlichen und gesellschaftlichen Charakter des Glaubens und der Kirche (»Kirche in der Welt von heute«) und eine deutlichere Unterscheidung zwischen Kirche und *Reich Gottes*. Der Tübinger Moraltheologe AL-FONS AUER schrieb damals: »Die Kirche ist nicht die Verwalterin der ganzen Wirklichkeit. Alles gehört zwar zum Reich Gottes, aber dessen Wegbereiterinnen sind Kirche und Welt zusammen.«

Zweifelsohne spielte bei der konziliaren Wende auch ein *zeitgenössischer (Fortschritts-) Optimismus* mit, der die Zukunft von Welt *und* Kirche betraf und der heute so nicht mehr möglich ist. »Der optimistischen Hoffnung des Konzils, künftig der Welt auf dem gradlinigen Weg zu mehr Humanität nur noch dialogisch zur Seite zu stehen«, so KARL GABRIEL, »folgte der Schrecken über eine Gesellschaft, die sich – mit oder ohne Dialog – auch noch von den Resten kirchlicher Bindung radikal zu lösen begann.« Nicht wenige in der Kirche meinen daher, wieder zur »defensiven Abgrenzung« gegenüber der Welt raten zu sollen. Ihnen ist jedoch nicht zuzustimmen. Zwar haben der Zerfall kirchlicher Milieus und der schmerzliche Abschied von der naiven Hoffnung, die Probleme der Gesellschaft mit Dialog und Vernunft steuern und beheben zu können, den hochfliegenden Optimismus gebremst, nicht aber den Dialog überflüssig gemacht. Sie haben lediglich die Rahmenbedingungen für den Dialog zwischen Kirche und Welt verändert.

Bei der notwendigen Suche nach Solidarität und Kooperation in der Gesellschaft scheinen der Kirche und ihren Einrichtungen neue, nicht weniger Dialog erfordernde Rollen zuzuwachsen; zum einen die Rolle einer »vermittelnden Institution«: Aus einer Position der Bescheidenheit heraus »fiele der Kirche heute möglicherweise die Aufgabe zu, zwischen den zivilgesellschaftlichen Aufbrüchen auf der einen Seite und den Institutionen auf der anderen Seite zu vermitteln und katalysatorisch Dialoge in Gang zu bringen.« (GABRIEL) Eine andere Rolle, vielleicht die von »Bewegungsverbänden«

(FRIEDHELM HENGSBACH), ergibt sich aus dem in der religions-pluralen Gesellschaft neu zu bestimmenden Staat-Kirche-Verhältnis: Für Kenner der Probleme in diesem Bereich ist der vor allen in Frankreich praktizierte »Laizismus« (institutionelle Trennung von Kirche und Staat mit gleichzeitig vollständiger Verbannung des Religiösen aus der Öffentlichkeit) »nur die zweitbeste Lösung« (ROBERT LEICHT). Die beste Lösung wäre ein freier Staat, der im Respekt vor der gesellschaftlichen Bedeutung freier öffentlicher Religionsausübung allen Konfessionen und Religionen grundsätzlich gleiches Recht gewährt. Dass dabei den bewährten Garanten der geschichtlich gewachsenen Wertfundamente des freiheitlich-demokratischen Rechtsstaates eine besondere Rolle als kritischen Kooperations- und Dialogpartnern zufällt, dürfte niemanden überraschen. Hinzu kommt das neue Feld des interreligiösen Dialogs.

PETER HÜNERMANN ist überzeugt, dass es heute in der europäischen Gesellschaft (und nicht nur in ihr) um die Entfaltung einer von Glaube, Hoffnung und Liebe beflügelten *solidarischen Rationalität* geht, welche die wissenschaftlich-technische Rationalität der Aufklärung übersteigt. Hier liegt eine besondere Mission der Kirche: »Aufgabe ist die freiheitliche, konsensuelle Zusammenführung der in ihrer Eigenständigkeit und Endlichkeit, in ihrer Andersheit und Pluralität vereinzelten Menschen und Menschengruppen. Nur aus der Entfaltung einer solchen solidarischen Rationalität, die sich zugleich in der individuellen und gesellschaftlichen Praxis, im entsprechenden Aufbau von Institutionen, Techniken und Wirtschaftsformen und der Ausprägung von Lebensformen bewährt, kann ein Aufbau Europas gelingen, der die europäischen Menschen und Nationen zugleich in eine angemessene Beziehung zueinander und zu den Menschen der anderen Kontinente und kulturellen Großräume setzt.«

Walter Fürst

10.1 Person – Individuum – Gesellschaft

Das Verständnis des Menschen als *Person* impliziert unterschiedliche Dimensionen menschlicher Existenz. Mit seiner Körperlichkeit, vegetativen Lebendigkeit und Animalität reicht der Mensch in die materielle Natur hinein, lässt sich als ein Teil von ihr betrachten. Gleichzeitig ist er aber nicht nur Körper, sondern überschreitet (»transzendiert«) seine Körperlichkeit. In der personalen Einheit seiner materiellen und geistigen Natur kommt seine *Würde* als Person zum Ausdruck.

Individualität und Sozialität des Menschen stehen dabei in einem wechselseitig konstitutiven Vermittlungsverhältnis zueinander. Einerseits kommt dem Menschen als Person eine einmalige, unverwechselbare *Individualität* zu. Auf der anderen Seite kann er seine Individualität nur im »Mit-Sein« mit anderen Menschen realisieren. Nur unter Menschen, nur in der Beziehung zu anderen, nur in Gesellschaft kann der Mensch zum Menschen werden, kann er seine Anlagen entfalten. Bis in seine innerste Individualität hinein ist er gleichzeitig ein *gesellschaftliches Wesen*. Dies wird besonders sinnfällig deutlich daran, dass er in seinem individuellen Denken und Handeln auf das Medium einer mit anderen geteilten *Sprache* angewiesen ist.

Das Verständnis des Menschen als Person schließt die Annahme seiner *Moralfähigkeit* ein. Als moralfähiges Wesen ist der Mensch in der Lage, sein Leben zu führen, es als Aufgabe zu begreifen, sich selbst Zwecke zu setzen. Er trägt damit *Verantwortung* für seine Praxis. Im *Gewissen* besitzt er eine Instanz, die ihn in diese Verantwortung ruft. Dabei kann das menschliche Leben nur in Kommunikation und Kooperation mit anderen in moralischer Verantwortung geführt werden. Zum Personsein des Menschen gehört das Wissen um eine Welt vor ihm und eine künftige Welt ohne ihn. Angesichts der Fähigkeit des Menschen, sich den eigenen Tod zu vergegenwärtigen, ist die *Frage nach dem Woher und Wohin* und nach der Sinnhaftigkeit menschlichen Lebens unhintergehbar. Transzendenzerfahrungen, das Überschreiten der Unmittelbarkeit des je Gegebenen, gehören deshalb zur menschlichen Existenzweise.

In der Transzendenzerfahrung liegt *das religiöse Moment* menschlichen Personseins begründet. Das christliche Verständnis vom Menschen als Person weiß um seine *Verstrickung in Schuld, Versagen und Sünde.* Von sich aus ist weder der Mensch gut noch die Welt in Ordnung. Versagen können sowohl die individuelle Person angesichts des schuldhaften Verfehlens hinsichtlich ihrer eigenen Aufgabe und Bestimmung als auch die sozialen Interaktionen und die sich aus ihnen kristallisierenden gesellschaftlichen Strukturen wechselseitigen Handelns. Persönliche Sünde und gesellschaftliche Strukturen der Sünde müssen miteinander verschränkt gedacht werden. Mit dem Personsein des Menschen sind Grundbedingungen seiner Existenz verknüpft. Seine *Leiblichkeit* begründet das elementare Interesse an körperlicher Integrität und Vermeidung bzw. Reduktion von Leiden und Schmerz. Als Bedürfniswesen ist der Mensch auf Nahrung, Kleidung und Wohnung angewiesen, die er sich durch gezielte Tätigkeit, durch Arbeit sichern muss. *Moralisches Subjekt* kann er nur sein, wenn ihm ein Raum, eine *Sphäre der Freiheit* zur Selbstfestlegung und -bestimmung zur Verfügung steht. Als transzendenzoffenes Wesen braucht er Felder der Deutung eigenen Erlebens und Erfahrens über das unmittelbar Gegebene hinaus. Die Formen der Verwirklichung des Personseins sind historisch und gesellschaftlich höchst variabel. Die Grundbedingungen tragen allerdings auch Unhintergehbarkeiten und Invarianzen in sich, ohne die Personalität als nicht realisierbar gelten muss.

Der Mensch kann sein *Personsein* nicht allein verwirklichen, sondern nur *in Kooperation* mit anderen, *in Partizipation* am sozialen Interaktionsgeschehen. Dies betrifft alle Dimensionen des Personseins und kommt noch einmal drastisch darin zum Ausdruck, dass der Mensch als extreme Frühgeburt außergewöhnlich lange auf menschliche Pflege, Versorgung und Zuwendung angewiesen bleibt. Lebenslang gilt, dass er die seiner Freiheit aufgegebene Humanität wesentlich nur in Kommunikation und Kooperation mit anderen Menschen verwirklichen kann. Darin erweist sich der Mensch als ein *konstitutiv auf Gesellschaft angewiesenes Wesen.* Weder kann er seine materiell-ökonomische noch seine kulturelle Existenz allein realisieren. Wie die ökonomische Sicherung Kooperationsbeziehungen voraussetzt, so gründet auch das kulturelle Leben auf sozialer Vermittlung. In GAUDIUM ET SPES, einem der zentralen Texte des Zweiten Vatikanischen Konzils, heißt es im Kapitel 12:»Der Mensch ist aus seiner innersten Natur ein gesellschaftliches Wesen; ohne Beziehung zu den anderen kann er weder leben noch seine Anlagen entfalten.«

Wenn die Menschen aber auf Grundbedingungen ihres Personseins angewiesen sind, die sie nur mit anderen Menschen realisieren können, so ergibt sich für die Regelung ihres gesellschaftlichen Zusammenlebens die *soziale Grundnorm*, sich diese Bedingungen wechselseitig zu gewährleisten, sich wechselseitig als ihresgleichen anzuerkennen. Die Menschen sind herausgefordert, sich wechselseitig jene Rechte wirksam einzuräumen, auf die sie als Grundbedingung ihres Personseins existenziell angewiesen sind. Diese Rechte und die ihnen korrespondierenden Pflichten lassen sich als Menschenrechte bezeichnen.

Die in den elementaren Bedingungen des Personseins verankerten Menschenrechte haben in den modernen Grundrechtsentwicklungen eine dreifache Ausfaltung erfahren: Sie differenzieren sich in *Freiheitsrechte, politische Partizipationsrechte* und *Sozialrechte.* Unter modernen gesellschaftlichen Bedingungen, in denen sich ein hoher Grad der Individualität mit gesellschaftlichen Strukturen verbindet, deren Veränderbarkeit immer schon mitgedacht ist, erscheint gesellschaftliche Integration ohne Bindung an Menschenrechte als Freiheits-, Partizipations- und Sozialrechte immer unwahrscheinlicher.

Karl Gabriel

Arno Anzenbacher, Christliche Sozialethik. Einführung und Prinzipien, Paderborn u.a. 1997; *Georg Kneer/Armin Nassehi/Markus Schroer* (Hg.), Klassische Gesellschaftsbegriffe der Soziologie, München 2001.

10.2 Gemeinwohl

Das *Gemeinwohl* bildet seit jeher einen Zentralbegriff der kirchlichen Staats- und Gesellschaftslehre. Bei THOMAS VON AQUIN (1225-1274) – im politisch-sozialen Kontext seiner Zeit, der vormodernen Welt des »christlichen Abendlandes« – fungierte die Rede vom Gemeinwohl als Chiffre für eine vor aller Zeit in der göttlichen Schöpfungsordnung festgeschriebene Ziel- und Zweckbestimmung der »Wesensnatur« sozialer Gemeinschaften. Hier schien jeder Person und jedem Stand ein unverrückbar feststehender Ort im hierarchisch gegliederten Ordnungsgefüge der Welt zugewiesen. Das Gemeinwohl einer Gemeinschaft, angefangen vom »ganzen Haus« über die dörfliche Gemeinschaft bis hin zum politischen Gemeinwesen, galt dabei als eine für die menschliche Vernunft zwar nachvollziehbare, individueller Wahl- und Dispositionsfreiheit aber entzogene Zielgröße allen individuellen und gemeinschaftlichen Lebens. Auf dieser Basis war die an THOMAS VON AQUIN anschließende Schulphilosophie davon überzeugt, über einen umfassenden Entwurf wohlgeordneten gesellschaftlichen Lebens zu verfügen, den man den jeweils Regierenden als verbindliche Richtschnur ihres Handelns zur Pflicht machen könne.

Mit der Französischen Revolution und den soziokulturellen Umbrüchen zur politischen Moderne ist dieses Gemeinwohlverständnis jedoch in eine *fundamentale Krise* geraten. Die Vorstellung, ein göttlich vorgegebenes und von der menschlichen Vernunft (notfalls mit der autoritativen Hilfe des kirchlichen Lehramtes) irrtumsfrei erkennbares »Gemeinwohl des Staates« könne und müsse von den politischen Autoritäten nur treu umgesetzt werden, ist mit den Prinzipien der Volkssouveränität, der moralischen Autonomie des Individuums und einer freien politischen Öffentlichkeit als Medium demokratischer Meinungs- und Willensbildung kaum zu vereinbaren. Mit dem weltanschaulichen Pluralismus moderner Massengesellschaften wird eine solche »statisch-objektivistische« Vorstellung vom Gemeinwohl zudem politisch unbrauchbar, wenn sie nicht gar einem weltanschaulichen Totalitarismus Vorschub leistet.

Vor diesem Hintergrund hat sich auch das *Zweite Vatikanische Konzil* deutlich von der traditionellen Konzeption distanziert und ein Gemeinwohlverständnis entwickelt, das den berechtigten Einwänden der politischen Moderne gerecht zu werden erlaubt. Das Gemeinwohl wird jetzt verstanden als »die Gesamtheit jener Bedingungen des gesellschaftlichen Lebens, die sowohl den Gruppen als auch deren einzelnen Gliedern ein volleres und leichteres Erreichen der eigenen Vollendung ermöglichen« (Pastoralkonstitution GAUDIUM ET SPES 26). Jedes Sozialgebilde hat dabei sein je eigenes Gemeinwohl, angefangen bei den primären Lebensgemeinschaften über den Nationalstaat bis hin zum »Gemeinwohl der ganzen Menschheitsfamilie« (GS 26).

OSWALD VON NELL-BREUNING (1890-1991), der »Nestor der katholischen Soziallehre«, definiert das Gemeinwohl auf dieser Grundlage als »den guten Befund oder Zustand eines gesellschaftlichen Gebildes oder Gemeinwesens, kraft dessen es imstande ist, seinen Gliedern zu helfen, zu erleichtern oder überhaupt zu ermöglichen, durch ihre eigenen Anstrengungen das, was sie erstreben, das ist ihr eigenes Wohl oder ihre eigene Vervollkommnung oder ein von ihnen gemeinsam erstrebtes Ziel, zu erreichen«. Das Gemeinwohl ist demnach zunächst und vor allem als *Dienstwert* zu bestimmen, denn es ist »wertvoll nicht um seiner selbst willen, sondern um des Dienstes willen, den es leistet; ganz offenbar ist das ein Dienst an den einzelnen; so kommt der gute Befund oder Zustand des Ganzen, den wir das Gemeinwohl nennen, ganz und gar den einzelnen, die Glieder dieses Ganzen sind, zustatten und ist genau so viel wert, wie es ihnen dient«. Als solcher Dienstwert kommt dem Gemeinwohl dann zugleich auch ein *Selbstwert* für die sozialen Gruppen und Gemeinschaften zu, insofern es das »ihnen allen gemeinsame Wohl« bezeichnet. »Beim Staat ist das mehr oder weniger das gesamte irdische Wohl; bei der Familie ist es jenes spezifisch menschliche Wohl, dessen die Familienmitglieder im Familienkreis sich erfreuen; bei einem auf Interessenvertretung angelegten Verband ist es das oft sehr spezielle Interesse, das durch den verbandlichen Zusammenschluss durchgesetzt werden soll.«

Vor diesem Hintergrund wird verständlich, warum die katholische Sozialtradition stets nach einem *Dritten Weg* jenseits von »Individualismus« und »Kollektivismus« gesucht hat. *Kollektivistische Engführungen* ergeben sich dann, wenn man die bleibende Spannung von Einzel-, Gruppen- und Gemeinwohl einseitig auflösen will durch einen bedingungslosen Vorrang eines angeblichen Gemeinwohls vor den verschiedenen Einzelinteressen. Dies wäre nach NELL-BREUNING »der extreme Totalitarismus«. *Individualistische Engführungen* treten dagegen dann auf, wenn man das Gemeinwohl (und seinen *überindividuellen* politisch-moralischen Gehalt) vollständig in die real anzutreffenden Einzel- und Gruppeninteressen der Gesellschaftsmitglieder aufzulösen versucht. Dies geschieht z. B. dann, wenn man – etwa im Kontext utilitaristischen Denkens – das Gemeinwohl als Summe der Wohlstands- und Nutzeneinheiten der Individuen definiert und Gemeinwohlförderung rein quantitativ als Steigerung des »größten Glücks der größten Zahl« begreift. Es geschieht aber auch dann, wenn man – etwa im Anschluss an die Pluralismustheorie ERNST FRAENKELS – das Gemeinwohl rein formal, gleichsam als »Resultante eines Parallelogramms« zu definieren versucht, das sich aus den realen Kräfteverhältnissen der unterschiedlichen politischen, ökonomischen und kulturellen Interessengruppen, Bewegungen und Initiativen der Gesellschaft ergibt und als solches dann als Leitlinie der Politik fungieren soll. In beiden Fällen droht der Gemeinwohltopos seine politisch-moralische Kraft einzubüßen und seine Funktion als kritisches Korrektiv gegenüber den realen gesellschaftlichen Verhältnissen zu verlieren.

Deshalb sollten auch moderne Gesellschaften den altehrwürdigen Begriff des *Gemeinwohls* nicht vorschnell aufgeben, denn gerade die »überindividuellen Gehalte« dieser Formel erinnern daran, dass sich die komplexe Wechselwirkung von Individuum und Gesellschaft, von Person und Gemeinschaft *weder kollektivistisch noch individualistisch* auflösen lässt. Die Person geht weder in der Gesellschaft auf, noch lässt sich die Gesellschaft als willkürliche Ansammlung isolierter Individuen verstehen, der der Einzelne je nach seiner individuellen Interessenlage beitreten kann oder auch nicht. Insofern ist neben dem *Einzelwohl der Individuen* weiterhin von einem *Gemeinwohl der Gesellschaft* zu reden, auch wenn dies heute nicht mehr durch den autoritativen Rückgriff auf einen »objektiv« vorgegebenen Gemeinwohlbestand, sondern nur noch im Rahmen einer freien und öffentlichen Meinungs- und Willensbildung möglich ist. Hier können und müssen dann unterschiedliche Gemeinwohlkonzeptionen gegenüber den Staatsbürgerinnen und Staatsbürgern ihre Überzeugungskraft und Zustimmungsfähigkeit erweisen.

Karl Gabriel / Hermann-Josef Große Kracht

Oswald von Nell-Breuning, Gerechtigkeit und Freiheit. Grundzüge katholischer Soziallehre, Wien/München/Zürich 1980; *Herfried Münkler/Karsten Fischer,* Gemeinwohl und Gemeinsinn. Thematisierung und Verbrauch sozio-moralischer Ressourcen in der modernen Gesellschaft, in: Berichte und Abhandlungen der Berlin-Brandenburgischen Akademie der Wissenschaften, Bd. 7, Berlin 1999, 247-265.

10.3 Ehe und Familie

Ehe und Familie gelten im öffentlichen Bewusstsein vielfach als durch einen allgemeinen Werteverfall bedrohte Größen. Bei genauerem Hinsehen indes zeigt sich, dass trotz einer weit verbreiteten *Skepsis* gegenüber Institutionen der familiäre Bereich sich unverminderter *Hochschätzung* in der Bevölkerung erfreut.

Jüngste Werte- und Jugendstudien belegen, dass gerade für Jugendliche Familie und Partnerschaft zu den wichtigsten Werten gehören. Zwischen 80 und 90 % der Jugendlichen will selbst einmal eine Familie gründen, dauerhaft mit einem Partner zusammenleben und Kinder bekommen. Ein anderes Bild hingegen liefert die Wirklichkeit. Abnehmende Heiratsneigung und steigende Scheidungszahlen sowie das Anwachsen der Einpersonenhaushalte und ein dramatischer Rückgang der Geburtenziffern sind die augenfälligsten

Anzeichen dafür, dass Ehe und Familie als praktizierte und prakti-zierbare Lebensformen *zunehmend gefährdet* sind, obwohl sie *als Leit-bilder hoch im Kurs* stehen. Die Kluft zwischen Wunsch und Wirklich-keit beschreibt die eigentliche Gefährdung von Ehe und Familie angemessener als der bloße Verweis auf beunruhigende Statistiken. Familiensoziologen sprechen heute mit Blick auf Ehe und Fami-lie nicht mehr vom Funktionsverlust, sondern vielmehr von einem *Funktions- und Bedeutungswandel.* Dahinter steht die Einsicht, dass auf-grund der biologischen Konstitution und tief verwurzelter Bedürf-nisse und Sehnsüchte des Menschen die mit der Paarbeziehung und dem Eltern-Kind-Verhältnis verbundenen Lebensbereiche sich als außerordentlich widerstands- und *anpassungsfähig* gegenüber gesell-schaftlichen und kulturellen Veränderungen erweisen. Die Gestal-tung der Geschlechterbeziehung sowie des Sexuallebens, Kinder-erzeugung und Kindererziehung, die Identitätsfindung des Einzel-nen in einem sozialen Beziehungsgefüge, die Bewältigung alltägli-cher Aufgaben der Lebensführung, die Gewährleistung von Hilfe und Schutz in vielfältiger Hinsicht – all dies sind elementare Gege-benheiten menschlicher Lebensentfaltung, die durch den Lebens-raum Ehe und Familie abgedeckt und geregelt werden. Was für den einzelnen Menschen gilt, hat darüber hinaus Bedeutung für die gan-ze Gesellschaft. Nicht nur für ihren biologischen Bestand und ihre Überlebensfähigkeit, sondern auch für den sozialen Zusammenhalt und die Pflege und Erziehung der Kinder ist die Gesellschaft auf die Leistungen der Familie angewiesen. Das Wort von der Familie als »Keimzelle« der Gesellschaft behält deshalb auch weiterhin seine Berechtigung und Gültigkeit.

Der Lebensbereich Ehe und Familie ist aber auch aufs Engste mit der *Suche nach Lebenssinn und Lebensglück* und infolgedessen *mit religiösen Sinngehalten* verknüpft. Das zeigt sich beispielsweise beim Versprechen lebenslanger Liebe und Treue in der Eheschließung oder bei der Geburt eines Kindes. Man spricht heute bisweilen von der partnerschaftlichen Liebe als von einer »irdischen Religion«. Da-mit ist gemeint, dass nach dem Verblassen der großen Sinn- und Lebensdeutungen in der Zweierbeziehung Sinnhaftigkeit, Erfüllung und Heil gesucht werden. In ähnlicher Weise religiös aufgeladen wird nicht selten auch die Beziehung zum Kind. Es wird zum »Heiligsten« und »Höchsten«, das dem Menschen nach Säkularisierung und Entzauberung der Welt verblieben ist, weil es eine unaufkündbare Beziehung und Bindung in Aussicht stellt. Dass eine solche religiöse Projektion eine jede menschliche (Liebes-)Beziehung überfordern muss, liegt auf der Hand, und diese Tatsache trägt vermutlich selbst zur Instabilität vieler Beziehungen bei. Sollte man daraus nicht schlussfolgern können, dass der Mensch das Maß seiner Sehnsucht nach Annahme, Geborgenheit und Hingabe zwar allein in der Begegnung mit dem anderen Menschen überhaupt erfahren und ausloten kann, zu ihrer Erfüllung aber auf eine andere, größere, letztlich transzendente Dimension verwiesen bleibt?

In der *biblisch-christlichen Tradition* wird der Ursprung dessen, was wir als ehelichen und familiären Lebensbereich bezeichnen, auf Gott zurückgeführt. Im *ersten* Schöpfungsbericht des Alten Testaments ergibt sich der Auftrag »Seid fruchtbar, und mehret euch ...« (Gen 1,28) unmittelbar aus der Gottebenbildlichkeit des Menschen, der dazu aufgerufen ist, das lebenspendende Schöpferwirken Gottes fortzusetzen. Die intime Liebesgemeinschaft zwischen Mann und Frau steht im Zentrum der *zweiten* Schöpfungserzählung, in der berichtet wird, dass Gott die beiden Geschlechter ursprünglich füreinander bestimmt und sie deshalb auch zueinander geführt hat (vgl. Gen 2,22-24). Wenn theologische und kirchliche Texte von *Ehe und Familie als Schöpfungsgaben* reden, so bringen sie damit zum Ausdruck, dass diese Lebensformen nicht als ein zufälliges Produkt menschlicher Kulturgeschichte angesehen werden können, sondern dem Willen Gottes entspringen und deshalb einen unhintergehbaren Kernbestand humaner Lebensgestaltung angeben.

Dies bedeutet freilich nicht, dass damit auch ein bestimmtes Ehe- und Familienmodell als zeitlos gültig vorgegeben wäre. Tatsächlich unterscheidet sich der alttestamentliche Sippenverband mit seinen polygamen Strukturen ja in nicht unerheblichem Maß von der modernen Kleinfamilie, auf die sich auch die heutige kirchliche Verkündigung bezieht. Auch ein umfassenderer Blick in die Geschichte zeigt, dass das Verständnis und *die konkrete Ausgestaltung* von ehelichen und familiären Lebensformen *stets kulturell bedingt* und einem *beachtlichen geschichtlichen Wandel unterworfen* sind.

Gibt es folglich auch nicht *die* »christliche Ehe und Familie«, sondern allenfalls aus dem Glauben gestaltetes Ehe- und Familienleben, so gilt *das christliche Liebesgebot als* deren *Gestaltungsprinzip.* Aber Ehe und Familie beschreiben umgekehrt auch einen Lebensraum, in dem das in Jesus Christus ansichtig gewordene Heilswirken des liebenden und lebenspendenden Gottes auf besondere Weise erfahrbar werden kann. Partnerschaft und Familie sind ja der Ort schlechthin, an dem die *beglückende Erfahrung selbstloser Hingabe sowie unbedingten Angenommenseins* gemacht wird. Und ebenso wird hier auf bedrückende Weise erfahren, wie sehr man selbst ebenso wie der geliebte Partner hinter dem Anspruch der Liebe zurückbleiben kann. Schon die Propheten Israels nehmen die *Ehe als anschauliches Gleichnis* für die bedingungslose und unverdiente Treue Gottes gegenüber seinem Volk (vgl. Hos 1-3). Und im Neuen Testament wird die eheliche Liebesbeziehung zum Abbild für die Liebe Christi zu seiner Kirche (vgl. Eph 5,21-33), was die kirchliche Tradition in der Folge veranlasste, die Ehe zu den sakramentalen Heilszeichens zu zählen. Das Zweite Vatikanische Konzil schließlich hat Ehe und Familie unter dem Titel »Hauskirche« als kleinste, aber wahre Verwirklichung kirchlicher Gemeinschaft bezeichnet und ihnen damit eine Stellung verliehen, die allerdings in Bewusstsein und Praxis der Kirche noch kaum hinreichend Beachtung findet.

Thomas Knieps-Port le Roi

Markus Knapp, Glaube, Liebe, Ehe: Ein theologischer Versuch in schwieriger Zeit, Würzburg 1999; *Hans-Günter Gruber*, Familie und christliche Ethik, Darmstadt 1995.

10.4 Solidarität und Subsidiarität

Das Wort *Solidarität* wird so oft gebraucht, dass es leicht zum Schlagwort verkommen kann. Es muss daher genauer unterschieden werden, was jeweils damit gemeint ist. Im Allgemeinen bezeichnet der Begriff den Zusammenhalt einer Gruppe oder Gesellschaft und die sich daraus ergebenden Forderungen wechselseitigen Eintretens der Einzelnen füreinander, für ihre Gruppe und der Gruppe für jedes ihrer Mitglieder. Je nach den Gründen der Solidarisierung ergeben sich jedoch große Unterschiede.

Wenn das soziale Wesen des Menschen bloß darin besteht, dass er als begrenztes Seiendes – als Mängelwesen – auf die Ergänzung und die Hilfe anderer angewiesen ist, dann beruht die *Solidarität* nur auf einem Zusammenschluss aus Bedarf *zum je eigenen Vorteil*, also *auf Gegenseitigkeit*. Jeder Mensch ist primär für sein eigenes Glück verantwortlich, jeder ist »sich selbst der (oder die) Nächste« und von der Angst geprägt zu kurz zu kommen. Daher will jeder und jede das Beste oder sogar alles für sich herausholen. Sobald die Vorteile für eine oder beide Seiten wegfallen oder das Gesetz der Gegenseitigkeit nicht eingehalten wird, zerfällt ein solches Sozialgebilde. Wenn die zu verteilenden Güter knapp werden, gilt die Regel »Rette sich, wer kann«, und es entwickelt sich rasch ein Kampf aller gegen alle. Das geschieht umso eher, je weniger die auf diese Weise solidarischen Menschen für eine transzendente, die Einzelnen und ihre Beziehungen übergreifende und verpflichtende Wirklichkeit offen sind.

Im *Solidarismus* wird die Einheit einer Gesellschaft als vorgegebenes Ganzes verstanden, das auf dem wechselseitigen Aufeinanderangewiesen-Sein ihrer Glieder beruht, oder sie wird in übersteigerter Weise als eine eigene, quasi-personale Wirklichkeit aufgefasst, die über den Einzelnen steht und sie zu einer Ganzheit verbindet. Die soziale Gesinnung der Mitglieder besteht dann darin, diese Unterordnung unter das soziale Ganze zu akzeptieren und sich nach ihm auszurichten. Falls der Solidarismus die personale Identität der Einzelnen überhaupt leugnet und diese zu bloßen Funktionsträgern

389

(Teilen) des Ganzen degradiert, handelt es sich um Kollektivismus. Solidarismus oder Kollektivismus gab und gibt es in Gestalt des Clan-Denkens von Naturvölkern, in Form des Nationalismus, Rassismus und im kollektiven Klassenbewusstsein von Parteien. Er kann auch religiös oder pseudoreligiös überhöht werden: etwa in der Gleichsetzung von Staat und Religion oder wenn eine Gruppe sich oder ihren Führer absolut setzt, zum Götzen macht. Der Solidarismus ist seiner Struktur nach in Gefahr, totalitärer Kollektivismus zu werden. Von vornherein schließt er sich gegenüber jenen ab, die nicht dazugehören, und lehnt die Fremden ab.

Eine krisenfeste, für Fremde offene und nicht (latent) totalitäre Solidarität ist nur denkbar, wenn der einzelne Mensch nicht nur aus Bedürftigkeit, sondern von seinem Wesen her ein positiv auf Gemeinschaft angelegtes Beziehungswesen ist; wenn also die soziale Dimension zu seiner Würde gehört. Erst auf dieser Basis ist eine ethische Einstellung möglich und gefordert, die jeden Menschen als Partner anzunehmen bereit ist und sich zu einer *prinzipiell* universalen Liebe zu den anderen um ihrer selbst willen, auch zu den Feinden, verpflichtet weiß (*prinzipiell* deshalb, weil die faktischen Möglichkeiten begrenzt sind). Diese Liebe ist nicht bloß ein *Gefühl;* andernfalls wäre Feindesliebe ein Widerspruch in sich, weil niemand seine Feinde gefühlsmäßig lieben kann. Sie ist vielmehr ein *Wohl-Wollen*, das uns befähigt, zum anderen vom Herzen her sagen zu können: Es ist gut, dass du bist – unabhängig von deinem Wert für mich und von meinen Gefühlen; und es ist gut, soweit als möglich mit dir in Beziehung zu sein.

Eine solche *Solidarität aus der Liebe des Wohlwollens* oder *liebende Solidarität* besteht also im Unterschied zur *Solidarität zum je eigenen Vorteil* nicht nur im vorübergehenden Zusammenschluss aus individuellen Interessen; sie beruht nicht wie im *Solidarismus* auf der vorgegebenen wechselseitigen Abhängigkeit oder auf einer korporativen oder kollektiven Ganzheit, sondern ergibt sich primär aus dem in Freiheit angenommenen vorgegebenen Beziehung-Sein der Einzelnen. Eine solche liebende Solidarität ist partnerschaftlich, sie will die anderen nicht beherrschen, sondern mit ihnen in einem grundsätzlichen Wohlwollen das Leben teilen. Sie führt zur nötigen Vertrauensbasis im Miteinander, um Konflikte lösen zu können.

Der Mensch ist als soziales Wesen im Sinn einer wohlwollend liebenden Solidarität nur denkbar, wenn die Wirklichkeit von ihrem letzten Grund her, den wir Gott nennen, schon Beziehung ist; wenn Beziehung nicht bloß eine Folge der Endlichkeit und Bedürftigkeit ist, nicht nur als notwendiges Mittel im Interesse der Selbstverwirklichung verstanden wird. Menschenbild und Seinsverständnis – und damit auch Gottesbild – hängen untrennbar zusammen: In christlicher Sicht ist im Sinn von 1 Joh 4,8.16 der *eine* Gott schon in sich *dreifaltige* Liebe, also Beziehung in ihren drei Grundformen: schenkend, empfangend, teilend. Prinzipiell universale personale Liebe ist daher spezifisch christlich, auch wenn sie in der Geschichte des Christentums bei weitem nicht immer verwirklicht wurde.

Weil eine solche Liebe des Wohlwollens sich auf die menschliche Person richtet und daher grundsätzlich für alle Menschen offen ist – also auch die Fernsten zu Nächsten werden können –, wissen sich Menschen mit dieser Haltung zu einzelnen Zuwendungen (etwa Hilfeleistungen; vgl. das Gleichnis vom barmherzigen Samariter: Lk 10,25-37) und zum Angebot der Gemeinschaft auch einseitig verpflichtet, unabhängig davon, ob ihre Liebe erwidert wird oder nicht. Diese liebende Solidarität beruht eben nicht *auf* Gegenseitigkeit.

Dennoch kann auch sie im vollen Maß nur zwischen jenen gelingen und wirksam werden, die sich miteinander in Freiheit auf ein solches Verständnis von Solidarität einlassen. Denn die legitime Selbstliebe verbietet es sich einfach an andere auszuliefern. Das Angebot der Gemeinschaft ist in der liebenden Solidarität prinzipiell universal, aber deren volle Verwirklichung in ihren tieferen Formen (Freundschaft, Geschwisterliebe, Ehe) ist nur unter Gleichgesinnten *in* Gegenseitigkeit möglich, weil hier Gesinnung und Struktur einander entsprechen.

Eine solche Gemeinschaft gläubiger Menschen zu sein, Zeichen und Werkzeug (Sakrament) der Liebe Gottes in der Welt, macht dann auch das Wesen der Kirche aus. Die gegenseitige Liebe bildet das Kennzeichen der Jüngerinnen und Jünger Christi (Joh 13,34f.).

Aus den Grenzen der realen Möglichkeiten der Solidarität ergibt sich das Prinzip der *Subsidiarität*: Falls die kleineren sozialen Einheiten ihre Aufgaben erfüllen können, sollen die größeren diese Funktionen nicht an sich ziehen. Wo eine größere Handlungseinheit tätig werden muss, hat sie den kleineren und den einzelnen Menschen in ihnen zu dienen. In einem christlichen Personverständnis haben die persönlichen Beziehungen einen Selbstwert, sind nicht nur Mittel für die Selbstverwirklichung des Individuums. Person und Gemeinschaft stehen auf derselben Ebene.

Paul Weß

Kurt Bayertz (Hg.), Solidarität. Begriff und Problem, Frankfurt a. M. 1998; *Paul Weß*, Welche soziale Identität braucht Europa? Essay, Wien 2002.

10.5 Option für die Armen

Der Aufruf Papst JOHANNES XXIII. an die Bischöfe kurz vor dem Konzil (11.09.1962), eine Kirche der Armen zu werden, wurde von einigen Konzilsvätern sofort aufgegriffen. Am 7. Dezember 1965, unmittelbar vor dem Abschluss des Konzils, verpflichteten sie sich zu folgender Lebensform: »Wir werden danach streben, nach der einfachen Art und Weise unseres Volkes in Bezug auf Wohnung, Nahrung, Verkehrsmittel und alles andere zu leben«. Diese Resolution, obwohl nur von einer Minderheit der Bischöfe unterschrieben, führte zu einem Blickwechsel bei vielen Konzilsteilnehmern.

Wenn wir unter dem Begriff *Option* wählbare alternative Verhaltensweisen verstehen, dann hat bereits das Zweite Vatikanum – ohne direkt von einer »Option für die Armen« zu sprechen – im Rückgriff auf die Bibel traditionelle Wahrnehmungs- und Verhaltensweisen der Kirche im Umgang mit Armen und Armut problematisiert und neue Handlungsformen entwickelt.

10.5 Option für die Armen

Die *Option für die Armen* hat ihre Wurzeln in der biblischen Bundestheologie. Jahwe offenbart sich Mose an Sinai nicht mit seinem Namen, sondern konfrontiert ihn mit seinem innersten Wesen: »Jahwe ist ein barmherziger und gnädiger Gott, langmütig, reich an Huld und Treue« (Ex 34,6). Die *Bibel* macht Jahwe zum Anwalt all der »Armen«, die Opfer menschlicher Unbarmherzigkeit werden (Ps 9,13.18; Spr 14,31; 17,5). Weit über die (in der Geschichte der Kirche oft auf individuelle Notlagen verkürzte) *Lehre von den Werken der Barmherzigkeit* (vgl. Lk 10,25-37; Mt 25,31-40) hinausgehend, die von Marxisten und Sozialisten für die Verarmung der Massen mitverantwortlich gemacht wurde, fordert das Dekret des Konzils über das Laienapostolat die Bekämpfung von »Armut, Leid und Not in allen Formen« (APOSTOLICAM ACTUOSITATEM 8). Die Pastoralkonstitution geht noch einen Schritt weiter, wenn sie daran erinnert, das »die irdischen Güter allen Menschen gewidmet sind« (GAUDIUM ET SPES 69), alle »das Recht auf Arbeit und Arbeitsschutz« (GS 67) haben und mit der faktischen Verachtung von sozial Schwachen und Notleidenden durch Kräfte in den »wirtschaftlich fortgeschrittenen Ländern« (GS 63) eine ständige Bedrohung des Weltfriedens gegeben ist. Die Konzilsväter erinnern an das Väterwort: »Speise den vor Hunger Sterbenden, denn ihn nicht speisen, heißt ihn töten« und fordern eine aktive Sozialpolitik. Es bleibt jedoch nicht nur beim Appell an Politiker und Ökonomen, der Blick richtet sich auch nach innen (Dekret über die Erneuerung des Ordenslebens PERFECTAE CARITATIS 13). Ordensleute und Priester sollen dem Beispiel Christi folgen, »der unseretwegen arm wurde, da er doch reich war, damit wir durch seine Entbehrung reich würden« (vgl. 2 Kor 8,9; Mt 8,20). Das Konzil (Dogmatische Konstitution über die Kirche LUMEN GENTIUM 8) stellt mit dieser Forderung die ganze Kirche unter die prophetische Sozialkritik (Ps 72; Jer 22,13-17; Jes 58,1-12.61). Das Land gehört dem ganzen Volk Israel, deshalb darf es nach dem Bundesverständnis in Israel keine dauernde Verarmung geben. Mit der personalen Zuwendung Jesu zu den wirklich »Armen, Krüppeln, Blinden und Lahmen« (Lk 14,13), ist im Verständnis des Neuen Testamentes das »Reich Gottes« angebrochen. Wer sich der Option für

Hungrige, Dürstende, Fremde, Obdachlose, Nackte, Kranke und Gefangene verweigert, den kennt auch der »Menschensohn« nicht (Mt 25,31-46).

Gegenüber allen (teilweise bereits im Alten und Neuen Testament festzustellenden) Tendenzen zur Spiritualisierung des Armutsbegriffs setzt das Zweite Vatikanum völlig neue Akzente, aktualisiert und rezipiert erneut die materiale und *sozial-politische Dimension des biblischen Armutsbegriffs*. In diesem Kontext prägte die *lateinamerikanische Bischofskonferenz in Medellin* (1968) den Optionsbegriff: Die Bezeichnung *Option* wird dabei mit verschiedenen Bedeutungen versehen. Sie bezeichnet die Entscheidung für bevorzugte Adressaten der Evangelisierung wie auch die Entscheidung zu pastoralen Prioritäten. »Der besondere Auftrag des Herrn, die Armen zu evangelisieren, muss uns Anlass sein, die Kräfte und das apostolische Personal so zu verteilen, dass die Ärmsten, Bedürftigsten und aus welchem Grund auch immer ausgeschlossenen Kreise effektiv den Vorrang haben«. Die Folgekonferenz in *Puebla* (1979) fordert, »dass sich die ganze Kirche zu einer vorrangigen Option für die Armen bekehren muss, will sie umfassend befreit werden«.

Diese »vorrangige Option für die Armen« führte *nach* Puebla zu einem konfliktreichen Dialog mit dem Lehramt in Rom, der sich in den zwei Instruktionen zur *Befreiungstheologie* niedergeschlagen hat. Auf der Konferenz in *Santo Domingo* (1992) wurde die »vorrangige Option« noch einmal erweitert und auf die »kulturell anderen«, die »Indigenas und Afroamerikaner«, ausgedehnt, »auf die die Ärmsten der Armen im Lauf der fünfhundertjährigen Evangelisierung, mit dem Ziel, ihre Rechte als Völker und Kulturen und ihre selbständige Rolle als Glieder der Kirche anzuerkennen«. Trotz scharfer Kritik und Marxismusverdächtigung, ja sogar Folter und Mord (Bischof OSKAR ROMERO), geschürt von westlichen Geheimdiensten (Banzer-Dokument, Santa Fee-Papier), ging von diesen *Optionen der lateinamerikanischen Kirche* eine Initialzündung aus, die nicht nur andere katholische Teilkirchen in der Welt (Wirtschaftshirtenbrief der katholischen Bischöfe in der USA), sondern auch den »Ökumenischen Rat der Kirchen« in Genf (ÖRK) erfasste und in kirchenkritischen

Lagern zu einem neuen Diskurs über das solidaritätsstiftende und gesellschaftsverändernde Potenzial christlicher Glaubenspraxis führte.

In Deutschland wurde der vom Caritasverband in Münster herausgegebene erste *Caritas-Report zur Armut* (1987) zum Startsignal für *das gemeinsame Wort der Kirchen:»Eine Zukunft der Solidarität und Gerechtigkeit«* (1997) und für eine neue politisch verantwortete Armutsberichterstattung (*Erster Armuts- und Reichtumsbericht der Bundesregierung*, Bonn 2001).

In der Auseinandersetzung mit den Optionen im Wirtschaftshirtenbrief der katholischen Bischöfe der USA zeichneten sich nach HEINRICH BEDFORD-STROHM folgende *Konvergenzen* zwischen einer christlich-sozialethischen *Gerechtigkeitstheorie* (JOHN RAWEL) und einer biblisch-theologisch begründeten *Option für die Arme*n ab: 1. Wer sich den praktischen Konsequenzen aus dem Gerechtigkeitspostulat stellt, muss eine Option für die Armen treffen. 2. Der Vorrang, der Armen zukommt, fördert auch die Gerechtigkeit, an der alle Menschen partizipieren, und bringt die Welt dem»Ziel einer universellen Solidarität«näher. 3. Die Überwindung von materieller Not bei den Ärmsten schafft Beteiligungsgerechtigkeit und führt dazu, dass die Armen sich autonom an sozialen, politischen und religiösen Prozessen in Gesellschaft und Kirche beteiligen können. 4. Die im Bewusstsein der westlichen Demokratie dominanten Freiheitsrechte können dann am besten abgesichert werden, wenn den Sozialrechten die gleiche Bedeutung zugeschrieben wird. Die Freiheit schützt im Namen der Gleichheit vor staatlicher Willkür. Die Gleichheit bewahrt davor, dass das Freiheitspostulat als Machtinstrument der wirtschaftlich Stärkeren missbraucht wird. 5. Dem Bedarfsprinzip kommt bei der sozialpolitisch organisierten Verteilung der Güter ein Vorrang vor dem Leistungsprinzip zu. 6. Die Option für die Armen beinhaltet keine»Heiligsprechung«von Armen und von Armut. Das universelle Ziel bleibt: Gerechtigkeit für alle. Die Arbeit an diesem Ziel steht unter einem»eschatologischen Vorbehalt«. 7. Die Option für die Armen darf nicht zu neuen Formen eines kirchlichen oder sozialrevolutionären Patriarchalismus führen. Sie hat partizipatori-

schen Charakter und beinhaltet die Selbstverantwortung der Armen.
Der pädagogische Weg führt vom »*für* die Armen« zum »*mit* den Armen«, schließlich zum »*an der Seite* der Armen«.

Friedrich Udo Schmälzle OFM

Heinrich Bedford-Strohm, Vorrang für die Armen, Gütersloh 1993;
Werkstatt Ökonomie (Hg.), Reichtum und Armut als Herausforderung
für kirchliches Handeln, Heidelberg 2002.

10.6 Arbeit

Wenn über die menschliche Arbeit theologisch-ethisch nachgedacht und geredet werden soll, ist es notwendig, das schöpferische, heilsam befreiende Handeln Gottes in den Mittelpunkt zu stellen. Ebenso wichtig ist es, die gesellschaftlichen Sinnkonstruktionen der Arbeit des Menschen ernst zu nehmen, auf geschichtliche Kontexte und Veränderungsprozesse zu achten und die Zeichen der Zeit im Licht der Gegenwart Gottes zu deuten. Daher werden im Folgenden Antworten auf vier beispielhafte aktuelle gesellschaftliche Herausforderungen in Form eines Credos (d. h. eines Glaubensbekenntnisses) schöpferischer, heilsamer Arbeit formuliert.

Befreiende Arbeit: Vielfach wird heute versucht, die Arbeitslosigkeit durch die Erhöhung des Drucks auf Arbeitslose abzubauen. Dadurch werden diese dazu genötigt, die von der staatlichen Verwaltung als zumutbar erklärten Erwerbsarbeiten anzunehmen. Offensichtlich wird menschliche Würde nur denjenigen zuerkannt, die eine gesellschaftliche Arbeitsleistung erbringen.

Demgegenüber bezeugt die Bibel des Alten Testaments die Befreiungstat Gottes schlechthin, als er das deklassierte Volk der Hebräer aus Ägypten herausführte und ihm das Land Israel übergab. Dies ermöglichte dem Volk schöpferische, heilsame Arbeit, die sich in der frei gewählten und menschenwürdigen Arbeit beim Bau des Tempels im Gegensatz zu den bedrückenden und rechtlosen Verhältnissen der Fronarbeit in Ägypten zeigte. Diese Art von Arbeit weckt künstlerische und handwerkliche Fähigkeiten von Frauen und Männern und ermöglicht ihr Dabeisein mit Kopf, Herz und Hand.

Aufgerichtete Frauen: Die öffentliche Debatte um die Vereinbarkeit von Familie und Beruf, von Erwerbsarbeit und Kinderbetreuung erweckt oft den Eindruck, als seien von diesem Problem nur die Frauen betroffen. Allein von ihnen wird zumeist erwartet, dass sie ihre vollzeitige Erwerbsarbeit in Frage stellen, und ausschließlich ihnen wollen die politisch Verantwortlichen die Sorge der Kinderbetreuung abnehmen.

Demgegenüber betont *der erste* wie *der zweite biblische Schöpfungsbericht* (Buch Genesis 1 und 2) in je unterschiedlichen Bildern und Sprachformen die absolute Gleichstellung von Männern und Frauen. Auch die Strafandrohung Gottes nach dem Sündenfall im Paradies gilt für Männer und Frauen im gleichen Maß. Allerdings weist sie bereits auf eine geschlechtsspezifische Arbeitsteilung hin: Den Männern wird Schweiß und Mühe beim Ackerbau, den Frauen dagegen das Gebären unter Schmerzen und die Unterwerfung unter ihre Männer zugewiesen.

Für den zweiten Satz eines Bekenntnisses zu schöpferischer, heilsamer Arbeit kann jedoch gerade die Darstellung der Evangelien, wie Jesus Frauen begegnet, wegweisend sein. Ihnen zufolge staunt Jesus über ihren Glauben, zeigt Achtung vor ihrer Eigenwelt und ist bereit von ihnen zu lernen. Besonders die Erzählungen von der gekrümmten Frau und der Schwiegermutter des Petrus zeigen, insofern Jesus sie aufrichtet, die schöpferische und heilsame Wirkung dieser Begegnungen. Dies wird dadurch noch unterstrichen, dass dasselbe Wort in den Evangelien auch für das Ereignis der Auferstehung bzw. Auferweckung Jesu am Ostertag verwendet wird.

Aufatmen der Natur: Eine Ökosteuer, mit deren Hilfe die Defizite der öffentlichen Haushalte ausgeglichen bzw. die Unternehmen von den Lohnnebenkosten entlastet werden sollen, ist kontraproduktiv. Sie spitzt den Konflikt zwischen sicheren Arbeitsplätzen und dem

Umweltschutz zu und kann das Verhalten der Menschen nicht verändern. Wenn sie tatsächlich den Umbau in eine ökologisch-soziale Marktwirtschaft beabsichtigt und etwas bewirken will, muss sie auf eine strukturelle Veränderung der Energieversorgung, des Verkehrssystems, der Agrarwirtschaft und der Chemieindustrie hinzielen und darf gerade extrem umweltschädlichen Wirtschaftszweigen keine Ausnahmen einräumen. Den Christen wird dabei häufig vorgeworfen, sie hätten das Verständnis, dass der Mensch eine absolute Sonderstellung gegenüber den nichtmenschlichen Lebewesen einnehme, aufgrund der Betonung der Gottebenbildlichkeit *im ersten biblischen Schöpfungsbericht* (Gen 1) gefördert. Dies habe dazu beigetragen, dass sich die neuzeitliche Gesellschaft wie eine fremde Besatzungsmacht gegenüber der Natur aufspielt und sie zum eigenen Nutzen ausbeutet.

Demgegenüber verdeutlicht *der zweite Schöpfungsberich*t (Gen 2), dass die Menschen in den von Gott vorbereiteten Garten hineingeführt worden sind, um ihn zu bearbeiten, zu hegen und zu pflegen. So ist die menschliche Arbeit ein Bestandteil des Ökosystems der Erde. Die Noah-Erzählung, die die zerstörte Natur als Spiegel der Ungerechtigkeit der Menschen darstellt, veranschaulicht das Wechselverhältnis von Natur und menschlicher Gesellschaft. Dieser zerstörten Natur verheißt Gott durch seinen Segen eine unversehrte Zukunft, was er im heilenden Auftreten Jesu einlöst. Durch die Zeichen und Wunder Jesu wird die verlorene und versklavte Natur zur Herrlichkeit der Kinder Gottes befreit. Der Lebensatem Gottes, der den Menschen das Leben einhauchte, hat sich die Natur, die Gesellschaft und das Herz der Menschen als Wohnung erwählt. So gehört die Welt Gott. Die Menschen sind mit allen anderen Lebewesen nur Mitglieder dieses Hauses, das sie treuhänderisch hüten, ordnen und bewahren sollen, damit alle darin wohnen können.

Zeitautonomie: In den heutigen Unternehmen sind immer mehr flexible und mobile Mitarbeiterinnen und Mitarbeiter gefragt, die sich selbst, die eigene Arbeit und Arbeitszeit eigenständig organisieren und dabei nicht auf die Grenze zwischen Erwerbsarbeit und Privatleben achten. Dabei nimmt die Selbstausbeutung zu und die selbst bestimmte Zeit immer mehr ab. Gleichzeitig werden die Interessen der Mitarbeiter, ihrer Partnerinnen und Kinder immer unwichtiger.

Demgegenüber erklärt der Dekalog (der Text der Zehn Gebote des Alten Testaments), den Mose von Gott auf dem Berg Sinai erhalten hat, nicht den Menschen, sondern den Sabbat als Krone der Schöpfung Gottes. Die Sabbatruhe durchbricht die Strukturen einer Klassengesellschaft, in der Arbeit und Nicht-Arbeit zu Ausdrucksformen der Übermacht und Abhängigkeit sowie des gesellschaftlichen Ausschlusses werden. Sie ist keine Alternative zur Arbeit, sondern deren Korrektur und Vollendung. Arbeit und Ruhe sowie Ruhe in der Arbeit gelten für alle. So ist der Sabbat als Geschenk Gottes Symbol der Freiheit für jeden, der weder Sklave eines anderen noch sonstwie fremdbestimmt ist, und Symbol einer kollektiven Zeit- und Weltordnung.

Friedhelm Hengsbach SJ

Oskar Negt, Arbeit und menschliche Würde, Göttingen 2001; *Dorothee Sölle*, Lieben und Arbeiten, München 2001.

10.7 Kirche und Politik

Verfolgung oder Unterdrückung von Christen seitens politischer Machthaber gibt es seit den Anfängen der Kirche bis in die Gegenwart. Andererseits haben die weltlichen Herrscher sich sehr bald auch der Kirche zu ihren Zwecken bedient oder auf sie Einfluss genommen. Umgekehrt hatte die Kirche Jahrhunderte lang auf verschiedene Art und Weise, direkt oder indirekt an weltlicher Macht teil oder übte sie selbst aus.

Die oft gegensätzlichen Tatsachen im geschichtlichen Verhältnis von Kirche und Politik, Kirche und Staat haben eines gemeinsam: Sie zeigen, dass die Bedeutung des christlichen Glaubens weit über das persönliche Gottesverhältnis des Einzelnen und das innerkirchliche Leben hinausgeht und in den gesellschaftlichen Bereich hinreicht. Glaube ist keine Privatsache. Der Glaube prägt selbstverständlich auch das Verhalten und die Stellung der Gläubigen im öffentlichen Leben. Er führt zu Erwartungen von Christen und Kirche an den Staat bzw. seine Verfassung und inspiriert zu politischem Engagement. *Der Staat* und die politische Ordnung sollen das zeitliche Zusammenleben von Menschen ordnen und unterstützen. Die *Kirche* verbindet Gott und Menschen und hat den Auftrag, nach innen und außen den Glauben zu stärken und zu vermehren, Hoffnung zu entfachen und eine Liebe zu leben, die sich an Jesus Christus inspiriert. Neben dieser Verschiedenheit der Aufgaben und Ziele gibt es jedoch auch Gemeinsames und, wenn möglich, *Kooperation zwischen Kirche und Staat*, denn beide haben es mit dem Menschen als Person in der Gesellschaft zu tun.

Zu den Erwartungen der Kirche an die politische Ordnung – den jeweiligen Staat, überstaatliche Zusammenschlüsse und die Völkergemeinschaft – gehört die *Religionsfreiheit* (siehe die Erklärung DIGNITATIS HUMANAE des Zweiten Vatikanischen Konzils). Religionsfreiheit ist ein Grundrecht des Menschen und steht allen zu, Christen und Nichtchristen. Diese Freiheit soll sich nicht nur auf die individuelle, sondern auch die gemeinschaftliche Ausübung der Religion beziehen (Kollektivrecht).

In Deutschland regelt grundlegend die Verfassung die Freiheit des Glaubens und das Wirken der Religionsgemeinschaften. Das deutsche Recht garantiert sowohl die Freiheit der Kirche in eigenen Angelegenheiten wie auch eine Beteiligung des Staates an gemeinsamen Angelegenheiten, z. B. dem von Kirche und Staat gemeinsam verantworteten *Religionsunterricht an öffentlichen Schulen* (»ordentliches Unterrichtsfach«). Ein anderes Beispiel ist die Seelsorge in besonderen Situationen wie z. B. dem Dienst in den Streitkräften. Ein besonderer Rechtsstatus der Religionsgemeinschaften und deren Recht zur Erhebung von Mitgliedsbeiträgen in Form einer Steuer gehören ebenfalls in diesen Zusammenhang. In der weltanschaulich vielgestaltig gewordenen Gegenwartsgesellschaft führen diese Rechtsbestimmungen, die traditionell eher das Christentum und die jüdische Religion betrafen, zu neuen Herausforderungen, vor allem in Bezug auf die Religionsausübung der Muslime. Heute setzen sich die in Deutschland wirkenden Kirchen nachdrücklich für die Kirchenfreiheit auch auf der Ebene der Europäischen Union ein, vor allem im Sinne einer Bewahrung der unterschiedlichen Staat-Kirche-Beziehungen in den Mitgliedsstaaten ohne eine ungerechtfertigte Einmischung der Europäischen Union.

In den Zusammenhang des rechtlich geregelten Zueinanders von Politik und Kirche gehören auch die verschiedenen *Staatskirchenverträge* sowie die *völkerrechtlichen Verträge*, die der Staat mit dem Heiligen Stuhl abgeschlossen hat (»Konkordate«). Der Heilige Stuhl ist ein Subjekt des Völkerrechts, das weltweit der Sorge des Papstes vor allem um die Katholiken und die katholische Kirche Geltung verschafft.

Jedoch beschränken sich die Erwartungen der Kirche an die Politik nicht auf die Religionsfreiheit. Sie umschließen auch die anderen *Menschenrechte*, die zur allgemeinen Wertgrundlage der internationalen Gemeinschaft geworden sind. Ein besonderes Augenmerk gilt dabei dem Recht des Menschen auf Leben, das vor allem zu Beginn menschlichen Daseins (Abtreibung, biomedizinischer Fortschritt) und an dessen Ende (Euthanasie) nicht selten bedroht ist. Außerdem bilden der *Einsatz für sozial gerechte Verhältnisse* der weltweiten Wirtschaftsbeziehungen im nationalen wie internationalen Raum unter den Bedingungen der »Globalisierung« und das Eintreten für einen *Frieden in Gerechtigkeit* Schwerpunkte des politischen Engagements der Kirche.

Seine Grundlagen hat dies alles in der Sozialverkündigung der Kirche und der darauf aufbauenden *katholischen Soziallehre*, die durch die Päpste und insbesondere das politisch hochbedeutsame Wirken von Papst JOHANNES PAUL II. weiter entwickelt und mit modernen Entwicklungen vermittelt wurde. Bekannte Prinzipien auch der politischen Ethik sind 1. die Orientierung an der menschlichen Person (»Personalität«), 2. die Ausprägung einer solidarischen Verbundenheit der Menschen und Völker (»Solidarität«) sowie 3. der auf die

Eigenkräfte setzende, freiheitliche und nicht staatlich-vereinnahmende Aufbau der öffentlichen Ordnung (»Subsidiaritätsprinzip«), ergänzt um Aspekte der Nachhaltigkeit (insbesondere der Bewahrung der natürlichen Lebensgrundlagen) und generationsübergreifenden Gerechtigkeit.

Die Kirche achtet die Politik und fördert sie auf vielfältige Art, erwartet aber auch deren Respekt und entsprechende Unterstützung. Umfragen belegen, dass die Kirche als Anwalt bestimmter Personengruppen und gesellschaftlicher Probleme und als politischer Mahner und Brückenbauer nach wie vor erwünscht und weit über den eigenen Bereich hinaus gefragt ist. Insofern ist sie jenseits aller Kontroversen konstruktiv für das politisch organisierte Zusammenleben tätig und anerkannt. Wichtig ist zudem, dass der christliche Glaube die politische Ordnung relativiert und jede Tendenz ihrer Überschätzung und Absolutsetzung kritisiert. Darin liegt der politisch u. U. auch subversive und gerade darin Freiheit garantierende Charakter des Glaubens. Insofern gibt es eine theologisch begründete Nähe und Distanz der Kirche zur Politik, die letztlich unter dem Vorbehalt steht, das Gelingen des menschlichen Lebens nicht garantieren zu können. Dies kann allein Gott, dessen Liebe in der Person Christi begegnet und dem politischen Handeln der Kirche und der Gläubigen Maßstäbe setzt. Dass auch im Blick auf das politische Wirken der Kirche Anspruch und Wirklichkeit bisweilen auseinander liegen und die Kirche gerade im politischen Bereich in den jüngsten Jahrzehnten eine Geschichte des Lernens, des Umdenkens und der ständigen Neuausrichtung durchlaufen hat und weiterhin durchlaufen wird, ist dabei selbstverständlich.

Hans Langendörfer SJ

Art. *Kirche und Staat*, in: StL Bd 3, Freiburg ⁷1987, 468-512; *Susanna Schmidt/Michael Wedell* (Hg.), »Um der Freiheit willen ...!« Kirche und Staat im 21. Jahrhundert, Freiburg 2002.

10.8 Kirche und Geld

Geld regiert die Welt.« Zweifellos hat das Geld in unserer Welt eine hohe Bedeutung. Es ist das wichtigste Tausch- und Zahlungsmittel, ein *Wertaufbewahrungsmedium*, eine vielseitige Recheneinheit, aber auch ein Macht- und Steuerungsmittel. Um Geld dreht sich die Wirtschaft – und nicht nur diese. Jenseits dieser Funktionen schwankt die gesellschaftliche Wahrnehmung *zwischen Vergötterung und Verteufelung* des Geldes. Denn zum einen leben wir in einer Gesellschaft, in der das Geld oft aus guten Gründen den Mittelpunkt unserer Anstrengungen darstellt, weil es wünschenswerte Möglichkeiten eröffnet: sichere Existenz, Wohlstand, Perspektiven, Macht. Zum anderen drohen dem Geld höhere Werte geopfert zu werden: Menschenwürde und Gerechtigkeit werden der Aussicht auf hohe Gewinne in Billiglohnländern geopfert, Wahrheit und Fairness weichen der persönlichen Bereicherung etwa im Zuge von Korruption. Geld kann zum Segen und Fluch gleichermaßen werden. Daher ist das Geld *von jeher ein Thema für die Kirche.*

So übernahm die Kirche früh das biblische *Verbot der Zinsnahme und des Wuchers*; anfangs wurde es ausdrücklich für die Amtsträger formuliert, im 5. Jahrhundert aber auf alle Christen und Christinnen ausgedehnt. Die Praxis änderte sich allerdings in der Neuzeit zugunsten der Zinsnahme aufgrund der Erfordernisse der Wirtschaft (Zunahme des Geldverkehrs); in der Folge lockerte sich das kirchliche Verbot im 18. Jahrhundert.

Ein zentrales Problem des Verhältnisses der Kirche zum Geld zeigt sich beispielsweise im *Ablasshandel*. Er war eine verhängnisvolle Fehlentwicklung, die aber – verbunden mit dem Bedürfnis nach einer Sicherheit des persönlichen Heils und mit der Verheißung von Macht – ohne die Notwendigkeit des Geldes nicht entstanden wäre.

Bis heute sind Geldmittel *eine* Voraussetzung für umfassende, professionelle seelsorgliche und caritative Leistungen: Finanzierung von Gehältern, Beratungseinrichtungen, religiösen Bildungsangeboten, Pfarren usw. Die Aufbringung von Geld mittels *Kirchensteuer, Kirchenbeiträgen, Spenden und Fundraising* ist eine Voraussetzung für das

Wirken der Kirche in der modernen Gesellschaft, wird aber immer wieder auch kritisch beäugt. Beispielsweise wird beklagt, dass es für die Kirche zu einer Grundsorge geworden ist, genug Geld aufzutreiben: Leere Kassen und Sparappelle sind auch zu einem kirchlichen Thema geworden. Als knappes Gut ist Geld für die Kirchen von Interesse, bedeutsam ist es aber vor allem auch als Thema ethischer und theologischer Überlegungen.

Ein *Problem der kirchlichen Sozialethik* ist die lokal und global *ungerechte Verteilung von Geld*. Innerhalb der einzelnen Länder führt die Armut der einen und der enorme Reichtum der anderen zu ungleichen existenziellen Möglichkeiten und Lebensperspektiven. Weltweit zeigt sich dieses Problem der Gerechtigkeit darin, dass ganze Erdteile von Armut, Hunger und Krieg dominiert sind und in der Schuldenfalle gefangen sind. Die christliche Vision von Gerechtigkeit fordert gerechtere Strukturen und dementsprechende gesellschaftspolitische Maßnahmen ein. Denn die christliche Sozialethik geht grundsätzlich von einer »Sozialpflichtigkeit« des Geldes aus. Das heißt, dass der Umgang mit Geld immer auch dem Gemeinwohl und der Gerechtigkeit dienen muss.

Nicht nur im Hinblick auf die gesellschaftlichen Strukturen ist Geld Gegenstand ethischer Betrachtungen, sondern auch in Bezug auf das Handeln jedes einzelnen Menschen (Individualethik). *Der private Umgang mit dem Geld* zeigt sich zunächst im Konsumverhalten. Wie das Geld verwendet wird, ist entscheidend: Welche Konsumgüter werden gekauft und warum? Werden diese umwelt- und sozialverträglich produziert und entsorgt? Der übermäßige Konsum ist – neben der Armut – ein Grund dafür, dass auch der Mangel an Geld ein zunehmendes Problem im privaten Bereich darstellt. *Konsum* – wie Geld überhaupt – ist nicht nur existenznotwendig, sondern verheißt zudem Glück und Erfolg. Es bedarf aber eines verantwortlichen Umganges damit, wie nicht zuletzt die enorme *Privatverschuldung* deutlich macht, deren Folgen fatal sind: Vereinsamung, Hoffnungslosigkeit, Zerbrechen von Familien. Darüber hinaus ist das ethische Sparen ein Thema. Das ethische Investieren ermöglicht das kontrollierte verantwortliche Anlegen von Geld für soziale und ökologische

Unternehmungen. Generell erfordert der Umgang mit Geld, unabhängig davon, ob man über zu wenig, genug oder zu viel verfügt, Tugenden, vor allem Gerechtigkeit und Maßhaltung.

Das Geld ist für die Kirche aber nicht nur ein ethisches Thema. Geld »an sich« ist *eine Frage der Theologie.* Indem das Geld nicht nur die Wirtschaft, sondern viele Gesellschafts- und Lebensbereiche prägt, wird es mitunter als ein neuer Gott, als *Götze* im biblischen Sinn bezeichnet. Diese Sichtweise trifft dann tatsächlich zu, wenn der Wert der Person grundsätzlich mit dem Geldwert (Preis) gleichgesetzt wird. Die Bedeutung des Geldes in allen Gesellschaftsbereichen und in den zwischenmenschlichen Beziehungen birgt die Gefahr, dass es den Charakter eines »Mittels« verliert und so zur alles bestimmenden Wirklichkeit und universellen weltlichen Macht wird. Geld zu haben wird dann gleichgesetzt mit gutem, gelungenem Leben.

Die Redensart: »Über Geld spricht man nicht, Geld hat man«, traf in Geschichte und Tradition der Kirche nie unumschränkt zu. Heute muss der Glaube in einer Gesellschaft gelebt werden, in der Geld nicht weggedacht oder weggewünscht werden kann, gleichzeitig jedoch höchst ambivalent ist. Die positiven Funktionen des Geldes können allerdings nur dann dauerhaft zum Wohl der Menschen wirken, wenn man auch die Grenzen der Möglichkeiten und die Gefahren der unkritisch angenommenen Verlockungen des Geldes beachtet.

Edeltraud Koller

Severin J. Lederhilger (Hg.), Gott oder Mammon. Christliche Ethik und die Religion des Geldes. 2. Ökumenische Sommerakademie Kremsmünster 2000, Frankfurt a. M. 2001; *Alfred Racek,* Befreiungsphilosophie des Geldes, Thaur/Wien/München 2001.

10.9 Naturwissenschaft und Religion

Wenn man heutige Menschen fragt, was sie über Naturwissenschaft und über Religion denken und was Naturwissenschaft und Religion miteinander verbindet, dann erhält man in etwa folgende Antworten: Naturwissenschaft hat es mit Wissen zu tun; sie schafft Wissen über die Natur; sie ist objektiv, allgemeinverbindlich und überprüfbar; sie schafft oder sichert Fortschritt und Lebensstandard und ist notwendig für eine moderne Gesellschaft. Religion hat es (nur) mit Glauben zu tun; sie ist subjektiv und nicht überprüfbar; sie ist eine für manche Menschen wichtige Privatsache; sie kann einem in schwierigen Lebenssituationen vielleicht helfen. Und nicht wenige Befragte werden sagen, Naturwissenschaft und Religion passten eigentlich nicht so recht zusammen, wie man an GALILEI sähe, oder sie schlössen sich gegenseitig sogar aus.

Nun waren und sind aber unzählige Naturwissenschaftler religiöse Menschen: NEWTON und selbst GALILEI, EINSTEIN, PLANCK und HEISENBERG, VON WEIZSÄCKER und DUERR, um nur ein paar Physiker zu nennen. Nicht wenige Naturwissenschaftler waren und sind überdies fromm.

Und manche waren und sind sogar Mönche oder Priester: Der Augustinermönch GREGOR MENDEL wurde im 19. Jahrhundert der Begründer der klassischen Genetik; der Domherr NIKOLAUS KOPERNIKUS aus Frauenburg entdeckte im 16. Jahrhundert, dass sich die Erde um die Sonne dreht und nicht umgekehrt; der Jesuit und Paläontologe PIERRE TEILHARD DE CHARDIN entwarf im 20. Jahrhundert ein Weltbild, das Schöpfung und Evolution verbindet. Trotz einiger bitterer Zerwürfnisse zwischen Naturwissenschaft und Kirche darf man sogar sagen: Die christliche Religion ist eine der wesentlichen Quellen des naturwissenschaftlichen Denkens der Neuzeit. Und die Naturwissenschaft liefert wichtige Anregungen zum religiösen Selbstverständnis des heutigen Menschen.

Dem trägt auch die katholische Kirche in einem ihrer Lehrsätze vom Ersten Vatikanischen Konzil (1870) Rechnung, wo es heißt: »Gott, der Ursprung und das Ziel aller Dinge, *kann* mit dem natürlichen Licht der menschlichen Vernunft aus den geschaffenen Dingen gewiss erkannt werden.« Damit erklärt die Kirche auch die Naturerkenntnis zu einem zwar nicht zwingenden, aber möglichen und legitimen Weg der Gotteserkenntnis.

Nun ist es keineswegs so, wie manche meinen, dass der, der viel weiß, wenig glauben, und der, der wenig weiß, viel glauben müsse, dass Glauben also Indiz für Wissensdefizite ist. Letzte wissenschaftliche Gewissheiten hat niemand unter den Naturwissenschaftlern, existenzielle Gewissheiten suchen sie auf unterschiedlichen Wegen fast alle. Nicht *Glauben gegen Wissen*, sondern *Glauben wegen Wissen* könnte heute der Leitsatz sein. Der religiöse Mensch weiß, dass er glaubt, der Naturwissenschaftler glaubt, dass er weiß. Für keine Art von Wissen gibt es eine letzte Gewissheit; denn alles Wissen mündet ein in ein unausschöpfbares Weiterfragen und verweist auf das Geheimnis, um das es der Religion geht. Was unterscheidet und verbindet nun Naturwissenschaft und Religion?

Die *Naturwissenschaft* betrachtet ein bestimmtes Objekt oder einen bestimmten Prozess in Raum und Zeit, sie untersucht ein bestimmtes Segment der uns umgebenden umfassenden Wirklichkeit. Die *Religion* hingegen deutet das Ganze, fragt nach Ursprung, Sinn und Ziel des Ganzen. Dabei geht es um mehr als sachliche Richtigkeit in der Beschreibung einzelner Objekte. Es geht um die existenzielle Dimension, die auch den mit Naturwissenschaft und Religion befassten Menschen mit umgreift.

Die *Naturwissenschaft* versucht genau zu beschreiben, was unter bestimmten Randbedingungen geschieht, sie versucht möglichst wertungsfrei zu sagen, was der Fall ist. Die *Religion* versucht zu bestimmen, was das Gute ist und unter bestimmten Lebensbedingungen geschehen soll. Sie versucht also durchaus wertend zu sagen, was sein soll. Die Religion trägt mit ihrer Ethik auch die unabdingbare Wahrheitsforderung in die Wissenschaft hinein.

EINSTEIN hatte einmal behauptet, die (Natur-)Wissenschaft vergangener Jahrhunderte habe über vollkommene Zwecke und unvollkommene Mittel verfügt. Heutige Wissenschaft hingegen verfüge über vollkommene Mittel und verworrene Zwecke. Und ähnlich wie

PLANCK hatte er gefordert, Religion müsse bei der sozialverträglichen und menschheitsdienlichen Formulierung von Forschungszielen und an der Motivierung zur Forschung, also im Bereich der Zwecksetzung mitwirken. Die *Religion* kann aber nicht die Rechtfertigungs- und Absegnungsinstanz für das sein, was die Naturwissenschaft ohnehin tut. Sie muss ihr auch kritisch gegenüberstehen, das aber geht nur bei genauer Wahrnehmung und Kenntnis der naturwissenschaftlichen Ergebnisse.

THOMAS VON AQUIN (1225-1274) hatte zwar gesagt:»Von Gott können wir nicht sagen, was er ist, sondern nur, was er nicht ist«, aber dennoch festgehalten, wie sehr naturwissenschaftliche Erkenntnis mit theologischer Erkenntnis zusammenhängt:»Ein Irrtum über die Welt wirkt sich aus in einem falschen Denken über Gott.« Die Religion samt ihrer Theologie muss also die Naturwissenschaft gründlich zur Kenntnis nehmen und muss sich zugleich vor voreiligen theologischen Übertragungen hüten; denn »zwischen dem Schöpfer und dem Geschöpf kann man keine so große Ähnlichkeit feststellen, dass zwischen ihnen nicht eine noch größere Unähnlichkeit festzustellen wäre.« (Viertes Laterankonzil, 1215) Gott bleibt der geheimnisvoll andere und doch wird er indirekt erfahrbar in der bestaunens- und erforschenswerten Natur und besonders im Menschen. Die Natur, als Schöpfung verstanden, verweist ihrerseits auf den Schöpfer.

Das Verhältnis von Naturwissenschaft zu Religion lässt sich vielleicht in einem *Bild* beschreiben. Der Naturwissenschaftler ist wie ein Fischer im Meer der Wirklichkeit. Durch seine Methoden, die raffinierte Variation von Maschengröße, Tauchtiefe und Fangzeit macht er immer neue, oft überraschende Fänge. Aber mit keiner denkbaren Variation fischt er das Meer selbst; gleichwohl verweisen Netz, Fang und Fischer auf das Meer als die Bedingung ihrer Möglichkeit. Alles ist ein Indiz für das Meer, für das umfassende Ganze, von dem die Religion spricht, wenn sie *Gott* sagt.

Ulrich Lüke

Ulrich Lüke, Mensch – Natur – Gott. Biologische Beiträge und theologische Erträge, Münster 2002; *John Polkinghorne*, An Gott glauben im Zeitalter der Naturwissenschaften. Die Theologie eines Physikers, Gütersloh 2000.

10.10 Medizin- und Bioethik

Die Biowissenschaften – dazu gehören alle modernen Fachgebiete der Biologie und Medizin – haben sich in der jüngeren Zeit geradezu stürmisch entwickelt. Sie durchdringen weite Bereiche des alltäglichen Lebens, sind geprägt von einer hohen gesellschaftlichen Dynamik und verfügen über enorme ökonomische Potenziale. Nicht zuletzt stellen sie *für Ethik, Anthropologie und christliches Glaubensverständnis eine dringliche Herausforderung* dar. Man denke nur an die Gentechnik oder die sich abzeichnende Möglichkeit, Menschen zu klonen.

Die *Antwort der Ethik* auf die tief greifenden Veränderungen der Biowissenschaften sowie die mit ihrer Nutzung verbundenen Verantwortungsfragen besteht in der Herausbildung einer eigenen Bereichsethik, der *Bioethik*. Die Bioethik formuliert und überprüft *moralische Regeln* für den wissenschaftlich-technischen Umgang mit Leben allgemein, insbesondere mit menschlichem Leben. Inzwischen hat sich die Bioethik ausdifferenziert. Zu ihr zählen die Genethik, die Tierethik, die Umweltethik und neuestens auch die Neuroethik. Von der Bioethik unterscheidet sich die *medizinische Ethik* durch eine enger und anders formulierte Fragestellung. Bei der medizinischen Ethik steht überwiegend das ärztliche Ethos, und hier insbesondere das Arzt-Patient-Verhältnis, im Mittelpunkt. Die Bioethik hat dagegen generell die aus dem Fortschritt der biologischen Wissenschaften und der Medizin erwachsenden Probleme zum Gegenstand.

Gestritten wird darüber, auf welcher *moralischen Grundlage* Bioethik betrieben wird. Näherhin geht es dabei um folgende Frage:

Wem soll unsere moralische Rücksichtnahme gelten, beziehungs-
weise wie weit soll gegebenenfalls der Bereich der zur moralischen
Gemeinschaft Gehörenden ausgedehnt werden? Vier Positionen
stehen zur Diskussion.

1. Der *anthropozentrische Ansatz* (griech. anthropos = Mensch): Dieser Vorstellung nach kommt nur dem Menschen ein eigenständi-
   ger Wert zu. Er allein setzt den Maßstab für die Nutzung der
   übrigen Natur. Der Schutz der Natur ist ein abgeleiteter Wert,
   insofern er in Bezug zum Menschen steht.
2. Der *pathozentrische Ansatz* (griech. pathein = fühlen, leiden): Danach haben alle leidensfähigen Wesen einen Eigenwert, sie sind
   moralisch zu berücksichtigen und haben bestimmte Rechte. Der
   Mensch darf nicht frei über sie verfügen.
3. Der *biozentrische Ansatz* (griech. bios = Leben): Dieser Ansatz
   schreibt sämtlichen Lebewesen einen Eigenwert zu. Eine Wert-
   abstufung zwischen den verschiedenen Arten (»Spezizismus«) ist
   nicht zulässig.
4. Der *holistische Ansatz* (griech. holon = das Ganze): Nach dieser
   Theorie muss auch die unbelebte Natur um ihrer selbst willen
   berücksichtigt werden. Alles, was in der Natur existiert, ist wert,
   dass es fortbesteht.

Da keiner der vorgestellten Ansätze eine vollends befriedigende
Lösung bietet, vertritt eine zunehmende Anzahl von Autoren einen
integrativen Ansatz und spricht von einer ökologisch aufgeklärten be-
ziehungsweise relativierten Anthropozentrik. *Relative Anthropozentrik*
vertritt neben den Interessen des Menschen auch die der leidensfähigen Tiere, fordert die Achtung, Schonung und Erhaltung allen
Lebens in seiner Würde und seinem je eigenen Wert und zielt auf
die Achtung, Schonung und Erhaltung der Natur. Eine solche relative Anthropozentrik entspricht auch dem biblischen Schöpfungsver-
ständnis und wird von den meisten Theologen vertreten.

Bei der Ausbildung *konkreter Verhaltensweisen* (Normen) auf dem
Feld der Bioethik konkurrieren wiederum unterschiedliche Ansätze

miteinander. Der *deontologische Ansatz* (griech. to deon = das Gesollte) macht die Sittlichkeit einer Handlung an anerkannten moralischen Prinzipien fest, unabhängig davon, welche Folgen die Handlung hat. Der *teleologische Ansatz* (griech. telos = Ziel) macht die Sittlichkeit einer Handlung an ihren Folgen fest. Maßstab der Folgen ist der Nutzen, den die Folgen einer Handlung bewirken. Der Ansatz des »Prinziplismus«, wie er vor allem von einer einflussreichen Richtung der US-amerikanischen biomedizinischen Ethik erarbeitet wurde, orientiert sich an den vier Prinzipien Wohltätigkeit, Schadensvermeidung, Gerechtigkeit, Selbstbestimmung.

Ein weiterer Ansatz geht von der *Strukturganzheit der Handlung* aus. Demnach bemisst sich die Sittlichkeit einer Handlung an ihren Strukturelementen: Ziel und Mittel, Absicht und Folgen. Eine Handlung ist dann gut, wenn all diese Elemente gut sind. Dieser, in der aristotelisch-thomasischen Tradition stehende Ansatz bestimmt vor allem die kontinentaleuropäische Bioethik und wird nicht zuletzt auch im *Wort der deutschen Bischöfe zur Gentechnik und Biomedizin »Der Mensch: sein eigener Schöpfer?«* vom 7. März 2001 beachtet.

Die Erörterung der aktuellen biomedizinischen Probleme berührt immer auch anthropologische Grundfragen. Hinter jedem bioethischen Konzept und hinter jeder biomedizinischen Intervention steht nämlich ein bestimmtes *Menschenbild*. Was gut ist, entscheidet sich daran, ob es menschlich ist. Der Begriff »menschlich« steht dabei als Ausdruck für eine Ganzheit des Menschen, die seine *personale Würde* und *Freiheit*, seine *leibliche und psychische Gesundheit* umfasst.

In diesem Sinne gehen die deutschen Bischöfe von der *Menschenwürde* als gemeinsamem, transkulturell akzeptiertem Prinzip zur ethischen und rechtlichen Bewertung der Biowissenschaften aus. In ihrem bereits genannten Positionspapier zur Gentechnik heißt es: »Das biblische Menschenbild und insbesondere die Menschenwürde bilden den *Rahmen* für menschliches Handeln. Auch nichttheologische Begründungen führen zu der Erkenntnis, dass die Menschenwürde dem Menschen allein schon aufgrund seines Menschseins zukommt und jeder rechtlichen Regelung vorgängig ist. In diesem Sinne bildet das Prinzip der Menschenwürde, in dem die Unantastbarkeit auch der körperlichen Existenz des Menschen verankert ist, zugleich die Grundlage unserer demokratischen Verfassung.«

Die *Aufgabe von Theologie, Glaubenswissenschaft und kirchlicher Bildungsarbeit* besteht vor allem darin, das christliche Menschenbild und die humane Tradition des Christentums für bio- und medizinethische Fragen fruchtbar zu machen und dabei einer rein philosophischen Argumentation eine theologische Kompetenz an die Seite zu stellen.

Johannes Reiter

Die deutschen Bischöfe, Der Mensch: sein eigener Schöpfer? Wort der Deutschen Bischofskonferenz zu Fragen von Gentechnik und Biomedizin (Die deutschen Bischöfe, 69), Bonn 2001; *Johannes Reiter*, Die genetische Gesellschaft. Handlungsspielräume und Grenzen (Topos plus 428), Limburg/Kevelaer 2002.

10.11 Friede – Gerechtigkeit
– Bewahrung der Schöpfung

Kann es sein, dass der christliche Glaube im öffentlichen Leben deshalb oft so wenig greifbar erscheint, weil er Fragen des Überlebens der Menschheit kaum anpackt? Viele fragen sich, ob die Kirche den Menschen von heute in ihrer Sehnsucht nach friedlichem Zusammenleben und ihrer Unfähigkeit dazu, in ihrem Leiden an himmelschreiendem Unrecht und in ihrem Widerstand gegen den Raubbau an der Natur wirklich etwas die Welt Bewegendes zu sagen hat.

Der Ruf nach Frieden und weltweiter Gerechtigkeit sowie die Sorge um die Bewahrung der Schöpfung machen sich – ehrlich gesagt und nüchtern beobachtet – außerhalb der Kirche in gesellschaftspolitisch engagierten alternativen Bewegungen oft viel stärker bemerkbar als in den meisten katholischen Gemeinden und kirchlichen Gruppen.

Auch in der Spiritualität und Lebenspraxis alter und neuer geistlicher Bewegungen ist davon oft wenig zu spüren. Wer seinen Glauben »politisch« versteht, ökologisch denkt und alternativ handelt, wird in manchen kirchlichen Kreisen sehr schnell als »Linker« betrachtet. In vielen Pfarrgemeinden findet er oder sie nur schwer ein Heimatrecht und gerät deshalb sehr leicht ins kirchliche Abseits. Die offiziellen »Sozialworte« finden meist nur schwer den Weg an die kirchliche Basis. Sie sind kaum Gegenstand der Verkündigung und scheinen Gewissensentscheidungen von Gläubigen nur wenig zu beeinflussen.

Wenn es der Kirche jedoch wirklich um den »rechten Aufbau der menschlichen Gesellschaft« geht, wie es das Zweite Vatikanische Konzil in seiner Grundorientierung für kirchliches Handeln zum Ausdruck gebracht hat, wenn der Mensch tatsächlich »der erste Weg ist, den die Kirche bei der Erfüllung ihres Auftrags beschreiten muss« (JOHANNES PAUL II.), dann sind alle Fragen von Friede, Gerechtigkeit und Bewahrung der Schöpfung in letzter Konsequenz eine »Sache des Glaubens« und eine Herausforderung an die Lebenspraxis der Kirche.

Die Welt von heute ist voll von Friedensbotschaften, von Aufrufen zum Einsatz für mehr Gerechtigkeit und von Appellen zu ökologischer Gesinnung und Tat. Von der Kirche wird offensichtlich erwartet, dass sie zu diesen Lebensfragen nicht nur etwas zu sagen hat, sondern auch – wenigstens bruchstückhaft – in ihrem Tun verwirklicht, was sie in ihrer Soziallehre anmahnt.

Friede ist für die Kirche nicht nur ein Wort unter vielen. In der Bibel ist *Shalom* der Inbegriff des von Gott geschenkten Lebens, ohne Krieg und Gewalt, in Freiheit, Gerechtigkeit und Wahrheit. Aus einer schweren Zeit Israels, als für das Volk im Exil im Babylon wenig Aussicht auf Frieden bestand, stammt eine prophetische Vision, die auch Friedensbewegungen unserer Tage als Leitbild diente. Der Messias wird als Friedensbringer auftreten: »Er spricht Recht im Streit der Völker, er weist viele Nationen zurecht. *Dann schmieden sie Pflugscharen aus ihren Schwertern und Winzermesser aus ihren Lanzen. Man zieht nicht mehr das Schwert, Volk gegen Volk, und über nicht mehr für den Krieg.«* (Jes 2,4) Das Volk Israel sollte zu einer Verkörperung dieses Gottesfriedens werden. Für die Kirche hat der Einsatz für Frieden mit Jesus Christus selbst zu tun: *»Er ist unser Friede«* heißt es im Epheserbrief, »Er ... riss durch sein Sterben die trennende Wand der Feindschaft nieder.« (Eph 2,14)

Für das Zweite Vatikanische Konzil ist die Kirche selbst ein sichtbares Sakrament des Friedens und die »Versammlung derer, die zu Christus als dem Urheber des Heils und dem Ursprung der Einheit und des Friedens glaubend aufschauen«. Das Konzil hat keinen Zweifel daran gelassen, dass sich daraus als Aufgabe für die Kirche auch ergibt, »dass wir mit all unseren Kräften jene Zeit vorbereiten müssen, in der ... jeglicher Krieg absolut geächtet werden kann«. Die Kirche kann nur dann glaubwürdig für den Frieden eintreten, wenn sie ihre eigene Kriegs- und Schuldgeschichte aufzuarbeiten bereit ist. JOHANNES PAUL II. hat in seinem Schuldbekenntnis im Jahre 2000 um Vergebung dafür gebeten, dass Christen das Evangelium verleugnet und der Logik der Gewalt nachgegeben, dass sie die Rechte von Völkern verletzt und deren Kulturen und religiöse Traditionen verachtet haben.

Solches Bekennen macht die Kirche in den Augen der Welt wieder glaubwürdig. Die Stellungnahmen des Papstes gegen den Krieg als Weg der Konfliktlösung haben in jüngster Zeit auch viele außerhalb der Kirche aufhorchen lassen. Sein entschiedenes Eintreten für einen »Dialog zwischen den Kulturen für eine Zivilisation der Liebe und des Friedens« (Leitmotiv des Weltfriedenstages 2001) ist eine kraftvolle Gegenthese gegen eine Simplifizierung der Gegenwartsituation als »Kampf der Kulturen«, den die Weltmächte mit einem kompromisslosen Krieg gegen den Terror gewinnen wollen.

Zum theologischen Verständnis von Frieden gehört die *Gerechtigkeit*. Sie ist ein Schlüsselbegriff der biblischen Überlieferung und meint Freiheit, Erlösung und Gnade und alles, was eine heile Existenz des Menschen ausmacht. Wenn wir als Kirche den Ruf nach einer gerechteren Welt erheben und selbst um die Verwirklichung der Gerechtigkeit bemüht sind, dann können wir uns dabei auf jenen Gott berufen, der »den Erdkreis in Gerechtigkeit richten wird.«

(Ps 9,9; 96,13; 98,9). Die Welt von heute, so wie sie ist, kann vor dem Gericht des gerechten Gottes nicht bestehen. Sie ist eine zutiefst ungerechte Welt, die weit davon entfernt ist,»jedem das Seine«, ihm als Mensch Zustehende zukommen zu lassen. Die Kirche glaubt daran, dass mit dem Kommen Jesu das Reich Gottes bereits (in dieser Welt) angebrochen ist (Mk 1,15). Sie behandelt den Einsatz für Gerechtigkeit als Teil ihres Missionsauftrags.

Die Forderung nach einem menschenwürdigen Leben für alle Bewohner dieser Erde erfordert nicht zuletzt auch den entschiedenen Einsatz für die *Bewahrung der Schöpfung*. Im Ökumenischen Sozialwort des Rates der Evangelischen Kirche und der Deutschen Bischofskonferenz heißt es:»Die gegenwärtige Generation darf nicht auf Kosten der Kinder und Kindeskinder wirtschaften, die Ressourcen verbrauchen [...] und die Umwelt belasten. Auch die künftigen Generationen haben das Recht, in einer intakten Umwelt zu leben.«

Die Kirche hat in ihrer Verkündigung daran zu erinnern, dass jeder Mensch in eine Schicksalsgemeinschaft mit allen Geschöpfen eingebunden ist. Gemäß dem Auftrag des Schöpfers hat er die Erde zu bebauen (Gen 2,15), sie als bewohnbaren Lebensraum zu gestalten und zu bewahren. Willkürlicher und ausbeuterischer Umgang mit der Schöpfung ist Sünde gegen Gott und die Mitmenschen.

Der Einsatz für *Friede*, weltweite *Gerechtigkeit* und *Bewahrung der Schöpfung* ist Verwirklichung der universalen Heilssendung der Kirche. Was die erste»Europäische Ökumenische Versammlung« im Jahre 1989 in Basel mit diesen Stichworten als christliche Antwort auf die Zeichen der Zeit formuliert hatte, bleibt eine Herausforderung, auf die die Kirchen in ökumenischer Verantwortung gemeinsam zu reagieren haben. Eine christliche Soziallehre muss künftig mehr als bisher das Bewusstsein dafür wecken, dass das Bemühen um den Frieden unter den Völkern nicht vom Einsatz für weltweite Gerechtigkeit und nachhaltige Entwicklung getrennt werden kann. Die Kirchen stehen im Dienst der Vernetzung theologischer, friedensethischer, sozialökonomischer und ökologischer Fragen. Der Grundgedanke der Bewahrung der Schöpfung muss mit dem einer friedvollen und gerechten Weltgestaltung verbunden werden, mit dem Auftrag, allen Menschen dieser Erde als gleichberechtigten Geschöpfen Gottes ein menschenwürdiges Leben zu ermöglichen.

Franz Weber

Für eine Zukunft in Solidarität und Gerechtigkeit, München 1997; *Marianne Heimbach-Steins*, Einmischung und Anwaltschaft, Ostfildern 2001.

Anhang

Martin Schongauer (um 1450-1491): *Madonna im Rosenhag*; Tempera auf Holz, 1473; 200 x 115 cm (beschnitten); Stiftskirche St. Martin, Colmar.

Obwohl eine frühe Arbeit, ist diese Mariendarstellung ein Hauptwerk Martin Schongauers und gilt zugleich als herausragendes Beispiel spätgotischer Malerei. Der lateinische Text im Heiligenschein "Me carpes genito tu qu(oque) o s(an)ctissi(m)a V(irgo)" ("Nimm auch mich als dein Kind an, o heiligste Jungfrau") verweist auf die Funktion des Bildes als Andachtsbild. Der Betrachter, dessen Augenhöhe sich etwa auf der Linie der rechten Hand der Maria befindet, sieht sich einer für die Zeit monumentalen Figur gegenübergestellt. Die Madonna wirkt einerseits erhaben und feierlich, dem Betrachter entrückt. Der Betende ist hierdurch angehalten, aufzuschauen und zu bitten. Erleichtert wird ihm diese Ansprache, indem Maria zugleich freundlich und der Welt des Gläubigen zugehörig erscheint.

Dargestellt ist sie als jugendliche Frau, deren langes Haar offen über Schulter und Arm fällt, gekleidet in ein prachtvolles rotes Gewand mit weitem Umhang. Auf einer für einen gotischen Garten typischen Rosenbank sitzend hat sie den Kopf anmutig geneigt, während ihr Blick sinnend nach unten gerichtet ist. Das nackte Jesuskind sitzt aufrecht auf dem Arm Marias und umfasst ihren Hals mit beiden Armen. Wenngleich die Szene von einem Goldgrund hinterfangen ist und zwei Engel eine filigrane Krone über dem Haupt der Madonna halten, ist hier nicht die Himmelskönigin dargestellt, die den göttlichen Erlöser und Weltenherrscher zeigt, sondern die liebevolle Gottesmutter. Indem die Umarmung von Mutter und Kind gestalterisch zum Bildzentrum wird, setzt der Maler das Bildthema formal adäquat um. Zwar wenden Maria und das Jesuskind ihre Köpfe in entgegengesetzte Richtungen, doch entsteht durch die wechselseitige Umarmung eine umso intensiver wirkende Verbindung beider Figuren. Durch Arme und Hände bzw. Finger entstehen unterschiedliche, die Figuren miteinander verschränkende Richtungstendenzen. Der um den Hals Marias gelegte Arm des Jesuskindes und der linke Arm der Mutter, auf dem der Junge sitzt, bilden eine umschließende Bogenform. Betont wird dieser Bildbereich auch farbgestalterisch: Das helle Inkarnat hebt sich deutlich vom leuchtenden Rot des Gewandes ab. Die unglaublich feine Modulation des Farbtones lässt die dargestellten Körper äußerst plastisch, d.h. natürlich erscheinen.

Linearkomposition und dargestellte Haltung bzw. Gestik vermitteln den Eindruck von Lebendigkeit. Dies entspricht auch der Gesamtwirkung des Bildes, das gestalterisch durch den Einsatz spannungsvoller Gegensätze gekennzeichnet ist. Durch die gekonnte Verteilung der komplementären Farben Rot und Grün entsteht ein insgesamt harmonischer Farbklang. Die bildbestimmende Dreieckskomposition der Marienfigur und die große Fläche, die von dem ganz im Sinne der Spätgotik in stilisierte Falten gelegten Gewand gefüllt wird, stehen formal der kleinstteiligen Darstellung der Pflanzen und Vögel des Bildhintergrundes gegenüber. Durch den Beschnitt des Bildes an allen Seiten wurde dieses Verhältnis verändert, so dass die Madonna nicht mehr so eingebettet in die Naturumgebung wirkt. In genauer Feinmalerei werden verschiedene Vögel in unterschiedlichsten Posen abgebildet und neben den Rosen in verschiedenen Blühstadien Pflanzen dargestellt, die den natürlichen Garten für den zeitgenössischen Betrachter zugleich zum Sinnbild der Tugenden Marias werden lassen. Der Garten selbst wird zum mariologischen Symbol des "hortus conclusus", des geschlossenen Gartens, der die unbefleckte Empfängnis versinnbildlicht. So verbindet die gotische Malerei auf faszinierende Weise Wirklichkeitsdarstellung und religiöse Aussage.

In der Zeitlosigkeit der Darstellung wird die Madonna zur liebenden Mutter schlechthin, an die sich der Gläubige jederzeit wenden kann.

Kerstin Clasen

Abbildungsverzeichnis

Bouts, Dieric (um 1415-1475): *Heimsuchung*, linke Mitteltafel des Marienaltars, um 1445; Eichenholz, 80 x 56 cm; Madrid, Prado. (135)

Duwe, Harald (1926-1984): *Liebe – Eine ganz alltägliche Geschichte*, 1980; Öl auf Leinwand, 250 x 380 cm; Galerie Eva Poll, Berlin. © VG Bild-Kunst, Bonn 2004. (331)

Eyck, Jan van (um 1390-1441): *Madonna des Kanzlers Rolin*, um 1435; Öl auf Holz, 66 x 62 cm; Louvre, Paris. (237)

Giotto di Bondone (um 1267-1337): *Die Predigt vor Papst Honorius III.*, 17. Bild der Franziskuslegende, vor 1300; Fresko, 270 x 230 cm; Basilica superiore di San Francesco, Assisi. (93)

Gogh, Vincent Willem van (1853-1890): *Der gute Samariter* (nach Delacroix), 1890; Öl auf Leinwand, 73 x 60 cm; Rijksmuseum Kröller-Müller, Otterlo. (297)

Grünewald, Matthias (um 1470/80-1528): *Die Auferstehung Christi*, um 1512-1516; Öl auf Holz, 269 x 143 cm; Musée d'Unterlinden, Colmar. (259)

Jawlensky, Alexej von (1864-1941): *Heilandsgesicht*, ca. 1921; Öl auf Malpapier, auf Karton, 35,6 x 25,4 cm; Leonard Hutton Galleries, New York [1998]. © VG Bild-Kunst, Bonn 2004. (19)

Lerner, Titus (Jg. 1954): *Wohin mit den Göttern? I*, 1998; Acryl auf Leinwand, 120 x 150 cm; Privatbesitz. (373)

Pfingst-Tafel, ca. 1410; Tempera auf Holz, 75 x 58 cm; Köln, Mittelrhein oder Westfalen (?); Museum Catharijneconvent, Utrecht. (161)

Rupertsberger Kodex: Christus in der Trinität, Miniatur (Tafel 11, Vision II, 2); Hildegard von Bingen, »Scivias – Wisse die Wege«; um 1180 (verschollen). (63)

Schongauer, Martin (um 1450-1491): *Madonna im Rosenhag*, 1473; Tempera auf Holz, 200 x 115 cm (beschnitten); Stiftskirche St. Martin, Colmar. (419)

Weyden, Rogier van der (1399/1400-1464): *Altar der Sieben Sakramente*, um 1440-1444; Eichenholz, Mitteltafel H. 200 cm, B. 97 cm, Flügel H. 119 cm, B. 63 cm; Koninklijk Museum voor Schone Kunsten, Amsterdam. (207)

Autorenverzeichnis

Angenendt, Arnold, Jg. 1934, Dr. theol., Dr. h.c., em. Professor für Mittlere und Neuere Kirchengeschichte an der Katholisch-Theologischen Fakultät der Westfälischen Wilhelms-Universität Münster. → *Heiligenfeste* (284)

Baumgartner, Isidor, Jg. 1946, Dr. theol., Dipl. Psych., Professor für Christliche Gesellschaftslehre und Caritaswissenschaft an der Katholisch-Theologischen Fakultät der Universität Passau. → *Kirchliche Caritas* (325)

Baumgartner, Konrad, Jg. 1940, Dr. theol., Professor für Pastoraltheologie an der Katholisch-Theologischen Fakultät der Universität Regensburg. → *Vergebung der Sünden* (85)

Beinert, Wolfgang, Jg. 1933, Dr. theol., lic. phil., em. Professor für Systematische Theologie (Dogmatik und Dogmengeschichte) an der Katholisch-Theologischen Fakultät der Universität Regensburg. → *Marien-Gebete* (249); *Marienfeste* (281)

Biesinger, Albert, Jg. 1948, Dr. theol., Dipl. Päd., Professor für Religionspädagogik, Kerygmatik und Kirchliche Erwachsenenbildung an der Eberhard-Karls-Universität Tübingen, Leiter des Instituts für berufsorientierte Religionspädagogik. → *Glauben lernen – Glaubensgemeinschaft* (139)

Bitter, Gottfried, CSSP, Jg. 1936, Dr. theol., em. Professor für Religionspädagogik und Homiletik an der Katholisch-Theologischen Fakultät der Rheinischen Friedrich-Wilhelms-Universität Bonn. → *Christsein katholisch* (21); *Katholisch glauben: Christsein als Lebensform* (25)

Blasberg-Kuhnke, Martina, Jg. 1958, Dr. theol., Professorin für Pastoraltheologie und Religionspädagogik am Institut für Katholische Theologie der Universität Osnabrück. → *Macht und Ohnmacht* (354)

Böhnke, Michael, Jg. 1955, Dr. theol., Lic. iur. can., Privatdozent an der Katholisch-Theologischen Fakultät der Westfälischen Wilhelms-Universität Münster; z. Zt. Lehrstuhlvertretung für Systematische Theologie und Religionspädagogik an der Bergischen Universität Wuppertal. → *Ehe* (218); *Advent – Weihnachten – Epiphanie* (265)

Clasen, Kerstin, Jg. 1963, Studium der Kunsterziehung und der Germanistik an der Universität Dortmund; Gymnasiallehrerin in Rheinbach bei Bonn. → *Bildtexte* (18, 62, 92, 134, 160, 206, 236, 258, 296, 330, 372, 418)

Collet, Giancarlo, Jg. 1945, Dr. theol., Professor für Missionswissenschaft an der Katholisch-Theologischen Fakultät der Westfälischen Wilhelms-Universität Münster. → *Ortskirche und Weltkirche* (44)

Dassmann, Ernst, Prälat, Jg. 1931, Dr. theol., em. Professor für Alte Kirchengeschichte und Patrologie an der Katholisch-Theologischen Fakultät der Rheinischen Friedrich-Wilhelms-Universität Bonn. → *Märtyrer und Heilige* (114); *Bischöfe – Presbyter – Diakone* (118)

Deselaers, Paul, Jg. 1947, Dr. theol., Spiritual am Bischöflichen Priesterseminar Münster, Lehrbeauftragter für Homiletik an der Katholisch-Theologischen Fakultät der Westfälischen Wilhelms-Universität Münster; Pfarrer in Greven-Gimbte. → *Vater unser* (244); *Werke der Barmherzigkeit* (318)

Dirscherl, Erwin, Jg. 1960, Dr. theol., Professor für Systematische Theologie (Dogmatik und Dogmengeschichte) an der Katholisch-Theologischen Fakultät der Universität Regensburg. → *Glaube in Gemeinschaft, Volk Gottes unterwegs, Israel und die Kirche* (163)

Ebner, Martin, Jg. 1956, Dr. theol., Professor für Exegese des Neuen Testaments an der Katholisch-Theologischen Fakultät der Westfälischen Wilhelms-Universität Münster. → *Jüngergemeinden und Wandercharismatiker* (111)

Eckholt, Margit, Jg. 1960, Dr. theol., Professorin für Dogmatik an der Philosophisch-Theologischen Hochschule der Salesianer Don Boscos in Benediktbeuern. → *Schrift und Tradition* (34)

Emeis, Dieter, Jg. 1933, Dr. rer. nat., Dr. theol., em. Professor für Pastoraltheologie und Katechetik an der Katholisch-Theologischen Fakultät der Westfälischen Wilhelms-Universität Münster. → *Glaubenslehre – Glaubensleben* (28)

Ernsperger, Bruno, Jg. 1934, M.A., freier Mitarbeiter in der kirchlichen Pastoral- und Organisationsentwicklung, Rottenburg am Neckar. → *Gemeindeentwicklung* (172)

Feiter, Reinhard, Jg. 1956, Dr. theol., Privatdozent für Pastoraltheologie an der Katholisch-Theologischen Fakultät der Rheinischen Friedrich-Wilhelms-Universität Bonn. → *Seelsorge und Diakonie* (189)

Freitag, Josef, Jg. 1950, Dr. theol., Professor für Dogmatik an der Katholisch-Theologischen Fakultät der Universität Erfurt. → *Bischofsamt und Diözese* (192)

Fromme, Bruno, OCist, Jg. 1938, Abt der Zisterzienserabtei Himmerod. → *Mönchtum und Orden* (129)

Fuchs, Ottmar, Jg. 1945, Dr. theol., Professor für Praktische Theologie an der Katholisch-Theologischen Fakultät der Eberhard-Karls-Universität Tübingen. → *Gemeinde und Pfarrei* (166); *Dienst und Ämter – Laientheologen* (169)

Fürst, Alfons, Jg. 1961, Dr. phil., Dr. theol. habil., Professor für Alte Kirchenge-schichte, Patrologie und christliche Archäologie an der Katholisch-Theologi-schen Fakultät der Westfälischen Wilhelms-Universität Münster. → *Kirchenväter und Kirchenlehrer (-innen)* (122)

Fürst, Walter, Jg. 1940, Dr. theol., Professor für Pastoraltheologie an der Katho-lisch-Theologischen Fakultät der Rheinischen Friedrich-Wilhelms-Universität Bonn. → *Evangelisierung und Glaubensentwicklung* (148); *Sonntag und Feiertage* (261); *Allerheiligen – Allerseelen* (288); *Ethik und Ethos* (333); *Kirche im Dialog mit der Welt von heute* (375)

Gabriel, Karl, Jg. 1943, Dr. soz. wiss., Dr. theol., Professor für Christliche Sozial-wissenschaften an der Katholisch-Theologischen Fakultät der Westfälischen Wilhelms-Universität Münster. → *Person – Individuum – Gesellschaft* (379); *Gemeinwohl* (382)

Gerhards, Albert, Jg. 1951, Dr. theol., Professor für Liturgiewissenschaft an der Katholisch-Theologischen Fakultät der Rheinischen Friedrich-Wilhelms-Uni-versität Bonn. → *Erleben – Deuten – Feiern* (144)

Gisbertz, Victor, OP, Jg. 1942, Dipl. Psych., M.A. Bioethik, Beauftragter für Seel-sorge und Ethik in den Einrichtungen der Malteser Trägergesellschaft MTG Köln. → *Krankheit und Leiden* (361)

Greshake, Gisbert, Jg. 1933, Dr. theol., Lic. phil., em. Professor für Dogmatik und Ökumenische Theologie an der Theologischen Fakultät der Albert-Ludwigs-Universität Freiburg; Gastprofessor an der Päpstlichen Universität Gregoriana in Rom. → *Eucharistie* (214)

Große Kracht, Hermann-Josef, Jg. 1962, Dr. phil., Dipl. Theol., M.A., Wissenschaftli-cher Assistent am Institut für Christliche Sozialwissenschaften an der Katho-lisch-Theologischen Fakultät der Westfälischen Wilhelms-Universität Münster. → *Gemeinwohl* (382)

Heinemann, Gerd, Msgr., Jg. 1933, stellv. Vorsitzender des Missionswissenschaftli-chen Instituts Aachen; langjähriger Verantwortlicher für die Priesterausbildung und derzeitiger seelsorglicher Begleiter für Priester, pastorale Mitarbeiter und Ordensleute im Bistum Aachen. → *Priesterweihe* (225)

Hengsbach, Friedhelm, SJ, Jg. 1937, Dr. rer.oec., Lic. theol., Professor für Christliche Gesellschaftsethik an der Philosophisch-Theologischen Hochschule Sankt Georgen in Frankfurt am Main; Leiter des Oswald von Nell-Breuning-Instituts für Wirtschafts- und Gesellschaftsethik. → *Arbeit* (396)

Hilpert, Konrad, Jg. 1947, Dr. theol., Professor für Moraltheologie an der Katho-lisch-Theologischen Fakultät der Ludwig-Maximilians-Universität München. → *Freiheit* (341)

Hoppe, Rudolf, Jg. 1946, Dr. theol., Professor für neutestamentliche Exegese an der Katholisch-Theologischen Fakultät der Rheinischen Friedrich-Wilhelms-Universität Bonn. → *Jesus von Nazaret und sein Evangelium* (100)

Hossfeld, Frank-Lothar, Jg. 1942, Dr. theol., Professor für Alttestamentliche Wissenschaft an der Katholisch-Theologischen Fakultät der Rheinischen Friedrich-Wilhelms-Universität Bonn. → *Psalmen* (241)

Jorissen, Hans, Jg. 1924, Dr. theol., em. Professor für Dogmatik und Theologische Propädeutik an der Katholisch-Theologischen Fakultät der Rheinischen Friedrich-Wilhelms-Universität Bonn. → *Krankensalbung – Sterbesakramente* (227)

Karrer, Leo, Jg. 1937, Dr. theol., Professor für Pastoraltheologie an der Katholisch-Theologischen Fakultät der Universität Fribourg/Schweiz, Präsident der Europäischen Gesellschaft für Katholische Theologie. → *Gemeindeleitung* (176)

Kehl, Medard, SJ, Jg. 1942, Dr. theol., Professor für Dogmatik an der Philosophisch-Theologischen Hochschule St. Georgen in Frankfurt am Main. → *Auferstehung der Toten und das ewige Leben* (87)

Kessler, Hans, Jg. 1938, Dr. theol., em. Professor für Dogmatik und Dogmengeschichte am Fachbereich Katholische Theologie der Johann Wolfgang Goethe-Universität Frankfurt am Main. → *Reich Gottes und Kirche* (38)

Klöckener, Martin, Jg. 1955, Dr. theol., Professor für Liturgiewissenschaft an der Katholisch-Theologischen Fakultät der Universität Fribourg/Schweiz. → *Liturgie* (185)

Knieps-Port le Roi, Thomas, Jg. 1961, Dr. theol., Wiss. Mitarbeiter an der International Academy for Marital Spirituality (INTAMS), Brüssel/Belgien. → *Ehe und Familie* (385)

Koller, Edeltraud, Jg. 1970, Mag. theol., Mag. rer.soc.oec., Assistentin für Moraltheologie an der Katholisch-Theologischen Privatuniversität Linz/Österreich. → *Kirche und Geld* (403)

Konkel, Michael, Jg. 1969, Dr. theol., Wissenschaftlicher Mitarbeiter am Alttestamentlichen Seminar der Katholisch-Theologischen Fakultät der Rheinischen Friedrich-Wilhelms-Universität Bonn. → *Das eine Gebot und die Gebote* (299); *Israels Gesetz und die vielen Gebote* (302)

Krause, Vera, Jg. 1970, Diplom-Theologin, Referentin für Bildung und Pastoral bei Misereor Aachen. → *Gebet im Alltag – Heiligung der Zeit* (253)

Lange, Günter, Jg. 1932, Dr. theol., em. Professor für Religionspädagogik und Katechetik an der Katholisch-Theologischen Fakultät der Ruhr-Universität Bochum. → *Leibhaftigkeit und Bildlichkeit des Glaubens* (31)

Langendörfer, Hans, SJ, Jg. 1951, Dr. theol., Sekretär der Deutschen Bischofskonferenz, Bonn. → *Kirche und Politik* (399)

Löser, Werner, SJ, Jg. 1940, Dr. theol., Professor für dogmatische Theologie an der Philosophisch-Theologischen Hochschule Sankt Georgen in Frankfurt am Main. → *Kirche – Gemeinschaft der Heiligen* (82); *Christi Himmelfahrt und Pfingsten* (274)

Lüke, Ulrich, Jg. 1951, Dr. theol., Professor für Systematische Theologie an der Rheinisch-Westfälischen Technischen Hochschule Aachen. → *Naturwissenschaft und Religion* (406)

Meurer, Thomas, Jg. 1966, Dr. theol., Dozent für Praktische Theologie, Religionspädagogik und Katechetik an der Philosophisch-Theologischen Hochschule Münster. → *Väter, Propheten und Lehrer des Glaubens* (98)

Miggelbrink, Ralf, Jg. 1959, Dr. theol., Professor für Systematische Theologie an der Universität Duisburg-Essen. → *Die Stellung der Laien in der Kirche* (200)

Müller, Klaus, Jg. 1955, Dr. phil., Dr. theol. habil., Professor für Philosophische Grundfragen der Theologie an der Katholisch-Theologischen Fakultät der Westfälischen Wilhelms-Universität Münster. → *Glauben und Wissen* (152)

Müller, Wunibald, Jg. 1950, Dr. theol., Dipl. Psych., Leiter des Recollectio-Hauses der Abtei Münsterschwarzach. → *Liebe und Sexualität* (344)

Nocke, Franz-Josef, Jg. 1932, Dr. theol., em. Professor für Systematische Theologie/Dogmatik an der Universität Duisburg-Essen. → *Glaube – Hoffnung – Liebe* (54)

Pottmeyer, Hermann J., Jg. 1934, Dr. theol., Dr. theol. h.c., Lic. phil., em. Professor für Fundamentaltheologie an der Katholisch-Theologischen Fakultät der Ruhr-Universität Bochum. → *Papst und Konzil* (196)

Rahner, Johanna, Jg. 1962, Dr. theol., Privatdozentin, z. Zt. Lehrstuhlvertretung für das Fach Fundamentaltheologie an der Theologischen Fakultät der Albert-Ludwigs-Universität Freiburg im Breisgau. → *Gnade und Rechtfertigung* (311)

Reiter, Johannes, Jg. 1944, Dr. theol., Professor für Moraltheologie am Fachbereich Katholische Theologie der Johannes-Gutenberg-Universität Mainz. → *Medizin und Bioethik* (409)

Richter, Klemens, Jg. 1940, Dr. theol., Professor für Liturgiewissenschaft an der Katholisch-Theologischen Fakultät der Westfälischen Wilhelms-Universität Münster. → *Sakramentalien (Segnungen)* (231); *Fasten- und Passionszeit – Palmsonntag* (268)

Autorenverzeichnis

Rieger-Goertz, Stefanie, Jg. 1968, Wissenschaftliche Mitarbeiterin am Seminar für Theologische Frauenforschung der Katholisch-Theologischen Fakultät der Westfälischen Wilhelms-Universität Münster. → *Frauen und Männer* (125)

Rohner, Martin, Jg. 1973, Dr. phil., Lehrbeauftragter für Philosophie und Theologie in Münster und Osnabrück. → *Glück* (337)

Sattler, Dorothea, Jg. 1961, Dr. theol., Professorin für Ökumenische Theologie und Dogmatik an der Katholisch-Theologischen Fakultät der Westfälischen Wilhelms-Universität Münster. → *Katholisch und ökumenisch?* (47); *Taufe und Firmung* (211)

Schmälzle, Friedrich Udo, OFM, Jg. 1943, Dr. theol., Professor für Pastoraltheologie und Religionspädagogik an der Katholisch-Theologischen Fakultät der Westfälischen Wilhelms-Universität Münster. → *Option für die Armen* (392)

Schmid, Peter F., Jg. 1950, Mag. Dr., Univ. Doz., HS Prof., Pastoraltheologe und Psychotherapeut; Institut für Pastoraltheologie und Pastoralpsychologie der Katholisch-Theologischen Fakultät der Universität Graz/Österreich. → *Gespräch und Begegnung* (358)

Schockenhoff, Eberhard, Jg. 1953, Dr. theol., Professor für Moraltheologie an der Albert-Ludwigs-Universität Freiburg im Breisgau. → *Tugenden* (314)

Schulz, Ehrenfried, Jg. 1939, Dr. theol., Professor für Religionspädagogik und Kerygmatik an der Katholisch-Theologischen Fakultät der Ludwig-Maximilians-Universität München. → *Leben und Sterben – Tod und Begräbnis* (365)

Sievernich, Michael, SJ, Jg. 1945, Dr. theol., Lic. phil., Professor für Pastoraltheologie am Fachbereich Katholische Theologie der Johannes Gutenberg-Universität Mainz. → *Trauer und Freude* (350)

Söding, Thomas, Jg. 1956, Dr. theol., Professor für Biblische Theologie am Katholisch-Theologischen Seminar der Bergischen Universität Wuppertal. → *Bibel – Wort Gottes – Zeugen und Zeugnis* (95); *Gottes- und Nächstenliebe* (307)

Striet, Magnus, Jg. 1964, Dr. theol., Privatdozent, z. Zt. Lehrstuhlvertretung für das Fach Dogmatik und theologische Hermeneutik an der Westfälischen Wilhelms-Universität Münster. → *Gott, Vater und Schöpfer* (68)

Stuflesser, Martin, Jg. 1970, Dr. theol., Privatdozent für Liturgiewissenschaft, Wissenschaftlicher Assistent an der Katholisch-Theologischen Fakultät der Westfälischen Wilhelms-Universität Münster. → *Fronleichnam* (278)

Theobald, Michael, Jg. 1948, Dr. theol., Professor für Neues Testament an der Katholisch-Theologischen Fakultät der Eberhard-Karls-Universität Tübingen. → *Apostelkollegium – Petrus und Paulus* (104)

427

Wachinger, Lorenz, Jg. 1936, Dr. theol., Dipl. Psych., Psychotherapeut, München.
→ *Seelsorgliche Beratung* (321)

Wagner, Harald, Jg. 1944, Dr. theol., Professor für Dogmatik und Dogmengeschichte an der Katholisch-Theologischen Fakultät der Westfälischen Wilhelms-Universität Münster. → *Buße* (222)

Wahl, Heribert, Jg. 1945, Dr. theol., Dipl. Psych., Professor für Pastoraltheologie an der Theologischen Fakultät Trier. → *Angst und Vertrauen* (347)

Walter, Peter, Jg. 1950, Dr. theol., Professor für Dogmatik und Leiter des Arbeitsbereichs Quellenkunde der Theologie des Mittelalters an der Theologischen Fakultät der Albert-Ludwigs-Universität Freiburg im Breisgau. → *Heiliger Geist – Geist in Welt* (75)

Weber, Franz, Jg. 1945, Dr. theol., Professor für interkulturelle Pastoraltheologie und Missionswissenschaft an der Katholisch-Theologischen Fakultät der Leopold-Franzens-Universität Innsbruck/Österreich. → *Friede – Gerechtigkeit – Bewahrung der Schöpfung* (412)

Werbick, Jürgen, Jg. 1946, Dr. theol., Professor für Fundamentaltheologie an der Katholisch-Theologischen Fakultät der Westfälischen Wilhelms-Universität Münster. → *Biblische Offenbarung und die nichtchristlichen Religionen* (51); *Den Glauben bekennen – Zeugnis und Bekenntnis* (65); *Der drei-eine Gott und das Heil der Welt* (78); *Maria* (108); *Unterwegs zum Glauben* (137); *Zeichen des Glaubens* (209); *Loben, danken, bitten* (239)

Weß, Paul, Jg. 1936, Dr. phil. et theol., Dozent für Pastoraltheologie an der Katholisch-Theologischen Fakultät der Leopold-Franzens-Universität Innsbruck/Österreich. → *Solidarität und Subsidiarität* (389)

Wiedenhofer, Siegfried, Jg. 1941, Dr. theol., Professor für Systematische Theologie am Fachbereich Katholische Theologie der Johann Wolfgang von Goethe-Universität Frankfurt am Main. → *Gesetz und Evangelium – Wirken des Geistes und Kirchenrecht* (41)

Wohlmuth, Josef, Jg. 1938, Dr. theol., em. Professor für Dogmatik an der Katholisch-Theologischen Fakultät der Rheinischen Friedrich-Wilhelms-Universität Bonn; Leiter der Bischöflichen Begabtenförderung Cusanuswerk in Bonn. → *Jesus Christus, Wort, Sohn und Bild Gottes* (71); *Karwoche, Osternacht und Ostersonntag* (271)

Zerfass, Rolf, Jg. 1934, Dr. theol., em. Professor für Pastoraltheologie und Homiletik an der Katholisch-Theologischen Fakultät der Bayerischen Julius-Maximilians-Universität Würzburg. → *Predigt* (179); *Katechese* (182)

Bibelstellenregister

Namenregister*

*   Das Register enthält nicht die Verfassernamen aus den Literaturangaben unter den jeweiligen Artikeln. Für die biblischen Autoren wird zusätzlich auf das Bibelstellenregister verwiesen.

Johannes Chrysostomus 116, 122, 288
Johannes der Täufer 101, 212
Johannes Duns Scotus 66, 69
Johannes Paul II. 127, 165, 217, 251, 401, 413f.
Johannes vom Kreuz 256
Johannes von Damaskus 34, 122
Johannes von Gott 326
Johannes XXIII. 165, 181, 376, 392
Jona 268
Judas Iskariot 104
Judt, Tony 311
Julian Apostata 367
Juliana von Lüttich 278
Junia 106

Käsemann, Ernst 100
Kant, Immanuel 155
Karl der Große 116
Katharina von Siena 122
Kelsus 112
Kephas 105, 197
Kierkegaard, Sören 70
Klemens von Alexandrien 15
Kohelet 100
Kolbe, Maximilian 117
Kolping, Adolf 117
Konstantin 116
Kopernikus, Nikolaus 406
Korff, Wilhelm 333, 336
Krings, Hermann 333
Küng, Hans 339
Kunigunde 116

Lassalle, Hugo
→ s. Enomiya-Lassalle, Hugo
Laurentius 289
Lehmann, Karl 312
Leicht, Robert 378
Leisner, Karl 117
Leo der Große 116, 122

Lerner, Titus 16, 372ff.
Letterhaus, Bernhard 117
Levinas, Emmanuel 359
Lobinger, F. 113
Loisy, Alfred 38
Ludwig der Heilige 116
Lukas 101, 106, 245, 250, 277
Luther, Martin 42, 201, 222, 312, 376

Maria 34, 36, 73, 108, 116, 127, 134ff., 160, 236ff., 249, 277, 282, 287ff., 418ff.
Maria Magdalena 36, 106
Markus 101, 106
Martin von Tours 116, 290
Mathilde 116
Matthäus 101, 106, 245
Matthias 104
Mendel, Gregor 406
Merton, Thomas 131
Millet, Jean-François 296
Mirjam 289
Mose 163, 241, 268, 289, 300ff., 318, 393, 399
Mutter Theresa 131

Nell-Breuning, Oswald von 383
Nero 112
Nolde, Emil 142
Nouwen, Henri J. M. 179

Olaf 287

Pacianus von Barcelona 14
Paul VI. 151
Paulus 11, 24, 36, 54, 57, 73, 77, 82, 87, 104ff., 111, 113, 149, 216, 289f., 309, 313, 316, 342, 357, 367
Pesch, Otto Herrmann 312
Petrus 36, 104, 107, 112, 194, 197, 276, 289, 397
Petrus Lombardus 123

Sachregister

*Die Register wurden nach den Vorgaben
der Autoren von Kirsten Blanck
und Winrich C.-W. Clasen erstellt.*